庆贺李福川教授从教五十周年

中國美術史

专题研究

吴明娣 主编

文化藝術出版社
Culture and Art Publishing House

图书在版编目（CIP）数据

中国美术史专题研究/ 吴明娣主编. —北京：
文化艺术出版社，2024.3
ISBN 978-7-5039-7516-5

Ⅰ.①中… Ⅱ.①吴… Ⅲ.①美术史—中国—文集
Ⅳ.①J120.9-53

中国国家版本馆CIP数据核字(2023)第216798号

中国美术史专题研究

主　　编　吴明娣
责任编辑　李　特
责任校对　董　斌
封面设计　赵　矗
出版发行　文化艺术出版社
地　　址　北京市东城区东四八条52号（100700）
网　　址　www.caaph.com
电子邮箱　s@caaph.com
电　　话　（010）84057666（总编室）　84057667（办公室）
　　　　　84057696—84057699（发行部）
传　　真　（010）84057660（总编室）　84057670（办公室）
　　　　　84057690（发行部）
经　　销　新华书店
印　　刷　国英印务有限公司
版　　次　2024年3月第1版
印　　次　2024年3月第1次印刷
开　　本　710毫米×1000毫米　1/16
印　　张　27.25
字　　数　394千字
书　　号　ISBN 978-7-5039-7516-5
定　　价　98.00元

前 言

笔耕不辍　师道尊严

——李福顺教授的治学与教学之路

李福顺先生是首都师范大学教授，博士生导师，中国美术家协会会员，联合国教科文组织国际岩画委员会会员，教育部高校重点学科评审专家，2003 年被评为“北京市高等学校教学名师”。先生生于 1938 年，1966 年在中央美术学院美术史系毕业，1974 年进入高校任教，至 2008 年荣休，在科研与教学的道路上勤奋耕耘 34 载。他所编著百万字体量的《中国美术史》，2000 年由辽宁美术出版社出版，被教育部列为普通高等教育“十五”国家级规划教材，暨教育部高等教育百门精品教材；修订本于 2003 年由高等教育出版社出版；还出版有《苏轼论书画史料》《美术史求索录：李福顺自选文集》等著作。发表学术论文百余篇，涉及宗教美术、原始岩画艺术、画史画论、绘画鉴定等几大方面。先生曾应邀担任《中国大百科全书：美术卷·中国雕塑》编委，《中国美术分类全集·中国岩画全集》编委，《雕塑绘画鉴赏辞典》副主编，为《中国美术全集》《中国美术分类全集》《中国美术史》《世界美术史》《中国书画名家精品大典》《中国美术大辞典》等大型学术专著撰文。先生率博士生、硕士生申请并完成了北京市哲学社会科学重点项目“北京美术史”的研究，2008 年奥运会前夕《北京美术史》出版，得到社会各界好评，荣获北京市第 11 届哲学社会科学优秀成果奖艺术类一等奖和教育部第 6 届高等院校科学研究二等奖。先生退休后，仍笔耕不辍，并先后在《艺术百家》《美术》《艺术》《中国书画》等刊物上发表多篇论文，参加研讨会、博士学位论文答辩会等。先生学术涉猎广，教书育人孜孜不倦，共培养硕士 20 人，博士 15 人。

一、读书驳杂　治史严谨

李福顺先生生于北京房山，曾在周口店龙骨山下的中学读书，周口店遗址的石器、骨器等展品开启了他对美术遗迹的好奇心，加之喜爱画画，为以后研习美术史埋下了伏笔。他从中学开始便以读书为乐，考上中央美术学院美术史系之后，更是手不释卷。先生曾说，他在大学学习期间，不喜背诵讲义，而是对讲义中所列出的引用书目十分在意，只要有可能，都要设法借到原书查看。这是一种追根溯源的学习方法，也恰是学习的核心要领。

研读第一手材料，可以说是李先生的治学法宝。比如针对先秦艺术，《山海经》《吕氏春秋》《左传》《诗经》《楚辞》中有不少原始艺术的相关资料，先秦诸子的著作及《史记》《汉书》《后汉书》《三国志》也非常重要，《春秋繁露》《白虎通义》《风俗通义》《淮南子》《盐铁论》《论衡》《说文解字》等则不可漏掉，读了这些书，才能熟悉当时的历史文化背景，在碰到相关美术作品的时候不至于不知原委、偏差太远或就事论事、囿于局部。李先生举例说，《魏书·释老志》准确无误地记载了云冈石窟、龙门石窟的情况，解释了北魏统治者为了神化皇权、巩固统治而大规模营建石窟的状况："诏有司为石像，令如帝身。既成，颜上足下，各有黑石，冥同帝体上下黑子。"这些记载很好地说明了"皇帝即当今如来"的造像目的。

中国美术史是文化的汪洋大海，虽以美术作品为主，但是牵涉通史，各种背景材料涉及面极广。记得第一次到李先生家，看到的是满屋的书，这些书以史为主，但文、史、哲都涉及。李先生谈及他也非常喜欢阅读艺术哲学之类的书籍，所以买书也是随着学术兴趣而变化。在这些藏书当中，"二十五史"是基础，除了正史以外，更有不少杂书，这些杂书主要是他在20世纪80年代于北京琉璃厂购买，其中很大一部分在当时已是稀缺老版。当时，去琉璃厂购买旧书是李先生的一大乐趣，他最常去的一个书店是琉璃厂中国书店的旧书门市部，以至于后来和书店老板甚为熟悉。当时中国书店是个很深的院子，这个门市位于最北端，李先生在那里买过商务印书馆印的万有文库本的旧书，如王安石、苏轼、苏辙、黄庭坚等的集子，《昭明文选》等，这些版本在当时别的地方很难买到。李先生家境并不富裕，买书的花费在生活中占了很大比例，可以说是省吃俭用却爱书如命。

这些书为什么买？又怎么读呢？《四库全书总目提要》是李先生当时买书读书的重要指引。这套书是中国目录学的发轫巨著，简单说是纪昀等馆臣对《四库全书》收录书籍的鉴定和评价，介绍了所收书籍的主要内容、真伪、流传情况等给乾隆皇帝，所以提要本身有很高的学术价值。记得顾颉刚在写《古史辨》时谈到他的读书方法，在读书藏书之前必要“治目录版本之学”，这样才能拥有“望远镜”和“放大镜”，一方面泛读、博览，开阔眼界，一方面精读、深研，发现问题，才能打破孤立的学问，找到治学的突破口。

读书与治学相得益彰，李福顺先生曾在一篇文章中总结了在数十年间治学过程中的读书经验，摘录如下：

> 第一，说买书和读书。由于寒舍斗室面积有限，加之囊中羞涩，我主要买有长久使用价值的资料书和工具书，不大买今人的论文集之类。……第二，遇到问题不轻易问人，尽力自己去找答案。找答案的过程就是深入学习的过程。若问了人，日后一定要核实，引用第二手资料一定要核对原著，以防以讹传讹。第三，年轻时兴趣要广，读书要“贪得无厌”，对什么问题都感兴趣，都要弄个究竟。博而后专，做学问才能有深度。第四，先打基础。例如，我认为研究美术史精通先秦是基础的基础。对先秦诸子的著述以及《诗经》《楚辞》《左传》等，至少要集中三年左右时间攻读。基础不牢，楼房不稳。第五，学点“小学”即古文字学。要想能独立钻研古文献，没有古文字学基础是很难办到的。第六，泛读通史，精读专史，旁及其他。……

人生苦短，时间有限，怎么办？读下去就是了。能读多少读多少，能干多少干多少。糊里糊涂而来，赤条条而去。过程就是快乐，过程就是一切。

李先生总结的六点读书要义，亦是在多年治学中反观来路所得出的宝贵经验，看似读书之门，实则每一个都指向治学的精义。这一路是静心、是豁达、是踏踏实实地将自己的全部投入其中。

一个时代有一个时代的学问，一个时代有一个时代的功夫，李先生年轻求学时赶上了“文化大革命”，反而练就了在乱糟糟的环境中安心读书、静心治学的功夫。在高校教授中国美术史课程，一个人要讲通史，便无法聚焦于某一时代，而只能在美术史的长河中上下探索，各门类兼顾。深入研究的对象从原始岩画到石窟艺术，从书法到绘画跨度很大。先生对宋代书画的研究较多，在没有搜索引擎、电子版古籍索引的年代，全靠阅读和记忆，但广泛的文献涉猎让作品回归原境更加彻底。如对李嵩《骷髅幻戏图》的解读，通过宋笔记史料证明其是民间艺人用真骷髅表演的哑杂剧或者悬丝傀儡戏；对梁楷风格的宋画《补衲图》的考证，边细读边考证，引用距离画面时代最近的资料，让这幅初次面世的宋画的年代、题材、画法、作者、用途一一浮现出来；对《二祖调心图》画面鸟虫篆书印文的考证，亦来自对《云麓漫钞》《梁溪漫志》《家世旧闻》等宋人笔记的熟悉，从一枚印章打开思路，先释其文为秦玺“受命于天既寿永昌”，后证其为宋人作伪，而这项研究又和宋代书画作伪的研究相互参正。

李先生倾注毕生心血所著《中国美术史》来自多年教学所准备的材料，删至100多万字，一经出版便洛阳纸贵，长期在高校流行使用，受到业内学者的好评，受到考研、考博学子的喜爱。2000年辽宁出版社3000册印出后很快被售罄，2001年又加印2000册。2003年，此书被教育部列为普通高等教育“十五”国家级规划教材，由高等教育出版社再版，2020年，高等教育出版社已印至第三版。在此期间，此书在2012年由南京大学出版社再版3000册。在21世纪纸本书销量低迷的时代，为何一本专业书籍如此受欢迎？从一个学生和读者的角度来看，我觉得有以下原因：第一，紧密结合教学，涵盖面广、线索清晰，便于学习记忆。第二，集30年功力于一书，史料翔实，个人专著，逻辑缜密，完整统一，没有社会上流行教材常有的东拼西凑之感。第三，可深可浅，既有旁征博引的文献，又有课后问题的归纳总结，不同需求的读者都能得到自己想要的知识。第四，尚变求新，不断补充更新材料，随着美术史学科的发展而历久弥新。总的来说，这本教材胜在用心用情，是在多年教学中自发积累而成，既不为完成科研项目，更不是应急应约之作，唯其从容，乃显博大。

二、考察求证　行路调研

美术史学科最忌闭门造车，它不但和考古学、人类学多有交叉，需要田野调查，而且多种美术遗迹，包括雕塑、建筑、碑刻以及工艺品，还有那些深藏博物馆中的书画作品都需要现场观摩，这是图像印刷品所不能替代的。李福顺先生多年来不遗余力，多次自己或带领学生进行考察，这不但是美术史研究的重要途径，更是行万里路的人生修炼。

先生家里保存有不少早年的拓片都来自亲临现场的考察和摹拓。如1984年前后，先生经常去山西、四川等比较偏僻的石窟，当时每次出行，都带着全套的摹拓工具。先生曾在四川丹棱一个偏僻的山坳中发现一块唐代天宝九年（750）的道教刻碑，碑文是隶书，很是珍贵，便把它拓下。在甘肃的永乐寺，发现永乐初年一块很大的碑刻，当时寺庙的主管是一个藏族的干部，在征求他的意见之后，被允许拓下。先生一直对原始岩画艺术情有独钟。岩画一般分布在大山中，先生1984年曾和学者汤惠生一起去青海刚察舍布齐沟考察，和盖山林先生在内蒙古呼和浩特、磴口托林沟考察。另外，他还曾去宁夏贺兰山、江苏连云港将军崖、内蒙古阴山考察研究岩画。在此基础上，先生发表过《中国岩画的发现与研究》《岩画断代方法研究》《贺兰山岩画人面形试解》等论文，还特别对岩画中的程式化问题进行专门探讨。

在岩画考察中，先生也摸索出了一套摹拓的技术，因为岩画面积大、不规则，所以往往需要一边画图一边拓，将线描图和拓片相结合。这个方法需将面积比较大的岩画蒙上塑料布，用圆珠笔将岩画描下来，回到住处后再用宣纸把图像蒙下来，这样才能保证既是原大，又不走形。而这个工作常常耗费巨大的体力，甚至有时候先生在山里因专心摹拓而忘记了时间，天突然就黑下来，山中的夜出奇地黑暗，伸手不见五指，此时已无法下山，只能伴随着动物的叫声挨到天明。

手不释卷、沉浸其中，那是在琉璃厂买书读书的李先生；背着工具，跋山涉水，这是在野外考察的李先生。做拓片的习惯和技术还是在中央美术学院美术史系学习时候开始训练的，那时候李先生曾随老师到龙门石窟考察，李先生负责做拓片，当时就开始学习这个技术，养成了考察中背着全套工具的习惯。李先生深知考察调研的重要性，所以在培养学生的过程中，经常以受邀讲座、参加研讨会等活动为契机，带学生一起出去，研讨会开阔视野，田野调查则是方法论的补充。作为学生来说，往往对一趟这样的师生考察之旅铭记终生。

2000 年，第二次岩画国际研讨会在宁夏银川举办，来自世界各地的岩画研究者会聚一堂，李先生带当时在读博士研究生吴明娣老师和我，加上清华大学的黄世芳老师一行四人，先参加了研讨会，后去西宁的塔尔寺，之后去了西藏，途经拉萨、山南、日喀则等地，考察十多处寺庙，为吴明娣老师 2002 年的博士学位论文《汉藏工艺美术交流研究》奠定了基础。2001 年，李先生陪同来自日本佐贺大学的交流专家考察云冈石窟，我和王艳云、张彭等随行。2002 年年底，李先生受邀参加上海博物馆举办的晋唐宋元书画国宝展，一行还有首师大的徐改老师、欧阳启名老师、吴明娣老师，博士研究生王艳云、张彭，当时我已经毕业了，也跟着去了。那是一场轰动文博界的盛会，之后出版的大型画册让当时尚处于图像贫乏时代的我们如获至宝。2004 年，李先生带队到蓟县（现蓟州区）独乐寺、清东陵考察，随行学生有郝兴义、魏华、丁勤、李万康、郑以墨、刘伟、张志民、英帆、宫万琳、倪葭、李林琳等。2004 年 11 月，辽宁省博物馆新馆第一期开馆，举办了一系列文物展，其中清宫散佚书画国宝展、中国古代碑志展、清宫瓷器展等均引起轰动。李先生受邀参加研讨会，带领学生去辽宁沈阳看展，之后又考察了沈阳故宫博物院，随行有吴明娣老师，博士研究生郝兴义，硕士研究生刘伟、郑以墨、李林琳、牛继飞等。2005年，李先生受邀到河南师范大学讲学，其间考察河南新乡的八里沟，安阳殷墟、石板岩，随行有魏华等；2006年赴新疆、陕西西安考察，随行有博士研究生郝兴义、李振等；2006年5月，李先生受邀参加山西芮城海峡两岸暨香港、澳门纪念吕祖诞辰1208周年大会，随行有郝兴义、李振、赵娟、王峰、王敏庆等，会议期间考察了永乐宫壁画，参观时李先生尤其提到壁画人物用线匀净而无接痕，令他们对古人的绘画技艺叹为观止；2006年9月，李先生受邀参加江西南昌举办的“纪念八大山人诞辰380周年——八大山人学术研讨会”，随行有郝兴义、王峰、王敏庆、王拴印等，之后考察了江西的滕王阁。至于在北京的故宫博物院、法海寺、潭柘寺、房山云居寺、爨底下古村落等考察更加频繁。

站在学术的前沿，站在美术遗迹的面前，站在美术史发生的现场，这是一个美术史工作者的素质，也是教师引领和给予学生的重要能力。李先生发奋读书、辛勤著文，对学术的追求是我辈楷模，诲人不倦，爱徒如子，对学生们的扶掖使我们受益无穷。

三、教书育人　身正为范

李福顺先生自1975年以来，一直是首都师范大学的骨干教师，当时首都师范大学名为北京师范学院，如今他教授的第一批学士弟子，很多已退休了。他培养的硕士、博士弟子大多投身高校教学和博物馆科研等工作岗位。

李先生坦诚率真、淡泊名利，一生都在读书治学，如果说心有旁骛的话，那就是对学生的关心，学习、就业、事业、生活样样牵挂。众所周知，读研读博期间，是一个人经济最拮据的时间，因为年龄大了，不好意思再花父母的钱，而全日制的博士研究生能得到的补贴甚低，买书、买画册、买电脑这些开销非常必要但也非常奢侈，而外出考察更是考验腰包的时候。经济不好的学生大多受到过李先生的接济，外出时候花钱请大家吃饭就不用说了，更多时候还赔上路费。

一位同门回忆，他来到北京读研，消费相比地方小城市高出很多，常常因囊中羞涩而觉食堂价高，难以饱腹，加上经常早起从西三环的学校跑到望京的中央美院旁听史论系的课，周末又常到故宫博物院实习讲解，读研第一年的下学期就因营养不良而免疫力低下，在往返途中淋了一场雨之后落下病根。李先生听说后关照学院有关老师和师兄师姐多加照拂，让他尽可能在外代课有些收入。毕业之际，李先生根据每个学生的不同情况，分别写了不同内容的书法作品送给大家作为勉励和纪念。而这位同门发现先生给他的手提袋里还另外装了信封，信封里有2000块钱和一张字条，字条上写着“先回家乡看望父母，再去单位报到”。后来每每想起这一幕，这位同门都不禁泪目。

一个懵懂的学生站在学术研究的门口，他最需要什么？这大概是每一个导师都思考过的问题。另一同门回忆，她读硕士研究生一入学，李先生就每人给了一本《中国历史年代简表》，这成为她最实用的工具书，一直伴随她18年，在书中很多地方标注多次。2004年前后写《北京美术史》的时候，当时没有发达的网络资源，相关研究资料主要靠搜集论文与图书等。王艳云师姐在《北京文物考古报告》上看到房山地区有几处辽金时期的墓室壁画，且根据其注释出处发现还有一本《房山历史文物研究》，但当时跑到国家图书馆也没有找到这个资料。后来她和李先生提及该书，李先生当时沉吟了一下说自己家里好像有这本书。很快下次见面时李先生就把这本书交给了她，这本书为书稿辽、金部分的建筑与壁画提供了重要的参考资料。当书稿完成后她奉还该书，李先生说不用了，未来可能还有用的地方。我们因为各自的研究主题不同，得到了先生不同的指点和赠书，这些书对于我们的意义包含了读书治学的拳拳之心和继往开来的勇气。

真正的强大是在纷繁甚至窘迫的环境中进退自如，成为自己的主人，不随波逐流。先生的一生经历了十年浩劫的政治动荡，经历了改革开放的经济大潮，在数字化的时代又最早练习使用电脑、数码相机，在不断的学习中进取，在社会的浪潮中洁身自好，每一个时期中的选择成就了自身的尊严，获得众人的尊重。如今我们学生辈经常在老师和师母的生日宴上得以聚首一堂，回忆以前在师门的岁月，畅谈以后的人生。跟随先生读书的时间有限，但我们终究是行走在先生的目光之中，先生的笔耕不辍、育人树德都是对于我们的激励，在此谨以此论文集表达感谢师恩之情。

付阳华

2023 年 1 月于中国人民大学

目录

先生论文

学友论文

弟子论文

*先生论文

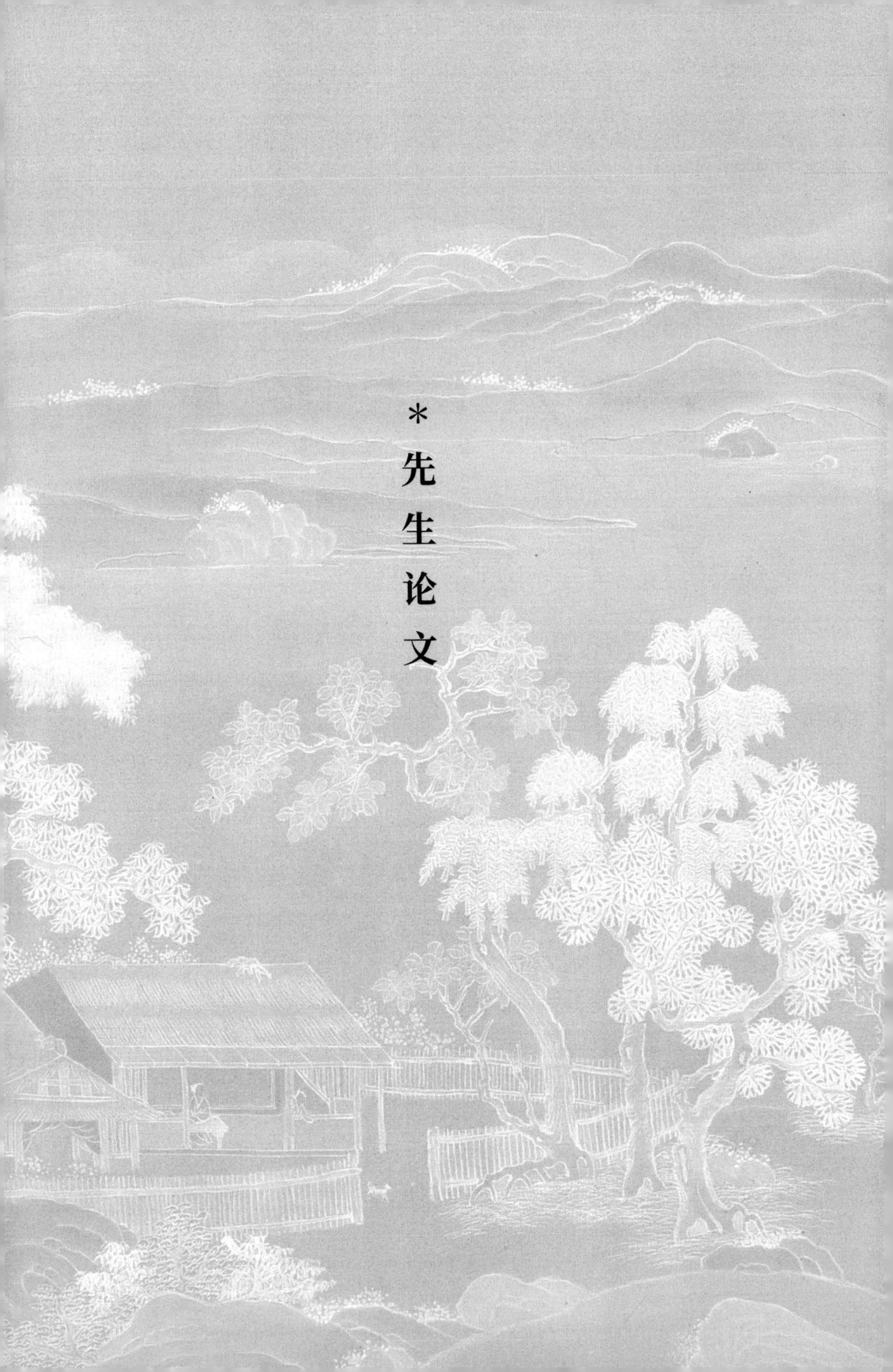

欲治美术史，功夫在其外

李福顺

我自幼喜欢历史源于家庭和初中母校。我父亲是一位仅念过两年私塾的农民，但他就凭这点墨水能够读懂《杨家将》《三侠剑》《绿牡丹》等古典小说。至今还记得，儿时的我常趁他不在时偷看书里的插图，书里的古装人物画颇引我好奇。我初中的母校就坐落在北京周口店龙骨山脚下，我经常和同学到山顶洞遗址去玩。面对琳琅满目的石器、骨器、装饰品等，我充满了好奇心：这些东西是怎样制作的？怎样佩戴？当时教我们历史的老师是个少见的讲课天才，他讲历史能让全班的学生听得发呆，听他的课真是一种享受。这些使我在不知不觉中喜爱上了历史。

我从小学到初中毕业功课都学得不错，成绩总在前三名，但我不属于听话的好学生，贪玩、调皮，爱看课外读物。六年级时因在语文课上偷看《三国演义》，被校长在全校大会上点名批评。考进中央美院附中后，开始时绘画成绩较差，但我凭一股“牛”劲，到毕业时我的素描作业作为优秀作品留校了。正当我对绘画有了一知半解想考中央美术学院继续深造时，没想到班主任动员我上美术史系，理由是：美术史系刚成立，需要文化课念得好又会画画儿的学生。在一切服从组织安排的时代，我愉快地报考了中央美术学院美术史系。

进中央美术学院美术史系以后，我如饥似渴地读书，每天除去吃饭、睡觉、上课，其他时间都用来看书。我看书以杂著称，尤其对美学、美术理论最感兴趣。我从不死记硬背讲义，但对讲义注释所标明的引用书目却十分在意，只要可能，都要设法借来原著查阅，并随手记下书名，查对引文所在页码。每年“五一”“十一”美院学生晚上到长安街练队，我也在衣袋里装一本书，休息时在路灯下看，周围人声嘈杂，我可以充耳不闻，这个习惯一直延续到今天。我至今还可以做到身边开着电视机，照样看书、写文章，思维不乱。大学5年下来，我不仅看了无数部书，还培养了独立进行科研的能力。

1974年，我进入高校任教，越发觉得知识匮乏，于是更加努力读书。1975年“评法批儒”运动殃及全国各行各业，高校首当其冲。我借机抓紧一切时间，去北京图书馆、首都图书馆查阅线装古籍，至1978年我共查阅过几百部线装书，抄录了上百万字的资料卡片。凭着这些资料，我整理了一本40万字的专著——《苏轼论书画史料》，投寄到上海人民美术出版社，1988年正式出版。

我这个人不满足于“炒冷饭”，不喜欢简单拼凑现成的二三手材料，总想从第一手材料人手，发现别人没有发现的新材料。比如你要对学生介绍马王堆汉墓帛画，不认真研读《史记·惠景间侯者年表》《汉书·高惠高后文功臣表》等，则无法确定墓主人的身份及其下葬年代；不认真研读《楚辞·招魂》《山海经》等古文献，就无法解开帛画内容之谜。又如，唐宋元明清五个朝代的美术史，各有特色，但总的看是文学化趋势明显。唐代以前，文人兼事绘画者还是少数，唐代以后则较普遍，特别是诗书与画的关系进一步密切了。翻开唐代以后文人文集，几乎无人不言画。这就给我们提出一个问题：研究唐代以后的美术，仅仅查阅美术史专著就远远不够了。我在认真查阅新旧《唐书》、《宋史》、《辽史》、《金史》、《元史》、《明史》、《清史稿》的同时，对唐宋类书《北堂书钞》《初学记》《册府元龟》《文苑英华》《太平御览》,《宋史纪事本末》《续资治通鉴长编》以及清人整理的《全唐诗》《全唐文》等都认真查阅过，对有的内容反复研究。就以我研究宋代文人画来说，仅仅围绕苏轼及其文人画理论，我从1975年至1978年曾查阅过数百部线装书，自己还购买了《苏东坡集》《元丰类稿》《宋文鉴》《云麓漫钞》《容斋随笔》等一批宋人文集、笔记等。拙著《苏轼论书画史料》一书后所列“引用书目”就达200部之多。我撰写《中国美术史》时，这些书都派上了用场。

元代美术有着鲜明的时代特色，最突出的有两点：文人画孤峰突起，藏传佛教美术兴起并迅速风行。围绕这两点，我从1978年开始，阅读了元代重要文人的诗文集，数部藏传佛教方面的专著，如《青史》《红史》《佛教史大宝藏论》《雍和宫志》等。我还去甘南拉卜楞寺，青海塔尔寺，西藏拉萨大小昭寺、罗布林卡等藏传佛寺参观考察。并去北京黄寺佛学院请教在京讲学的却西活佛、那仓活佛等。我从对藏传佛教一无所知，到略知一二，再到热衷、发表文章，颇有一种充实感。1994年，我出版了专著《元代艺术史》。我如果不读杂书，写《元代艺术史》是不可想象的。

经过几十年的积累，1997年我应辽宁美术出版社之约，于1998年年底完成了百万字的专著《中国美术史》的撰写任务，2000年年底拙著正式出版，为我在20世纪付出的辛勤劳动画上一个圆满的句号。

总结这几十年的治学过程，成功经验不多，失败教训不少。第一，说买书和读书。由于寒舍斗室面积有限，加之囊中羞涩，我主要买有长久使用价值的资料书和工具书，不大买今人的论文集之类。书买到手立即看，先看前言，再看书目，拣有兴趣的篇章先读，读时有心得随手做记号或夹纸条，写上三五字，如“佛寺之始”“最早提法”等，以备后用。如写文章正需此书，则一口气读完，把需要引用的文字画出或夹上批注的纸条。身边备“条目本”，把有用的材料以条目形式记下（因为整段抄录太费时间），条目后一定要注明书名、材料所在页码、出版社名、出版日期，日后用起来方便。这个条目本如同仓库，其中的东西取之不尽。第二，遇到问题不轻易问人，尽力自己去找答案。找答案的过程就是深入学习的过程。若问了人，日后一定要核实，引用第二手资料一定要核对原著，以防以讹传讹。第三，年轻时兴趣要广，读书要“贪得无厌”，对什么问题都感兴趣，都要弄个究竟。博而后专，做学问才能有深度。第四，先打基础。例如，我认为研究美术史精通先秦是基础的基础。对先秦诸子的著述以及《诗经》《楚辞》《左传》等，至少要集中三年左右时间攻读。基础不牢，楼房不稳。第五，学点“小学”即古文字学。要想能独立钻研古文献，没有古文字学基础是很难办到的。第六，泛读通史，精读专史，旁及其他。所谓通史是指“二十五史”，泛读就是有选择地读，如与美术史有关的帝王本纪、文人传记一定要读。“二十五史”中的《艺文志》《礼志》《舆服志》《魏书》所特列的《释老志》《元史·释老传》等是一定要反复读的。当然，个人精力有限，难以做到门门精通，根据自己的实际，精通一两门，其他做到深入理解、掌握要点即可。

人生苦短，时间有限，怎么办？读下去就是了。能读多少读多少，能干多少干多少。糊里糊涂而来，赤条条而去。过程就是快乐，过程就是一切。鄙人做学问，贪大求全，博而不专，贪多嚼不烂，消化不良病严重。年轻同志宜深戒之。

（原载《美术观察》2003 年第 8 期）

中国岩画的发现与研究

李福顺

岩画，指刻或画在岩石表面的图形，英文称为 Rock Art，可译作“岩石艺术”，汉语一般称为“岩画”，有的称“崖壁画”。目前这种画是已发现的画类当中最为古老的，遍布世界许多国家，延续时间大约从三万年前直至今天。据国际岩画委员会首任主席阿纳蒂提供的数字，目前世界上大约有 120 个国家，800 个地区、数千个地点发现了岩画，已经记录下来的岩画图像有两千多万个。

19 世纪末西班牙阿尔塔米拉洞窟壁画被发现之后，在欧洲曾掀起研究岩画艺术的热潮，1940 年法国拉斯科洞窟壁画被发现，岩画引起更多学者的关注。这些距今两三万年前的旧石器时代末期的艺术，开始并没有得到学术界的普遍承认，有的学者甚至声色俱厉地贬斥这些以假乱真的绘画，根本不承认那是旧石器时代的艺术，认为是个别考古学家雇人伪造的。但事实终究教育了怀疑论者，不少原先持怀疑态度的考古学家，在事实面前不得不发表文章表示“忏悔”。英国著名考古学家格林・丹尼尔在他所著《考古学一百五十年》一书中，单辟一节，生动地追述了“洞穴艺术的发现”所引起的轩然大波。①

19 世纪末叶以后，欧洲有相当多的学者从事岩画研究，差不多每年都有新的研究成果问世。岩画是人类童年时代创造的艺术，它多侧面地记录了人类早期的生活，这对我们研究人类物质生产和精神生活的发展演变至关重要，是最丰富的形象资料，所以逐渐引起越来越多的各国学者的重视。1980 年夏，联

---

① 参见［英］格林・丹尼尔《考古学一百五十年》，黄其煦译，文物出版社 1987 年版，第 121—123 页。

合国教科文组织不失时机地在华沙创建了全球性的岩画组织——国际岩画委员会。目前已经发展成为有60多个国家加入、拥有370多名会员的庞大的国际学术组织，几乎每年都举行全球性的岩画研究活动，各国的岩画信息迅速传播，为各国学者间的交流提供了极好的机会。首任主席阿纳蒂在任期9年之后于1990年年底将职位移交给法国金·克洛特斯（Jean Clottes）博士时给世界各国的会员写了一封公开信，他非常兴奋地指出：

> 几年来，岩画研究已经成为一门需要继续深入的真正学科，并正在积极迅速地发展着。实际上，岩画已从好奇转为业余，从史前和人类学的边缘、从无价值部分转为富有结构性、挑战性和显示性的学科，并具有自己的方法和目标。

中国已成为世界岩画组织的重要一员，中国岩画正在引起更多国际学者的兴趣。

中国是世界上岩画分布最丰富的国家之一，目前全国已有18个省区80多个县旗发现了岩画，遗址总数有数百个，记录下来的画幅不下几十万幅。中国岩画的分布，北起黑龙江，南至云南沧源，东起东海之滨的连云港，西至新疆昆仑山口，绝大多数分布在边远山地，尤以临近沙漠地带为最多，这与其他国家岩画的分布规律相一致。

中国又是世界上最早发现并记录岩画的国家。早在公元5世纪，北魏郦道元（约470—527）在他的名著《水经注》中，对岩画记载多达二十几处，在河水、沁水、漾水、瓠子河、沔水、淄水、淮水、肥水、江水、若水、夷水、沅水、湘水、资水、丹水、颍水、汉水、湟水、洙水、漓水诸条中，都直接或间接地提到了那里的岩画，所涉及的地区包括今天的新疆、甘肃、青海、宁夏、内蒙古、河南、山西、陕西、四川、湖北、山东、安徽、广西等地区，范围有大半个中国。书中还提到了“北天竺”岩画，即今天印度、巴基斯坦等国的岩画。郦道元对中国岩画的记载，有的是访问得来的，有的可能是文献记载过的，有些是他亲自考察得来的。郦道元出生在范阳（今河北涿州），祖上曾在乐浪（今朝鲜）、山东济南一带为官，他随祖父辈辗转游历。年轻时的郦道元曾任东荆州刺史、河南尹等职。太和十八年（494）随北魏太祖出巡阴山，在东荆州为官时曾考察三峡，亲眼看到了一些岩画。不管怎样得来的材料，都是有根据的，因此是可信的，有些已为今天的实物所证实。如《水经注》“河水”条在写到黄河由宁夏入内蒙古时云：

河水又东北历石崖山西，去北地五百里，山石之上，自然有文，尽若虎马之状，粲然成著，类似图焉，故亦谓之画石山也。

写到黄河流经内蒙古临河、五原一带时云：

河水自临河县东径阳山南，《汉书》注曰：“阳山在河北。指此山也。”东流径石迹阜西，是阜破石之文，悉有鹿马之迹，故纳斯称焉。

又“江水条”写到四川与湖北交界的西陵峡一带时云：

江水又东径狼尾滩而历人滩。袁山松曰：“二滩相去二里，人滩水至峻峭，南岸有青石，夏没冬出，其石嵚崟，数十步中悉作人面形，或大或小，其分明者须发皆具，因名曰人滩也。”

这后一处岩画，是郦道元考察三峡时亲眼所见：

江水又东径西陵峡，《宜都记》曰：“自黄牛滩东入西陵界，至峡口一百许里，山水纡曲，而两岸高山重障，非日中夜半，不见日月，绝壁或千许丈，其石彩色，形容多所像类。林木高茂，略尽冬春，猿鸣至清，山谷传响，泠泠不绝。”所谓三峡，此其一也。山松言，常闻峡中水疾，书记及口传，悉以临惧相戒，曾无称有山水之美也。及余来践跻此境，既至，欣然始信耳闻之不如亲见矣。

《水经注》记录下来的岩画内容，涉及社会生活的各个方面，诸如动物、人面形、神灵像、符号、佛像、佛足迹、兽蹄印迹、车辙、刀剑等。郦道元在记录岩画内容时，还注意记载周围的环境、历史衍变、神话传说等，这对我们深入分析岩画颇有补益。

中国虽然最早发现并记录了岩画，但一千多年几乎无人研究，直至近现代才有个别学者关注岩画，但研究规模和水平远不如欧洲学者。中国近代对岩画的研究始于黄仲琴教授对福建华安汰溪仙字潭岩画的调查，1935 年写成《汰溪古文》一篇，发表在《岭南学报》第 4 卷第 2 期上。观点虽是沿袭唐代韩愈的“仙字”说（实际是人物形象，并不是古文字），但在近代中国岩画研究中具有开创意义。与此同时，少数外国学者也对中国西北地区如新疆、内蒙古个别地区的岩画做过调查，但收效甚微。

中国岩画的大量发现与进一步研究，是在 1949 年中华人民共和国成立之后。20 世纪 50 年代对花山岩画的调查，60 年代对云南沧源岩画的调查，70 年代对内蒙古阴山和甘肃嘉峪关黑山岩画的调查，80 年代对内蒙古乌兰察布草原、江苏连云港、台湾万山、新疆天山、西藏日土、贵州画马岩、青海刚察、青海乌兰、宁夏贺兰口等处岩画的调查，都取得了可喜的成果。其中阴山岩画的发现与调查，引起了国内外学者的普遍关注。1976 年夏，内蒙古的考古学家盖山林在乌拉特中旗韩乌拉山峰下进行文物普查时，意外地发现了一幅古老的人面形岩画，这幅岩画正与《水经注》记载相符。自此他下定决心集中精力研究岩画。1977 年夏在蒙古族青年向导达能太的协助下开始了有计划的远征考察，发现了更多的岩画点。经过几年的辛勤劳动，收集了一大批实物资料，盖山林认为可以初步对阴山岩画发表看法了。1980年1月底，新华社向国内外发布了盖山林发现阴山岩画的新闻，随后《光明日报》《文汇报》《新观察》等报刊也纷纷登载有关消息，法国、日本、西班牙、土耳其等十几个国家和地区的报刊、电台立即转发介绍文章和报道，引起世界的关注。1984年冬，美国《世界名人录》编辑部专函通知盖山林，他的名字被列入即将出版的《世界名人录》第七版的候选人名单。盖山林成为有史以来第一个被载入《世界名人录》的中国岩画学者。

1980年中国开始全面实施改革开放政策，随着经济的搞活，学术空气也活跃起来，少数考古工作者开始与国外接触，云南民族学院（现云南民族大学）的汪宁生教授将自己的论文《云南沧源岩画》寄给了澳大利亚岩画研究协会机关刊物《岩画研究》，经过几次修改，终于在1984年的《岩画研究》上刊登了。同年他被国际岩画委员会吸收为委员，成为中国最早加入国际岩画组织的学者。

国际岩画委员会的建立，对于团结世界的岩画学者、促进岩画研究，无疑都起着巨大作用。但绝大多数外国学者对中国岩画几乎一无所知或知之甚少，1983年美国《考古学》杂志上发表过一幅《世界岩画分布图》，在中国的版图上，居然一片空白，1984年国际岩画委员会在写给联合国教科文组织的一份有关世界岩画研究的报告里，中国部分仍然是一片空白。中央民族学院（现中央民族大学）的陈兆复就此事专门给国际岩画委员会写了一封信，对此表示愤愤不平，并简单介绍了中国岩画的情况。经过数次通信，委员会确认陈兆复是一位潜心研究中国岩画的学者，因此他被邀请为卡莫诺史前研究中心撰稿，文章于1986年发表在第23期学报上，题为《中国岩画》。同时由于意大利外交部热情地提供奖学金，陈兆复来到了卡莫诺史前研究中心。在一年多的时间里，他一方面学习卡莫诺岩画的研究经验，一方面完成了《中国岩画》的专著撰稿工作，1987—1989年先后用意、法、德三种文字出版，销往世界许多国家。中国岩画被系统地介绍给全世界，陈兆复作出了重要贡献。1987年他被推选为国际岩画委员会执委，使中国岩画学者在国际舞台上真正有了发言权。

由于国际的需要和陈兆复的努力，1988年秋在澳大利亚墨尔本举行的国际岩画委员会年会上，执委会一致同意吸收中国盖山林、王明哲、李福顺、蒋振明、李泓甫、李祥石六名学者为国际岩画委员会委员。中国研究岩画的力量在壮大，国际影响在扩大。

在国际岩画研究热潮的影响下，中国国内研究岩画的人越来越多，不断有文章、专著问世。1978 年前出版的美术史专著，没有岩画的立足之地，现在大不相同了，国家出版的《中国美术全集》《中国大百科全书》《中国美术史》《世界美术史》以及各类艺术辞典，都辟有岩画专章，岩画堂堂正正地登上了大雅之堂。与此同时，中国岩画在世界的影响越来越大，有更多的中国学者在国外发表文章。陈兆复继在外国出版《中国岩画》之后，又发表文章数篇，多次出席国际学术会议。1989 年，青海年轻的考古工作者汤惠生在澳大利亚《岩画研究》上发表了“青海岩画”的专题论文，使鲜为人知的青海岩画公之于世。此文使汤惠生成为澳大利亚岩画研究会的正式成员。1989 年，陈兆复、李福顺被列入在意大利召开的国际岩画委员会岩画研讨会大会发言名单，李的论文《论岩画程式化》被摘要发表在大会会刊上。1990 年，陈兆复、李福顺被列为国际岩画委员会年会大会发言人，陈的论文摘要发表在大会会刊上。李的论文《试谈中国岩画中的太阳神崇拜》被全文载入国际岩画委员会机关刊物《岩画》杂志上。1991 年，李福顺的《中国广西花山岩画》的科学论文载入国际岩画团体联合会暨澳大利亚岩画研究会机关刊物《岩画研究》上，此文使李成为澳大利亚岩画研究会的正式成员。同年李福顺的《试谈中国岩画中的太阳神崇拜》载入澳大利亚《国际岩画通讯》上。李福顺与澳大利亚国际岩画团体联合会主席贝德里克（Robert G. Bednarik）合著《岩画断代：过去与现在》，发表在澳大利亚《考古学》杂志上。

当年中央民族学院蒋振明的专著《中国岩画》英文版由中国外文出版社出版。1992 年 2 月，《国际岩画通讯》发表了李福顺《中国岩画断代方法概说》，系统论述岩画断代的十种方法，具有重要理论价值（中央民族大学中国岩画研究中心编《岩画》第 1 辑转译了此文）。

近几年国内出版的岩画专著与日俱增，据笔者所知有：

汪宁生《云南沧源崖画的发现与研究》（文物出版社 1985 年）

盖山林《阴山岩画》（文物出版社 1986 年）

盖山林《乌兰察布岩画》（文物出版社 1989 年）

陈兆复主编《中国岩画》（浙江摄影出版社 1989 年）

朱伯雄主编《世界美术史·原始美术》（其中中国岩画部分由李福顺撰文，山东美术出版社 1987 年）

王系松、许成、卫忠、李文杰《贺兰山岩画（拓本）》（宁夏人民出版社 1990 年）

赵养锋编著《中国阿尔泰山岩画》（陕西人民美术出版社 1987 年）

广西少数民族社会历史调查组编《花山崖壁画资料集》（广西民族出版社 1963 年）

秦维廉《香港古石刻——源起及意义》（香港基督教中国宗教文化研究社 1976 年）

广西壮族自治区民族研究所编《广西左江流域崖壁画考察与研究》（广西民族出版社 1987 年）

广西壮族自治区文化厅文物处、广西壮族自治区博物馆编《广西左江岩画》（文物出版社 1988 年）

中国人民政治协商会议福建省华安县委员会文史资料委员会、福建省华安县文化馆合编《仙字潭古文字探索》（1984 年）

福建省考古博物馆学会编《福建华安仙字潭摩崖石刻研究》（中央民族学院出版社 1990 年）

王朝闻总主编《中国美术史·原始卷》（岩画部分由盖山林、李福顺撰文，山东齐鲁书社 1991 年）

王伯敏主编《中国美术通史》（包含岩画，山东教育出版社 1987 年）

1985年以来，在中国有两次大规模的岩画研讨会值得特别提出来加以介绍，因为这两次会议对中国岩画的研究产生着深远的影响。

1985年11月9日至24日，广西壮族自治区人民政府、广西民族事务委员会邀请了全国包括民族、历史、考古、美术、宗教、神话、地质、岩溶、化学、碳素年代等12个学科的学者、专家、教授和新闻记者80多人，组成了庞大的“广西左江流域崖壁画考察团”，由自治区副主席张声震带队，对宁明、崇左、龙州、扶绥的沿江崖壁画进行实地考察，然后云集南宁，举行学术讨论会。由于集思广益，多年不能解决的问题解决了，对左江流域崖壁画的年代、族属、内容、历史价值、艺术特征、美学价值等，都有了更新的认识。由地方政府出面组织这样大规模的综合考察活动，在中国历史上是空前的壮举，在世界也是少见的，表明广西壮族自治区的领导富有远见卓识，对岩画价值的估计要胜过一般领导一筹。此举不仅迅速提高了广西岩画的研究水平，也推动了整个中国岩画研究，将永远载入史册。

1991年10月5日至10日在宁夏银川召开了“国际岩画委员会年会暨宁夏国际岩画研讨会”。会议由国际岩画委员会委托陈兆复作召集人，由宁夏回族自治区承办。大会邀请了国内百余名学者、专家、教授和13个国家的外国学者，其中包括国际岩画委员会主席阿纳蒂夫妇、国际岩画团体联合会召集人暨澳大利亚岩画研究会秘书长罗伯特夫妇、印度英·甘地国立艺术中心主任萨拉斯瓦迪等。在银川举办了大型的岩画图片展览，会议期间参观了贺兰口等地的岩画，大会发言、分组讨论及宣读论文、个别交谈。中外学者就岩画领域中的各种问题展开了热烈的讨论，交流了信息，促进了相互了解。在中国举办这样大规模的国际岩画研讨会尚属首次，宁夏回族自治区的领导和全体工作人员付出了辛勤的劳动，召集人之一的陈兆复也做了大量工作。这次大会总的来看是成功的，达到了预期的目的。

（原载《石刻论著汇编》第一集，北京图书馆出版社1997年版）

初次面世的梁楷风格的宋画《补衲图》考证

李福顺

2004年夏，一位朋友请我鉴定一幅古画。打开画幅，只见画面上一秃顶连腮胡子的和尚身着长袍侧坐在地，聚精会神地穿针引线，准备补衲。（图1、图2）这是一幅水墨画，手法颇似传为五代石恪的《二祖调心图》[①]及南宋梁楷的《布袋和尚图》[②]（图3），刻画精细入微，袈裟（僧衣）以泼墨画出，线条粗放潇洒，给人一气呵成之感。作画之纸薄而质密，呈暖灰白色，显系放置时间太长所致。此画以淡墨打轮廓及架构体面，颇显功力。人物虽被掩藏在宽大袍服之中，然透过淡墨色块的走向及浓墨衣纹线条的规范，可以明确区分出各部位

① 石恪《二祖调心图》现藏日本。画面左上有南宋高宗时朱文“德寿殿宝”大方印，“绍”“兴”分刻小方印及双龙圆印等，大方印及其下葫芦印上墨书题款“损斋宝玩”。左下部墨书“乾德改元八月八日西蜀石恪写二祖调心图”。玺印刻制呆板，与流传高宗玺印真迹不合，显系伪造。墨书字迹拙劣，且违背常理，如所题“西蜀石恪”应是后人对石的称呼，他自己不会称本朝为“西蜀”。可见该画之印款皆是后人添加。画本身的艺术性也较差，运笔迟疑，线条软弱无力，尤其是五官刻画，线条不连贯，描摹痕迹明显。此图很可能是元初人所摹。参见《原色日本美术》第29册，日本株式会社小学馆昭和四十六年（1971）版，图38。元初夏文彦《图绘宝鉴》云：“石恪，字子专，成都人。性滑稽，有口辩。工画佛道人物，始师张南本，技进益纵逸，不守绳墨。多作戏笔。人物诡形殊状，惟面部手足用画法，衣纹皆粗笔成之。”《二祖调心图》在画法上与此记载相符。

② 梁楷《布袋和尚图》现藏日本香雪美术馆。画上部有释大川普济（1179—1253）题赞。严雅美女士云：“《布袋图》使用了较《六祖截竹》更为瘦劲、浓黑而简略的笔描线条，予人的观感更加锐利。其头部使用若隐若现的极淡之墨晕染而成，几乎不见轮廓；使用细笔描成的五官攒挤于脸部中央，表情诡异；加上惹人注目的粗笔衣纹以‘草结蔗渣’一类的画材擦染而出，状若飞白，与上述《六祖截竹》的木石相似而更粗放，革命性地突破了墨面的使用，使此图成为梁楷绘画中的特异作品。”“日本学者多以此图为梁楷的真迹，笔者至今尚未见过持执疑看法者。但因其上的大川普济赞为异纸接合而成，而其后墨迹与大川其他的手迹相较，也多少有所不同，因此尚有些争议。依笔者之见，此图自款识、笔描能力等方面来看，应该可以接受为梁楷的真迹，尤其衣纹的用笔方法，与《六祖截竹》和《出山释迦》中石树木的刷染方式极为接近，应为一人所画。然而欧美及台湾、大陆两地的学者中提及此图者甚少。”参见严雅美《梁楷泼墨仙人图研究——兼论宋元禅宗绘画》，台湾法鼓文化事业股份有限公司2000年版，第57页。

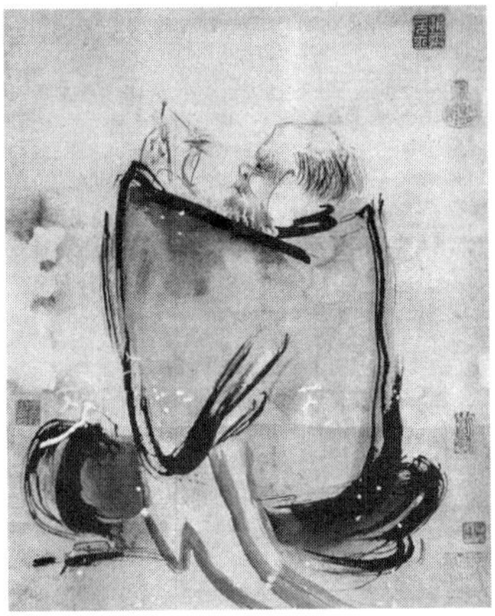

图 1 《补衲图》，梁楷，南宋，
绢本设色，42cm × 34cm

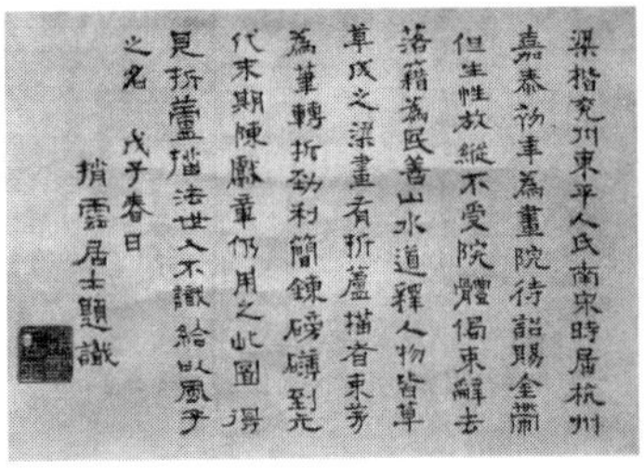

图 2 捎云居士为《补衲图》所书的题识

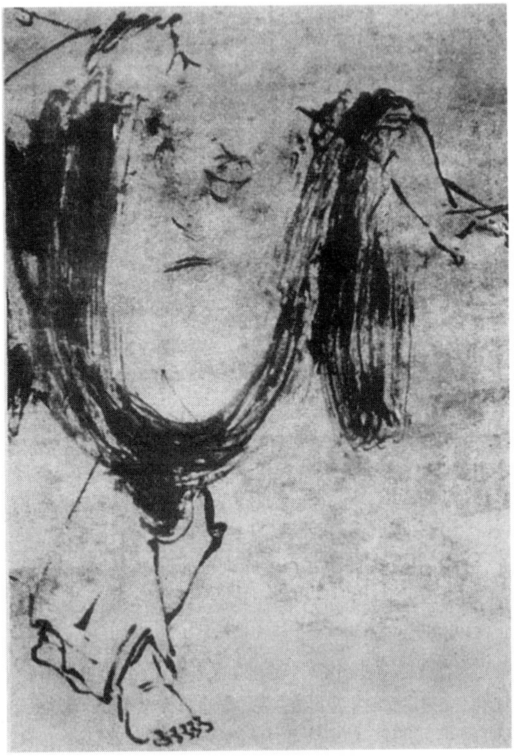

图 3 《布袋和尚图》，梁楷，南宋，绢本设色，
82cm × 33.2cm，日本香雪美术馆藏

的结构关系，显示出画家对人体结构的准确把握。此画尺寸不大，高 42 厘米，宽 34 厘米。

二

仔细研究，我发现该画使用的工具和手法与一般绘画不同。作画用的不是软毛笔，而很可能是用芦秆制成的扁形硬质笔，这从画面人物头部和手部出现的平行双线条可以看出。画中运笔时而平行，时而立行，如额头、眼眶、左手大拇指等处都出现了平行的双线，而且线条短粗，入锋和收锋处如硬物被切割，袈裟领部及左臂袖筒的粗线条齐头齐尾，平直呈片状，其他部位的线条粗犷浓重，看似泼墨，所用的工具也不是软毛笔，而是结茅作笔所为。这符合明代周履靖《夷门广牍》中“梁楷撇捺折芦描”的记载。[①]以前对梁楷“折芦描”多理解为线条的形状似折芦，今天看来是不对的，应理解为“以折芦作笔而描”。

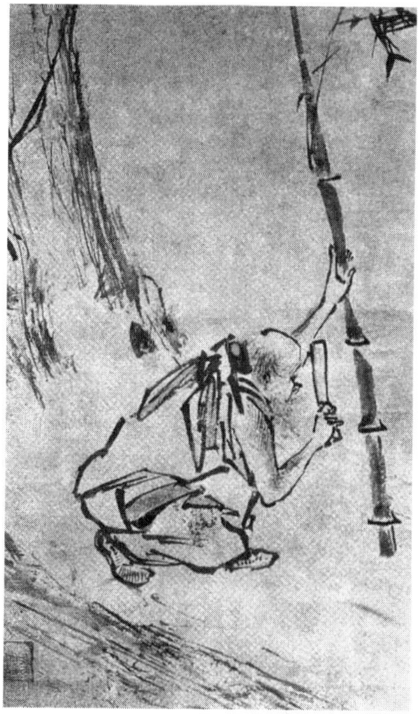

图 4 《六祖截竹图》，梁楷，南宋，72.7cm × 31.5cm

该画的绘制步骤可能是先以淡墨确定头手位置、脖颈长度及身体各部位的比例，再以淡墨画出袈裟轮廓，而后结合身体结构确定线条的大体走向。人物姿势为典型的老僧坐姿，即《禅苑清规》所说的“正身端坐”“状如浮屠”[②]，从其坐姿分析应为结跏趺坐[③]。画面上破衲披展于双膝，一部分垂搭在地，头、手以淡墨刻画，精细入微，但运笔自由潇洒。人物形象秃顶、散发、连腮胡、大脑门、深眼窝、翘鼻子，颇像梁楷《六祖截竹图》(图 4)、《六祖撕经图》中的形象，不仅外形近似，传神之精到

① 参见《南宋院画录》卷五，载《画史丛书》第 4 册，上海人民美术出版社 1963 年版，第 108 页。按：《夷门广牍》，一百二十六卷，明周履靖编。履靖字逸之，嘉兴人。是编广集历代以来小种之书，并及其所自著，盖亦陈继儒秘笈之类。夷门者，自寓隐居之意也。书凡八十六种，分门有十，曰艺苑，曰博雅，曰食品，曰娱志，曰杂占，曰禽兽，曰草木，曰招隐，曰闲适，曰觞咏。观其自序，艺苑博雅之下，有尊生书法画薮三牍，而皆未刊入。所收各书，真伪杂出，漫无区别。参见《四库全书总目提要・卷一三四・子部・杂家类存目・十一》，商务印书馆 1933 年版，第 7 页。正因为该书系作者编辑的杂书，可能会保留一些他书所没有的史料，故书中所记载的“梁楷撇捺折芦描”很值得重视。

② 《禅苑清规・卷八・坐禅仪》云：“欲坐禅时……乃正身端坐，不得左倾右侧，前躬后仰。令腰脊头项骨节相拄，状如浮屠。”参见（宋）宗赜著，苏军点校《禅苑清规》，中州古籍出版社 2001 年版，第 101 页。

③ “结跏趺坐，先以右足安左髀上，左足安右髀上……次以右手安左足上，左掌安右掌上，以两大拇指相拄，徐徐举身前欠，左右摇振，乃正身端坐。”参见（宋）宗赜著，苏军点校《禅苑清规》，中州古籍出版社 2001 年版，第 102 页。

犹有过之。《补衲图》中的老僧左手持针，右手捏线，目不转睛，全神贯注地穿针引线。袈裟和破衲的刻画在已有淡墨轮廓的基础上完成，结茅为笔，蘸浓墨破笔画衣纹，线条粗放，间以飞白，富于变化和韵律感。从老僧吃力地穿针引线的双手动作来看，他似是难承僧衣之重，即此可以推知袈裟质地厚重，应是为防止"寒苦严切"而穿的"大衣"。[①] 衣领和左臂袖筒上线条平板，头尾粗细一样，而衣袖的前身和下摆及膝盖、臀部、坐垫的线条则泼墨间飞白，粗细变化明显，垂搭在地的破衲局部又用流畅粗放的淡墨线条画出，不仅交代了人物所穿和所衲之衣为不同的质料，且使笔墨有了浓淡粗细的变化，增强了画面的韵律感。尤见功力的线条有两处：一处是右手所捏的引线，中间粗而实，两头细而虚，将穿针鼻刹那间的动作表现得活灵活现；另一处是脊背的衣纹线，由衣领至臀部先以散开的细线条下延，至与坐垫结合的部位则变为墨块，而在胯骨部位的线条又有意中断，这是为了交代胯骨的结构，脊背线略有弯曲，表明老僧的生理特征。画家对人物观察之细及艺术表达之精到，充分体现出宋代画家所特有的"物趣悉到""精密不苟"[②] 的艺术作风。

通过对《补衲图》艺术手法的简单分析，我初步断定这是一幅具有鲜明梁楷风格的宋画，或出自梁楷本人之手，或为梁楷传派高手所作。

---

① 《正法眼藏·第三·袈裟功德》云："调和温暖时，着五条衣；寒冷时，加着七条衣，寒苦严切，加以着大衣。"[日] 道元著，何燕生译注：《正法眼藏》，宗教文化出版社 2003 年版，第 616 页。又《一切经音义·卷七·跏趺》云："上音加，下音夫。案金刚顶及毗卢遮那等经坐法差别非一，今略举二三，明四威仪，皆有深意。结跏趺坐略有二种：一曰吉祥，二曰降魔。凡坐，皆先以右趾押左股，后以左趾押右股，此即左押右，手亦左居上，名曰降魔坐。诸禅宗多传此坐。若依持明藏教瑜伽法门，即传吉祥为上，降魔坐有时而用。其吉祥坐，先以左趾押右股，后以右趾押左股，令二足掌仰于二股之上，手亦右押左，安仰跏趺之上，名为吉祥坐。如来昔在菩提树下成正觉时，身安吉祥之坐，手作降魔之印，是故如来常安此坐，转妙法轮。若依秘密瑜伽身语意业举动威仪，无非密印，坐法差别、并须师授。或曰半加，或名贤坐，或象轮王，或住调伏，与此法相应，即授此坐，皆佛密意有所示也。"《一切经音义》第一册，上海古籍出版社 1988 年版，第 10 页。

② 鲁迅《论"旧形式的采用"》云："在唐，可取佛画的灿烂，线画的空实和明快，宋的院画，萎靡柔媚之处当舍，周密不苟之处是可取的，米点山水则毫无用处。"载张望编《鲁迅论美术》，人民美术出版社 1982 年版，第 128 页。又，（宋）邓椿《画继·卷十·杂说·论近》云："画院界作最工，专以新意相尚，尝见一轴，甚可爱玩。画一殿廊，金碧熀耀，朱门半开，一宫女露半身于户外，以箕贮果皮作弃掷状，如鸭脚、荔枝、胡桃、榧、栗、榛、芡之属，一一可辨、各不相因，笔墨精微，有如此者。"（宋）邓椿《画继》，人民美术出版社 1963 年版，第 124 页。

现收藏者告知，《补衲图》出自杭州某大寺院，原为镇寺之宝，民间无缘瞻仰。1948年杭州战乱，寺院高僧为使此宝免遭浩劫，捎云居士将其转卖给有保存能力的文化人刘espots旃，刘先生即第一收藏者。刘家境殷实，诗书传家，本人有很高的文化修养，鉴定书画眼力颇高，又嗜文物如命，故将此画密藏，从不示人。可惜这位收藏家在20世纪90年代初作古，他生前认定《补衲图》就是梁楷的亲笔佳作。这虽不必视为定论，但值得认真思考。

考察中国美术史，类似《补衲图》画风的宋画流传至今的只有传为石恪的《二祖调心图》和梁楷的《布袋和尚图》《六祖截竹图》《六祖撕经图》《泼墨仙人图》《太白行吟图》等屈指可数的几件。《二祖调心图》尚存争议，其款、印均可疑，绘画技法也存在明显缺陷，行笔迟疑，且有描摹痕迹。再者从地望来说，石恪是北宋初活跃在蜀地的画家，影响主要在蜀。所以我们基本上可以排除《补衲图》出自石恪的可能。梁楷是南宋中期的画院画家，活动在杭州地区。他生性散放，不愿意受皇家画院约束，据记载："梁楷……嘉泰（1201—1204）间画院待诏，赐金带，楷不受，挂于院内而去。嗜酒自乐，号曰梁风子。"[①] 梁楷与禅僧来往密切，颇受禅门青睐，与其同时代的释居简（1164—1246）及晚于他的释中峰明本（1263—1323）都有赞颂他画作的诗文传世。[②] 梁楷风格的影响主要及于杭州地区，流行于南宋中期至元代中期这一段时间，因为元代中期后，

① 《图绘宝鉴》曰："梁楷，东平相羲之后。善画人物、山水、道释、鬼神，师贾师古，描写飘逸，青过于蓝。嘉泰间画院待诏，赐金带，楷不受，挂于院内而去。嗜酒自乐，号曰梁风子。院人见其精妙之笔，无不敬伏，但传于世者皆草草，谓之减笔。"参见《南宋院画录》卷五，载于安澜编《画史丛书》第4册，上海人民美术出版社1963年版，第108页。

② 孙治《灵隐寺志》："宋妙峰和尚住灵隐，尝有四鬼移之而出，梁楷画《四鬼夜移图》，中峰为之跋曰：'昔南泉谓王老师修行无力，被鬼神觑破，殊不知鬼神不著，便白日被王老师热瞒。相传妙峰和尚住灵隐时，为四鬼所肩而出，当时赖遇妙峰，若是王老师，未免又作修行无力会也。一种是谩神吓鬼，显异惑众，今又被人描貌将来，不知面皮厚多少。'"《北涧文集》："释居简御前梁楷画《两蟆》赞并引：一蟆逐蚊，一蟆攫飞不及，而掷于地。'攫而掷，翾而举之，二虫请以战喻。翾毋忘于射钩，攫无忘于在莒。蚊战酣，蟆袭其后。非大嚼盍及相友，梦好忽同归，一麾何足疑。'"参见《南宋院画录》卷五，载于安澜编《画史丛书》第4册，上海人民出版社1963年版，第108—109页。按：妙峰和尚（1152—1235），法名之善，字妙峰，姓刘，吴兴人。《新续高僧传》卷十五有其传。中峰明本（1263—1323），字幻住，晚号中峰，姓孙，钱塘人，元余杭吴山圣水寺沙门。《新续高僧传》卷十七有其传。宋释北涧居简（1164—1246），字敬叟，潼川王氏子。人称他"英衲争附，鸿儒折节，问道于足下"，因此梁楷与之交往就不足为奇了。《续补高僧传》卷二十四有传。

梁楷的大部分作品被入元求法的日本高僧带走了。据元初夏文彦《图绘宝鉴》记载，梁楷的弟子有俞珙（绍定年间，即1228—1233，画院待诏）、李权（咸淳年间，即1265—1274，画院祗候）、李确（情况不明）、刘朴（情况不明）等，他们的作品目前在国内尚未出现。明清两代写意画当以浙派、徐渭、扬州八怪（个别人）成就较高，但他们的表现方法与《补衲图》相去甚远，他们对人物结构的理解和表现均明显趋于符号化，仅粗具外形，而缺乏宋人的精密。而最大的差别在于他们的绘画工具都用软毛笔，而不用芦秆。这是因为元代以后，文人画在画坛逐渐占据主导地位，在画中显示笔墨功力成为画家追求的目标之一，而“结茅作笔”是难以达到这一目标的。所以《补衲图》的时代和作者只能在南宋中期和元代中期寻求，明清画坛是不会产生这种风格作品的。在梁楷之前，唐代画史虽记载王默用泼墨法画山水，甚至用脚蹙手抹，但却无“结茅作笔”的记录。五代宋初石恪虽使画法大变，“惟（人物）面部手足用画法，衣纹皆粗笔成之”，但他所使用的绘画工具仍然是传统的“笔”。苏轼曾以“蔗滓”画竹及枯木，但一无作品流传，二无技法表述，三不是画人物。与梁楷差不多同时的禅僧画家牧溪，虽“多用蔗渣草汁，又皆随笔点墨而成”[①]，但其风格总的来看较梁楷清秀，行笔力度略软。同时的禅僧画家若芬玉涧所画《庐山图》，虽用谷秸头作笔画就，但也仅限于山水而无关人物画。[②] 所以纵观中国绘画史，“结茅作笔”，以“折芦描”作人物画的画家，明确记录在案的，虽不仅梁楷一人，但

① 《松斋梅谱》云：“僧法常，蜀人，号牧溪，喜画龙虎猿鹤禽鸟山水树石人物。不曾设色，多有蔗渣草汁，又皆随笔点墨而成，意思简当，不费妆缀。松竹梅兰，不具形似。”参见卢辅圣主编《中国书画全书》第2册，上海书画出版社2000年版，第702页。

② 《松斋梅谱》云：“僧若芬字仲石，号玉涧，婺州金华人，著姓曹氏子，九岁得度，著受业宝峰院。幼颖悟，学天台教深解义趣，受具为临安天竺寺书记。遍游诸方，或风日清好，游目骋怀. 必摹写云山、托意声画。寺外求者渐众，因谓世间宜假不宜真。”参见卢辅圣主编《中国书画全书》第2册，上海书画出版社2000年版，第702页。又“玉涧《庐山图》说明”谓：“粗笔生动地描绘出了庐山雄大的印象，是珍贵的茶挂作品。这幅画原来是京都广隆寺所藏的卷轴，江户初到了佐久间将监真胜手上，为了茶挂将其分成了3幅。现在根津美术馆保存着全图模本，从中可以判断本图是最右边的部分。庐山是中国江西省九江南部的名山，很早以来就是诗画的题材。用削成类似于谷穗头的笔描绘的粗野的画面，生动地画出了雾中的庐山的山顶。”《原色日本美术》第29册《清末的美术》，日本株式会社小学馆1971年版，图46文字说明。

流传下来的作品，风格与《补衲图》相近的只有梁楷和梁楷传派。

二

《补衲图》在禅宗绘画中是最常见的题材，它既是禅僧日常生活的写照，也是表达禅意的寓意之作，补衲的动作及所用道具（针和线）都暗藏禅理玄机。我们在这里引述一段苏轼《佛印磨衲赞》：“长老佛印大师了元游京师，天子闻其名，以高丽所贡磨衲赐之。客有见而叹曰：‘呜呼善哉，未尝有也。尝试与子摄其斋衽，循其钩络，举而振之，则东尽嵎夷，西及昧谷，南放交趾，北属幽都，纷然在吾箴孔线蹊之中矣。’佛印听然而笑曰：‘甚矣，子言之陋也。吾以法眼视之，一一箴孔有无量世界，一一世界满中众生所有毛孔，所衣之衣，箴孔线蹊悉为世界。’”[①] 由此可见，衲（僧衣）在禅僧心目中已不是一般意义上的僧衣，而是禅意的象征。诚如南宋嘉定十六年（1223）来临安（杭州）求法的日本高僧道元在《正法眼藏》中所云：“袈裟是诸佛之恭敬、皈依处。是佛身也，是佛心也。称解脱服，称福田衣，称无相衣，称无上衣，称忍辱衣，称如来衣，称大慈大悲衣，称胜幡衣，称阿耨多罗三藐三菩提衣。”[②] 描绘禅僧补衲，屡见于唐诗，唐许浑《冬日宣城开元寺赠元孚上人》云：“梵文明处译，禅衲暖时缝。”唐释无可《寄题庐山二林寺》云：“画壁披云见，禅衣对鹤缝。”[③] 五代西蜀欧阳炯《禅月大师应梦罗汉歌》云：“悴石安排嵌复枯，真僧列坐连跏趺。形如瘦鹤精神健，骨似伏犀头骨粗。……硬节筇杖矮松床，雪

① 苏轼《佛印磨衲赞》，载北京图书馆古籍出版编辑组编《北京图书馆古籍珍本丛刊》第 77 册，书目文献出版社 1998 年版，第 363 页。

② 《正法眼藏》云：“大凡可知，袈裟是诸佛之恭敬、皈依处。是佛身也，是佛心也。称解脱服，称福田衣，称无相衣，称无上衣，称忍辱衣，称如来衣，称大慈大悲衣，称胜幡衣，称阿耨多罗三藐三菩提衣。……当知袈裟者，非绢、非布，是佛道之玄训也！”［日］道元著，何燕生译注：《正法眼藏》，宗教文化出版社 2003 年版，第 618—619 页。

③ 许浑诗见林德保等注《详注全唐诗》，大连出版社 1997 年版，第 2064 页。无可诗见《全唐诗》第二十三册，中华书局 1979 年版，第 9168 页。

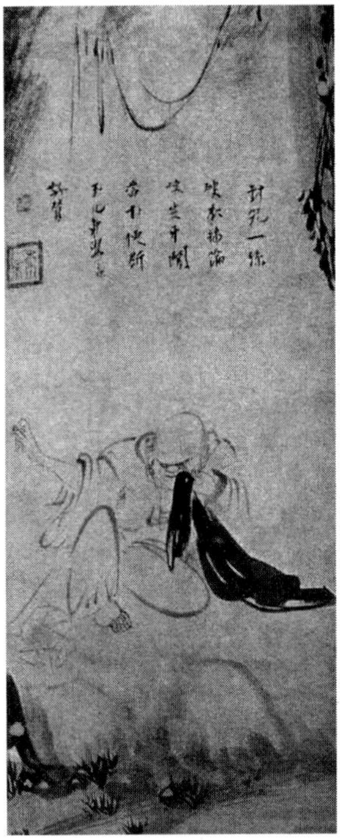
图 5 《朝阳图》，东叟元恺，宋，现藏日本

色眉毛一寸长。绳关梵夹两三片，线补衲衣千万行。”[①] 可见贯休是画过补衲图之类作品的。宋末元初释东叟元恺（牧溪传派）画有《朝阳图》（即补衲图，图 5），上题诗云：“针孔一丝，破衣补漏。咬定牙关，当下便断。玉几东叟元恺敬赞。”[②] 该画现藏日本，描绘的是老僧补衲即将结束，用牙咬断丝线的瞬间，暗喻当机立断的禅理。

《补衲图》在禅宗绘画谱系中应属“祖师赞”之类，其功能是为僧俗提供瞻礼对象，宣传禅宗教义。禅宗兴起于唐，发达于宋，南宋发展到最高峰。宋末元初方回（1227—1307）《建德府南山禅寺僧堂记》云：“佛事在东南，浙右为盛；浙右，钱塘为盛；钱塘之盛，莫盛于灵隐、径山，聚其徒千五百至二千众，故其众僧所居之堂，视天下无加焉。”[③] 一寺聚僧已如此之多，整个杭州的情形不难据以推断。据《梦粱录》记载，南宋临安（杭州）有佛寺 671 座，僧人之多可想而知。[④] 僧寺多，佛事就多，所需各类佛像也就多。元初中峰和尚《历代祖师画像赞并序》云：“杭之妙行寺尝集五宗传道之师遗像数千轴，每遇岁旦展挂，缁白瞻礼，目之曰祖师会。有好事者图少林至天目直下相承二十八代祖师遗像，岁遇少林讳

---

① （宋）黄休复：《益州名画录》卷下，人民美术出版社 1964 年版，第 56 页。

② 《原色日本美术》第 29 册，图 56，牧溪传派，《朝阳图》。

③ （元）方回：《建德府南山禅寺僧堂记》，载李修生主编《全元文》第七册，江苏古籍出版社 1998 年版，第 309 页。

④ 临安寺观很多，《梦粱录 · 城内外诸宫观》：“释老之教遍天下，而杭郡为甚。然二教之中，莫盛于释，故老氏之庐，十不及一。”《梦粱录 · 城内外寺院》：“如自七宝山开宝仁王寺以下，大小寺院五十有七。倚郭尼寺，自妙净福全慈光地藏寺以下，三十有一。又两赤县大小梵宫，自景德灵隐禅寺、三天竺、演福上下、圆觉、净慈、光孝、报恩禅寺以下，寺院凡三百八十有五。更七县寺院，自余杭县径山能仁禅寺以下，一百八十有五。都城内外庵舍，自保宁庵之次，共一十有三，诸录官下僧庵，及白衣社会道场奉佛，不可胜纪。”［宋］吴自牧：《梦粱录》，浙江人民出版社 1980 年版，第 135、136—137 页。

日，荐羞粢盛，以酬递代传持之德。”[1]这说明祖师像的用途是多方面的，可在春节展挂以供僧俗（缁白）瞻礼，又可作为祖师忌日僧众祭拜的偶像，其他重要佛教节日也可能要展挂祖师画像。这种悬挂祖师像之举，禅宗称为“挂真”。[2]从当时佛教发展的盛况来看，“挂真”的需要量很大，如此巨大的社会需求，靠少数专职画家是难以满足的。所以有学者认为当时有手工作坊专门生产此类作品，以满足市场所需。[3]当然，在禅宗寺内的“挂真”，因场所和使用功能的神圣性，其绘制者或是禅僧，或是对禅有深入理解的专职画家，如梁楷、牧溪之流。就艺术水平而论，《补衲图》绝非一般画工的仿制之作，而是专职画家的上乘佳品，它可能出自梁楷传派，也可能就出自梁楷本人之手。《补衲图》技法的高超前面已作了说明，此不赘述。就人物形象与《禅苑清规》的相关内容相契合这一点而言，也足以说明作品的专业水准。《禅苑清规·坐禅仪》云：“欲坐禅时，于闲静处厚敷坐物，宽系衣带，令威仪齐整。然后结跏趺坐。……正身端坐，不得左倾右侧，前躬后仰。令腰脊头项骨节相拄，状如浮屠。又不得耸

① 北京图书馆古籍出版编辑组编：《北京图书馆古籍珍本丛刊》第77册，书目文献出版社1998年版，第595页。

② 两宋禅僧寺院“挂真”是很普遍的现象，凡重要活动，都要挂真。《禅苑清规·卷七·尊宿迁化》云：“如已坐化，置方丈中，鲜花供养。法座上挂真，法堂上用素幕、白花、灯烛供养之物，真前铺道场。”“法事，小师在龛帷之后幕下，具孝服守龛。法堂上安排了，丧主已下礼真讫，然后知事、头首、孝子大众与丧主相见，丧主已下次第相慰。如有外人吊慰，外知客引到堂上，内知客引于真前烧香致礼竟，与丧主、知事、首座相看。如有致祭，于真前陈设。”“送葬之仪，合备大龛，结饰并真亭、香亭、法事花幡。归院，请尊宿一人挂真（当有法语），且就寝堂内安排丧主已下礼真，相慰而散。知事、头首、孝子等早暮赴真堂礼真、烧香，及斋粥二时随众供养。候新住持人入院有日，则移入真堂。其入龛、举龛、下火、撒土、挂真，并有乳药，丧主重有酬谢。”参见（宋）宗赜著，苏军点校《禅苑清规》，中州古籍出版社2001年版，第95—96页。又《嗣书》上亦有“顶相”（即画像），日本僧道元云：“嘉定十六年（1223）癸未秋，道元初挂锡于天童，隆禅上座恳请传藏主见示嗣书于道元。其嗣书之样式者，即自七佛之后至临济，并列四十五祖，而自临济之后之诸师者，则各作一圆相。睨视其中，知其写有法讳与花字。”参见［日］道元著，何燕生译注《正法眼藏》，宗教文化出版社2003年版，第349页。

③ 台湾严雅美女士云：“委托职业画工制作部分的禅宗人物画，代表宋元时期的禅宗内部对于这些画作的需求量相当庞大，因此历来虽有绘制禅宗人物画的画僧或方外人士存在，但是一旦其需求量大增，半业余性的制作手法已然供不应求时，这些原来绘制一般佛画的职业画工，也就可能应禅门之需而兼制禅宗人物画。甚至从‘雪涧’与‘月壶’等名款中，也可推测出当时或许有专擅某一种禅宗主题的画工或画坊的存在。”《梁楷泼墨仙人图研究——兼论宋元禅宗绘画》，台湾法鼓文化事业股份有限公司2000年版，第154页。

身太过，令人气急不安。要令耳与肩对，鼻与脐对。”[①] 不熟悉或没有亲身体验过禅僧坐禅生活的画家是很难画出此种坐姿的。

禅宗祖师画像除被用于庄重场合外，还有其他用途。如有的僧人为了自己晚年能在寺中立足，千方百计得到祖师画像，以便日后以此投靠有权有势的住持或自己去做住持。日僧道元亲眼见到过这种现象，他说：“今江浙大刹之主者，多为临济、云门、洞山等之法嗣也。然则，自称临济远孙之辈中，往往而有企图不是者，谓参善知识之会下，恳请顶相一副、法语一轴，添充嗣法之标准。而（更）有一类之狗子，向尊宿那边恳请法语、顶相等，且储存有余；及至晚年，向官家兑换成钱，讨得一院；补充住持职时，则称非法语、顶相师之嗣法，即称嗣法于当代名誉之辈，或嗣法与王臣有亲密往来之长老等。不同得法，唯贪名誉也。可悲末法恶时有如此之邪风！如此之徒辈中，于佛祖之道，未曾有一人梦也未见闻也。”此外，禅僧在俗家布道时，也会把顶相带出寺院，这就使顶相有可能流入民间。道元又云：“大凡许以法语、顶相等者，既授之于教家讲师及在家男女等，亦许之于行者、商客等。”[②] 可见祖师画像在当时已成为商品，在此情势下，一些画家为了牟利，不免会有粗制滥造之作，这样就会使镇寺之宝显得更为珍贵。

三

下面我们再从《补衲图》的形象特征来论证该画是一幅南宋画。从补衲老僧的面部和穿针引线的双手来看，他是不修边幅的，胡子拉碴，头发蓬乱，指甲很长。这种形象初看是违背禅规的，而其实恰表现出南宋禅僧的特点。差不多与梁楷同时的日本高僧道元在临安亲眼看到南宋禅僧不修边幅的样子，他颇为不满地说：“应剪十指之爪。谓十指（之爪）者，即左右两手之指爪也。足指

---

① （宋）宗赜著，苏军点校：《禅苑清规》，中州古籍出版社 2001 年版，第 101 页。

② ［日］道元著，何燕生译注：《正法眼藏》，宗教文化出版社 2003 年版，第 348 页。

之爪，同须剪。经云：‘爪之长若至一麦许，即得罪也。’是故，不可将爪长蓄。爪长者，自是外道之先踪也。故更须剪爪。然则，而今大宋国僧家中，不具参学眼之徒，多蓄长指爪，或一寸两寸，甚及有三四寸之长者。此非法也，非佛法之身心。因非佛家之功夫，故如是焉。有道之尊宿则不然。或有蓄长发之徒，此亦是非法也。虽为大国僧家之所作，然莫错认其全是正法！先师古佛深诫天下僧家之长发、长爪之徒曰：‘不会净法，不是俗人，不是僧家，便是畜生。古来佛祖，谁是不净发者？如今不会净发者，真是个畜生！’……年来不剔头之徒，则多剔头。或上堂，或普说时，则弹指严厉呵责。不知何道理，胡乱蓄长发、长爪。可怜！南浮之身心置于非道！近二三百年，祖师之佛道荒废，故如此之徒多！如此之徒，为寺院之主人，署师号，作为众之相，是人天之无福也！而今天下之诸山，有道心者，真个浑无；得道者久绝，只是破落党！如是普说，诸方乱称长老名者，则不恨，无有（异议）陈说。可知长发者，佛祖之所诫禁也；长爪者，外道之所行也。佛祖之儿孙，不可好此等之非法。须净身心，须剪爪剔发！”[①]有意思的是，成书于嘉泰二年（1202）的《禅苑清规》，戒律细如毫发，连如厕的姿势都规定得十分具体，可偏偏没有不许蓄长发、长指甲的条文。这说明在南宋蓄长发、长指甲已形成风气，禅门已无必要也无力禁止了。道元的批评，从另一方面说明《补衲图》是一幅南宋画。

我们再从《补衲图》所使用的纸和墨来判断该画的制作年代。收藏者告知：“从该画纸墨看，经专家鉴定，其年代关系的雏见：以纸底论，唐朝有硬黄纸，如现代的玉板宣，纸上面是黄檗（中草药）做的光面，略带粉黄光泽，似米粉的颜色。宋代也称肤笺（似女人皮肤，细而软），属于熟纸类，有粉面。另有较粗的，属于生纸类，少粉面，这幅《补衲图》有粉面，色泽很像肤笺，时隔千年，乳白纸已呈深黄色了。再研究墨色，已露千年的绿霉结面，而纸墨关系是极其天然的融洽，墨色皆深深地吃在纸里，纸色变深了，墨色上霉了，整个画面上没有

① ［日］道元著，何燕生译注：《正法眼藏》，宗教文化出版社 2003 年版，第 460—461 页。

一笔浮在纸面上，更无丝毫痕迹属后人加工。如若是旧纸，后人画的，其墨色必然浮在纸面上，墨与旧纸不能融洽。从墨质上看，据有关考证的书中记载，南唐后主所特制的墨可以整块的丢入水中，经一年半载取出，依然坚硬无恙。这些都是符合宋朝年代关系的。为此可以进一步确认，这是宋人的画作无疑。”

综上所述，我初步确认《补衲图》属南宋梁楷风格的佳作，或出自梁楷传派，或出自梁楷本人。归纳如下：

作画技法：折芦描，纯熟，为梁楷传派所独有。

作品风格：物趣悉到，精密不苟，具宋人所特有的艺术气质。

画面形象：禅僧特有坐姿，长发、长指爪，具南宋禅僧特征。

画面用墨：淡墨塑形，结构体面准确，最显宋画家功力。

画面纸墨：旧纸旧墨浑然一体，无割裂之痕。

画面印章：均系收藏者所盖，原画无款，镇寺之宝，从未流入民间。

最后我要特别说明的是，2004 年年底，现收藏者约请了台湾专门研究梁楷《泼墨仙人图》的严雅美女士来大陆，与我们一起为《补衲图》“会诊”。严女士现在日本研究禅宗绘画，梁楷的大部分作品均藏在日本，故她有机会见到《六祖截竹图》《太白行吟图》《布袋和尚图》《六祖撕经图》和传为石恪的《二祖调心图》等名作。据她观察，大陆新发现的这幅《补衲图》，其艺术性除《六祖截竹图》《太白行吟图》等少数几件作品可与之比肩外，其他梁楷风格的人物画，都远在它之下。从风格、艺术技巧、形象特征、纸墨等方面综合观察，该作是一幅宋画无疑。《补衲图》的面世应视为宋画的一次重大发现，它是现存梁楷风格作品中的一件珍品。画面左边原应有款印，但被人破坏了，原因不明，或许因为题款者名气不大，无助于提高画作价值，故被有意毁掉了。但通过对画作的综合分析，确认其为梁楷传派的宋画，是不应该有什么疑问的。当然，也不排除此图就是梁楷本人所作的可能。

（原载《美术观察》2005 年第 6 期）

北京美术特征谈略

李福顺

北京作为祖国的首都，她不是一般意义上的“地方”，她既是地方的，也是全国的，因此具有双重身份。什么是北京美术？流寓北京的书画家算不算北京书画家？在北京开过画展，在北京地区活动过的书画家，要不要写进《北京美术史》？在北京居住多少年才能算北京人？元明清宫廷书画家既是北京的也是全国的，如何介绍这些人？在北京举办的属于全国性的美术活动，算不算北京美术？如此等等，这些都是其他“地方”美术所遇不到的问题。

如果说这些浅层次的问题还好处理的话，那么关于北京美术实质性的问题即北京美术的特点就更加难以处理了，北京美术的地方性特点是什么？北京作为元、明、清三朝的帝都，是多民族文化交流的中心，亦是对外文化交流的大都会，皇家作风、皇家气派会影响所有的艺术活动，这算不算北京美术的特点？所有这些问题，经过热烈讨论后，我们认为，北京既然具有双重身份，其美术的特点也不应该是单一的，那么这些特点是什么呢？

北京是一座特殊的城市。其一，她历史悠久，如果以北京猿人为追溯的起点，距今已有数十万年，山顶洞人以及2003年发现的周口店田园洞现代智人化石，距今也有三四万年了。我们撇开远古不计，仅从西周初召公建燕下都算起，至今已有三千多年了。从辽南京、金中都、元大都算起，业已近千年。历史悠久，则文化积淀深厚，为后世文化的发展提供了取之不尽的宝藏。其二，从北京作为元大都经明清至今，一直作为全国的政治、经济、文化中心，其国家肌体的中枢神经作用，是其他任何城市都无法比拟的。其三，北京作为国际交流的大都会，她的开放性、包容性、丰富性，也是其他城市无法比拟的。其四，北京作为“皇居帝阙”，处处都流露出皇家气派、皇家作风，反映到政治上则是“唯我独尊”；反映到民俗民风上则是过分讲究奢华和排场[①]；反映到文化艺术上则是追求完美、宏大、华丽；反映到市民心态，则表现为强烈的优越感和排他性。

北京作为历史文化名城，是不断变动的，其恒定性是相对的。明始，她的辖区才基本固定下来。《大明一统志》记载北京的沿革：禹贡冀州之域，天文尾箕分野高阳氏谓之幽陵，陶唐曰幽都，虞复置幽州，夏殷省幽入冀又为幽州地，周复置幽州。武王封尧后于蓟，封召公奭于燕即此。秦为上谷，渔阳二郡地。汉为燕国，又分置涿郡，元狩年间（前122—前117）改燕国为幽州，元凤初改为广阳郡，本始初更为广阳国。东汉省广阳合上谷，永元初复立广阳郡，后罢郡立幽州治蓟。三国魏为燕国。晋改范阳国。后魏于蓟立燕郡。又于郡置幽州。北齐置东北道行台。后周改置燕及范阳二郡，兼立总管于幽州，隋开皇初郡废州存，后省州入涿郡。唐武德初改为幽州总管府，开元间改州为范阳郡，乾元初复为幽州。辽升幽州为南京幽都府，后改幽都为析津府。宋宣和中改为燕山府，寻复入金称燕京，改号中都，以析津府为大兴府。元初为燕京路，号大兴府，至元初改建中都。后改为大都路，明朝洪

---

① 有关北京历史上民风奢华，可举一例。元黄文仲《大都赋》：“国不知匮，民不知困。……一水既道，万货如粪。是惟圣泽之一端，已涵泳而无尽。论其市廛则通衢交错，列巷纷纭。大可以并百蹄，小可以方八轮。街东之望街西，仿而见，佛而闻；城南之走城北，出而晨，归而昏。华区锦市，聚四海之珍异；歌棚舞榭，选九州之秾芬。招提拟乎宸居，廛肆至于宫门。酤户何烨烨哉！扁斗大之金字，富民何振振哉！服龙蟠之绣文。奴隶杂处而无辨，王侯并驱而不分。屠千首以终朝，酿万石而一旬。复有降蛇搏虎之技，援禽藏马之戏，驱鬼役神之术，谈天论地之艺，皆能以蛊人之心而荡人之魂。是故猛火烈山，车之轰也；怒风抟潮，市之声也；长云偃道，马之尘也；殷雷动地，鼓之鸣也。繁庶之极，莫得而名也。”“是以吾都之人，室无白丁，庵无浪辈。累赢于毫毛，运意于蓰倍。一日之间，一阓之内，重毂数百，交凑阛阓（指街市），初不计乎人之肩与驴之背。虽川流云合，无鞅而来，而随消随散，杳不知其何在。至其货殖之家，如王如孔。张筵列宴，招亲会朋，夸耀都人，而几千万贯者，其视钟鼎岂不若土芥也哉？若夫歌馆吹台，侯园相苑，长袖轻裾，危弦急管。结春柳以牵愁，伫秋月而流盼。临翠池而暑消，褰绣幌而云暖，一笑金千，一食钱万，此则他方巨贾，远土谒宦，乐以消忧，流而忘返。吾都人往往面谀而背讪之也。”见（清）陈元龙编《历代赋汇》，江苏古籍出版社、上海书店1987年版，第150页。

武初改为北平府，永乐改为顺天府，领州四、县二十三。四州为：通州、涿州、霸州、蓟州：二十三县为：大兴、宛平、顺义、昌平、良乡、密云、怀柔、固安、永清、东安、香河、三河、武清、漷县、宝坻、房山、文安、大城、保定、玉田、丰润、遵化、平谷。[①]辖区范围比今日北京市辖区要大，延伸到今日河北、山西部分地区，此时称北京。清入关后，沿明之制，仍称北京，顺天府名依旧。民国称北平，新中国成立后复称北京，北京市辖区几度变更。

北京“左环沧海，右拥太行，北枕居庸，南襟河、济，形胜甲于天下”[②]，山雄峙、水环绕，博大爽垲，地处显要，形势雄伟，自古为兵家必争之地。且此地区民风朴茂，人多技艺，人性宽舒，劲勇而沉静，韩愈称燕赵大地多慷慨悲歌之士，而这只是北京民风的主要一面。由于北京人口流动，人员复杂，各种文化层次的人以及不同地区不同性格的人杂糅，民风不会只呈现一面，应该是丰富多彩的。《隋书·地理志》在总结冀州地区民风时云：“自古言勇侠者，皆推幽，并云。然涿郡、太原，自前代以来，皆多文雅之士，虽俱曰边郡，然风教不为比也。”

北京文化的丰富性，来源于她的悠久的历史和精英云集以及多元文化的汇聚，名山宝刹遍布幽燕大地，文物古迹更无计其数。曾经生长或活动在北京地区的名人，远古黄帝战蚩尤的传说且不表，仅从西周燕国算起，最著名的如：燕昭王及其上将军乐毅；战国弘辩之士蔡泽，思想家荀子；秦代奉命戍渔阳（今密云县治）的陈胜、吴广；秦末谋士蒯彻（后因避讳汉武帝名，改彻为通）；自愿让出皇位的中山靖王刘胜；西汉经学大师韩婴和毛苌、思想家董仲舒；东汉科学家张衡；幽州牧守朱浮、东汉末反对鸿都门学的阳球；三国魏幽州刺史崔林；蜀名将关羽、张飞、赵云；晋政治家、书法家卫瓘，谋臣张华，守土名将祖逖，竹林七贤之一的山涛；北魏地理学家郦道元，道教大师寇

① 参见（明）李贤等《大明一统志》卷一，三秦出版社 1990 年版，第 3 页。
② （明）李贤等：《大明一统志》卷一，三秦出版社 1990 年版，第 1 页。

谦之；南齐数学家祖冲之；唐初文学四杰之一的卢照邻，盛唐贤相幽州昌平令狄仁杰，唐安史之乱的罪魁祸首安禄山和史思明、幽州都督宋璟，平定安史之乱的幽州大都督李光弼，晚唐著名诗人贾岛和卢纶、书法家兼理论家张怀瓘；宋开国宰相赵普，道学家邵雍，杀身成仁的文天祥；视死如归的抗元名将张世杰，铁面无私的包拯，文艺全才苏轼；[①]元著名书画家赵孟頫、鲜于枢、高克恭、李衎和全真教大师丘处机；明开国名将徐达，北平知府方必寿、蓟州判官吴万里，吏部尚书华盖殿大学士李东阳，出生于宛平县的画家米万钟。此外还有来自欧洲的外国友人马可·波罗、克拉维约、加宾尼、鲁布鲁乞、利玛窦、汤若望、利类思、郎世宁、艾启蒙、王志成、潘廷璋，来自波斯的志费尼，来自日本的书画家雪村友梅、画圣雪舟等。各路精英带给北京的文化，当然不会是单一的，且元以后，北京作为国际大都市，来往的外国各类人等也不计其数，他们带来的洋文化，对北京乃至整个中国的影响亦无可估量。她曾经是中原农耕文化、北方草原文化和中亚伊斯兰文化、东欧拜占庭文化、南亚佛教文化交流和联系的中心。

北京自金朝作为国家的首都（中都）始，成为国家的政治、经济、文化的中心，她决定一切、指挥一切、傲视一切，举国上下心向往之，千百年来，她虽然从国内外吸纳人类文化的精华，但她同时又逐渐养成了排他心理。

北京文化的排他性，从负面看是保守，从正面看是精选。包容与排他是相辅相成的，好的、高精尖的则包容，不好的、低劣媚俗的则排斥，这自然使北京文化向高层次发展，这个排他是值得肯定的，京剧艺术形式的完善，就是包容与排他有机结合的最好范例。当然，排他有时会排斥掉一些好东西，泼洗澡水同时把孩子也泼到地上的事难免会发生。元明以来，有不少文人想来北

① 包拯曾在河间为官。明洪武初改河间府属北平布政司，英宗天顺年间直隶京师领州二县十六。参见天顺版《大明一统志》卷二，第 38 页。又该书介绍包拯称："包拯，河北都转运使，知瀛州（即河间）诸州，以公钱贸易，积岁所负十余万悉奏除之。"可见包拯不仅断案铁面无私，还主动为民减负。苏轼曾"知定州"，而定州在明代真定府直隶京师，领州五县二十七，所领五州中就包括定州。《大明一统志》卷三称："苏轼，知定州，严军律，禁饮博，军中富足。又奏免保甲及两税折变科配不便等事，民咸德之。"三秦出版社 1990 年版，第 59 页。

京谋发展，但不被接受，颇有点像北京人在纽约，且看几个例子：王冕，屡应举不中，弃去，北游燕都，客秘书卿泰不花[1]家。拟以馆职荐，力辞不就。我们虽然不知道王冕来京的目的，但从他曾应试、希望做官、住在泰不花家等情况看，他应该有在大都求发展的意图，但最后还是待不下去，只好回南方去隐居了；戴进曾一度来京进了皇家画院，后因为同行排挤，在北京勉强维持生计十余年后，终因不被接纳而离京，被迫逃到南方四处云游，卖画为生；另一位浙派巨擘吴伟，曾奉宣宗之命来京，且赐以“小仙”之号，北京昌化寺留有他画的《五百罗汉图》(已毁坏无存)，《燕京游记》云“殿壁绘罗汉五百尊，神通游戏，宣庙时小仙笔也”。这位得到皇帝赏识并为北京绘画做出过贡献的画家，居然也无法在京城立足；文徵明，曾以监生身份在京待过三年，也因为受排挤而回到南方，对于他的离京南归，《天府广记》披露了内情：“何元朗（良俊）云：衡山先生在翰林日，大为姚明山，杨方城所窘，时昌言于众曰：我衙门中不是画院，乃容画匠处此耶？惟黄泰泉佐、马西玄汝骥、陈石亭沂与衡山相得甚欢，时共酬唱。乃知薰莸不同器，君子小人固各以其类也。然衡山自作画之外，所长甚多。二人只会中状元，更无余物。故此数公者，长在天地间，今世岂更有道着姚涞、杨维聪者耶？此但足发一笑耳。衡山先生在都，无日不思归。尝有诗云：潦倒儒宫二十年，业缘仍在利名间。敢言冀北无良马，深愧淮南赋小山，病起秋风吹白发，雨中黄叶暗松关。不嫌穷巷频回辙，消尽炉香一味间。又：经时卧病断经过，自拨闲愁对酒歌。意外纷纭知命在，古来贤达患名多。千金逸骥空求骨，万里冥鸿肯受罗？心事悠悠那复识？白头辛苦服儒科。未几拂衣归。先生有道之士，适以画掩之也。”[2]徐渭因为浙闽总督代笔奏折，文笔华美而轰动京师，他曾来北京，后不知何故未能落脚。今有徐渭《驾幸月坛群望西街》诗：“玉露清秋湛碧空，金舆夕月引群工。红云自结龙文上，

① 泰不花，元高官。《元史·卷一百四十三》有传，文宗建奎章阁学士院，擢为典签，拜中台监察御史。

② （清）孙承泽纂：《天府广记》，北京古籍出版社 2001 年版，第 571 页。

彩仗如移桂影中。壁畔常仪端捧鬯，郊西新魄正垂弓。布衣久分华山侣，笑向归驴堕晚风。”诚然，上述一些文人离京，原因可能是复杂的，但本人之为人为艺不为京华所容，才是根本原因。排他的结果，会使无数的南方的文人谈京色变，不敢轻易前来。但是，这些来京城“镀过金”的画家，也无形中提高了知名度，终身受益，塞翁失马，焉知非福！

南北自然环境不同，民风各异，文化存在差异是自然的。自元以前，南国士人，北来绝少，视河朔为绝塞，是以蓟门骚雅，数百年寥寥也。赖有一二南国信使，如北宋人韩琦、周沆、郭若虚、苏辙，南宋范成大等，他们的作用甚微，南北文化融合是缓慢的。但元以后，在大一统强权政治的高压之下，差别迅速缩小了。特别是朱元璋率领农民起义军“驱逐鞑虏”建立大明王朝之后，南北融合势如洪涛，不可阻挡。洪武二十二年（1389），朱元璋与刘三吾论治民之道，三吾言：“南北风俗不同，有可以德化，有可以威制。”太祖曰：“地有南北，民无两心。帝王一视同仁，岂有彼此？汝谓南方风俗柔弱，可以德化；北方风俗刚劲，可以威制。然君子、小人何地无之？君子怀德，小人畏威，施之各当，乌可拘以成见？”[①] 从政治角度看问题，朱元璋当然是对的，但有一个不可回避的历史事实是，自北宋始，经元明清，上层统治者在对待地理方位的感情倾斜上，更重视北方，一者他们起家在北方，二者北方始终是国家的心腹之患。明自朱棣将国都由南京迁至北京，更看重北方，连朝中的官员都出现了大批的北方人，打破以往江浙官员一统朝政的局面。把南北原本仅仅是地理方位的不同，而使其带上政治色彩，最典型的是元赵孟頫写的《玄武启圣记序》（皇庆元年四月二十二日）：“易曰：天一生水，地六成之。夫一者，数之始也；水者，万物成形之始也。生数奇，成数偶。于位为北，北者，背也，北方象人背，故北极出地最高。又北之为文，从人相背。阳至冬至而止，又自冬至而复生，于卦为坎，水之为文，象

① （清）龙文彬：《明会要·卷五十一·民政二·风俗》，中华书局1998年版，第950页。

形，为坎卦，东西分流。于乾坤之四德为贞，贞者，正而固也，二义。太玄拟易，于贞曰罔冥，亦二义。在天，斗牛女虚危室壁七宿列于北方，成形为玄武。玄武者，龟蛇也。青龙、白虎、朱雀皆一物，而玄武独二物，不谓之龟蛇，而谓之玄武。玄之为色赤而黑，龟蛇则然，有鳞甲，武之象也。玄武之神始降宋真宗时，为祠遍天下。大元之兴，实始于北方，北方之气将王，故北方之神先降，事为之兆，天即告之矣……”[①] 作为宋太祖十一世孙又生长在南方的赵孟頫，不说南方好，却道北方酷，自有王孙内心的苦衷。明成祖朱棣起兵南进之初，自己就曾装扮成北方玄武神，“披发仗剑”，指挥大军，直捣南京，从其侄子手中夺得帝位，迁都北京不久，朱棣便命人在奉天殿绘制真武像，以护卫大明江山永固。同时在北京铸造真武大帝铜像，运装于湖北武当山真武庙中。朱棣迁都北京前，即已着手在南北两方经营真武庙和与之相关的仙宫，永乐十年（1412）在武当山修建“大岳太和宫，玄天玉虚宫，兴圣五龙宫，太玄紫霄宫，大圣南岩宫”[②]。三年后即永乐十三年（1415）在北京“府西海子东建真武庙”[③]，南北呼应，共护圣驾，从一个侧面体现南北一统。朱棣就是真武大帝的化身，《大明一统志》在叙述湖北武当山时，先将其升格为“大岳太和山”[④]，原本五岳无武当，升格后立即就变成众岳之首；继而再神化真武，说真武奉元君之言游览至此，入武当山修炼，居 42 岁功成，白日飞升，奉上帝命，往镇北方。朱棣做皇帝前，奉父命镇守燕京为燕王，

---

① 《全元文》第十九册，卷五九三，江苏古籍出版社 2000 年版，第 78 页。

② （明）李贤等：《大明一统志》，三秦出版社 1990 年版，第 919 页。

③ （明）李贤等：《大明一统志》，三秦出版社 1990 年版，第 13 页。

④ （明）李贤等：《大明一统志・卷六十・襄阳郡・山川》：“大岳太和山，在均州南一百二十里，山有二十七峰、三十六岩、二十四涧、五台、五井、三泉、三潭，初名仙室山，又名大岳山。真武奉元君之言游览至此，改名太和，其中一峰最高者旧为天柱峰，亦曰紫霄峰，岩曰紫霄岩，因栖止修炼，后人谓非玄武不足以当之。又更名武当山，本朝永乐中营建宫馆一新，复改今名（大岳太和山）。”又同卷《寺观》部分介绍武当山上有永乐年间建造的“七宫”，它们是：“大岳太和宫（在太和山天柱峰，铜殿金饰），玄天玉虚宫（在太和山紫霄展旗峰北），兴圣五龙宫（在太和山大顶西北，又有行宫在均州城南），太玄紫霄宫（在太和山展旗峰之西），大圣南岩宫（在太和山大顶北，以上五宫俱永乐十年敕建），遇真宫（在太和山去玄天玉虚宫八里，永乐十五年敕建），净乐宫（在均州城内，永乐十七年敕建）。”三秦出版社 1990 年版，第 915—919 页。

42岁时篡位做皇帝，这岂不是真武大帝再生吗？真武铜像坐镇南方，真武真身坐镇北方，南北真的大一统了，但文化的融合，并不像政治统一那么容易。“元四家”，明浙派、吴门派，以及后来以董其昌为代表的松江派，都在南方，而没有在京城开花结果。即使是清初“四王”直接继承董其昌的衣钵，加之康熙帝带头学董，同时树“四王”为正统，也无法阻挡南方“四僧”及后来的扬州八怪与之对垒，就足以说明北京的排他势力之巨，说明南北悬隔对文化发展造成的不平衡、不和谐。我有一个大胆的假设，董其昌提出“南北宗论”就是要为这种现状寻找理论根据，或者说是对这种现状的不满，北方在政治上指挥一切，而在艺术上却要看南方的“脸色”，岂不怪哉！清初康、乾数次南巡及有意树“四王”为正统，是否意在平衡南北艺术的关系？

北京作为国家的中心，她的示范作用是地方无法抗拒的。“京师天下之根本，四方所取则”[①]，且“上者表，下者景，所从来远矣”[②]。明清两代封建专制远胜于元代以前，处处都要体现大一统，“六经同诵兮，六军同令，五教同敷兮，五刑同治，车同轨，而书同文，屋同式，而衣同制，家同塾，而党同庠，国同学，而术同序，文章同体兮，行移同式，丁力同役兮，土田同税，作息同乐兮，语言同音，节令同历兮。日用同器，朝觐贡举兮同期，赏罚封拜兮同制，揖让拜跪兮同仪，冠婚丧祭兮同礼”[③]。可谓“国无异政，家不殊风”，社会生活的丰富性被严重抹杀，这个示范是强迫性的、不可商量的。因此，北京的政治示范作用是强有力的、明确的，而北京美术的示范作用似乎就不那么强有力，因为北京美术形象太高大，轮廓不明晰，不同人心目中的北京美术长相各异。谁能说得清北京美术的确切含义？人人都说西施美，但谁能说清楚西施的具体长相？圆脸？方脸？浓眉大眼？小口大口？青丝几缕？如何妆饰？正因为西施长相不确定，她在人们心目中才最美，我敢说一旦把她

---

① （清）龙文彬：《明会要・卷五十一・民政二・风俗》，中华书局1998年版，第949页。
② （明）张瀚著，盛冬铃点校：《松窗梦语・卷之四・百工纪》，中华书局1985年版，第76页。
③ （明）莫旦：《大明一统赋》，载（清）陈元龙编《历代赋汇》，江苏古籍出版社、上海书店1987年版，第154页。

的形象具体化，她的美就要打折扣了。北京美术虽然不能这样比，但有些类似。北京美术正因为不很确定，她才显得那么高大，她的示范作用才那么强有力。把不很明晰的北京美术一一落实到绘画、书法、建筑、雕塑、工艺五大门类中去，明明白白地写出来，其难度可想而知。

（本文为《北京美术史》序，《北京美术史》已由首都师范大学出版社于2008年5月出版）

美术史的基础与土壤
——二十四史与美术史关系研究之一

李福顺

本文先从大视野展示二十四史与美术史的关系，为美术史研究提供背景。

一、二十四史名称及其作者

《史记》：西汉司马迁（前145或前135—？）著，南朝宋裴骃集解，唐司马贞（679—732）索隐，唐张守节正义。

《汉书》：东汉班固（32—92）著，班固妹班昭（约49—约120）补天文志和八表，唐颜师古（581—645）注。

《后汉书》：南朝宋范晔（398—446）撰，唐李贤（654或655—684）等注。

《三国志》：晋陈寿（233—297）撰，南朝宋裴松之（372—451）注。

《晋书》：唐房玄龄（579—648）、褚遂良（596—658或659）、许敬宗（592—672）监修，李义府（614—666）、李淳风（602—670）、李延寿等十八人撰文。

《南史》：唐李延寿撰。

《北史》：唐李延寿撰。

《宋书》：梁沈约（441—513）撰。

《南齐书》：梁萧子显（约489—537）撰。

《梁书》：唐姚思廉（557—637）撰。

《陈书》：唐姚思廉撰。

《魏书》：北齐魏收（506—572）撰。

《北齐书》：唐李百药（565—648）撰。

《北周书》：唐令狐德棻（583—666）撰。

《隋书》：唐魏徵（580—643）、长孙无忌（?—659）等撰。

《旧唐书》：五代后晋刘昫（887—947）等撰。

《新唐书》：宋欧阳修（1007—1072）、宋祁（998—1061）撰。

《旧五代史》：宋薛居正（912—981）撰。

《新五代史》：欧阳修撰。

《宋史》：元脱脱（1314—1356）等撰。

《辽史》：元脱脱等撰。

《金史》：元脱脱等撰。

《元史》：明宋濂（1310—1381）等撰。

《明史》：清张廷玉（1672—1755）等撰。

上列为二十四史，如加《清史稿》则为二十五史。因《清史稿》只是“稿”，未形成规范的“史”，所以学术界习惯提二十四史。这二十四史中前四史最最重要，从事文史工作的都需要认真读。我们搞美术史的不能例外。读时要特别认真，包括书中的注释。比如读音，有些汉字上古读音与今天有很大差别，对于一些专有名词及人名，我们应该遵从古音，念成今音就会出笑话，比如《论语·雍也》中有：“智者乐水，仁者乐山。智者动，仁者静。”现在几乎都把“乐”读成“勒”音。我记得余秋雨先生还为自己读成“勒”在电视上辩解，认为大家都这样读也没有什么错。严格讲应该读“耀”音。“乐”在先秦有三种读音：一读为“月”，指音乐，名词；二读为“勒”，指心情欢乐；三读为“耀”，指喜好情愿。按词义显然第三种读音最合理，仁者喜好情愿与山结伴，智者喜好情愿与水结伴。因为“仁者静，智者动”，与山水正相呼应。这是唐张守节的解释，就我看到的材料，此解释是最为详尽的。[①] 另一位唐人陆德明《经典释文·论语·雍也》："智者乐，五孝反，下同。"也注明"乐"读为"耀"。[②] 又如《史记·卷九十七·郦生陆贾列传》开头即云："郦生食其者，陈留高阳人也。"很多人把"郦食其"直读为"立时齐"，稍微认真的人只要读该卷注释，就会发现注一云："正义，历异几三音也。"（按机与几同）所以应读为"力艺机"。[③] 再如《汉书》卷六八《霍光金日磾传》，几乎所有的人都把"金日磾"念作"金日谈"，其实正确的念法应为"金密低"，颜师古注"磾"字曰"音丁奚反"。"日"字未注，我从别的书查到此处的"日"字应读为"密"。陈宝国饰演汉武大帝，他念对了，我很吃惊，因为很多人不会念这个名字。[④] 又如《史记》《汉书》多次出现"月氏"国名，今人多已知道念"肉之"，《史记·卷一百二十三·大宛列传》（宛可以读为"晚"，也可读为"渊"）："月氏遁逃而常怨仇匈奴。"正义曰"氏音支"，而"月"字未注，原因是"月"字不必注，"月"就是"肉"，"月"字中间两小笔封口即念"肉"，不封口为"月"。今人不会分得那样细，但我们应该了解三字的细微差别。[⑤]

二、为美术史提供大背景

首先，最主要的是为美术史提供主体精神即民族精神，厚德载物、自强不息、深沉博大、坚毅执着、理想信念、忠于职守、爱国爱民、勇往直前等。这既是我们中华民族的精神，也是中国美术史的灵魂。翻开二十四史，从帝王到大臣再到平民百姓，体现这种精神的人和事随处可见。

其次，重大考古发现、重要画家及其作品的最直接最可靠的来源也在

① 参见（唐）张守节《史记正义》第十册，中华书局 1959 年版，第 17 页。
② 参见（唐）陆德明《经典释文·论语·雍也》，中华书局 1983 年版，第 348 页。
③ 参见（汉）司马迁《史记》第八册，中华书局 1959 年版，第 2691 页注一。
④ 参见（汉）班固《汉书》第九册，中华书局 1962 年版，第 2959 页注一"师古曰"。
⑤ 参见（汉）司马迁《史记》第十册，中华书局 1962 年版，第 3157 页注四。

二十四史中。

再次，为美术现象、题材寻求社会原因，也在二十四史中。

当然，美术史上的具体问题，个案问题的答案，还是需要从专门著作中去寻找。二十四史主要提供宏观环境和主要材料。但研究问题首先要有宏观的把握，才不致迷失方向，才会有深度。固然人的精力有限，二十四史不可能一字不落地通看，但重要的和你重点研究的那个朝代的正史是必须看的。改革开放近三十年，我国经济实力大有提高，国际影响力越来越大，国人越来越认识到提高传统文化的重要性，国学热方兴未艾。读传统文化典籍、读二十四史就是在复兴美术领域的国学。

三、民族精神事例

民族精神是活生生的，不是抽象概念。我们中华民族传统文化始终没有间断，就是因为这种民族精神没有失传，五千年绵延不断。世界五大文明，除中国外，都中断了。唯独中国一直延续到今天，近百年虽险些中断，但凭借我们中华民族的韧性，终于熬过来了，复兴的曙光已明晰可见。

体现民族精神的志士仁人的事例，在二十四史中俯拾即是。我随便举几个。

大禹治水，三过家门而不入。这是四千年前的感人故事（禹是中国有史以来第一代奴隶制国家的国王，自他的儿子启开始，不再行原始时代的“禅让”制，而代之以父传子的“家天下”，阶级社会开始了）。山东嘉祥武氏祠汉画像石刻有大禹治水的画面，可见文图结合讲史早有先例了。这是一种什么精神？是先国后家的精神，是顾全大局的精神，是奉献的精神。宋代范仲淹（989—1052）“先天下之忧而忧，后天下之乐而乐”的思想境界，难道不就是这种精神的延续吗？商鞅（约前390—前338）为了强秦豁出身家性命变法，而为了维护变法，他被车裂而死。但以个人的死换来了秦国的富强，为后来秦统一中国奠定了基础。这是一种什么精神？是为了国家利益敢于牺牲自己的精神，是为了理想勇往直前的精神。文天祥的“人生自古谁无死，留取丹心照汗青”的视死如归，夏明翰为了实现共产主义的伟大理想，在反动派的威逼利诱面前，慷慨陈词“砍头不要紧，只要主义真。来了夏明翰，还有后来人”，毅然赴死，不就是这种精神的继承和发扬吗？苏武奉大汉天子之命出使匈奴被扣19年，在茫茫草原牧羊，但忠于汉朝的忠心始终不改；李陵率兵深入匈奴腹地，在矢尽粮绝之后，为了保存仅有的部分战士的生命，暂且缴械投降，但始终怀念汉朝；张骞为了通西域联合大月氏抗击匈奴，被匈奴扣押13年之久，但始终未忘记自己的使命，终于逃脱回到长安（出使时带有一百余人，回来时仅二人），再带兵出击，为汉通西域立下汗马功劳。[①]这是什么精神？这是忠于国家忠于民族的精神，解放前留美的钱学森、邓稼先等科学家，在新中国成立不久，克服重重阻挠毅然回国，为中国的科技腾飞献计献策、奋力拼搏，直至生命结束，不就是这种精神的延续吗？

更有甚者，东汉班彪（3—54）及其子女班固（32—92）、班超（32—102）、班昭（约49—约120），为大汉王朝的文化建设和国防建设立下汗马功劳。其中班超为汉戍边达31年之久，远离父母妻子（一度曾偕妻子戍边，后因副手李邑参奏他“拥爱妻，抱爱子，安乐外国，无内顾心”，和帝见李奏折后并没有责怪班超，反而批评李。班超毅然把妻子送回家，自己跟能打仗的儿子班勇相依为命）。当71岁时，自知时日不多，怕耽误边境战事，特意借儿子班勇为朝廷送安息国所赠礼物的机会，代自己向皇帝上书，内容令人十分感动，今人不可不读：“超自以久在绝域，年老思土。十二年，上疏曰：‘臣闻太公封齐，五世葬周。狐死首（读音“受”）丘，代马依风。夫周齐同在中土千里之间，况（读音“晃”）于远处绝域，小臣能无依风首丘之思哉？蛮夷之俗，畏壮侮老。臣超犬马齿歼，常恐年衰，奄忽僵仆，孤魂弃捐。昔苏武留

① 参见（汉）司马迁《史记》第十册，中华书局1959年版，第3157页；（汉）班固《汉书》第九册，中华书局1962年版，第2687页。

匈奴中尚十九年，今臣幸得奉（读音“捧”）节带金银护西域，如自以寿终屯部，诚无所恨，然恐后世或名臣为没西域（我死在西域，再无人来此戍边）。臣不敢望到酒泉郡，但愿生入玉门关。臣老病衰困，冒死瞽言，谨遣子勇随献物入塞。及臣生在，令勇目见中土（趁我还活着，令子代我见一见中国的土地）。’”[①] 一片爱国之情令人心碎，身在敦煌戍边，31 年未踏入大汉国土，临死派儿子替自己看看“中土”。此时他的妹妹也给皇帝上书，言辞恳切，情感动人心魄，皇帝恩准班超回到洛阳，他本来就有心脏病，八月回家，九月就病死了（和帝永元十四年，即 102 年），享年 71 岁。班超死后，其子班勇继续做西域长史，“自建武至于延光，西域三绝三通。顺帝永建二年，勇复击降焉耆。于是龟兹、疏勒、于阗、莎车等十七国皆来服从”[②]。班超、班勇父子做西域长史的时候，也是东汉经营西域最辉煌的时候，西域边防的巩固，保障了内地老百姓安居乐业，国运昌盛。《前汉书》中的《西域传》出自班固之手，很多材料得益于班超。《后汉书》之《西域传》，“皆安帝末班勇所记云”。这不由得令人想起今天无数的守卫在祖国边疆的广大官兵，班超还留下了传记，古今无数的官兵连名字都没有留下来。中华五千年文明不断线，就是因为有无数像班超一样甘愿奉献的人。中国自古有意志薄弱者和变节者，但那始终是支流，没有成为主流。原因何在？我认为就是民族精神在支撑着。两汉四百多年，形成中国第一个盛世，铸就了中华民族的基本精神。汉代艺术气魄深沉雄大，每一件作品都是那样生动、富有朝气，不就是张骞、霍去病、班超、汉武帝等中华精英们的精神气质的体现吗？我们如果把握住了汉代人的精神内涵，回过头去再看汉代艺术品，就会有更深刻的理解。

---

① （南朝宋）范晔撰，（唐）李贤等注：《后汉书》第六册，中华书局 1965 年版，第 1583 页。
② （南朝宋）范晔撰，（唐）李贤等注：《后汉书》第十册，中华书局 1965 年版，第 2912 页。

四、为美术史提供直接依据

重大考古发现，都可以从正史中找到背景材料。

秦始皇兵马俑的发现，震惊了世界，被外国人称为“世界第八大奇迹”。那七大奇迹除埃及金字塔外，都只是文字记载而已，实物已荡然无存。数以万计的兵马俑，既反映出秦国强大的经济实力，也折射出历史的进步和始皇帝的好大喜功。谈起实力，我们不能不想到《史记》所提供的各方面的材料。《秦本纪》记载，秦发迹于西周幽王时代，幽王无道，为犬戎所杀，秦襄公出兵救周，“战甚力，有功”。周避犬戎难，东徙洛邑（今洛阳），襄公以兵送周平王。平王封襄公为诸侯，赐之岐以西之地，并许诺如果秦能把被犬戎侵吞的土地夺回来，就把夺回的土地赐予秦。从此襄公才正式建秦国“与诸侯通使聘享之礼”。秦始建国时，中原诸国都不把它放在眼里，会盟时谁也不请秦。但公元前659年穆公登基，秦在春秋五霸中首现锋芒，公元前4世纪，商鞅变法后，秦迅速强大，到公元前247年嬴政继承王位时，秦的国力已达战国七雄之首。有个例子可以说明，《史记·卷七十三·王翦传》记载[①]，王翦于始皇十一年（前236）和十八年（前229）先后灭赵、燕、魏。当要灭楚时，始皇征求将军们的意见，问需要用多少兵力，年轻武将李信说二十万足已。问王翦，王说非六十万不可。始皇帝说王将军老矣，打仗打得胆子小了。结果派李信将二十万兵攻楚（《史记》作荆），楚诱敌深入，先让李打了胜仗，在李撤兵时悄悄尾随其后，三日三夜不休息，大破李信军，秦军损失惨重。此时王翦已回老家频阳（今陕西省富平县）隐居。始皇亲自去请王翦出山，王说大王如果不得已而用臣，非六十万人不可！始皇说一切都依将军。于是王将兵六十万人，始皇亲自送到灞上。分别之时，王翦向秦始皇要另外的条件，要很多房产土地和园池。始皇说王将军领兵打仗，还怕得不到赏赐吗？始皇是不见兔子不撒鹰的

① 参见（汉）司马迁《史记》第七册，中华书局1959年版，第2338页。

精明人，你王翦还没打胜仗我怎么能先赏赐？其实王是在跟始皇帝斗心眼，他先“请美田宅园池甚众”，为的是让始皇放心，我不会拥兵自重，我要为子孙着想，有后顾之忧。始皇拍拍王的肩膀大笑，不做正面回答。王翦带兵到达前线后，派使臣五次向始皇请求赏赐。手下人说王将军之乞贷，是不是太过分了？王翦说：不然，秦王粗暴而且不信任任何人，今以秦国所有的兵力专委于我，我不多请田宅为子孙遗产，表示我有后顾之忧，秦王岂不会对我产生怀疑吗？绝顶聪明的王翦！六十万大军陈兵楚界，“坚壁而守之”，迟迟不与楚军战，每天自由自在，士兵们好吃好喝，时间长了就派人到军中了解士兵在干什么，得知士兵在玩投石和跳远的游戏。王翦说仗可以打了。楚数次挑战而秦不肯出兵，就引兵东去，翦乘势举兵追之，一举灭楚。我们可以想一想，六十万大军陈兵楚界，每天要吃多少粮草，三个月不出战，楚军因后勤供给不济只好撤兵，最后被打败。楚是七雄中国力仅次于秦的强国，如果最初屈原改革得以实现的话，说不定统一中国的是楚而不是秦。当然，历史不存在假设。秦凭借强大的国力和先进的技术，最后扫灭六国而统一中国，始皇成为中国历史上千古一帝。

说兵马俑是历史的进步，是针对人殉而言的。在奴隶时代，杀殉是普遍现象，《墨子节葬》云：“天子杀殉，众者数百，寡者数十；将军大夫杀殉，众者数十，寡者数人。”按《秦本纪》，秦武公二十年（前678）“武公卒，葬雍平阳。初以人从死，从死者六十六人”。至献公元年（前384），止从死（即废人殉）。以俑代替活人，总归是历史的进步，表示人性有所增长。[①]

始皇陵墓下是何情形？《史记·秦始皇本纪》作了具体描述：“始皇初即位，穿治郦山，及并天下，天下徒送诣七十余万人，穿三泉，下铜（一作锢）而致椁，宫观百官奇器珍怪徙臧满之。令匠作机弩矢，有所穿近者辄射之。以水银为百川江河大海，机相灌输，上具天文，下具地理。以人鱼膏为烛，度不

① 参见（汉）司马迁《史记》第一册，中华书局1959年版，第183—201页。

灭者久之。二世曰：'先帝后宫非有子者，出焉不宜。'皆令从死，死者甚众。葬既已下，或言工匠为机，臧皆知之，臧重即泄。大事毕，已臧，闭中羡（音延，指神道），下外羡门，尽闭工匠臧者，无复出者。树草木以象山。"[①]从已经发掘的1、2、3号陪葬坑的规模看，司马迁的描述是可信的。经探测证明，始皇陵的规模要比埃及最大的金字塔胡夫金字塔还要大3.6倍。墓中出土器物之先进，令人叹为观止，铜车马正中有一根撑巨伞的铜杆，可以随太阳的方向自由调节，车内人可以透过百叶窗看到外面的事物，而从外面无法看到里面的情形。靠近车头部位有床铺，主人可以随便休息。而秦武器之精良更令人咋舌，一把铜剑被压弯埋于土中，出土后立即变直，擦去土垢锋利如初，数十层纸剑下纸断。无数箭镞除去土垢，也如同新铸的一般，原来是埋入地下时武器表层涂了一层防氧化的液体，两千多年来因与氧隔绝而保持原样。此项技术要早欧洲千余年。

秦有铸造大型铜人的技术，《史记·秦始皇本纪》记载："二十六年……秦初并天下……分天下以为三十六郡，郡置守、尉、监。更名民曰'黔首'。大酺。收天下兵（器），聚之咸阳，销以为钟鐻，金人十二，重各千石，置廷宫中。"唐司马贞《索隐》按："二十六年，有长人见于临洮，故销兵器，铸而象之。谢承《后汉书》'铜人，翁仲，翁仲其名也'。《三辅旧事》'铜人十二，各重三十四万斤。汉代在长乐宫门前'。董卓坏其十为钱，余二犹在。石季龙徙之邺，苻坚又徙长安而销之也。"[②]《汉书·五行志》记载："秦始皇帝二十六年，有大人长五丈，足履六尺，皆夷狄服，凡十二人，见于临洮。天戒若曰，勿大为夷狄之行，将受其祸。是岁始皇初并六国，反喜以为瑞，销天下兵器，作金人十二以象之。"[③]《后汉书·卷七二·董卓传》记载："坏五铢钱，更铸小钱，悉取洛阳及长安铜人、钟虡、飞廉、铜马之属，以充铸焉。""时人以为秦始皇

---

① （汉）司马迁：《史记》第一册，中华书局1959年版，第265页。
② （汉）司马迁：《史记》第一册，中华书局1959年版，第235—240页。
③ （汉）班固：《汉书》第五册，中华书局1962年版，第1472页。

见长人于临洮，乃铸铜人。卓，临洮人也，而今毁之。虽成毁不同，凶暴相类焉。”[①] 同学们如果掌握了这些史料，再解读始皇陵兵马俑，不就可以更加有血有肉了吗？

汉承秦制，连厚葬这种风俗也继承下来了。汉帝陵目前仅发掘了汉景帝阳陵的陪葬坑，其规模也令世人惊叹不已。据《晋书・卷六十・索綝传》记载：“三秦人尹桓、解武等数千家，盗发汉霸、杜二陵，多获珍宝。帝问綝曰：‘汉陵中物何乃多邪？’綝对曰：‘汉天子即位一年而为陵，天下贡赋三分之，一供宗庙，一供宾客，一充山陵。’”[②] 西汉经文景二帝休养生息几十年，经济发展很快。二帝都崇尚节俭，尤其是文帝，临终遗嘱要薄葬：“朕闻之，盖天下万物之萌生，靡不有死。死者天地之理，物之自然，奚可（何必）甚哀！当今之世，咸嘉生而恶死，厚葬以破业，重服以伤生，吾甚不取。且朕既不德，无以佐百姓；今崩，又使重服久临，以罹寒暑之数，哀人父子，伤长老之志，损其饮食，绝鬼神之祭祀，以重吾不德，谓天下何！朕获保宗庙，以眇眇之身托于天下君王之上，二十有余年矣。……其令天下吏民，令到出临三日，皆释服。无禁取妇嫁女祠祀饮酒食肉。自当给丧事服临者，皆无践。绖带无过三寸。无布车及兵器。无发民哭临宫殿中。殿中当临者，皆以旦夕各十五举音，礼毕罢。非旦夕临时，禁无得擅哭（临）。以下（棺入圹），服大红十五日，小红十四日，纤七日，释服。它不在令中者，皆以此令比类从事。布告天下，使明知朕意。霸陵山川因其故，无有所改。归夫人以下至少使（夫人以下有美人、良人、八子、七子、长使、少使）。”《汉书》的作者班固赞曰：“孝文皇帝即位二十三年，宫室苑囿车骑服御无所增益。有不便，辄弛以利民。尝欲作露台，召匠计之，直百金。上曰：‘百金，中人十家之产也。吾奉先帝宫室，常恐羞之，何以台为！’身衣弋绨，所幸慎夫人衣不曳地，帷帐无文绣，以示敦朴，

---

① （南朝宋）范晔撰，（唐）李贤等注：《后汉书》第八册，中华书局 1965 年版，第 2325—2326 页。
② （唐）房玄龄等：《晋书》第六册，中华书局 1974 年版，第 1651 页。

为天下先。治霸陵，皆瓦器，不得以金银铜锡为饰，因其山，不起坟。”[①]文与《史记·孝文本纪》基本相同，个别处有改动，不如司马迁更有感情，《史记》文有：“上常衣绨衣，所幸慎夫人，令衣不得曳地，帏帐不得文绣，以示敦朴，为天下先。治霸陵皆以瓦器，不得以金银铜锡为饰，不治坟，欲为省，毋烦民。”[②]几个字的差别，表明司马迁行文比班固更为严谨。“令衣不得曳地，帏帐不得文绣”，是表明文帝的主导作用，班固去掉“令”字和“不得”两字，模糊了主从关系。《史记》作“不治坟”，而《汉书》作“不起坟”，不治坟是说不过分修饰坟墓，不起坟是说没有坟冢，后者显然不确切，因为霸陵是起坟了（巨大的坟冢赫然在目）。

尽管文帝遗嘱薄葬，其子景帝还是“发近县卒万六千人，发内史卒万五千人”安葬乃父。我们今天从已发掘的阳陵陪葬坑出土文物看，确实以瓦器为主，但金银铜锡器仍在，薄葬厚葬只是相比较而言。因为厚葬的风俗由来已久，个人是无力根本改变的，哪怕他是皇帝。

另一反映西汉初厚葬的事例是长沙马王堆轪侯家族墓。1972年在长沙郊外发掘了西汉初年的长沙国丞相轪侯利仓、妻辛追、子利豨墓。保存完整的是一号刘氏墓，尸体完好，面色如生，衣物不朽，且出土漆器、陶器、木俑、竹简等。要全面考察该墓，仍需要到《史记》《汉书》《后汉书》《三国志》中去找答案。

先说墓主人轪侯利仓，《史记·惠景间侯者年表第七》：“索隐，禅者，传也。案：《诸侯王表》，芮国至五世而绝。”[③]作为长沙国丞相的轪侯利仓，受封七百户，传五世，至汉武帝元封元年（前110）利秩为东海太守，武帝巡幸长沙，他没有请示便擅自发卒兵为卫，按律当斩，念其出于忠心，会赦，但相职被削，国除。表中明确标出，第一代轪侯利仓封侯的时间是孝惠二年（前193）

---

① （汉）班固：《汉书》第一册，中华书局1962年版，第131—132、134页。
② （汉）司马迁：《史记》第二册，中华书局1959年版，第433页。
③ （汉）司马迁：《史记》第三册，中华书局1959年版，第977页。

四月庚申，死于高后三年（前 185），此年利豨继侯位。利豨卒于孝文三年（前 177）。以此推断，三座墓的安葬时间在公元前 185 年至前 177 年。

一号墓丧葬规模：二椁三棺，黄肠题凑。《三国志》裴松之注有一则关于第一代长沙国王吴芮墓被孙权挖掘的消息："《世语》曰：黄初末（226），吴人发长沙王吴芮冢，以其砖于临湘为孙坚立庙。芮容貌如生，衣服不朽。后豫发见者见吴纲曰：'君何类长沙王吴芮，但微短耳。'纲瞿然曰：'是先祖也，君何由见之？'见者言所由，纲曰：'更葬否？'答曰：'即更葬矣。'自芮之卒年至冢发，四百余年，纲，芮之十六世孙矣。"[①] 以前看到这项材料，根本不相信。因为按常理四百多年尸体不可能不朽。马王堆汉墓的发掘，打消了人们的一切疑问。

有关汉代丧葬制度的记载，最详尽的莫若《后汉书·礼仪志下》"大丧（诸侯王列侯始封贵人公主薨）"。该文主要讲述皇帝的大丧，顺便介绍了诸侯王等。我用白话讲述皇帝从病危到发丧的全过程。"不豫"（皇帝病危的讳称，不豫者，无精神准备也）。太医由太医令丞带进宫廷为皇帝开药方下药，再由尝药监监督皇帝贴身宦官（中常侍、小黄门）先尝，确定无风险后再给皇帝喝。与此同时，最高军政长官太尉在南郊祷告上天，司徒、司空祈请宗庙以及四渎五岳，以求保佑。服药、祷告均无效，皇帝"登遐"（即驾崩），皇后诏三公典丧事。百官皆衣白孝服，闭城门、宫门。宫廷禁卫兵严守各要害且昼夜巡逻。文武大臣及皇后、皇太子、皇子都要沐浴装扮，前去哭灵。守宫令兼东园匠将女执事，赶紧为皇帝穿寿衣，即金缕玉衣（用数千片事先磨好的玉片，用金丝缀合成衣形如铠甲，以之包裹尸体，称之为玉柙）。在玉衣外用黄色、赤黄色丝衣十二件套合（即"缠以缇缯十二重"）。死者口含玉，四周放玉，此为"玉殓"，时人以为玉可防腐，又可通于天地。玉珪在左，玉琥在右，玉璜在足，玉璋在首，玉璧在背，玉琮在腹，表示与天地四方神沟通。装扮好后，将尸体

① （晋）陈寿撰，陈乃乾校点：《三国志》第三册，中华书局 1959 年版，第 771 页。

放在八尺宽、一丈二尺长、三尺深的大漆盘中，漆盘内以红漆漆之并放满冰块，以防尸体腐烂。当日夜，下竹符告知各诸侯国、地方官员，竹使到皆“伏哭尽哀”。

大内专门为皇帝办丧事的东园匠、考工令则奏报他们准备棺椁和搭建灵棚的情况，棺椁内外均大红色，上画日月、鸟、龟、龙、虎、连璧、偃月。布置好灵堂，由大鸿胪典礼官指挥皇帝家属及文武百官哭灵，同时三公奏尚书顾命（即皇帝遗诏），太子即日即皇帝位于柩前。太尉读策毕，以传国玉玺绶东面跪授皇太子，即皇帝位。原皇帝贴身太监中黄门以玉具、隋侯珠、斩蛇宝剑授太尉，告令群臣，群臣皆伏称万岁。即位礼罢，各自准备发丧。

发丧，首先要修坟。秦汉制度，皇帝登基第二年即开始修坟，直至死。据《汉旧仪》略载：“天子即位明年，将作大匠营陵地，用地七顷（一顷一百亩），方中（放棺椁的地方）用地一顷。深十三丈（一丈约合三米），堂坛（放棺椁的土台）高三丈，坟高十二丈。武帝坟高二十丈，明中高一丈七尺，四周二丈。”发丧的场面之大，令人咋舌。太仆驾四轮辀为宾车，灵柩外有大而豪华的棺罩，形似宫殿，挽灵人身着白孝服，手引与灵柩相连的白丝带长三十丈，宽七寸，分六行，每行五十人，也就是说挽灵人共三百。此外，公卿以下子弟三百人，皆穿白孝服；校尉三百人，皆头扎红布，穿绛色单衣，持幢幡紧随其后。最前面是六十人的乐队排成六列。

到了墓地，还要举行隆重的仪式。先要由120名十至十二岁的男孩，装扮成方相氏，“方相氏黄金四目，蒙熊皮，玄衣朱裳（黑上衣，红下衣），执戈扬盾”，沿墓穴四角驱逐邪恶。傩仪后，便可营便房（停放棺椁的建筑），即“内梓棺柏黄肠题凑”。所谓“黄肠”即柏木心，柏木去皮后呈黄色。“题”即头，“凑”，以头内向，垒成房子状。棺椁就放在里面。已经发掘的马王堆汉墓、河北满城刘胜墓、北京大葆台西汉墓等都是黄肠题凑式。巨大的棺椁如何进入数十米深的墓穴？

《后汉书》记载，墓穴与外面修一条很长的“羡道”（连墓道），足以容六匹马驾车自由出入，墓穴方中百步，其中开四门与外面连通，便于操作和埋藏明器。埋多少随葬品，有“遣策”（即账目单）。由专门运送随葬品的“容根车”将明器拉进去，随葬品全部进入墓室后，棺椁再安放到便房。太史令自车南，北面读哀册（或称哀策，歌颂皇帝生前功德的韵文）。太常跪曰“哭”，所有送葬者“哭”，坟墓上空立即哭声一片。最后是皇帝“进赠”，赠完后，太常跪曰“皇帝敬再拜，请哭”，大鸿胪同时对外喊“请哭”，哭声再起（当时有专门的哭丧队伍）。太常跪曰“赠事毕”，皇帝就可以回宫了。礼毕，先关闭剑户（墓门），户设夜龙、莫邪剑、伏弩，设伏火（伏火不知何谓，或指人鱼膏灯之类，道家炼丹，调低炉火温度谓之“伏火”。估计人鱼油灯火的温度不会太高），以防盗掘。最后关闭墓门的人都会被埋入墓道。司徒将校示意性地埋土，然后由专门填坟的数万人（武士）“复土”。这就是汉代皇帝丧葬的简单情况。[①]马王堆汉墓规模虽没有如此排场，但其基本规格是相同的或类似的。

从皇帝到大小官僚，死后以黄肠题凑墓式安葬，要用去多少木材，已难以统计，恐怕要毁掉无数亩森林。仅以受封七百户的马王堆汉墓来说，墓底先要铺一层木板，其上安三棺两椁，棺椁外黄肠题凑，形如小宫殿，估计一座黄肠题凑要千根成材的柏木，皇帝墓所用会更多。厚葬对生态的破坏是难以估量的。参观过秦始皇陵兵马俑坑的人都已看到，数万平方米的兵马俑坑，坑被数道隔墙隔开，隔墙顶部用原木搭成棚子，使兵马俑形成不同的方阵。原木上再铺苇席，最后盖土，等于是把整个森林埋入地下。东汉以后改为砖室墓，我估计与国家林木面临枯竭有关。但是，烧砖仍需要木材，因为当时人们还不懂得用煤，只是消耗略小而已。黄肠题凑外面是半米厚的木炭包裹，仍需木材烧制。木炭外再用白膏泥封住，泥外埋土。木炭吸水性能好，隔潮断氧，对尸体不朽有着直接的作用。马王堆随葬品之丰富也是惊人的，据统计，四个边厢中所放置的纺织品、漆器、木俑、乐器、竹笥木器，以及陶器、竹简等，共

① 参见（南朝宋）范晔撰，李贤等注《后汉书》第十一册，中华书局1965年版，第3141—3152页。

计一千余件，其中漆器 184 件，木俑 126 件，乐器 3 件、竹笥 48 件、陶器 51 件、竹简 312 枚、金属器数件。

对于我们搞美术史的人来说，最重要的是一号墓和三号墓出土的帛画，尤其是一号墓帛画，其水平之高是前所未见的。按古代丧葬制度应称之为“铭旌”，出殡时由执事以竿挑起走在灵柩前作为“导引”，在坟茔作完丧礼后盖在棺盖板上，一起埋入地下。《后汉书・礼仪志下》也有类似的记载：“旗之制，长三仞，十有二游。曳地，画日、月、升龙、书旐曰‘天子之柩’。”作用可能有所不同。马王堆一号墓帛画，呈 T 形，表现天上、人间、地下三种空间上的事物，可以看出西汉初年人们的宇宙观。当然，要完全破解帛画的内容，还需要参看《楚辞》《仪礼》《礼记》等文献。马王堆汉墓发掘报告公布后，在国内外引起巨大轰动，尤其是一号墓女主人埋入地下 2100 多年不朽，实为世界医学史上的奇迹。国内外各种刊物纷纷报道，《文物》1972 年第 9 期发专号进行详细介绍，文物出版社出版了豪华本考古报告《长沙马王堆一号汉墓》，图文并茂，彩图极其精致，为出土不久所拍摄，甚宝贵。接触空气后，画面迅速变灰暗，鲜亮的朱砂、石青、石绿好像被蒙上一层灰色。

有关帛画的内容，诸家众说纷纭。有的说是龙，有的说是伏羲女娲，有的说是嫦娥奔月，有的说是墓主人灵魂升天等。尽管对内容的解释有分歧，但对其艺术价值都交口称赞。画家使用多种矿物质颜料，明快沉稳，线条流畅，绘画功力好生了得。两千多年前绘画能达到如此高的水平，值得后世子孙为之骄傲。

（原载《艺术百家》2013 年第 4 期）

*学友论文

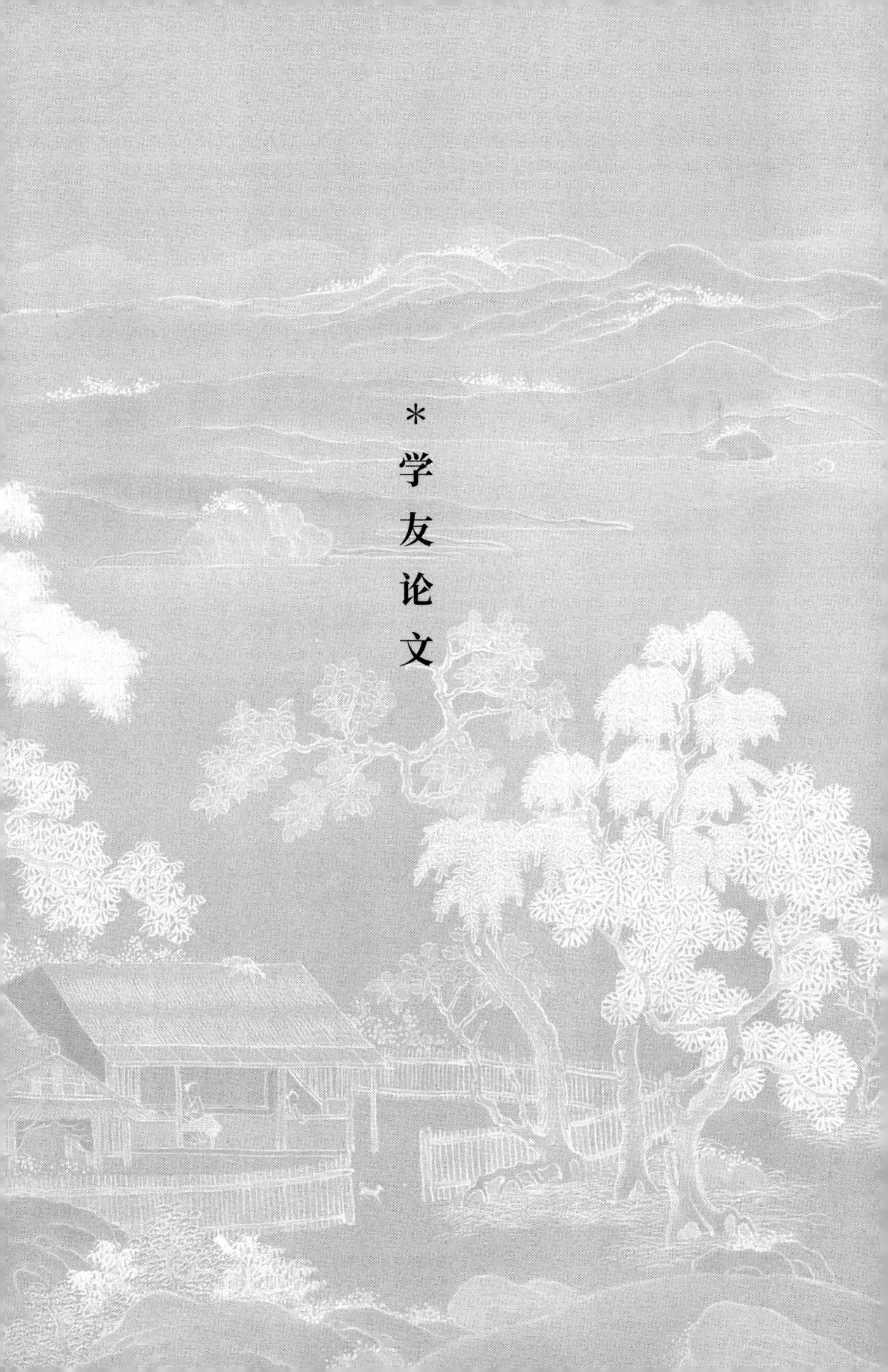

河南林氏及其福建“土楼王子”振成楼

——兼谈土楼建筑类型的历史渊源

宫大中

世界文化遗产——福建土楼客家民俗文化村景区土楼群，堪称中国建筑艺术史上的奇葩，也是客家文化的典型代表。就中有“土楼王”承启楼，“土楼公主”振福楼，尤以“土楼王子”振成楼，每每被时人称道。

一、永定土楼群的地理分布

福建省龙岩市永定区是客家土楼的聚集地。（图 1）永定土楼群主要分布在两镇一乡，大体上形成五大景区：

一曰土楼沟景区，位于湖坑镇南江村。土楼沟土楼群，最早始建于 12 世纪的宋代，数百座方方圆圆的土楼，宛如颗颗璀璨的明珠，依山就势点缀在南溪河两岸，错落有致，蔚为壮观。其中“土楼公主”——振福楼，现为“福建土楼博物馆”。

二曰初溪土楼古村落景区，位于下洋镇初溪村。该村拥有 5 座圆楼和 31 座方楼，是福建土楼中气势最磅礴的土楼群。被列入全国重点文物保护单位的集庆楼，是福建土楼中历史最悠久、结构最特殊的圆土楼。

三曰福建土楼王景区，位于高头乡高北村。景区地标性建筑为“土楼王”——承启楼，又名天助楼，是福建省现存最古老的大圆楼之一。承启楼是最早引起建筑专家关注的客家土楼。

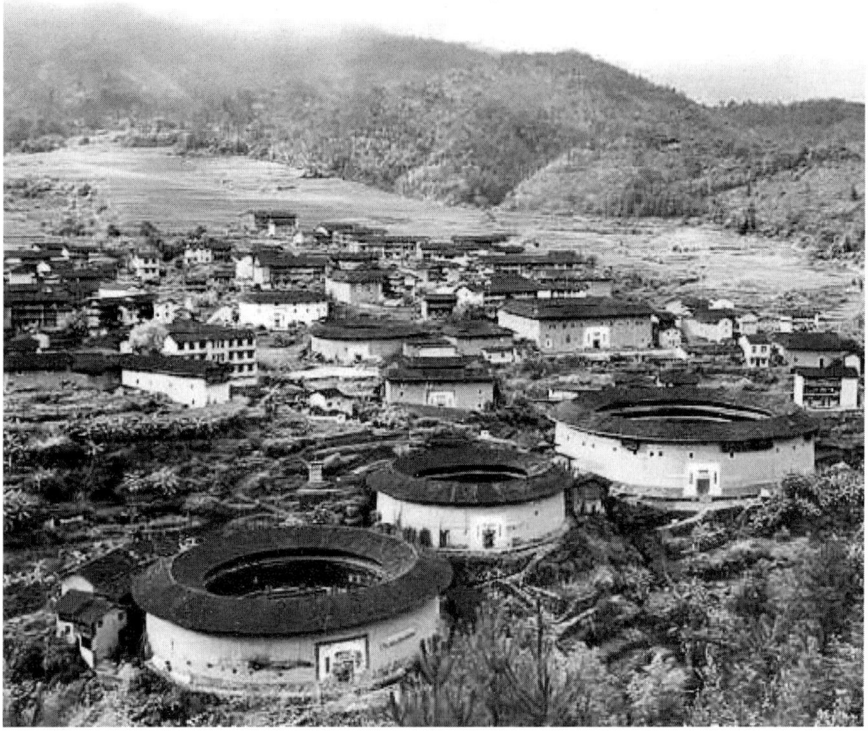

图 1　永定土楼群

四曰福建土楼客家民俗文化村景区，位于湖坑镇洪坑村。这里是最具特色的土楼村落。现存造型各异的土楼 120 余座，其中最具有代表性的是富丽堂皇、中西合璧的“土楼王子”——振成楼，由林氏兄弟及子侄们集资兴建。

五曰中川古村落景区，位于下洋镇中川村。中川古村落创造了令人不可思议的“中川文化现象”，誉称“天下第一侨乡”。

二、福建林氏与土楼建筑溯源

谈及土楼建筑，必须从客家人说起。客家人是从中原南迁的汉族人，保持中原传统文化即河洛文化及民俗信仰。河洛文化是我国历史上的天中文化，或者说根文化，它不仅影响了周边的地域文化及客家文化、闽台文化，还通过丝绸之路传播到许多国家和地区。

“客从哪里来？洛阳大谷关。”洛阳是“客家祖源地”，也是客家人首次南迁的出发地。大谷关是古都洛阳“八关”之一，位于洛阳市伊滨区东南万安山中，恰好在汉魏故城正南方。1700多年前的西晋“八王之乱”“五胡乱华”，导致晋室南迁，形成东晋南朝。众多中原士族、百姓，南出大谷关，告别洛都。这是中原汉人第一次大规模南迁，人数达百万之众，史称晋末“衣冠南渡”。北宋路振《九国志》云：“晋永嘉二年（308），中州板荡，衣冠始入闽者八族，所谓林、黄、陈、郑、詹、邱、何、胡是也。”这些中原汉人成为后来客家人的先祖，大谷古道则成为客家人南迁的历史通道。盛唐的“安史之乱”，又导致中原数万人南迁，一直延续到五代时期。北宋末年“靖康之难”，金兵攻破开封、洛阳两京，大量中原汉民随高宗南迁。就连翰林图画院待诏李唐，在从金兵北归的俘虏中脱身后，不顾年迈，仍与弟子萧照投奔南宋。2021年始建的大谷关客家之源纪念馆，将成为黄河文化根亲地标和世界客家人的精神家园。《洛阳晚报》还开设了“悠悠大谷关　千里客家路”[①]栏目。翌年，该报又报道洛阳市嵩县“大禹治水”和“涂山会盟”的传说故事。涂山，即三涂山，在嵩县城西南伊河北岸何村乡境内的崖口。崖口又名水门，与龙门（伊阙）、陆浑，合称伊河三阙。相传大禹在涂山治理伊河水患时，与涂山氏女结为夫妻，并在涂山召集各部落首领“涂山会盟”，这次大会也是夏王朝建立的前奏。“三涂雾雨”更是嵩县八景之一。周武王伐纣灭商，回到洛阳，曾对周公说：“自洛汭延于伊汭，居易毋固，其有夏之居。我南望三涂，北望岳鄙，顾詹有河，粤詹雒（洛）、伊，毋远天室。”然后，“营周居于雒邑而后去”。[②]从报纸刊登照片看，三涂山驿站也有一座类似“客家土楼”的建筑物[③]，圜形二重，内重人字坡，外重半坡，皆灰瓦覆顶，木柱支撑，无墙体。其建造年代、修缮状况及使

---

① 据记者仝景菁、通讯员张娴报道，《洛阳晚报》2021年3月25日。

② （汉）司马迁：《史记·卷四·周本记第四》，中华书局1959年版，第129页

③ 参见洛报融媒记者张宝峰、邱明《“大禹治水”“涂山会盟”——在大禹传说中，看三涂山美景》，《洛阳晚报》2022年4月13日。

用功能待考。

林姓根在河洛。其先祖主流说法有二：一是《元和姓纂》记载“周平王次子林开之后”；二是《路史》记载“殷比干子避难长林之山，因氏焉”。近年研究认为，殷末相国比干，被纣王剖心后，夫人陈氏星夜逃离朝歌，至牧野山林，生下儿子比坚。追兵问及姓氏，陈氏急中生智，指树林为姓。周武王灭殷，召回比坚，赐姓“林”，比干子林坚成为林姓始祖。今河南新乡卫辉市有比干庙，因墓而建。1934 年，国民政府主席林森派代表林一足，携带北宋仁宗时编纂的比干家谱，到汲县（今卫辉市）城北比干墓祭祖。

周武王封林坚为河清公（今河南浚县一带），其孙字子超，为载公，冀州牧，袭封博陵；载公孙磋公，字民居，官至司马大夫；东周林放，系比干十二世孙，字子立，敬王时大夫，定居鲁国，不断向孔子问礼；从汉代济南郡林尊，传至其孙晋安郡王林禄，徙福建莆田北螺村，成为福建林姓祖先。林禄，字世荫，从东晋元帝时渡江，任王府参军、黄门侍郎。后因讨伐杜弢有功，升迁为远招将军、散骑常侍、充河浦太守。明帝太宁三年（325），奉诏回朝。林禄墓地在今莆田地区惠安县九龙岗。[①]

永定客家土楼是掩藏在崇山峻岭之中的民居，由于交通不便，多少年来鲜为人知。永定土楼特色独具，有方形、圆形、八角形和椭圆形等大小土楼二万余座，其规模之大、造型之美以及防御、实用功能之健全，构成一个奇妙的神秘世界。

客家人原本是中原汉民，因战乱、饥荒或躲祸、避难，被迫离乡背井，举家南迁。他们长途跋涉，辗转万里，在闽粤赣三省边区形成客家民系。偏僻山区建筑材料匮乏，且野兽出没，盗贼嘈杂，加之惧怕当地原住民的袭扰，使得客家人每到一处，本姓本族人总要聚族而居，以便团结互助，共渡难关，似乎又回归原始先民的谋生之旅。特殊的历史条件，形成了客家民居独特的建筑形

① 参见耿玉儒《比干庙》，中州书画社 1982 年版，第 14—15 页。

式——具有防御性的城堡式建筑物，即土楼。永定土楼既具有历史传承的文脉，又结合当地实际，是富有新意的伟大创举。

土楼建筑，早年被误认为是少数民族的地域性民居。考古发现表明，它是我国传统土木建筑体系的又一类型。土楼的本源，似乎可以追溯到新石器时代至商周的羑里城遗址，城址位于豫北安阳市汤阴县城北 4 公里，城址呈土台状，高出地面约 5 米，南北长 106 米、东西宽 103 米，文化层厚 7 米。考古钻探得知，上层为商周时期，下层属河南龙山文化。羑里城是先秦国家监狱。据文献记载，里，狴犴（传说中的走兽，古代常把其形象画在牢狱门上，借指监狱）也，夏曰夏台，殷曰羑里，周曰囹圄，皆圜土。圜土，即用土筑成圆形的专门囚禁罪犯的建筑物。殷纣王曾将西伯侯姬昌（周文王）囚禁于这座国家监狱达七年之久，“文王拘而演周易”即此，后人在这里建文王庙，设演易坊、演易亭，以示纪念。[①] 其安全、防御功能，可能启迪了东汉的坞、坞壁建筑。《集韵》云：“坞，野聚也。”或云堡垒之小者。《后汉书·孝献帝纪》云：兴平二年（194）四月丁酉，“是日，李傕移帝幸北坞。”《后汉书·李章传》云：“时赵、魏豪右往往屯聚，清河大姓赵纲遂于县界起坞壁，缮甲兵，为在所害。”《后汉书·董卓传》云：“乃结垒于长安城东以自居。又筑坞于郿（今陕西眉县），高厚七丈，号曰‘万岁坞’。积谷（穀）为三十年储。”唐李贤等注：“今案：坞旧基高一丈，周回一里一百步。”[②]

2016 年 4 月下旬，河南省文史研究馆组织馆员到江西、福建考察、采风。我有幸在福建龙岩永定观赏了向往已久的客家土楼，并搜集到有关资料。

永定客家土楼，大体上有三种组合类型。

第一类为宫殿式土楼——奎聚楼。整座建筑结构紧凑，豪华富丽，外围高 4 层，有“小布达拉宫”之美誉。

---

① 参见河南省文物局编《河南文化遗产——全国重点文物保护单位》，文物出版社 2007 年版，第 237—238 页。

② （南朝宋）范晔撰，（唐）李贤等注：《后汉书》，中华书局 1965 年版，第 378、2329—2330、2492 页。

第二类为府第式或曰五凤式土楼——福裕楼。近乎四合院，平面似“曰”字，由四周歇山并悬山式屋顶组成。

第三类为坞壁式土楼，又可分为方形、圆形或者说方楼、圆楼二式：

一为方形人字坡土楼，如庆云楼、福兴楼、景阳楼、光裕楼等。方形虽庄重大方，但转角处通风、采光较差，且抗震性能也略差。□蔼楼旁就有一座屋顶坍塌的方形土楼。二为圆形人字坡土楼，如承启楼、振成楼、振福楼、如升楼等。既无开头又无结尾的圆形土楼，亦称圆寨。“土楼王”承启楼，始建于明末崇祯年间（1628—1644），以环数最多、规模最大而著称。土楼外环楼高 12.42 米，直径 82 米，夯筑土楼墙体厚 1.5 米。外环主圆楼上下 4 层，每层有房 72 间。外圆楼内露天场地，再建两圈圆楼，外圈 2 层，每层有房 40 间。里圈单层，有房 32 间。中央为大厅。全楼总房数共计 400 间，总建筑面积 5376.17 平方米。外环楼设大门 3 座，楼内各圈设巷门 6 座，水井两口。全楼最兴盛时，曾居住 80 多户，800 余人。“土楼王子”振成楼，以建筑结构奇特，且文化内涵丰富之特点，堪称“人类文明史上的一颗璀璨明珠”。“土楼公主”振福楼，规整简朴、典雅大方。如升楼直径仅 17 米，小巧玲珑，若传统量具中只有方斗十分之一容量的圆升，故得雅号“如升楼”。

三、林氏三兄弟与振成楼建筑艺术

振成楼是永定土楼群中的晚辈，与民国同年诞生，至今才经历了百余年风雨沧桑。但它却是客家圆形土楼中集大成的建筑艺术精粹。

说起振成楼的历史，颇有故事：振成楼是洪坑村林氏家族第十九代林在亭后裔做条烟丝烟刀生意发财后兴建的。林在亭家境贫寒，生有德山、仲山、仁山三子。清后期太平天国金田起义后，林在亭为避战乱，率三子至抚市亲友家学艺——打烟刀。相传早在北宋时，我国就从菲律宾引进烟草，时称“瑞草”，后又从南雄地区引进永定，名曰南雄烟。清代的烟草生意，造就了洪坑村的大型土楼群。林氏三兄弟抓住这一机遇，回乡经营，以三个银元起家，在岩太村办起第一家烟刀厂，字号“日升”，三年内在邻村扩建为十余家烟刀厂。由于工艺独特，经营有方，产品走俏全国，并在广州、上海设立经销点。清光绪六年（1880），三兄弟花费20万大洋，在洪坑村建造一座府第式结构的方形土楼——福裕楼。该楼设计独特，被专家认为是最有地方特色的方形土楼。

中华民族优秀传统文化所蕴含的美德之一是“积善”。《周易》云：“积善之家，必有余庆；积不善之家，必有余殃。”三兄弟为“积善”，四处修桥、筑路、建凉亭，并请人在凉亭“赐茶”，为乡邻做了不少公益事业。1923年，获得民国总统黎元洪赠匾——“里堂观型”。

当时前后村庄都无学校，仅有私塾。兄弟三人分家后，老二仲山在洪坑村村口独资兴建一所“光汉学校”，即今下村小学。1903年，老三仁山在洪坑村村头也独资2万大洋，兴建一所“日新学堂”，汀州府府太爷张星炳为之题校名曰“林氏蒙学堂”，其花岗岩石匾至今犹存。

老大、老二相继去世后，老三官至四品，拟独资兴建一座工程浩大的圆形土楼——振成楼，因劳累过度，不幸于1906年病逝，享年58岁。遗孀江金娣夫人将开怀、开敏、开杰、开芹四子培养成人。开怀早逝，次子开敏又名鸿超，聪明好学，系清末秀才，后为民国众议院参议员，一生从事《周易》研究，琴棋书画无所不通。为继承父志，他参与设计并邀集叔伯兄弟合资兴建振成楼。楼名是为纪念上代祖宗“福成公”“丕振公”，各取一字而组成。[①]

洪坑村地理坐标东经116° 57′，北纬24° 40′，海拔358米。地处深山密林之中，交通不便，1991年才有入村公路。故自1912年动工，历时5年，投资8万大洋，方使振成楼竣工。（图2）

振成楼的奇特之处，一是受风水观念影响颇重，振成楼既重视其防御、日照、通风、抗震等实用功能，又深受《周易》八卦、《洛书》九宫的影响；二

① 参见振成楼楼主林日耕编《振成楼探秘》。此小册子系楼主自编自印，笔者在振成楼内经营的诸多文玩、旅游商品中偶见而购之。

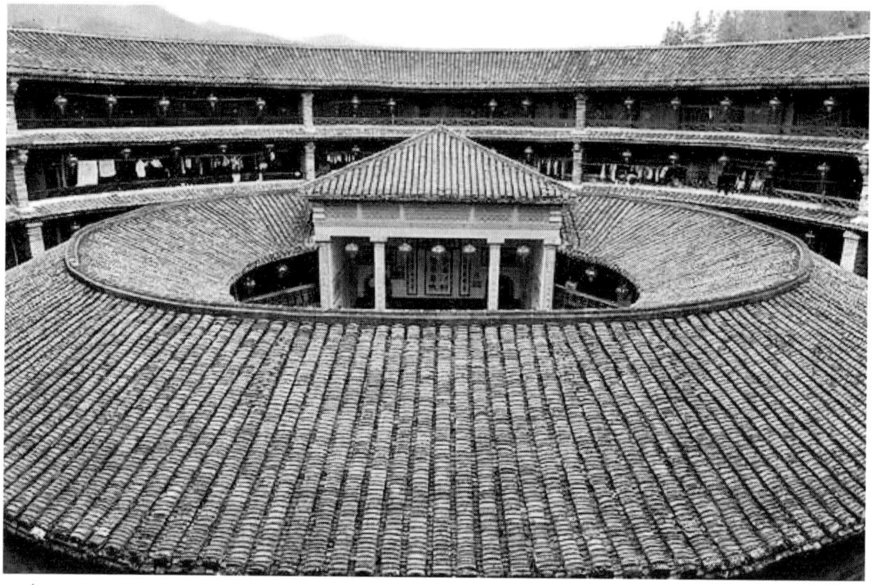

图2　振成楼鸟瞰

是其厚重的文化内涵，表现在儒家礼制思想的深入人心。可以说这座聚族而居的大宅院，其格局与形式本身就是一个“修身”“齐家”，道德教化的场所，是将自然、社会两种属性统一的典范。

振成楼外环虽为圆形，但左右两边有对称的半月形馆舍相辅，宛若一顶封建官吏的乌纱帽。看来左右馆舍似为《周易》传之“十翼”，而圆楼主体则以《周易》经之八卦图像与《洛书》九宫布局，可与风水罗盘对应。

外环楼是传统架梁式的土木结构，外檐出跳似采用简易的“穿拱”“插拱”构造，两面坡皆以复合青瓦铺顶。据《振成楼探秘》记述，墙体系就地取材，用当地的黏沙土混合夯筑而成，底层墙体厚1.3米，参错块石。墙内每夯实约10厘米厚即铺上一层竹板或木条作墙筋，逢交叉墙处，还放有大木料作交墙，起到相互拿力作用。外环楼有四层，高16米，每层有房间40间，配备四架楼梯。一层为厨房和吃饭间，对外开设三座门；二层为储粮仓库；三四层则为前廊卧室。

振成楼大体上坐北向南，《振成楼探秘》称其“乾巽艮坤卦为公共场所”“坎震兑离卦方位为住房”。以现存布局对照罗盘，似应为☲（离卦，南）为正门厅，☵（坎卦，北）为后观音厅，☳（震卦，东）、☱（兑卦，西）二卦为左右二侧门厅，分别位于四正方位；相错☰（乾）、☴（巽）、☶（艮）、☷（坤）四卦为房舍，分别位于四维（西北、东南、东北、西南）方位。各配卦象门户，卦门开连成一体，卦门闭自成院落。卦与卦之间，设有防火隔墙，一旦失火，也只能烧一卦，不会向两边蔓延。振成楼后向二卦，曾经重新维修，就是1929年曾被人为放火烧毁的历史见证。楼内还设有火烟囱，炊烟可从每间厨房中间墙内预设的通管，直至四楼瓦顶冒出去。卦与卦之间还设有男女浴室和猪舍。

外环楼所设三道大门，似应对天、地、人“三才”布局。大门门板厚约15厘米，门面装配0.5厘米厚的钢板加固。门内墙中埋设有20厘米见方的门闩，大门一关，门闩一闩，楼内妇孺老幼则可高枕无忧。逢年过节、婚丧喜庆或有客至，中间正大门敞开，平时主人从左右二旁门出入。再者，可能是考虑安全问题，外环楼二层以下无窗口，三四层有之，且密度较大，可供武器发射，并与各卦楼顶上的瞭望台构成火力交叉点，这不但是土楼的军事防御设施，也有助于通风、采光。楼内数十个粮仓堆满粮食，每家每户还储备不少干菜，并养有牲畜，使得土楼易守难攻，时可持久。

圆形土楼还能防风、抗震。据《永定县志》记载，1918年农历正月初六日，永定发生强烈地震，当时倒塌了不少方形土楼，而所有圆形土楼则安然无恙。南中村的土圆楼——环极楼，大门顶上被震开尺余宽裂缝，但地震过后，又慢慢地自行复合，现尚有一小裂缝可证。

内环楼即楼中楼，为两层砖木结构，屋顶与外环相同。内有石雕、木刻门面、琉璃瓦当和窗户。二楼走廊栏杆，为铸铁梅兰竹菊图案，紧连着内环一楼中心大厅。大厅呈正方形，略高出内环楼，作四面坡或曰四角攒尖顶，亦顶铺复合青瓦。其功能是议事厅、宴客厅，兼作戏台。《周易》八卦即后天八卦的本数为坎一、坤二、震三、巽四与乾六、兑七、艮八、离九。北朝甄鸾注解的

《数术记遗》云："九宫者，即二四为肩，六八为足，左三右七，戴九履一，五居中央。"东汉郑玄注《易·乾凿度》云："四正四维，以八卦神所居，故亦名之曰宫。"大厅位居中央，可视作中宫数五，则与各卦楼本数构成《洛书》九宫。这显得数五中宫——大厅，更为显赫、更为崇高。内环二楼观戏台，中间设计比左右两旁高出 6 寸，即近乎 20 厘米。正中高位为客位，两旁为主人位，以示"客家好客"。据悉若有七品以上要员光临，外环楼、内环楼正门皆敞开，内环楼天井内花岗岩石板路直通大厅，是为最隆重的欢迎仪式。

大厅宽敞明亮，舒适宜人。四根花岗岩厅柱，环抱不过，各高二丈余，即将近 7 米。在当时的环境条件下，如何运来，又如何竖起？令游人惊叹！大厅檐下门额上，由红蓝白三种色彩组成的装饰图案，历经百年风吹雨打，仍光泽晶莹，至今还是个谜，或为天然石色颜料，或为引进国外化工材料。内环天井中，点缀两个小型花圃，显得清新雅致。大厅建筑设计及其装饰意匠，多有欧式特征，与两环土楼，中西合璧，交相辉映。这也是振成楼建筑艺术的特色。

楼内东西两侧，设有两口水井，相当于八卦太极图中的阴阳鱼目。《系辞》曰："《易》有太极。"周子《太极图说》云："无极而太极，太极动而生阳，动极而静，静而生阴，静极复动。一动一静，互为其根。分阴分阳，两仪立焉。"两口水井，在此似也寓意日月。

振成楼的楼梯结构，梯头顶油灯座及排水沟的设计，都与众不同。其他方、圆土楼排水沟皆弯弯斜斜，缘起在风水的"水主财"，故不能直流走。振成楼则直流，易排泄不堵塞，也旨在教育后代，事在人为，流出的是污水，而不是财，极具反封建思想的超前意识。

振成楼丰厚的文化内涵，还在于结合《周易》天人合一的哲学思想，即"《象》曰：天行健，君子以自强不息"，又"曰：地势坤，君子以厚德载物"。并以中原三教"儒能治世，道能治身，佛能治心"的理念，教化后学，催人奋进。试看该楼以德为宗旨的撰联，便可洞悉个中奥妙。外环楼正门以振、成二字组联云："振纲立纪；成德达材。"内环楼大门联云："干国家事；读圣贤书。”以振、成二字组联者，还有大厅中间二石柱楹联：“振乃家声，好就孝弟一边做去；成些事业，端从勤俭二字得来。”楼主人还引用《金刚经》中“言法行则，福果善根”的妙谛，并在后厅供奉观世音菩萨，劝做“善事”，有联云：“振刷精神，功参妙谛；成就福德，果证菩提。”

可惜有些楹联毁于“文革”动乱。诸如“振作那有闲时，少时、壮时、老年时，时时须努力；成名原非易事，家事、国事、天下事，事事要关心”“万金买邻，千金买宅；十年树木，百年树人”等。

“耕读传家”，振成楼走出中国科学院院士林尚安等一批专家学者、高级工程师和县处级以上官员。

福建的有识之士，对振成楼这座独特的建筑艺术典范，予以形象的哲理概括：“土楼是一部读不完的书。”“圆楼是个句号，却引出无数的惊叹号和问号。”

1985 年，振成楼建筑模型同北京天坛模型在美国洛杉矶参加国际建筑模型展览，振成楼被认为是客家人聪明智慧的结晶，是中华民族优秀的文化遗产。

最后，需要提及的是，客家人坚守了中原河洛文化和三教信仰，因地制宜，创建了土楼和土楼文化，还增添了妈祖（林默娘）信仰。永定区洪坑村的天后宫，即妈祖庙，邻近振成楼，也为土楼建筑群烙上了明显的客家人印记。

［原载河南省人民政府办公厅主管、河南省文史研究馆主办《中原文史》2016 年第 4 期（内部资料）。2022 年 9 月增补］

高山流水有知音
——陈半丁与齐白石二三事

徐 改

“天高云远水流长，流去春风与秋光。酒罢送别故人影，留却人间思断肠。”这是齐白石在《天高云远图》上的题诗。并自注云：“余送半丁兄南行长沙，归来有感，作此短句，以抒情思。戊寅白石又记。”此图画于 1938 年，简短的诗句道出了齐白石与陈半丁如高山流水般的情谊。这情谊还要从 1917 年说起。

1917 年 5 月，55 岁的齐白石为避家乡的兵匪之乱，只身到北京，想以卖画、治印为生。无奈当时齐白石的画作“冷逸如雪个，游燕不值钱”，心中不免落寞。但值得庆幸的是，就在这一年，齐白石结识了对他艺术道路产生重大影响的陈师曾和当时在北京的一些著名画家，这其中便包括陈半丁。

齐白石在 1922 年的《壬戌日记》中曾记述了他与陈半丁相识的经过：“陈半丁，山阴人，前四五年相识人也……半丁居京八年，缶老、师曾外，知者无多人，盖画极高耳。余知其名，闻于师曾。一日于书画助赈会得观其画，少顷，见其人，则如旧识。是夜，余往谈，甚洽。出康对山山水与观，自言‘阅前朝巨家之山水，以恒河之笔墨，仅得匠家板刻而已。后之好事者，论王石谷笔下有金刚杵，殊可笑倒吾侪，此卷不同若辈，故购藏之，老萍可为题记否？’余以为半丁知言，遂书于卷末。”[①] 从这段记述可知，齐白石是从陈师曾那里得

① 转引自陈半丁绘，朱京生著《中国名画家全集·陈半丁》，河北教育出版社 2002 年版，第 251 页。

知陈半丁的，初次谋面，便如旧相识一般，十分投缘。当天晚上齐白石登门拜访，看画、论艺、题画，更如逢知己，相谈甚欢，大有相见恨晚之慨，自此成为莫逆。当时，齐白石 55 岁，陈半丁 42 岁。齐白石来自乡村，又不是个很能交际的人，他和陈半丁何以能一见如故呢？

首先，他们都是从外省来京求发展的。陈半丁是浙江绍兴人，19 岁到上海半工半学，1906 年到北京[①]，无人识，卖画生意萧条。后得金城和恩师吴昌硕的提携，将他介绍给画界友人，吴昌硕还为他撰写了书画、篆刻润例。于是，他逐渐在北京站住了脚，跻身于知名画家的行列。齐白石从湖南到北京来，也像陈半丁一样出身下层，初到北京时的际遇也很相似，不免有惺惺相惜之感。此外，齐白石深受陈师曾赏识，陈半丁与陈师曾为好友，与好友之友成为朋友，就更加自然了。

再者，他们有着约略相同的艺术观点、爱好和艺术追求。陈半丁得吴昌硕亲授，在绘画上追求苍拙、厚重和古艳的风格。齐白石在北京实行“衰年变法”，也以吴昌硕为主要学习对象，由八大山人式的简逸转为吴昌硕式的浑朴厚重。他们还都推崇八大山人和石涛，都临摹他们的作品，都佩服他们特立独行的创新精神。白石 20 世纪 20 年代变法期间的作品，受到某些北京画家的讥讽，说他的画如“厨夫抹灶”，但陈师曾和陈半丁却理解他、支持他，这使齐白石大有知遇之慨。

对于清代以来的“正统派”绘画，他们也有着相同或相近的观点。陈半丁说：“阅前朝巨家之山水，以恒河，之笔墨，仅得匠家板刻而已。后之好事者，论王石谷笔下有金刚杵，殊可笑倒吾侪。”齐白石说：“四百年来画山水者，余独喜玄宰（董其昌）、阿长（石涛），其余虽有千岩万壑，余偿以匠家目之。”他们的观点多么相似！白石诗句“一笑前朝诸巨手，平铺细抹死功夫”，与陈半丁的“前朝巨家山水……仅得匠家板刻而已”完全是一个意思。这些十分相

① 关于陈半丁到北京的时间有不同的说法，笔者从朱京生说。

近的艺术观念，正是将他们紧密相连的内在力量。齐白石让自己最有绘画天赋的三子齐良琨（字子如）拜陈半丁为师，便是他们友谊的证明，也表明了齐白石对陈半丁艺术的认同。

有了这样共同的思想基础，齐白石与陈半丁交往的40年中，才能不断地在艺术上相互切磋、相互鼓励。齐白石在1932年作《英雄独立》题：“余年七十矣，未免好学。一昨在陈半丁处见朱雪个画鹰，借存其稿，从此画鹰必有进步。”[①]1941年齐白石又依此稿本画鹰，甚为满意，自藏家中，至1950年赠送毛泽东，此是后话。从这段题记中可知，齐白石和陈半丁都喜欢八大山人画的鹰，齐从陈处借存的画稿，或为陈半丁临画的，也未可知。两人关系之密切可见一斑。

齐白石与陈半丁又多有合作或互为题句的作品流传于世。如1924年陈半丁画荷、1926年齐白石补成的《荷凫图》，形象简洁而生动，笔力苍劲，墨晕浑厚，如出一人之手。其疏简传神颇得八大山人之趣，其拙朴厚重又有缶翁之致。正因有共同的爱好和师法，熟悉彼此的笔法，才能合作得如此天衣无缝。

又如1945年合作的《挖耳图》，齐白石画掏耳罗汉，题曰：“白石老人八十五岁时用七十岁后自造稿。”陈半丁补山石，题曰：“白石翁写罗汉奇逸孤冷，神似雪个，近人不能为也。乙酉元旦半丁补成。”白石所作罗汉席地而坐，一只眼半闭着，似乎正掏到痒处，神情毕现，质朴而幽默。陈半丁画的山石以勾为主，笔意简洁，尽量靠近齐氏的白描风格。而半丁对白石人物的高度评价，也是由衷而发。

在齐白石的另一张画作《长年大寿》（画鲇鱼、乌龟）[②]，有陈半丁两处题跋，其一曰：“苍龟生中山，墨笔尤可宝。仁者获此物，千载长不老。此老下笔力能扛鼎，画虫鱼粗写细钩，历历如生。可谓超绝古今，非近人所可梦见。”其二曰：“渴墨水，大点子，谁能领此意？余少时遇苍石，一快；老年见白石，

① 此图刊王大山主编《齐白石画海外藏真》，荣宝斋（香港）有限公司1994年版，第67页。
② 郎绍君：《齐白石的世界》，台湾时报文化出版企业股份有限公司2002年版，第383页。

又一快。阅之醒目、醒目。半丁又记。”白石此图无年款，图中萧愻和张伯英的题跋是1940年，陈半丁的题跋应在同年或稍晚。是时正值齐白石艺术创作的高峰期，其作品鲜活的生命力，图式语言的纯熟、精到，正如陈半丁所言“超绝古今”，可见齐白石在他心目中的地位是很高的。

今天，陈半丁与齐白石都已驾鹤西去，但他们这种互尊互信两相诚、如山如水的情谊却与世长存。

（原载《中国书画》2005年第6期）

一次令人惊艳的“冲锋”
——浅议罗工柳与《地道战》

莫　艾

1951 年面世的油画作品《地道战》(图 1)，是新中国革命历史题材创作中最早也最具代表意义的作品之一。“地道战”是抗战期间冀中根据地极富创造性的战斗形式，这幅作品本身也富于传奇色彩——它是作者罗工柳生平第一幅油画创作。在杭州国立艺专接受了预科一年级的基础绘画训练后，罗工柳在 1938 年（22 岁）奔赴延安，之后在根据地、华北解放区从事革命美术实践，直至新中国成立后任职中央美术学院才开始尝试油画。据说当年中央美术学院院长徐悲鸿与吴作人、李可染、滑田友、王式廓等前来探看时，都感到非常吃惊：“以前不是刻木刻的吗？怎么画起油画来了？而且画得那样快。”[①]

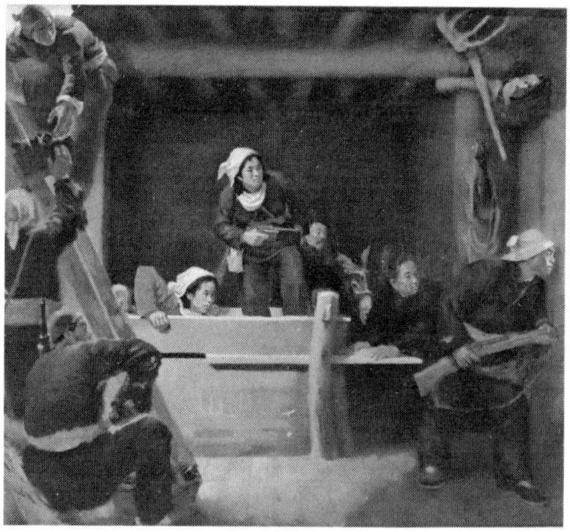

图 1 《地道战》，罗工柳，1951，144 cm × 169 cm，布面油画，中国国家博物馆藏

这幅创作的确是作者人生中一次令人惊艳的“冲锋”。它携带着浓重的“土油画”味道，却因表达的质朴泼辣与难能的具体性，因人物饱满而富于生机的战斗姿态与精

① 刘骁纯整理：《罗工柳艺术对话录》，山西教育出版社 1999 年版，第 33 页。

神世界的呈现，在今天依旧焕发出动人的光彩。在怎样的历史体认、怎样的实践积累与艺术准备中，这充满激情、难以复制的“冲锋”得以诞生？这是我想探究的。

一

运用地道战的冀中根据地，是中共在抗战阶段遭遇到最严峻考验的地区。日军对晋察冀根据地的持续进攻始于1938年9月，1941年全面加剧，至1943年实现了全面的分割、封锁、包围、蚕食（冀中在1942年秋“质变”）。1943年太平洋战争陷入拉锯后，日军对华北的控制程度降低，晋察冀的形势逐步缓解，抗日斗争由是获得了更大的开展空间。地道战这“人民战争的奇迹”在此背景下催生。惊人的地道系统在冀中一望无际的平原“地下创造了新的阵地……地面上被敌人占领与分割的上千上百个村庄，在地下又连在一起”[①]。在冀西体验过扫荡的残酷性的罗工柳，为这人民的创造而激动，在1948年即开始构思。现存草图和完成稿显示，作者的思路聚焦在如何表现地道战斗的特点、过程与整体感，如何表达战斗者的精神状态，以及如何构造单纯明朗、令观众感到一目了然又身临其境的视觉体验。围绕这些，作品在空间视角、人物关系构造、光线运用等诸多方面显示出了令人赞叹的创造性。

作品最终呈现的空间场景和表现视角，是在作者克服了不少挑战后的探索结果。《地道战》的创作草图显示了场景选择的变化：起初限于室内灶台口，呈现的是出入地道这一局部环节（图2）；其后作者将场景移至外部空间，尝试加入连接外部院墙的梯子，扩大了表现因素；最终则确定为可目视性口棚及院落空间的开放场景（图3）。完成稿巧妙传达了地道的隐蔽性，画面左侧的高大院墙与院外空间又暗示出包括地道、连接院落与村庄所构成的完整作战空

① 吕正操：《冀中回忆录》，华岳文艺出版社1988年版，第210页。

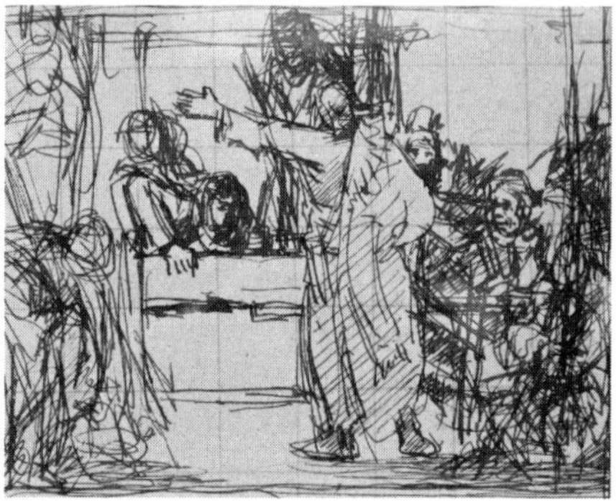

图2 《地道战》草图之一，罗工柳，约 1950，
13 cm × 17.5 cm，
浙江华茂艺术教育博物馆藏

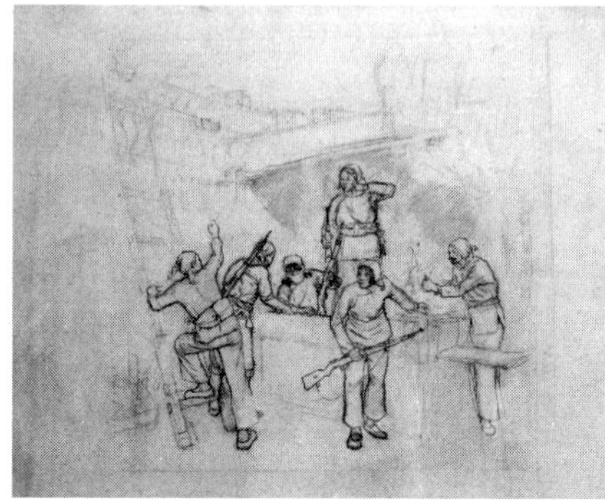

图3 《地道战》草图之二，罗工柳，约 1951，
55 cm × 76.5 cm，
浙江华茂艺术教育博物馆藏

间，地下与地上的配合关系及地道口的位置等关键因素，呈现相对完整的战斗形态（侦察敌情、地道隐蔽与转移、地面及屋顶作战、掩护、接应及传达战况、输送武器等地上地下与院内外的配合工作）。场景的变动体现出作者认识的深化：在日军的割据、封锁下，缺乏隐蔽条件的平原游击战被迫发展到以村庄院落为基本单位的“纵深肉搏”，战斗融入农民的日常生活中。同时，作者自述，他在根据地时期的木刻探索经验使他确立了追求通俗性与一目了然的传达效果的目标。① 围绕于此，在表现视角上，草图显示了从小中景，到倾斜视角的相对大场景，再到正面视角中景的摸索过程。

正面视角与低矮局促的方形空间增加了创作的表现难度。如何突破空间限制，同时避免视觉的平板化，展现战斗的过程性、整体感与战斗者的身姿与精神？作品的处理体现在诸多方面：将分属不同时空的行动组合在一个整体中，每个人物被设计为整体中的一个作战环节，并结合身体姿态表现人物默契的配合关系。人物姿态经过作者的反复调整，以更好表现战斗的连贯性并造就一目了然的观看效果。譬如，画面中的老婆婆，起初设计的是站在地道口前方、背

① 罗工柳说《地道战》“是通俗作品，为的是让老百姓一眼就看清楚。这种创作习惯是在刻木刻中形成的……（按：作者举例《李有才板话》）这不是我一个人的特点，新中国的叙事性绘画普遍倾向于一目了然，这点与苏俄的叙事性绘画差异很大”。刘骁纯整理：《罗工柳艺术对话录》，山西教育出版社 1999 年版，第 38 页。

向观者的壮汉，后改为调头转向观者的妇女，最后变为朝向观者又接应左右两方的老婆婆。由此，原本遮蔽观者视线的形象，转变为清晰地展示人物面容、在战斗整体中发挥关键连接作用的因素。此外，画面左侧借助梯子传递武器的两个青年的姿态构想也颇为精心。作品整体横向运动轨迹的构造，不仅强化着行动的连贯性与战斗者的精神感，也积极调动着观者的情绪。

当我追寻这些战斗者的身姿来体会作品的空间、光线表现与虚实手法时，不禁感慨其中充溢的动人的精神性：原本狭窄、黑暗的空间（实为艺术表现的难题）为一群洋溢着饱满内在的身躯所激动、充实。在这逼仄的空间中，光线动人地汇聚、追寻着战斗者们，映照出那些从黑暗中跃出的身体。当看到光线如何照射在跃出地道的女子头部，并连带激荡着四周空间，看到女子身旁隐没在黑暗中的老者如何因面部的光线照耀而被"激活"并仿佛起身跃动时，创造带来的感动油然而生。同样惊艳的部分还在作品的空间表现。这样鲜活而充满生气的人物姿态，是只能由战斗者之间亲密的连带关系生发出来的（不体会到这一层，作者即难以如此生动、有力地把握这些惊人的动作与姿态）；战斗的空间为战士们的身躯所撑开与拓展、激荡与充溢，正是他们使这朴素的农家牲口棚充满了勃勃生机。

《地道战》的正面中心视角与空间构造，令人联想到意大利文艺复兴巨匠列奥纳多·达·芬奇的名作《最后的晚餐》，但罗工柳对这位西方前辈的经典图式做了精彩的再创造。他毫不惧怕那堵平面无光的背景"死墙"，以闪烁流动的光照（配合人物的跃动身姿）将这黑暗激活，令人感到似乎有无数战斗者将从中央背景的黑暗中跃出……常规的技术性借鉴恐怕难以促成这样的表现，我更倾向于认同这是罗工柳由对战斗生活的深刻体认而催生的心灵激动。

作品最为深刻的品质还在于人的面貌的表现。在作者笔下，地道战中的农民 / 战士个个平常、质朴，又充溢着光彩。中心女子那随着身体轻轻摆起的头巾尖角，传神地表现出角色活泼的内心状态。她身旁的姑娘真是个北方农村的"老实头"：不起眼的面庞，短粗的眉毛，不算好看的眼睛，几缕掉下来的头发，裹得一点儿不美、就要松开的头巾，除去“用力”没有其他“表情”的手，以及全神贯注于战斗的质朴神情……透过这些面庞、身体，透过他们沉稳连贯的配合与欢快的行动感，观者看到的不仅是抵抗者的勇猛，还有他们彼此间淳厚、温暖、亲密的情谊与跃动的生机。

相较同期及后来的同类题材创作，《地道战》表达的具体性与活力状态具有特别的探讨价值。在此，“具体性”的表述并非仅对应于表现语言、手法层面，更指向作品通过艺术媒介所达致的把握历史的力度与丰厚度。作品的表现是否内在呼应于那段历史？在根据地被敌人切割、包围的绝境中，为何战斗者还能表现出活泼、从容与精神的生机感？这困境中的翻转是如何实现的？民众在被组织进革命的过程中被调动、激发出了怎样的力量？事实上，如何借助抗战契机来突破、拓展对中国社会现实的认识，革命者如何在自我改造的同时展开更深刻的社会革命实践，是包括文艺在内的各领域所面对的基本问题。在艰苦地体认现实、渴望真实表现底层民众并获得对象认同、接受的探索努力中，艺术经受了怎样的考验？

建立在村庄整体改造基础上的地道战，需要调动村庄的各个阶层、群体（包括地主、富农）共同协力，重新调适村庄成员关系、打通矛盾环节，在战争、抵抗与民众生活、生产的交融中展开对乡村的再组织与调动。中共在抗战阶段形成的最具历史价值的经验之一，就在它能够突破以往以经济考量为主的阶级视角，在统一战线的平台上形成更内在于地方具体脉络的现实认识，同时努力寻求更能有效调动对象的政治、社会、文化组织方式。以村庄集体动员为基础的地道战斗，民兵力量的培养、发展最为核心。冀中地道战的出现与晋察冀边区 1943 年后的民兵大发展直接相关，是中共调整现实认识与斗争形态的结果。“战斗和生产结合”的民兵制度突破了单纯的军事范围：民兵不仅保卫村庄、侦察敌情、展开战斗，还协助老百姓“空舍清野”、组织村内外的生产互助。众多民兵骨干因此成长为村庄的核心组织者。在抵抗与生产融合的过程中，村民的精神连带达至更深，他们的品质、能力与生命状态也获得高度焕发。

有关那段历史中的民众面貌、民众与革命的关系，王林的小说《腹地》可为油画《地道战》的表现提供参照。在这部写作于1942—1943年日军大扫荡期间的冀中地道的作品中，众多夹带着各种旧时代痕迹、政治意识模糊的农民与革命骨干共同造就了村庄革命/抵抗的根基，政治、经济、对敌斗争、文艺等各方工作均指向尽可能包容、激发乡村人群的活力与内在品质的目标。革命应开创出令身在其中者感到舒畅的关系空间，更深地凝聚人心，从而调动民众潜藏的能量。

二

《地道战》的确体现出罗工柳深入历史的努力。当我们进一步探究作者自身的经历与作品的关联时，却发现问题并不简单。事实上，这件标示着作者创作高点的作品无法代表他整体探索的面貌；艺术表现和现实之间也并非直观的对应关系。

罗工柳经历了典型的革命锻炼：1938年至1946年近七年半的时间里，他在太行山根据地与边区农村从事美术实践。尽管如此，探索却并不顺畅，他早期的新年画与木刻实践相当艰苦（如《选举会》《选举》《马本斋的母亲》）。实际上，罗工柳对西化的表达手法、语言（空间感、块面、黑白对比等）更为敏感，运用起来也更为上手。虽然他努力学习古元、彦涵等带动的民族化的新手法，在人物塑造、线条的运用等方面也显出较大转变，但在叙事手法与人物关系构造的核心方面，他始终难以找到更为贴近对象（农民）的表达路径。1946年的《李有才板话》插图（图4）显示出他创作上的重大突破，但人物关系与人物塑造的缺陷没有获得真正解决。在这样的状况下，1949年的《小二黑结婚》插图却又显示出罗工柳重新转向他曾经想要摆脱的西方式的写实语汇，变化原因尚待考察，但对此前数年探索经验的“放弃”，表明作者在根据地阶段

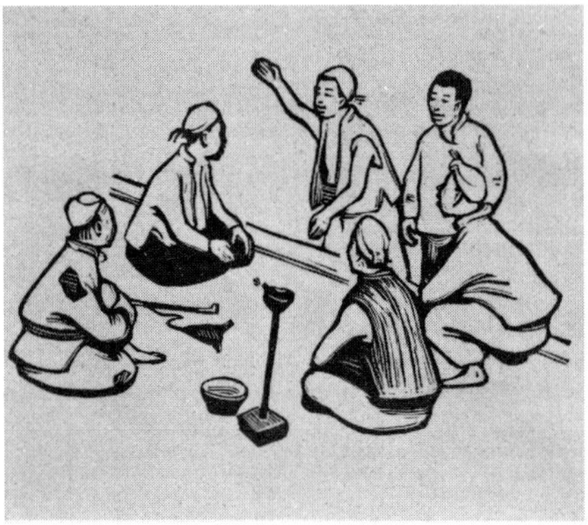
图4 《李有才板话》插图，罗工柳，1946，
黑白木刻，家属藏

尚未形成内在的现实把握视角。另外，革命探索经验在新语境下该如何有效认识、转化，也是新中国成立后美术界面临的整体性问题。

《地道战》的创作正处在这动摇与尝试的阶段。尽管创作取向开始变化，但在这件作品中，作者在根据地时期的经验与历史体认无疑发挥了关键作用。1938 年到 1949 年，罗工柳绝大部分时间都投注于普及美术工作。从他在农村举办木刻展览、售卖新年画所受的强烈刺激及由此开启的认识转变，可以推想在普及实践过程中，艺术家的自我意识与现实感所遭遇到的挑战。普及工作要求的“深入群众”，意味着实践者与现实、对象间建立起新的关系与联结方式；“为群众喜闻乐见”则要求他们转变原有习惯、趣味与认识限制，突破自身与中国社会、乡村民众间的隔膜。正是在努力体贴、理解对象，在自我与对象间不断往复的过程中，实践者获得自我突破与拓展的契机。

根据地的新年画实践是在对革命所搅动的乡土认同以及社会风俗、心理与人情体认中，在变动的社会现实和人心感受层面求生存的。它要求高度的现实理解力与政治理解力。1944 年前后根据地的经验整理强调，新年画实践针对着具体的政策、目标和人群，其形式、内容以对具体语境中“群众”状态的贴切理解为前提。“尊重老百姓的风习与道德”“夸张的同时又是写实”……文艺的引导与塑造功能须以此为基础才真正有效。根据地时期有关新年画内容、形式的讨论，被置于如何理解现实与民众这一基本框架中，这意味着新年画的探索内含动态性与生长性，无法以静态方式对其表现形态予以固定化的设定。事实表明，新年画能否获得“中国化”面貌的关键不在于是否借鉴、在多大程度上借鉴民间与传统因素，而是取决于能否把握与老百姓的“新生活相关的东西”[①]。耐人寻味的是，在其他因素的合力下，这样的路径催生出高度开放的探索状态。古元、彦涵、罗工柳等的探索就是例证。

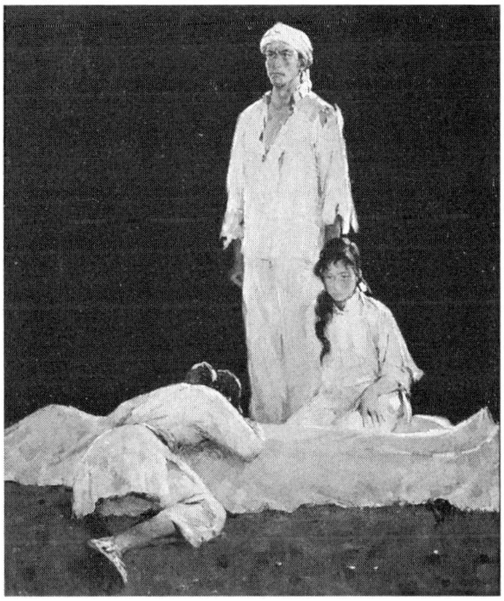

图5 《前赴后继》，罗工柳，1959，布面油彩，181 cm × 152 cm，中国美术馆藏

当我们将视线移至罗工柳其后的发展轨迹及同类题材作品的表现时，《地道战》则显示出更深刻的意义。比照罗工柳《前赴后继》（1959，图5）、詹建俊《狼牙山五壮士》、杜健《在激流中前进》（1963）、宋惠民等《辽沈战役——攻克锦州》（2009）等作品，这些作品在对民众理解、历史把握以及审美取向、作品面貌等方面都发生了不小甚至根本性的变化。何以后来者更着意追求形式感与表现性，却无法达至《地道战》的动人？何以罗工柳在20世纪50年代中后期所致力的新取向在某些方面达至更高表现力，但在历史理解深度与审美趣味的丰厚度方面却呈现出窄化、单一化倾向？更令人困惑的是，当年革命者所体认到的中国农民的精神品质与面貌，何以短短数年后在创作者眼中发生如此惊人的变化？

重新面对这幅朴实却凝结了宝贵的历史体认的作品，或将促使我们追问在那段历史中，民众何以焕发出如此面貌，艺术又何以能够捕捉到这样的面貌？在新时期以来种种傲慢而缺乏节制、貌似激情实则空洞、轻易乃至廉价的“表

① 据画家讲述，为达到“中国化”的目的，曾利用与主题无关的旧装饰图案却没有得到认可，因为“老百姓首先注意的是内容”，是和他们的生活相关的东西。参见罗工柳《关于年画的意见》，载顾森、李树声主编《百年中国美术经典文库　第三卷：美术思潮与外来美术（1896—1949）》，海天出版社1998年版，第164页。当年的新年画实践，针对不同对象采取不同的方式：在对敌伪人员的宣传中，“专门创作了几种民间年画形式的宣传品，如‘身在曹营心在汉’（完全把封建的东西也利用起来了，在当时对敌斗争异常尖锐的情况下，不难理解）和‘十凄悯’（内容利用封建的东西很少）”。参见彦涵《忆太行山抗日根据地的年画和木刻活动》，《美术》1957年第3期。而在新中国成立初期和50年代中期的认识中，对民间、传统因素的静态理解与模仿被认为是新年画获得群众认同的关键因素。

现”中，民众是否被迫承载了精英需要被检视，实际却缺乏检视的种种历史、现实判断？在致力于真诚认识社会与民众的投入过程中，当年的艺术实践者获得怎样的自我突破与自我更新，这样的认识自觉与探索路径，在今天是否还有意义？

（原载《读书》2018 年第 2 期，收入本文集时文字略有增补）

傅抱石：笃学与至艺

张 鹏

傅抱石先生是20世纪家喻户晓的国画大家。而作为学者的傅抱石，才应该是他的第一身份。从1932年远赴东瀛主攻美术史，到回国后专注于画史、画论的研究和教学，一直到1942年在重庆举办个人画展之前，他的身份一直都是中国美术史学者，在石涛研究和早期山水画史研究方面卓有建树，学术成果丰硕。而其后起的“画家”身份，则是对“学者”的补益和丰富。一些研究者已经对傅抱石在美术史论领域的学术成果给予了关注和研讨，本文则着重谈传统学术对傅抱石绘画（主要是以历史典故和文人雅事为代表的故实画）创作的几点滋养，这也更加靠近其“学者”与“画家”两个身份间的贯通和对话。

整体而言，傅抱石首先是一位扎根于中国古典文史的传统学者，其次才是20世纪以降在中西文化碰撞中成长起来的现代学人。前者为根柢，后者为枝叶，傅抱石是两种属性的复合体。1930年，曾在南昌教授过傅抱石的国文老师、后执教于中央大学的王易为傅氏《摹印学》作序，说他“笃学好艺，文笔斐然，书画篆刻俱有轨范”，将“学”和“文”置于“艺”前。1934年，傅抱石在日本留学时的导师金原省吾先生为傅氏翻译的《唐宋之绘画》作序，也说“君之至艺，将使君之学识愈深；而君之笃学，又将使君之艺术愈高也”。可见，在当时师友们眼中，傅抱石的学者本色是首位的，以学滋艺，方能学、艺并进。

作为传统文史学者的傅抱石，主要传习明末清初以来考据、辨章为主的朴学学脉，除美术史论的本行外，在金石学、年谱学等领域皆有一定创获，这些学术思考及相关研究成果均在不同程度、不同方面影响着他的故实画创作。

一、金石气度

在金石学领域，傅抱石自幼酷爱篆刻，以“印痴”自命，勤学此艺，名动乡里，依赖这门技艺接济营生。留学日本后，他的篆刻微雕高艺大噪于东瀛，一时间印名高于画名。他在《傅抱石所造印稿序》中自述了这份数年不减的金石痴情：“抱石性喜印。七八岁时每节饼饵之费向坊间刻木质名章，或方或圆，或巨或细，累累然盈篚。新得一印，必钤拓数十纸，分贻塾中童辈，顾以为乐……彼时常想，用印一事，顷刻百十立成，笔划巨细，毫厘弗爽，世人何愚，惟劳笔墨，舍此捷涂？故暇则即握刀，锥取破砚、碎石之属，就膝攻之。砚坚滑，皮破血流，不以为苦。”

傅抱石以《康熙字典》开蒙，渐觅自学理法，后涉吾丘衍《三十五举》、陈克恕《篆刻针度》、顾湘《小石山房印谱》和端方《匋斋藏印》等，微窥金石门径。金石理论和刊刻实践双修，1926 年撰成《摹印学》，是他存世最早的学术论著。“叙目”称此书共分“总论、印材、印式、摹法、章法、刀法、杂识”七篇，对篆刻学史与相关理论进行了大纲式梳理，在当时学界有初创之功。

留日后，傅抱石见日本民众对篆刻艺术尤为重视，文人多富收藏，各美术院校均设置此课程，于是重新编订《摹印学》，1934 年更名为《刻印概论》。在日本期间，他阅读了若干金石学、考古学著作，包括清代之前的《集古录》、《金石录》、《考古图》、《金石索》、《金石萃编》（并续编）等，另有罗振玉、马衡、容庚、唐兰、商承祚等近人论著，还有日本学者住友又纯《泉屋清赏》、后藤守一《汉式镜》、滨田耕作《东亚考古学研究》、香取秀真《支那之古铜器》等与金石相关的著述。

抗战时期，傅抱石又发表《刻印源流》《关于印人黄牧父》《读周栎园〈印人传〉》《评〈明清画家印鉴〉》《中国篆刻史论略》等文章，加之长久以来向郭沫若、马衡等学者就古文字、古器物等学问的请益与探讨，于金石学领域，他已所得不浅。

金石学养的积淀和长期的篆刻实践，赋予了傅抱石对古文字的惯性敏感。他作文缀辞喜用古字，也应与这一敏感有关。另外，他创作的诸多故实画的题识具有规律性，即画名常用篆书题写，跋文以颇显刀笔凌厉风范的楷书写就，两种书写风格均受金石之滋润。

再有，金石篆刻的阅历呈现在画面上会凝结成传统工匠般的精心与力道，尤其是在“小人物、大山水”构图类型的故实画中，多表现为对画中人物的细腻绘制，幽微入骨，毫发清朗。傅抱石说：“我对于画面造型的美，是颇喜欢那在乱头粗服之中，并不缺少谨严精细的。乱头粗服，不能成自恬静的氛围，而谨严精细，则非放纵的笔墨所可达成，二者相和，适得其中。我画山水，是充分利用两种不同的笔墨的对比极力使画面‘动’起来的，云峰树石，若想纵恣苍莽，那么人物屋宇，就必定精细整饰。根据中国画的传统论，我是往往喜欢山水、云物用元以下的技法，而人物、宫观、道具，则在南宋以上。”(《壬午重庆画展自序》)

粗细互彰的绘制与“小人物、大山水”的构图深度相合，许多作品上色貌精严、逸兴遄飞的“小人物”恰恰是画眼所在，因为对之形象和意态的精心刻画才可以落实某些关键性的故实情节，保证了画境中最基本的故实要素和情节感。美术史家郎绍君先生在与笔者的一次谈话中讲道，傅抱石的“小人物、大山水”特征和齐白石的“工细草虫、写意花卉”风格，是20世纪中国画史上以篆刻工匠之精细运于画幅笔墨之中的两个典型。信然。

二、年谱根基

在年谱学领域，作为学者的傅抱石也颇有业绩。除研究者着墨较多的傅氏1935年编成的《中国美术年表》和1941年撰成的《石涛上人年谱》外，尚有其1939年撰成的《文天祥年述》和《张居正年谱》，后两者成书只隔月余，足见其勤奋与多产。三部年谱颇有“细审行年，潜探心曲”之法，“行年”与“心曲”并举，将深隽的生命咏叹寓于对谱主身世细节的烛幽探微中。

《文天祥年述·叙例》云：“通常年谱之作，或重考证生平，或重文章经济，本书则志在传述公之忠节。”又云：“公死国，今六百五十七岁矣！……愧余荒芜浅陋，于公无所发皇，惟强敌当前，愿借公参天大义，使憬于苟安妥协之仍不足以图存而已！”《张居正年谱·例言》云：“故是篇主旨，即在表白此种严毅勇为之伟大精神，自政事之重要举措，个人交涉，进退大节，均尽可存其因果与系统，俾见其真，而后知论世知人之亦非易也。”傅抱石将对谱主的心曲探寻和时代主题的价值导向潜化在言行实证中，这也暗合了徐复观力倡的有思想的考据，考据并非单纯的方法，依然有能力担负起建构思想和孕育价值的责任。

1943年9月，傅抱石画《信国文公》，图中四壁阒寂，孤灯微茫，文天祥端坐几侧，握笔凝思，形貌清瘦，神意骨鲠，双目透出孤愤与坚定，描绘出他被囚北庭，在狱中慷慨写作《正气歌》的情节。上有沈尹默所书《正气歌》，笔力劲拔、凛凛生风。此图正是傅氏在《文天祥年述》中所谓“传述公之忠节”和“惟强敌当前，愿借公参天大义，使憬于苟安妥协之仍不足以图存而已”的图像表现。

《石涛上人年谱》则是傅抱石多年专注于石涛研究的集大成之作，其用力之深、委情之笃恐无他著可及。个人感情的深注是此作的最显著特征，当然也并未僭越学术论著应具备的理性底线。他对石涛生卒、身世、行履、交游等生平细节依次稽考，小心求证，得出了不少关键结论。但遥寄于石涛上人的浓烈情感在严谨而冷静的文字中尚不能尽意倾释，故而他在《壬午重庆画展自序》中讲到，心存将石涛的生平事迹图绘为系列“史画”的深笃情结。这些“史画”作品本该依《石涛上人年谱》中考订的行年细节而出，但这一图像工程最终未能全部成于纸上。不过，现可看到的作品已充分构成傅抱石这一年谱研究与故实画同步生成的基本佐证。

三、朴学家法

留日前，傅抱石蜗居南昌一隅，过着简单的读书、教书生涯，一直处于较为封闭而独立的自学状态。他饱览文史古书，早期所著《摹印学》和《中国绘画变迁史纲》已显现出其对传统考据方法的谙熟，后在金原省吾门下打开了广阔的学术视野，汲取图像学、风格学、文化学等所长。但笔者认为，在傅抱石学术研究中掌握最为熟悉、运用最多也最主要的依然是以考据辨章为本体、“竭泽而渔”式梳理文献的朴学方法。

1962 年，中央美术学院瑞典留学生雷龙访谈傅抱石，问到如何学美术史时，傅氏讲道：“一个美术史家比画家难，要不畏艰苦，《佩文斋书画谱》我翻破了好几部。特别是卷一到卷八，解决顾恺之的问题全靠它。”

学生张圣时对任伯年颇感兴趣，傅抱石得知后便指导他深入做任伯年个案研究：“你要研究任伯年，先把福开森编的《历代著录画目》中有关任的材料抄下来，然后再依书上找出各书，把资料全抄下，有了这个基础再找其他材料。我编石涛年谱也是此法。”

这两段话清晰说明了傅抱石的治学方法和研究思路，语涉顾恺之和石涛这两个他一生最重要的学术重镇，全是在高度强调研究者在文献的收集、梳理、稽考等方面的扎实功夫，足见其对朴学方法的熟知和重视。

傅抱石用这一方法治《佩文斋书画谱》，对与所拟故实画画题相关涉的重要画学史料进行逐一筛检与钻研，因此，在最终呈现给观者的画面中集结了极为丰厚和体系化的学术信息量。例如，傅抱石于 1940 年、1941 年、1942 年三作《〈画云台山记〉图》，其绘制基础是 1940 年 2 月撰成的《晋顾恺之〈画云台山记〉之研究》一文，这也是日后结集为《中国古代山水画史的研究》的第二章。此文承1933年与日本东方文化学院京都研究所伊势专一郎的论辩文章而来，对唐季张彦远以来皆认为脱错难校的顾恺之《画云台山记》一文进行了精深考索。傅抱石将此篇“甚为厚重的晋人文字”逐段句读，通辞释义，又辨析了不同的人物、场景和故实情节，确定为同一人物可以反复出现在同一画面的构图特征是“中国古代历史故实画的发展中难免的历程”。

傅抱石以朴学方法考订文辞，以情节的流动裁定画面格局并依文绘图，证明顾恺之《画云台山记》不仅可解，而且可画。他解释说：“现在据我研究的结果推测制成《画云台山记》的设计图，把全记分为四十三点，每点各予以严密的阐述。所指的物事（或位置），用虚线表示它，其泛指的话，则加直线围起。这样，不但可以证明这《画云台山记》不是空洞敷陈之作，还证明了这记中的经营设想是如何的细致生动。因此我又按照我的设计，再施以渲染，画成了一幅山水画。”傅抱石认为顾文中的43个要素一一落实于图上，这一以道教祖师张道陵在云台山测试弟子修炼为主题的故实画，在人物、情节和场面上皆有安置，绝非空论。尽管在原记中并未出现山水、人物比例的翔实记载，但傅氏所作三帧皆采用“小人物、大山水”构图，张道陵与弟子们的体量都很微小，可见他通过细考文字并紧依时代画风，从学理上大致确定了早期故实画的构图规律。另外，1941年所作之图上的天师弟子王长和赵昇，傅氏分以淡墨和花青绘其衣色以示二人之别，同时标记出两人在图卷中不同段落间的出现，复原了“古代历史故实画”的这一带有普遍性的构图特征。

此外，傅抱石还善于将《佩文斋书画谱》等画学著录上有人物形象、神态、场景、氛围等详尽文字记载的古画再度构制成图，他以朴学方家对待文献的审严态度，把这些记载逐字逐词地赋形于画面中。关于这一点，对比《佩文斋书画谱》所载李公麟《东山图》的文字描述和傅画《山阴道上》四位名士的行走姿态、面貌神情以及彼此呼应的场面，无不默契。又如《佩文斋书画谱》所记《觅句图》的“缺唇瓦瓶”和《擘阮图》中女子的“微启口”等细节描写也无不在傅画中精妙地表现了出来。这些例子都表明了傅画的文、图对应之默契，证实了精审文献、考据辨章的朴学方法对其故实画生成的可贵滋养。

四、古画经验

傅抱石谙熟传统画论与古画的经典图像，他曾采撷历代绘画的相关论述编成《中国绘画理论》一书，其中有言："画不师古，如夜行无烛。"傅抱石早年从石涛、龚贤、八大山人、梅清、石溪等明清之际画家入手，在长期的美术史研习中又广汲各时期古代画家之创作精华。留日期间，他观看了若干中国古代绘画作品实物和图册，极大地丰富了视觉养分，其中包括了诸多历代能擅人物故实画的大师。

笔者认为，傅抱石的人物故实画创作，向顾恺之、李公麟、刘松年、陈洪绶、石涛、任伯年等几家学习较多，不仅是笔墨技法的蹈袭与斟酌，还有故实画画题的借鉴、图像构成的参酌和文化精神的传承。

顾恺之是傅抱石的研究重镇之一。赴日前，他撰写的《中国绘画变迁史纲》中仅仅根据《历代名画记》等前代文献对之粗述。留学后，情况发生变化，他师从金原氏治东方画论，而顾恺之正是这一系统研究之肇端，因此着力甚巨。尤其重要的是，傅抱石突破了早先主要凭依文字性文献进行研讨的局限，在更为优渥的读画条件下和对风格学、图像学等方法的日渐熟悉中，自我强化了对作品和图像的重视。他曾在文章中多次提到顾氏的《女史箴图》，虽尚无机会亲见藏于伦敦的古摹本原物，但对该图的画册影本必然进行过反复的研摹。

傅抱石认为，《女史箴图》"不特张华的原作意义发挥无余，只就每一段或每一个人物的构图或表情一加研究，那一种'静穆'而又'空灵'的美，真是莹然缣素之上的"（《中国绘画"山水""写意""水墨"之史的考察》）。循着对线的研究而深入到文图关系、构图特点和人物表情处理等更复杂层面，最后导出"静穆"和"空灵"的风格特质概括，这也成为傅氏故实画人物形象塑造的重要美学倾向。

1943年，傅抱石首次画《湘夫人》一图，其形象来源即《女史箴图》中的班婕妤。笔者认为，两者不仅是外在形象的相似，更有这种美学倾向的清晰显影。班婕妤兼备美貌与贤德，但晚景凄怨，傅氏斟酌将此感绪特征融入“静穆”与“空灵”之间，哀而不伤，缱绻悱恻。

李公麟是顾恺之的继承者，傅抱石对李公麟的学习，主要立足于古典画题的延续上。《佩文斋书画谱》中保留了很多李公麟创作的画题，如《醉僧图》《东山图》等，它们或来自李氏之前更古老的绘画传统，或开端于他本人的独创，这些也成为傅氏笔下极具代表性的故实画题。他的《渊明沽酒图》中的陶渊明形象，亦从李公麟《归去来辞图》而出。

陈老莲是晚明人物故实画的巨匠，沿承顾恺之、李公麟传脉，傅抱石对之也学习颇多，曾仿写其《归去来图》一帧。对于李、陈两家，1954年，他在给郭沫若信中谈《九歌图》创作时有所提及：

> 考《九歌》之见于图像，如众所周知始自李龙眠。迨后元之张渥，明之陈老莲、萧尺木，清之门应兆等乃有遗迹传于今代。其流传未广或湮而不彰者，宋以后又不知若干人。以拙见言之，李龙眠所作（无论甲、乙本）最富于创造性。此外唯老莲以其孤峭的构图，脱尽前人窠臼。舍此则什九皆二家之因袭而已。

这段叙述虽是谈论《九歌图》的话题，但字里行间已对李、陈两家的图像特质做出了带有普遍性的概括。傅抱石的人物故实画在人物形象、构图布局等方面对两家的学习也不限于《九歌图》，尚有包括陶渊明题材在内的其他作品。

傅抱石除研究石涛的画论和题画诗外，也曾在一定时期临摹过他的画作，傅氏自言：“临摹其中的一部分。特别是人物、松树、石头，都单独临过，无意中受其影响，至今在我的作品中仍然可以见出。”（李松《“最后摘的果子总

更成熟些”——访问傅抱石笔录》)

不少研究者认为，在绘画上，傅抱石仅仅学习石涛的山水，似不全面。石涛亦有不少包含人物和情节的故实画传世，如傅抱石所作描绘石涛一生行迹的“石涛史画”中的《望匡庐》所本的《庐山观瀑图》，表现陶渊明隐逸生活的《陶渊明诗意图册》，图绘明清易代时隐姓埋名的逸士石户农、铁脚道人、雪庵和尚等的《山水人物图》以及《西园雅集图》等，傅抱石对这些存世的石涛人物故实画的观看和临摹也值得注意。

历史是广阔而多面的，穿梭、起伏在历史风云中的某些人物也具有丰富的心灵和鲜活的气脉。傅抱石是20世纪鲜有的学养深闳、著述丰厚的学者型艺术家，探讨他在传统学术中的所得所思，以及与其笔下故实画创作实践的生动联系，既是美术史个案研究方法的一种深化，也是在局部打开学科壁垒、呼唤人文学科融通的一份尝试。

（原载《人民周刊》2020年第6期）

当代中国画诗意的失落与召唤

任军伟

近代以来，中国画不断经受着西方现代文明的冲击、不断遭遇着文化艺术领域某些思想激进者的批判和质疑，诸如“中国画将死”“中国画已死”之类的言论始终缠绕着中国画。尽管如此，脱离了传统社会文化语境的中国画非但没有走上“穷途末路”，反而经过不断调整最终适应了新的社会文化语境，并在一定程度上完成了现代化转型。时至今日，为了满足大众对于文化艺术的渴求，在社会经济和现代展览体制的推动下，当代中国画呈现出一种骄人的繁盛局面：创作、研究、展览、出版、教学、拍卖等齐头并进、多点开花，成果丰硕。

但也不可否认，目前的中国画创作并不尽如人意。尤其是我们将当下的中国画创作与画史上的经典作品进行比照时，会感受到一种明显的差距——中国画看似繁荣昌盛背景之下的部分作品却显得苍白与单薄。缘何如此，当代中国画究竟缺什么？——诗意，是我给出的答案。笔者认为，诗意的缺失，是当代中国画创作面临的最大症候。何谓诗意？宗白华在《中国诗画中所表现的空间意识》一文中说道：“中国人抚爱万物，与万物同其节奏：静而与阴同德，动而与阳同波（庄子语）。我们宇宙既是一阴一阳、一虚一实的生命节奏，所以它根本上是虚灵的时空合一体，是流荡着的生动气韵。哲人、诗人、画家，对于这世界是‘体尽无穷而游无朕’（庄子语）。‘体尽无穷’是已经证入生命的无穷节奏，画面上表出一片无尽的律动，如空中的乐奏。”[①] 这里所说的“气韵”“律动”，基本上可以等同于我们所理解的诗意，而“体尽无穷”、在有限中见出无限，则是“诗意”之所以成为“诗意”的关键。

一、诗意：中国画艺术的灵魂

诗情、画意兼备，是中国画艺术最广为人知与普遍认同的基本特征。也就是说，我们欣赏一件优秀的中国画作品，无论是历史上的还是当下的，得到的不仅仅是视觉层面上关于“画意”的美感，还有难以言说的、回味隽永的诗意之美。可以说，有无诗意，关乎中国画的根本品质。

在中国艺术史视域内论及诗画关系，不能不提到文人画的鼻祖——唐代诗人王维。有论者认为，诗情、画意兼备，不仅是王维诗歌的特色，还是其绘画的特色。如苏轼在《书摩诘〈蓝田烟雨图〉》中就有“味摩诘之诗，诗中有画；观摩诘之画，画中有诗”[②] 的论断。研究者认为是王维将诗意引入绘画创作，才在真正意义上促成了文人画或者水墨画的产生。高居翰即在其著作中写道：“诗意画在中国刚出现时，更多是被辨识和体验出来的，而不是被有意创造出来的。诗与画可以相互转换的观念出现在 11 世纪著名的北宋文人中间，特别是苏轼（东坡）的圈子，并被追溯到唐代，那时的诗人由杜甫领衔，画家由王维居首。”[③] 很显然，高居翰认为文人创作富有诗意之美的水墨画是始于王维，而北宋的苏轼则从事了“辨识”的工作。由此开始，在绘画创作中不断融入诗意、在绘画品评中不断体味诗情，便成了中国画自身所带有的根本属性。追求诗意，无疑成为中国画艺术的灵魂。

在此，我们需要先讨论这样两个问题：其一，作为两种各自独立的艺术形

---

① 宗白华：《艺境》，北京大学出版社 1997 年版，第 229—230 页。

② 转引自李福顺编著《苏轼与书画文献集》，荣宝斋出版社 2008 年版，第 28 页。

③ ［美］高居翰：《诗之旅：中国与日本的诗意绘画》，洪再新、高士明、高昕丹译，生活·读书·新知三联书店 2012 年版，第 2 页。

式，为什么中国的诗与画能够结合成为一种新的艺术形式，其结合的基础是什么？其二，这种结合给中国画带来了什么、意味着什么？

之所以提出第一个问题，是因为我们知道诗与画的结合并不是偶然的。考察西方艺术史可知，西方的绘画与诗歌并没有做到有机结合，更谈不上一种艺术形式的介入所带来的另一种艺术形式的再生。也就是说，中国的诗与画跟西方的诗与画在本质上是由完全不同的文化“基因”组成的，这种“基因”便是中国诗与中国画结合的前提。沿着这一思路追问，可以发现中国的诗与画在起源上就是相通相融的，而不是王维或者其他人通过外在的努力才将两者嫁接在一起的，更不是在画面上题写诗句或者以视觉的方式呈现某一首诗歌的意象。具体而言，就是在中国文化中有一种作为根本规定性的“天人合一”的思维方式与价值观念。实际上，中国传统文艺理论中“情”“意”等概念，体现的就是“天人合一”、物我两忘的状态与境界，而不是主、客二元论意义上的主体对于客体的情或意。诗与画的结合，在中国文化语境中乃是“同质”之合，而非“异质”之合，因而两者才能水乳交融、化合为一。反观西方的诗与画，因为根植于判然分明的主、客体相分的二元论，各有各的表达需求、各有各的形式法则、各有各的演进逻辑，既没有结合的意愿，也缺乏结合的可能与尝试，所以从中虽然可以看出相近的思想观念、形式结构，却很难品味到诗意。

诗与画的结合、诗意的融入，对于中国画创作的重要性是不言而喻的。其中尤为重要的一点是，诗歌的介入使得中国画迅速脱离了实用性和匠人制作的层面而进入艺与道的层面，最大限度上改变了绘画在文化系统中的地位与价值。需要说明的是，诗歌介入中国画创作并不是带来了什么，而是唤醒了中国画艺术固有的天人之境、载道功能。从王维开始，因为“诗意”，中国画负载起中国人对于生命价值的追问与幽思，成为中国人表达生命精神、寄托生命关怀的重要方式。简言之，如果没有诗意，中国画或许很难走出用于装饰生活、记录事件的泥沼。

二、诗意失落：当代中国画创作的困境

在当下的中国画创作中，我们已经很难寻觅诗意的影子。或者说，诗意已经从原有的中国画艺术中抽身而出，不知所踪。如果说诗意曾经让中国画确立了自身的高贵品质，那么现在的中国画创作则因为诗意的缺席而日显平庸，日渐丧失其形而上的、高贵的、超越的品质。

当今时代，从整体上把握中国画并不是特别困难的事，因为每时每刻都有不断涌现的新展览、出版物，再加上日益发达的高科技传媒手段，使得我们有条件多维度、多视角予以观照中国画的发展。在此观照的视野中，我们可以发现如下几种值得注意的现象。首先，相对于写意画而言，工笔画极为强势地成为当下中国画创作的主流，无论是在展览会还是拍卖场上，写意画都难以与工笔画相争锋。而反观中国绘画史，可以说写意画才是真正的主流。其次，当下中国画的创作者，从创作的初衷上就越来越强调视觉效果的极力呈现、绘制技巧的繁复精良、创作材料和题材的别具一格，而对于艺术风格与审美境界却有意无意地忽略了。无论是工笔还是写意，均是如此。不得不说，当下中国画的创作在形而下的技术层面上用力颇多，这就有悖于传统中国画的诗情画意。再次，与传统中国画相比，当下中国画更多的是有目的、有预想的“创作”，而不是无意为之的情感的自然流露。中国绘画史上绝大多数杰作其实并不是有意“创作”的产物，无论是徐渭、八大山人还是齐白石，他们的精品力作基本上都是无意为之的。最后，综合以上几点我们可以得出这样的判断：当下的中国画创作丧失了固有的写意性或者写意精神。所谓写意，并不是指逸笔草草、不求形似的绘画形式，而是一种中国画的创作方法与观念。究其本质，则是画家对天人、物我之间本源共通的生命状态的感悟与表达。显而易见，写意恰恰是中国画诗意存在与显现的基本条件。写意性或者写意精神的亏欠，带来的必然是诗意的缺席与失落。何以会如此呢？

指责与品评当下中国画诗意的缺失是容易的，但困难的是应该如何解释这

一现象？如何解答其中的原因？笔者尝试从两个方面回答。从外在的方面来看，近代以来尤其是进入20世纪以来，中国画在新的社会文化语境中被赋予了新的使命，其存在和发展始终是与国家和民族的命运联系在一起的，它一度成为启蒙或者救亡的“工具”。而诗意的流露，让位于更加理性、更具目的性的家国情怀、革命精神的传递。由此，诗意的失落对于20世纪以来的中国画而言是必然的，这也正是当下中国画诗意失落的直接原因。从内在的方面来看，近代以来社会文化的巨大变化，带来了中国画创作者主体身份的转换，他们从传统意义上的文人转变成为现代意义上的知识分子，对现实世界的关怀远远超过了他们对于玄虚、邈远境界的关注。甚至可以说，对于“道”的浑沦整一正是他们所极力反对的。经过现代文明启蒙的创作者，已经习惯用主、客体二分的视角审视一切，传统文人心之所系的诗意早已被他们放逐了。

当然，中国画中的诗意体现同样离不开特定的表现手法和形式。事实上，为了更大限度地体现形而上的诗意，宋元以来的文人水墨画经历过数代大家的演绎，形成了一些必不可少的创作经验与规范。高居翰在《诗之旅：中国与日本的诗意绘画》一书中就有这样的认识：“在我的定义中，最好的诗意画并不取决于艺术家本人的抒情程度——尽管我们也应考虑这一点，只要它不与文人士大夫身份扯上关系——而是依赖于完全掌握了某种再现的技巧，以看似轻松的方式，来表现空间、气氛、光亮以及物象表面的细微和转瞬即逝的效果。这些自我克制的画家掌握了这套本领，就不必用力去强调再现的效果，他们减少了对细节的刻画，柔化和简化了形式，以看似简单的形象在观众心中唤起深情的共鸣。”① 我们并不陌生的是，近代以来在吸收借鉴西方绘画理念和技法来改造中国画的过程中，写实再现、对景写生等创作方法已经深深融入中国画的血液，传统文人画家创造并遵循的那些规则已经所剩无几，因此能够“在观众心中唤起深情的共鸣”的诗意也随之失落。

① ［美］高居翰：《诗之旅：中国与日本的诗意绘画》，洪再新、高士明、高昕丹译，生活·读书·新知三联书店2012年版，第47页。

无论是从外在还是内在的方面来看，都可以确证当下的中国画创作已经背离了传统中国画的精神，有些画家其实是用中国画的工具材料实践着西方绘画的审美取向与创作理念。如此，诗意便无从寻觅。

三、召唤诗意：未来中国画发展的出路

如果说诗意是中国画艺术的灵魂，那么失落了诗意的当代中国画创作也就失去了灵魂，空余皮相。至此，我们可以顺理成章地呼吁——唤回诗意，进一步为中国画注入灵魂，或许是拯救当代中国画创作的出路。

诗意的唤回，对当下中国画的创作是很有必要的。事实上，这在一定程度上是当下社会对中国画的新期待，也就是说，当代需要有诗意的中国画。我们对诗意中国画的期许，大致有这么几个方面的需要：其一，是全面复兴中华优秀传统文化的需要。为了实现中华民族的伟大复兴，就有必要复兴优秀的传统文化，而作为优秀传统文化的一个组成部分，中国画也理应承担起这一艰巨任务。正如前文所述，诗意是中国画的灵魂，复兴中国画其实就是复兴中国画的诗意。毋庸讳言，尽管我们不否认20世纪以来失落了诗意的中国画也有它的社会、文化功能，但是在当下的社会情境中并不完全合理。其二，是社会大众的审美需要。随着大众审美能力的不断提高，仅仅注重形式美、视觉美的中国画，已经不能满足人们的生活需求，大众更加期待能从中国画作品中获得心灵的慰藉与精神的寄托。如今那些变幻莫测的科技文明、物质文明，早已让他们疲惫不堪，超然的诗意对他们来说是切实所需。其三，是当下中国画创作者突破瓶颈、走出困境的需要。事实证明，无论是延续明清以来的笔墨程式，还是借鉴西方绘画的思想观念，都不能改变当下中国画创作效仿“他者”的窘境。回归传统，推陈出新，才是让当代中国画走出困境的有效途径。而回归有“诗意”的中国画传统，则更是不可或缺的关键一步。

既然诗意的唤回对于当代中国画创作是很有必要的，那么下一步我们需要

思考诗意的召唤是否可能。这里有两个理由值得关注：其一，随着气候、环境与生态等诸多全球性难题的不断逼迫，对于现代文明的反思与批判已经成为世界文明的主流趋势，那些曾经被强势的西方现代文明唾弃的“落后”文明也因之而获取了某种话语权。事实不断证明，这些所谓“落后”的文明将不断给生存危机中的人类带来福祉。追求“天人合一”的中华文明，追求诗意的中国画艺术，因此被寄寓了期望。其二，尽管近代以来诗意的中国画长久地处于被批判、被改造的境地，但是诗意中国画的创作并没有因此而中断，相反却始终以潜流的形式存在着。比如民国时期的京津画派、20 世纪 80 年代的“新文人画”等，始终保持着传统中国画的题材内容、笔墨语言、构图形式以及审美趣味，进而呵护着中国画的诗意。这些潜流的存在，事实上也证明了诗意的唤回对于当下中国画创作是可能的，而且潜流也可能再次成为主流。正如宗白华所言：“中国社会主义的建设，使我国的山河大地改变了容貌，我们更加感到‘江山如此多娇’。革命领袖赞美了这新的手创的江山，傅抱石、关山月又把这诗句画了出来，这就是我们新的山水诗画的代表作。”[①] 这就意味着，诗意的中国画不仅在 20 世纪的中国画坛作为潜流依然存在，而且还出现了创造性的发展，傅抱石、关山月等人创作的诗意画便足以证明。只不过，文人超然离尘的诗情被置换成了画家豪迈浪漫的画意，中国画的诗意主旨其实并没有改变。

1964 年，徐复观在东海大学建校十周年纪念的学术演讲中，曾论及中国诗与中国画的融合问题，其中有两句话很值得重视。其一，“画与诗的融合，即人与自然的融合。所以在中国艺术家的精神中，不仅没有自然对人的压迫感，并且自然对人生，发生一种精神解放、安息的作用”[②]。这句话说明了中国画诗意的形而上价值，也为前文所论述的诗画关系提供了佐证。其二，“但入画的诗，我认为应以出之于画家本人者为上，因为这才真是从画的精神中流出

① 宗白华：《艺境》，北京大学出版社 1997 年版，第 284 页。
② 徐复观：《中国艺术精神》，春风文艺出版社 1987 年版，第 419 页。

的”[①]。这实际上为处于困境中的中国画指明了方向，更一针见血地指出了在中国画创作中诗、画结合的关键在于“精神”，而不是表层意义上以诗为题、题诗于画。

四、诗意担当：当代中国画家的使命

赋予当代中国画创作以诗意性并非易事，甚至困难重重。一个时代有一个时代的文艺。确切地说，任何一个时代的文艺创作、审美追求都不是孤立存在的，必然是与其所处时代的文化语境、生活状态有着深层次的关联。传统中国画之所以崇尚诗画结合、诗意境界，实际上是对传统中国农业文明社会、文化内涵精神的形象诠释。在这样一种文明里，人与自然和谐相处，时间与空间、有限与无限、经验与超验等浑然一体，从而陶铸了中国文化的诗意，赋予了中国画诗意。近代以来，随着中国社会文化的变动，这种诗意的社会文化基础和氛围都不复存在了，这就成了当下中国画创作诗意追寻的最大障碍。也就是说，当下中国画诗意的追寻，并不仅仅是中国画这一个专业领域所需要面对的课题，而是整个社会各个阶层、各个领域共同面对的问题。追寻诗意，应该是当下中国社会文化中最不容忽视的重大课题之一。作为当下中国画的创作者，不仅要致力于解决如何在自己的创作中实现诗意的追寻与回归，更重要的是还要承担起如何促进和实现当代中国画诗意追寻的人文使命。因此，当下中国画创作者首先要将自己的专业思考和实践，与整个时代的社会文化建构联系起来，真正成为时代的参与者与建设者，而不能仅仅满足于“画家”这一称谓。一言以蔽之，对于当代中国画家来说，其身份首先是有担当、有使命感的现代人文知识分子，其次才是画家。

另外，不得不承认，当下对于绘画的认识和理解是在接受了现代绘画观念

① 徐复观：《中国艺术精神》，春风文艺出版社 1987 年版，第 420 页。

的基础上完成的。在很多创作者看来，中国画同其他艺术形式一样，是用来表达创作者审美追求、思想情感的途径和方式，这显然与本源意义上的中国画背道而驰。对于中国传统文人画家来说，绘画是与自己的生活、生命为一体的，既不是工具，也不是手段，其中蕴含的诗意也不是我们一般理解中的情感。于是，悖论出现了，当下的中国画创作者是以“非中国画”的理念与实践，企图创作真正意义上的中国画作品。在此情况下，诗意根本就没有存在的可能了，这也就成了当下中国画追寻诗意的又一个难以逾越的障碍。

当代中国画家必须扭转对中国画的错误理解与认知，要将中国画作为传统文人心目中的绘画，而不是西方现代意义上的绘画。做到这一点之后，还要尽可能地改变当下社会对于中国画的错误理解。事实上这是不太容易做到的，对于中国画的理解偏差源自现代思想文化的执念，当下中国画的创作者最艰巨的人文使命，恰恰就在于尽自己最大的可能去打破这一“执念”。进而可以看出，诗意的追寻固然是当下中国画创作者需要时刻面对的问题，但从根本上说，当下中国画创作者的责任与使命更在中国画之外。也就是说，一方面，他们要为当下社会和文化而不仅仅是中国画追寻诗意；另一方面，还要在当下社会文化的立场上清扫种种有碍于诗意存在的屏障。如果只是从画家的立场出发，自然无法完成这一切；如果不完成这一使命，中国画的诗意追寻就无法实现。这对当代的中国画创作者而言，可谓任重道远。

承担起对中国画诗意追寻的使命，是当代中国画创作者的首要职责。第一，中国画家要对传统中国画和中国文化的思想与精神有正确而深入的认识。只有这样，才能接近中国画和中国文化的“诗意”。第二，中国画家要改变自己的知识结构与思维方式，拓宽视野以更好地甄选西方现代文化，主动提高传统思想文化修养。在笔墨辞章、学问修养、品第境界方面，传统绘画大家有着不少出色的表率，当代中国画家要着力在这些方面实现自我提升。第三，中国画家需要时刻关注当下社会文化的发展，要将自己的专业、生活以及生命与之相连，要有延续社会文化的使命担当，要时刻牢记诗意的追寻不仅是当下中国画创作的需要，更是新时代社会文化发展的需要。

通过这些论述可以产生的共识是：诗意是中国画的灵魂，但遗憾的是，当下的中国画因为种种内在或者外在的原因而“失魂落魄”。因此，强调追寻中国画诗意的必要性、可能性并付诸艺术实践，是当代中国画家眼下最为迫切的任务。当代中国画的诗意觉醒与追寻，是与实现中华民族文化伟大复兴的历史进程相一致的，我们只有从这样的高度来认识中国画艺术，才能理解中国画诗意追寻的必要性与迫切感，才能最大限度地整合资源和力量实现中国画诗意的回归。

（原载《美术》2022年第8期，《新华文摘》2022年第22期摘录）

高昌夜叉图像考
——以吐峪沟西区中部回鹘佛寺主室门道南壁画迹为中心*

刘 韬

引 言

夜叉（Yakṣa）为“半神”，在印度造像中有男性与女性之分①，纳入佛教护法神体系后，是二十诸天与二十八部众的重要神祇②，常作为寺院与石窟的护法神出现。西州回鹘王朝时期，在塑像、壁画与画幡遗存中夜叉形象丰富，由于资料分散且图像残破，对其定名、分析与阐释存在较大空间。③近年的考古发掘为进一步探讨夜叉图像提供了重要材料，使我们进一步认知该图像在高昌当地形成的鲜明的地域样式。

2016年中国社会科学院考古研究所边疆民族考古研究室与吐鲁番学研究院等组成的考古队对新疆鄯善县吐峪沟西区中部回鹘佛寺遗址展开了考古发掘，自北向南临时编号第66—68窟，2019年公布了发掘简报（下文简称《简

* 本文系国家社科基金艺术学一般项目“德国柏林藏高昌壁画研究”（项目编号：20BF098）阶段性成果。

① 参见李翎《认识夜叉》,《艺术设计研究》2018年第2期。

② 二十天，即大梵天王、帝释尊天、多闻天王、持国天王、增长天王、广目天王、密迹金刚、摩醯首罗、散脂夜叉、大辩才天、大功德天、韦驮天神、坚牢地神、菩提树神、鬼子母神、摩利支天、日宫天子、月宫天子、裟竭龙王和阎摩罗王。二十八部众是梵天、帝释天、大仙众、孔雀王、四天王和夜叉鬼神众等二十八诸神的总称。

③ 高昌遗存除原址以外，其塑像、壁画、画幡今分藏德、俄、印、日、美等国家。百年来，学界不断公布资料与讨论，但高昌护法神体系中关于天王、夜叉、金刚与明王等造像的定名常混淆而谈，图像的考订与阐释仍待讨论。

报》)[①]。2017年与2019年笔者曾两次对该佛寺遗址进行实地考察，尤关注第66窟主室门道两侧壁所绘护法神的图像与样式，且已撰文阐释门道北壁“四臂女神”像是以祆神妲厄娲（Daêva）为母题演进的护法神祇[②]，本文对同窟门道南壁护法神的尊格与样式展开讨论。

一、图像描述

图像公布之初，相关报告对其描述如下（图1）：

> 腰部以上残毁，残高0.73米。身着蓝色涡纹对襟铠甲，披覆红色披风，披风边缘呈花瓣状，挂成排的圆形铜铃。腰系金黄色腰带和鹘尾，鹘尾以下可见红色披帛。左臂残毁，右臂残存小臂及手部，戴手镯，手中似握剑鞘。下身外着涡纹短袍，内着白色长裙。脚穿黑地金边小靴，上锈金色云头纹，脚下似各有一团火焰纹。双脚踩踏三个成排分布的罐状物，皆敛口、鼓腹，口部绘一层金黄色，其下为淡蓝色。天神周围围环绕大量飘落的花卉。壁面底部与地坪相接处绘横向红色莲瓣纹。[③]
>
> ……身着窄袖蓝色长袍，袍边红色，上拽小铃铛，右手持宝剑；下身着白色束腿裤、外罩边饰花瓣样白裙，脚蹬短靴，靴底有燃烧的火焰，脚下立有三个陶罐。[④]

---

① 参见中国社会科学院考古研究所边疆民族考古研究室、吐鲁番学研究院《新疆鄯善县吐峪沟西区中部回鹘佛寺发掘简报》，《考古》2019年第4期。

② 参见刘韬《从龟兹到高昌——回鹘时期佛教石窟壁画的图像与风格研究》，中国人民大学博士后研究工作报告，2019年；刘韬、夏立栋《佛窟中的祆神——吐峪沟西区中部回鹘佛寺壁画“四臂女神”图像与样式考》，《中国国家博物馆馆刊》2022年第3期。

③ 中国社会科学院考古研究所边疆民族考古研究室、吐鲁番学研究院：《新疆鄯善县吐峪沟西区中部回鹘佛寺发掘简报》，《考古》2019年第4期。

④ 吐鲁番学研究院、吐鲁番博物馆编著：《高昌石窟壁画线描集·吐峪沟石窟》，上海古籍出版社2017年版，第126页。

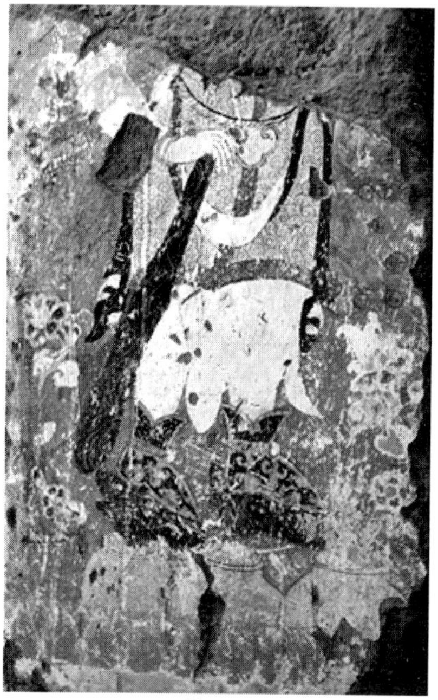

①

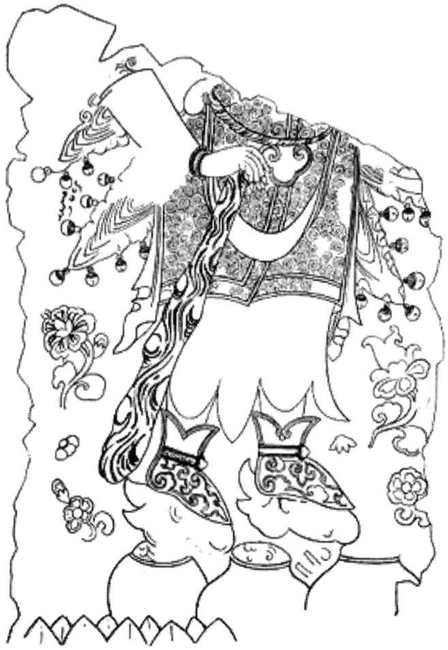

②

图 1　护法神（①照片；②线图），吐峪沟西区第 66 窟主室门道南侧壁画
（选自《新疆鄯善县吐峪沟西区中部回鹘佛寺发掘简报》）

上述描述基本一致，仅“天神”右手的持物有宝剑或剑鞘之别。笔者细读该像，认为“天神”持物为木制宝杵而非剑鞘或宝剑。该宝杵以结疤的树干所制，上尖下粗，周身布满结疤，画法以勾、皴法配合外轮廓线的起伏表现瘤结与褶皱的纹理，赋彩以深、浅棕色而成。木制宝杵另在柏孜克里克石窟壁画图像遗存中以有结疤或无结疤的形式出现，且均作为夜叉的持物可兹比对（图 2）。而金属制宝杵或剑鞘在回鹘壁画中亦有表现，如冯・勒柯克（Albert von Le Coq）揭取的柏孜克里克第 20 窟壁画（德藏编号：IB 6879，图 3–1），天王双手所握的金属质地宝杵杵身呈多节状，中间串联绿色圆珠；奥登堡（Sergey Fyodorovich Oldenburg）于柏孜克里克第 40 窟[①]揭取的壁画（俄藏编号：Ty–

① 此处为俄国探险队编号，尚未核对出对应的中国编号。参见张惠明、鲁多娃、普切林《艾尔米塔什博物馆所藏俄国吐鲁番考察队收集品简目》，载中国敦煌吐鲁番学会等合办，季羡林、饶宗颐主编《敦煌吐鲁番研究》第十卷，上海古籍出版社 2007 年版，第 267 页。

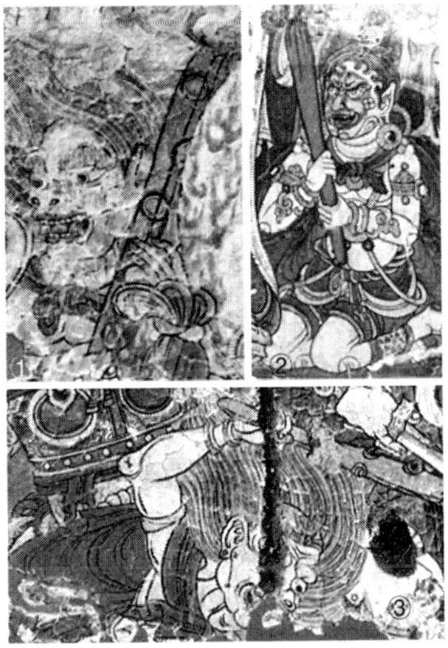

图 2　持木杵的夜叉（①③德藏编号：IB 6879；②德藏编号：IB 6878）柏孜克里克第 20 窟壁画
（选自 Le Coq, 1913, Taf. 31, 33）

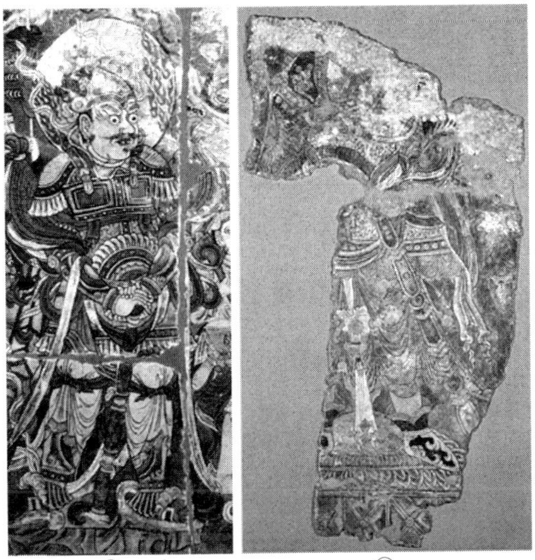

①　②

图 3　护法神（①天王，德藏编号：IB 6879；②护法神，俄藏编号：Ty-536）柏孜克里克第 20、40 窟壁画
（选自 Le Coq, 1913, Taf. 33; https://www.sohu.com/a/364510933_653487，2020 年 1 月 3 日）

536，图 3-2），护法神左手所握剑鞘呈扁平状，鞘身以多节且缀有宝石呈现，异常华丽，画法与木制宝杵明显有别。这种以棍棒为原型的宝杵是一种打击武器，其原型可追溯至贵霜国王的持物，与宝剑均为王权的象征[①]，西州回鹘王朝时期，在夜叉与天王的持物上延续了棍棒状木制宝杵母题的使用。

吐峪沟西区中部回鹘佛寺"天神"像除持物外，另值得注意的特征如缀有铃铛的多角披风、双足下的火焰纹[②]与黑地金色如意纹饰的尖靴等，这为进一步辨识该像尊格提供了线索。

① 参见［德］冯·佳班《高昌回鹘王国的生活（850—1250 年）》，邹如山译，吐鲁番市地方志编辑室 1989 年版，第 106 页。

② 多角披风与双足下的火焰纹象征"天神"的神力。多角红色披风在高昌神祇的装扮中多有出现，具有固定的象征意义，缀有铃铛的披风为此"天神"像仅见。

二、图像分析

以上述图像特征为线索，将吐峪沟西区中部回鹘佛寺“天神”图像比对同时期高昌所见的护法神像，可发现在高昌幡画与壁画中的夜叉图像与其形象最为接近，分析如下。

（一）幡画中的夜叉像

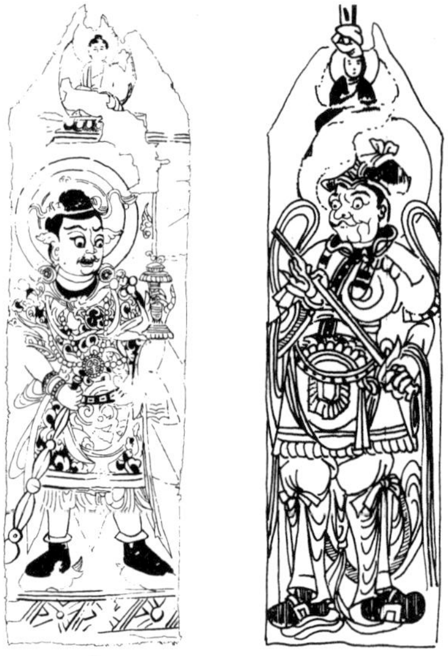

图 4　佛幡（①夜叉；②天王，德藏编号：IB 6285）54 cm × 15 cm，交河故城出土（选自 Le Coq, 1913, Taf. 41a）

第二支德国吐鲁番探险队曾于交河故城（Yarchoto）发现一件佛幡（德藏编号：IB 6285），其一面绘夜叉，另一面绘天王（图 4）。冯·勒柯克首先公布此像并做出描述，但未确定尊格，仅初步记为金刚（Vajrapāṇi）或天王（Lokapāla）。[①] 笔者认为，高昌所绘的夜叉与天王虽均为戎装，但图像特征的主要区别在于夜叉面部尖牙外出、兽耳[②]、足穿尖靴、系多角披风等；而天王面部绘人耳、足穿有鞍镫的圆头靴、无獠牙与披风，在高昌的其他天王像中显现出同样的图像特征。[③]

编号 IB 6285 佛幡中的夜叉右手

① 参见［德］勒柯克《高昌——吐鲁番古代艺术珍品》，赵崇民译，新疆人民出版社 1998 年版，第 122 页。

② 本文称名的“兽耳”指在夜叉的上耳轮顶部与鬓角处生出似象耳状的双耳。

③ 关于高昌天王的图像特征以及与夜叉图像的区别，参见刘韬《高昌回鹘时期毗沙门天王图像与样式考析——以德国吐鲁番探险队所获幡画残件为中心》，“北庭故城与丝绸之路”第五届新疆北庭学术研讨会暨北庭故城考古四十周年纪念活动发言稿（2020 年 10 月 23—25 日，中国历史研究院）；刘韬《德国吐鲁番探险队所获高昌天王幡的图像与样式考析》，《美术研究》2021 年第 4 期。

所持为金属质地宝杵，与图 3 中柏孜克里克第 20 窟天王的持物相近。夜叉左手曲臂持立式熏炉，炉顶有香烟缭绕，该熏炉与斯坦因（Marc Aurel Stein）在和阗达玛沟西北部的塔里什拉克（Tārishlak）佛寺遗址获得的编号为 Ta. i. 009 的壁画残片中夜叉手中持物相近。[①] 威廉姆斯（Joanna Williams）将该像尊格定为着戎装、面容丑陋、尖牙外出，以鹿变化的散脂夜叉（Sañjaya）。[②] 编号 IB 6285 佛幡中的夜叉双足所踏的火焰纹与吐峪沟西区中部回鹘佛寺门道南壁“天神”所踏之物相近，象征了夜叉行动迅疾如风。

由此可知，IB 6285 佛幡为一面绘天王，另一面绘夜叉的图像配置，夜叉与天王均可认为是高昌当地流行的护法神与守护神。此夜叉的名号或为经典中记载毗沙门天王的八大夜叉将之一。[③] 综合上述图像特征，笔者认为 IB 6285 佛幡中的夜叉与吐峪沟西区中部回鹘佛寺门道南壁的“天神”尊格一致。

（二）绢画中的夜叉像

第二支德国吐鲁番探险队曾于木头沟的宝塔中发现了《千手眼大悲像》绢画残件（德藏编号：Ⅲ 6355），在大悲像的右侧胁侍中绘有一身护法神（图 5），其五官亦呈现兽耳与獠牙，且持物为木杵与熏炉，这些特征均与编号 IB 6285 幡画中的夜叉相同。冯·勒柯克最早公布此像并对其描述，但未对尊格做出辨识。[④] 帕特卡娅－哈斯奈尔（Chhaya Bhattacharya-Haesner）曾将此像辨识

---

① 参见 A. Stein, *Serindia: Detailed Report of Explorations in Central Asia and Westernmost China*, Oxford: Clarendon Press, Vol. IV, 1921, Pl. XII。

② 参见 Joanna Williams, "The Iconography of Khotanese Painting", *East and West*, new series, Vol. XXIII, 1973, pp. 109-154。

③ 唐一行阿阇梨记《大毗卢遮那成佛经疏》卷五：“当置毗沙门天王。于其左右置夜叉八大将。一名摩尼跋陀罗，译曰宝贤。二名布噜那跋陀罗，译曰满贤。三名半只迦，旧曰散支。四名娑多祁哩。五名醯摩嚩多，即是住雪山者。六名毗洒迦。七名阿咤嚩迦。八名半遮罗。”参见《大正藏》第 39 册，No.1796，第 633 页下。

④ 参见［德］勒柯克《高昌——吐鲁番古代艺术珍品》，赵崇民译，新疆人民出版社 1998 年版，第 132—133 页。

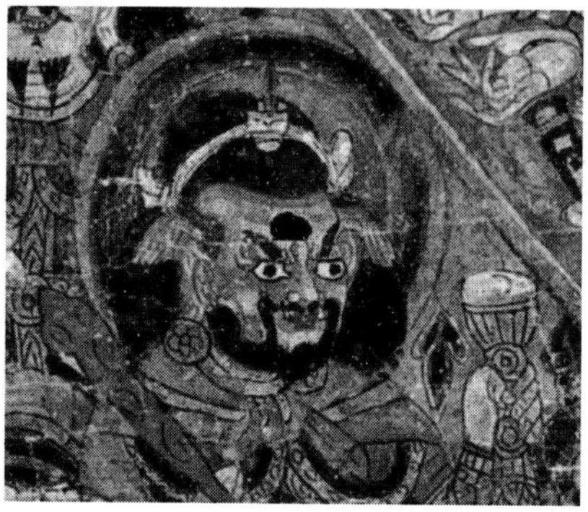

图5 《千手眼大悲像》绢画残件中的夜叉（德藏编号：Ⅲ 6355）27.5 cm×38.5 cm，木头沟出土（选自 Le Coq, 1913, Taf. 46f）

为南方天王毗楼勒叉天（Virūḍhaka）[①]，笔者认为该辨识结果值得商榷。如前文已述，高昌夜叉与天王像最为明显的形象区别是夜叉为兽耳、獠牙，手持熏炉等，该特征在天王像中均未出现。[②]另该夜叉像头饰较为简易，仅以发带束发，两侧有白色侧翼装饰，在发带中心上绘以红色表示火焰，该发带样式未出现于天王像中。[③]综合以上图像特征，可初步推断该护法胁侍为夜叉。

经典中常记有夜叉作为千手眼大悲的眷属出现，如《千手千眼观世音菩萨广大圆满无碍大悲心陀罗尼经》[④]《千眼千臂观世音菩萨陀罗尼神咒经》[⑤]《千手千眼观世音菩萨姥陀罗尼身经》[⑥]等。夜叉戴火焰冠的形象在《摄无碍大悲心大陀罗尼经计一法中出无量义南方满愿补陀落海会五部诸尊等弘誓力方位及威仪形色执持三摩耶幖帜曼荼罗仪轨》中有明确记载：次夜叉身，顶上火焰冠，身相

① Chhaya Bhattacharya-Haesner，*Central Asian Temple Banners in the Turfan Collection of the Museum für Indische Kunst*，*Berlin*（*Painted Textiles from the Northern Silk Route*），Berlin：Dietrich Reimer，2003，p. 226.

② 参见刘韬《高昌回鹘时期毗沙门天王图像与样式考析——以德国吐鲁番探险队所获幡画残件为中心》，“北庭故城与丝绸之路”第五届新疆北庭学术研讨会暨北庭故城考古四十周年纪念活动发言稿（2020 年 10 月 23—25 日，中国历史研究院）。

③ 天王一般均戴宝冠。参见刘韬《高昌回鹘时期毗沙门天王图像与样式考析——以德国吐鲁番探险队所获幡画残件为中心》，“北庭故城与丝绸之路”第五届新疆北庭学术研讨会暨北庭故城考古四十周年纪念活动发言稿（2020 年 10 月 23—25 日，中国历史研究院）。

④ “是诸善神及神龙王、神母女等，各有五百眷属，大力夜叉，常随拥护，诵持大悲神咒者。”参见《大正藏》第 20 册，No.1060，第 108 页上。

⑤ “尔时菩萨在雪山中说法。观见夜叉罗刹国中人民……菩萨为欲利益方便教化。以神通力寻至彼国。现千眼千臂降伏魔身。设成就结姥陀罗尼印。”参见《大正藏》第 20 册，No.1057a，第 88 页下。

⑥ “尔时观世音菩萨摩诃萨。说此薄伽梵大莲花手严饰宝杖姥陀罗尼时。……一切诸恶药叉罗刹妒憋鬼神。受大痛恼叫呼求活。四维驰走莫知所趣。是时化身观世音菩萨。语于大众及一切恶鬼神等。若不随顺违我咒者。皆使支节热恼疼痛身分碎裂。汝辈鬼神应知此咒。……尔时世尊在大金刚欢喜胜殿。及尊胜菩萨无量天龙、药叉、罗刹、紧那罗众住佛法者。一时种种歌咏赞叹观世音菩萨摩诃萨故。”参见《大正藏》第 20 册，No.1058，第 97 页中、下。

赤肉色，眼目雷电光……[①]

编号Ⅲ 6355绢画中夜叉图像面色赤红、怒目圆睁、配火焰冠等形象特征与经典记载相合，故将此像的尊格定为夜叉较为妥当。

综上，在高昌幡画与绢画夜叉像的分析中可见，怒目、獠牙、兽耳、手中分别持木杵与熏炉是高昌一类夜叉的典型表现样式。

（三）其他壁画中的夜叉像

吐峪沟西区中部回鹘佛寺夜叉的戎装装扮还可从高昌其他夜叉像中找到线索，他们应源自回鹘武士装束。

冯·勒柯克揭取自柏孜克里克第20窟的跪姿夜叉像（德藏编号：Ⅲ 6875），因其怒目、獠牙的形象定为夜叉无疑（图6）。其戎装系短披风，身着涡形纹铠甲，胸部着圆心护甲，有护腹，甲身以厚锦与金属缀结铠片镶纹饰的革带束紧，腿着甲裤，无护膊，臂着护袖，袖口束紧，穿皮靴。这些装扮均近似于北庭西大寺S105殿西壁《八王分舍利》中武士将领的戎装（图7）。

根据上述比对，可辨识吐峪沟西区中部回鹘佛寺主室门道南壁“天神”的尊格为夜叉。

（四）密迹金刚

在汉地的佛寺入口与石窟门道两侧经常出现护法神中的“左辅密迹”与“右弼金刚”。右弼即那罗延金刚，由那罗延（Nārāyaṇa）演化而来；[②]左辅即密迹金刚（Vajrapāṇi），《大毗卢遮那成佛经疏》中记为夜叉王[③]，《大宝积经》中

---

① 《大正藏》第20册，No.1067，第137页上。

② （唐）慧琳《一切经音义》卷六：“那罗延（梵语，欲界中天名也。一名毗纽天，欲求多力者，承事供养，若精诚祈祷，多获神力也）。”参见《大正藏》第54册，No.2128，第340页上。

③ “西方谓夜叉为秘密。以其身口意。速疾隐秘难可了知故。旧翻或云密迹。若浅略明义。秘密主。即是　夜叉王也。执金刚杵常侍卫佛。故曰金刚手。然是中深义。言夜叉者。即是如来身语意密。唯佛与佛乃能知之。乃至弥勒菩萨等。犹于如是秘密神通。力所不及。秘中最秘。所谓心密之主。故曰秘密主。能持此印。故云执金刚也。”参见《大正藏》第39册，No.1796，第580页上。

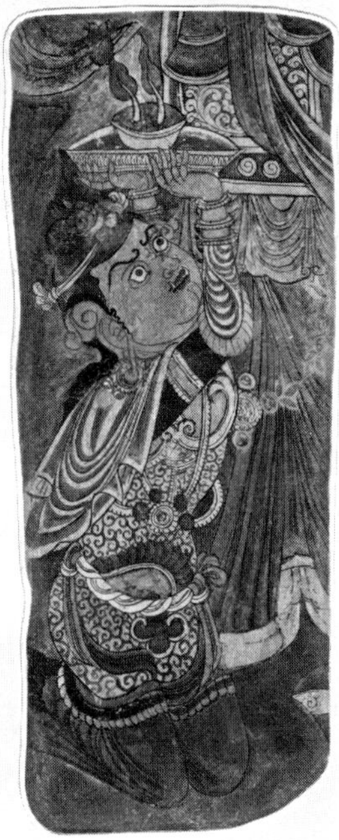

图 6　柏孜克里克第 20 窟夜叉壁画（德藏编号：Ⅲ 6875）（选自《西域美術展：ドイツ・トゥルファン探検隊》，图 100）

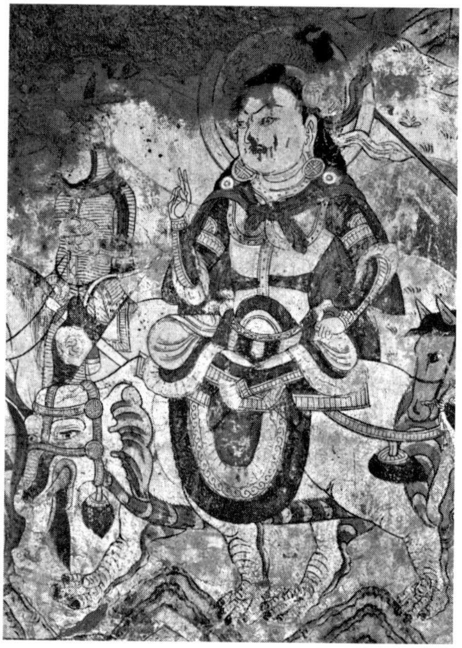

图 7　北庭西大寺 S105 殿西壁武士（刘韬摄影）

“密迹金刚力士会”记为法意太子[①]，二者样式均以体魄健壮、上身赤裸、手持金刚杵的力士形象对称出现。对比之下，本文讨论的高昌石窟门道两侧出现的护法神却与汉地金刚像样式迥异。为何高昌石窟中选择“四臂女神”与夜叉对称出现？高昌的密迹金刚像现于何处，作何样式？在高昌诸遗址壁画与塑像中保留了诸多密迹金刚像，可将其放入图像谱系中观察，不仅可探讨西州回鹘王朝时期金刚的样式特征演变，而且能进一步讨论高昌夜叉与金刚图像演化的成因。高昌的密迹金刚具体实例请见附表。

观察附表统计的图像可知，高昌的密迹金刚像呈现出高度的程式化，主要有两种典型样式，即西域样式与汉地样式，西域样式的遗存较多，汉地样式仅

① “法意太子曰：‘吾自要誓，诸人成得佛时，当作金刚力士，常亲近佛，在外威仪，省诸如来一切秘要，常委托依，普闻一切诸佛秘要密迹之事，信乐受意不怀疑结。’”参见《大正藏》第 11 册，No.0310，第 52 页下。

存胜金口一例：

1. 西域样式：密迹金刚与上述药叉像在着装上均为戎装，系多角披风，但持物上明显有别，分别执金刚杵与拂尘，姿态有手持金刚杵、握金刚杵或抚腰。面部五官为怒目圆睁、尖牙外出、耳轮顶部呈尖状（尖耳），头戴冠饰有多边翘角冠、狮首冠、狼首冠、龙首冠与宝珠冠等（图 8）。

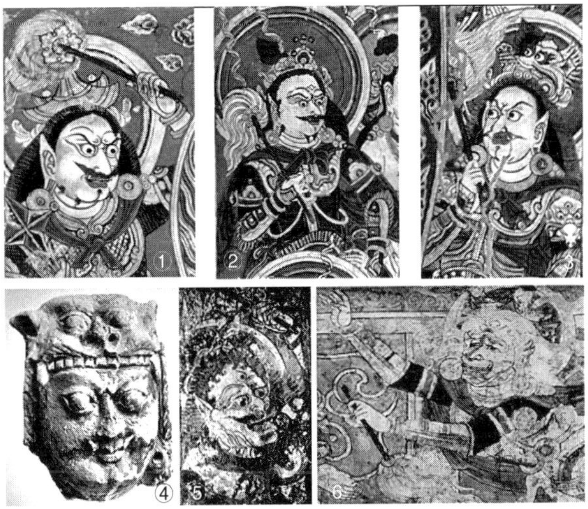

图 8　高昌夜叉像（①—③柏孜克里克第 20 窟；④胜金口第 7 窟；⑤—⑥柏孜克里克第 31 窟）（选自 Le Coq, 1913, Taf. 17, 18, 22, 55n; Hakins, 1936, Pl. XXIb. Hermitage Museum, 2014, p. 151, Fig. 65）

2. 汉地样式：密迹金刚与唐代之后汉地流行的金刚力士像相近，为全身肌肉隆起的健壮力士，手持金刚杵规格几乎接近夜叉的木制宝杵，且远大于西域样式中的金刚杵，持物无拂尘。面部怒目圆睁、鼻孔上翻、无尖牙、尖耳（图 9）。

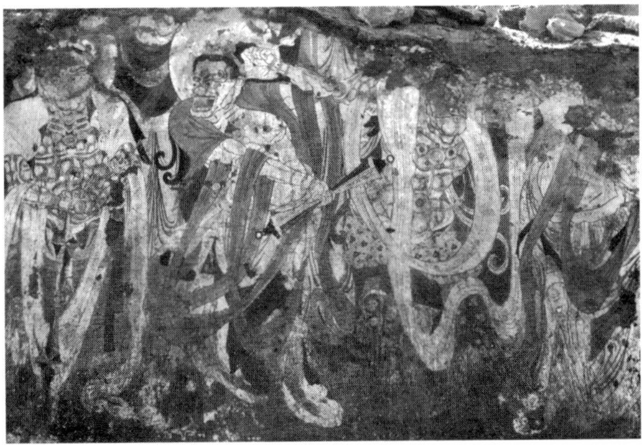

图 9　密迹金刚，乌江布拉克石窟壁画（选自 Dreyer, 2015, Fig. 220）

以上所录西域样式的高昌密迹金刚与龟兹石窟的密迹金刚像有诸多相似之处[①]，尤其是金刚头戴多边翘角冠、狮首冠、怒目圆睁的样式显现出与龟兹金刚

① 如克孜尔第 175 窟、森木赛姆第 41 窟主室正壁龛的两侧均对称绘戴翘角冠样式与狮首冠样式的密迹金刚，参见霍旭初《龟兹金刚力士图像研究》，《敦煌研究》2005 年第 3 期。

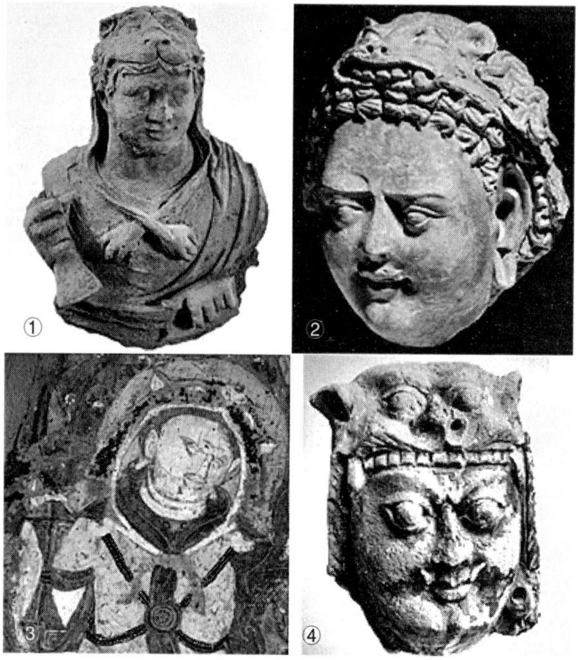

图 10　金刚密迹（①阿富汗出土；②巴楚托库孜萨来佛寺出土；③克孜尔第 175 窟主室正壁左侧；④胜金口第 7 窟出土）（选自《西域美術展：ドイツ・トゥルファン探検隊》，図 173；Hambis, 1977, Fig. 110;《中国石窟・克孜尔石窟》卷三，图 17；Le Coq, 1913, Taf. 55n ）

图像的亲缘性。诚如霍旭初的讨论，龟兹金刚图像中多边翘角冠样式或承袭了龟兹王子的装扮，象征由法意太子演化而来。[1] 可见，西州回鹘王朝时期金刚多边翘角冠样式源于龟兹。而金刚狮首冠样式首先在犍陀罗形成[2]，向西传播后样式逐渐调整，如巴楚托库孜萨来（Tokuz Saray）出土的金刚面部已呈现怒相、獠牙，但五官特征依然保留有人的面貌，显示出对于犍陀罗样式的承袭。而龟兹所现戴狮首冠金刚的面部夸张了怒目圆睁的表情，至高昌的金刚像则较龟兹金刚像怒目圆睁的表情更为夸张，尤其是圆睁的双眼表现如上文所录经典中所记“眼目有雷电光之相”，样式中人的特质被进一步弱化，对于神性的表现更为突出（图 10）。龙首冠、狼首冠为高昌仅见，狼首冠或与回鹘先祖的图腾崇拜有关[3]，冠后以桃形上翘的发式体现出高昌形成的程式化表现样式。整体上观察，密迹金刚的样式在龟兹样式的基础上融入了回鹘人

① 参见霍旭初《龟兹金刚力士图像研究》，《敦煌研究》2005 年第 3 期。

② Jonathan Homrighausen, “When Herakles Followed the Buddha: Power, Protection, and Patronage in Gandharan Art”, *The Silk Road*, 2015, Volume 13, pp. 26–35.

③ 《周书 · 卷五十》：“突厥者……旗纛之上，施金狼头。侍卫之士，谓之附离，夏言亦狼也。盖本狼生，志不忘旧。”参见（唐）令狐德棻等撰《周书》，中华书局 1971 年版，第 907—910 页。

的改造。而汉地样式的密迹金刚无论是从组合、造型、样式上，抑或是画法上，都与汉地金刚力士几乎无异，呈现出典型的汉地画风。

根据以上比对与分析，吐峪沟西区中部回鹘佛寺主室门道南壁护法神样式非密迹金刚。于佛寺两侧绘制夜叉像在《根本说一切有部毗奈耶杂事》记为：

> ……于门两颊应作执杖药叉……佛殿门傍画持鬘药叉……于食堂处画持饼药叉，于库门傍画执宝药叉……[①]

在缺乏题记的情况下，本文取上述经典所记将此夜叉定名为“执杖药叉”。

三、高昌回鹘佛寺门道护法神配置

根据图像遗存与前人的记录可知，西州回鹘王朝时期于石窟门道两侧壁绘制的男性与女性护法神已成定式，体现出鲜明的地域特色。格伦威德尔（Albert Grünwedel）曾记录在柏孜克里克第9、14、16、18、41、48窟门道的两侧壁分别绘制二像[②]，但因残破过甚，格氏仅绘有第16窟与第18窟门道一侧的“四臂女神”线图，其对称的“天神”无图像描述与绘制。根据笔者考察，第9窟主室门道南壁尚存“天神”的小腿与足部，可辨识出绘有铠甲与护膊，外侧套有高靴，足下存有花纹装饰等。第16窟门道两侧依然存有两身天神的足部与之下所踏的莲花。第18窟主室仅存门道南壁“四臂女神”的双履踏于覆莲之上且身后犬科动物的头与爪，森安孝夫根据同窟供养人题记推测壁画年代为畏兀儿亦都护时期[③]，可推断本文讨论于门道两侧绘制的男性与女性护法神

---

① 《大正藏》第24册，No.1451，第283上。

② 参见［德］格伦威德尔《新疆古佛寺——1905—1907年考察成果》，赵崇民、巫新华译，中国人民大学出版社2007年版，第417页。

③ Takao Moriyasu, “Chronology of West Uighur Buddhism: Re-examination of the Dating of the Wall paintings in Grünwedels Cave No. 8 (New No. 18), Bezeklik”, in: *Aspects of Research into Central Asian Buddhism: In Memoriam Kodi Kudara*, ed. P. Zieme, Turnhout: Brepols, Silk Road Studies 16, 2008, pp. 191–227.

配置在西州回鹘王朝时期已成定式，且延续至后期。上述柏孜克里克诸洞窟护法神一侧为“四臂女神”，另一侧“天神”因未存宝杵，且第 9 窟与第 16 窟“天神”装扮与吐峪沟西区中部回鹘佛寺天神均不相同。吐峪沟西区第 66 窟的护法神可称为“四臂女神”与“执杖药叉”，而柏孜克里克与“四臂女神”相对的护法神因图像残破是否也称名为“执杖药叉”尚需要进一步讨论。

中原地区自北魏至宋已流行在石窟门道两侧塑绘金刚力士，该做法却未影响高昌石窟同位置的图像配置，高昌之地将祆教女性神祇妲厄娲纳入护法神体系，并取“执杖药叉”与其相对，如果格伦威德尔所录柏孜克里克第 18 窟“四壁女神”题记确为“夜叉”[①]，则两身像均为夜叉且有男性与女性之别，该护法神图像配置体现出高昌之地独有的创造。

四、结语

从吐峪沟西区中部回鹘佛寺门道两侧护法神的辨识，进而扩展到高昌石窟遗址同位置护法神的考释可见，西州回鹘王朝时期在洞窟门道图像选择中，护法神图像配置保留了印度文化中男性与女性夜叉的区别，“执杖药叉”样式取回鹘武士装扮，保留了獠牙、兽耳等西域夜叉的典型特征。这些特征与中原北朝以后，窟门守护神金刚力士像迥异，显示出西州回鹘王朝时期鲜明的地域特征。而同时，在高昌发现两种样式的密迹金刚像，呈现出西州回鹘对于东西文化的接受与传播。

（原载《美术学报》2021 年第 4 期，收入本文集时增订了插图）

① 根据格氏线图所记，该题记或为“……登林夜……”，图见 Albert Grünwedel，*Altbuddhistische Kultstätten in Chinesisch-Turkistan. Bericht über Archäologische Arbeiten von 1906 bis 1907 bei Kuca*，*Qarashar und in der Oase Turfan*，Berlin：Druk und Verlag von Georg Reimer，1912，Fig. 531。

附表　高昌密迹金刚像一览表

遗 址	命名或编号①	位 置	编 号②	出 处	备 注
柏孜克里克	15	回廊誓愿图	——	Andrews, 1948, Pl. XIV, XIX	壁画，西域样式
	16	窟顶誓愿图	Ⅲ 6871	原址；东京国立博物馆，1991 年，图 111	壁画，西域样式
	16—17 窟之间佛龛	佛陀塑像左侧	——	Gr ü nwedel, 1912, Fig. 523	壁画，西域样式，仅存线图
	18	主室前壁北侧与南侧誓愿图	IB 8490 IB 8491	Gr ü nwedel, 1912, Fig. 531a, 532; Andrews, 1948, Pl. XIX	壁画，西域样式，格氏发表图片呈现北侧金刚全貌，后斯坦因揭取金刚肩部以下部分，今藏印度新德里博物馆
	20	南侧回廊南壁、北壁誓愿图；西侧回廊西壁、东壁誓愿图；北侧回廊北壁、南壁誓愿图	IB 6760 IB 6880 IB 6881 IB 6884 IB 6885 IB 6886	Le Coq, 1913, Taf. 17, 18, 19, 20, 22, 23, 25, 27, 29	壁画，西域样式

① 柏孜克里克石窟使用吐鲁番地区文物管理所编号，参见吐鲁番地区文物管理所《柏孜克里克千佛洞遗址清理简记》,《文物》1985 年第 8 期。吐峪沟石窟使用中国社会科学院与吐鲁番学研究院命名或编号，参见中国社会科学院考古研究所边疆民族考古研究室、吐鲁番学研究院、龟兹研究院《新疆鄯善县吐峪沟东区北侧石窟发掘简报》及《新疆鄯善县吐峪沟西区北侧石窟发掘简报》,《考古》2012 年第 1 期；中国社会科学院考古研究所边疆民族考古研究室、吐鲁番学研究院《新疆鄯善县吐峪沟西区中部回鹘佛寺发掘简报》,《考古》2019 年第 4 期；中国社会科学院考古研究所边疆民族考古研究室、吐鲁番学研究院《新疆鄯善吐峪沟西区中部高台窟院发掘报告》,《考古学报》2020 年第 3 期。胜金口寺院使用吐鲁番学研究院编号，参见吐鲁番学研究院编，陈爱峰主编《吐鲁番中小型石窟内容总录》,上海古籍出版社 2022 年版，第 23—57 页。高昌故城使用德国探险队命名或编号，参见［德］阿尔伯特·格伦威德尔《高昌故城及其周边地区的考古工作报告（1902—1903 年冬季）》，管平译，文物出版社 2015 年版，第 1—2 页。

② 藏编号“IB+ 数字”是第二次世界大战前柏林民族学博物馆的旧有编号，该编号壁画在第二次世界大战中已损毁或丢失；“Ⅲ + 数字”是德国柏林亚洲艺术博物馆的现有编号。俄藏编号“Ty-+ 数字”壁画保存于俄罗斯圣彼得堡国立艾尔米塔什博物馆。斯坦因自柏孜克里克石窟揭取的壁画今藏印度新德里国家博物馆，印藏编号未知。

（续表）

遗 址	命名或编号	位 置	编 号	出 处	备 注
柏孜克里克	31	主室西壁誓愿图	——	Hakins, 1936, Pl. XXIb	壁画，西域样式
		主室东壁誓愿图	——	Andrews, 1948, Pl. XXVII	
		主室台座北侧涅槃图	Ty-577a, b, c, d	Grünwedel, 1912, Fig. 562; The State Hermitage Museum, 2014, p. 151, Fig. 65, 67	
	34	主室东壁五台山文殊图南侧	Ty-776	The State Hermitage Museum (ed.), 2008, Fig. 142	壁画，西域样式
	39	主室台座西侧	未知	Gr ü nwedel, 1912, Fig. 580; Andrews, 1948, Pl. XXV	壁画，西域样式
	48	主室北壁誓愿图	——	原址	壁画，西域样式
	——	——	——	Le Coq, 1913, Taf. 39k	壁画，西域样式
	——	——	未知	东京国立博物馆，1977 年，图 7	壁画，西域样式
吐峪沟	沟东区 K27	主室南壁	——	Gr ü nwedel, 1912, Fig. 655	壁画，西域样式
胜金口	1	窟顶说法图	无	Gr ü nwedel, 1906, Fig. 132	壁画，西域样式
	7	——	——	Le Coq, 1913, Taf. 55d	塑像，西域样式
	7	——	——	Le Coq, 1913, Taf. 55n	塑像，西域样式
	山梁山上的建筑	——	——	Gr ü nwedel, 1912, Fig. 627; Dreyer, 2015, Fig. 220	壁画，汉地样式
高昌故城	α 寺院	壁画室北甬道外墙面内角	Ⅲ 4459a	Gr ü nwedel, 1906, Taf. v, fig.3	壁画，西域样式
	π 遗址	——	IB 6854	柏林亚洲艺术博物馆提供	壁画，西域样式

新莽时期六博图像探微

唐 宇

一、何谓“六博”

“六博”，本作“六簙”，又作“陆博”，该词最早见于公元前300年左右的屈原《楚辞·招魂》：“菎蔽象棋，有六簙些。分曹并进，遒相迫些。成枭而牟，呼五白些。”①东汉王逸注：“菎，玉也。蔽，博箸以玉饰之也。或言菎蕗，今之箭里也。……投六箸，行六棋，故为六簙也。”②《说文解字》：“簙，局戏也，六箸十二棋也。从竹，博声。”③从王逸和许慎的解释可知，因为所掷之箸数为六，又两人手中之棋分别为六，因此，习惯称此游戏为“六博”。

时代相当于西汉初年的长沙马王堆三号汉墓出土有六博具一套，包括博具盒、博局、象牙削、象牙割刀、煢（骰子，俗称色子）各1件，长象牙筭30件，短象牙筭12件，象牙大棋子12件，象牙小棋子18件，与同出遣册记载基本吻合。湖北江陵凤凰山西汉墓也出土有一套六博博具，遣册记载“博、算、綦、梮、博席一具，博囊一”，应即指上述博具。湖北云梦大坟头一号墓出土有博局1件，发掘者认为同出木牍遣册中所记“博一具”，即是整套博具，

① 蒋天枢校释：《楚辞校释》，上海古籍出版社1989年版，第290页。
② 蒋天枢校释：《楚辞校释》，上海古籍出版社1989年版，第290页。
③ （汉）许慎：《说文解字·卷五上》，中华书局1985年版，第146页。

而“漆彤画曲一”即指所出之博局。[①]

根据上述考古材料可知，一套完整的六博博具，最基本的部分包括刻有类似大写英文字母“TLV”图案的博局（棋盘）、六箸（或二茕）和十二颗棋子，另外还有博席、博囊、割刀、削刀等。

北齐颜之推《颜氏家训·杂艺》：“古为大博则六箸，小博则二茕，今无晓者。比世所行，一茕十二棋。”[②] 六博作为游戏，广义上分为大博和小博两种。以掷箸来决定点数并依此行棋的是大博，以掷茕来决定点数的称为小博。[③]

二、新莽时期的六博图像

六博图像有两种形式：一种为人物对坐式六博图像，表现为两组人物分坐博局两侧，执棋博戏作竞争状，主要刻画在墓室壁画、画像石、画像砖和铜镜上，其分布范围遍及山东、江苏、河南、陕西、四川和浙江等地区；另一种是仅借鉴博局上的“TLV”图案，将其作为主要元素，装饰在博局镜等器物表面，其分布范围也十分广泛。

博局镜的出现可早到西汉前期，流行于整个两汉时期；而人物对坐式六博图像，大概出现在西汉晚期、新莽前后，在题材选择、图像组合等刻画内容和表现方式上，均对此后的六博图像影响深远。

就目前所掌握的材料看，鲁南、苏北一带是最早出现人物对坐式六博图像的地区。时代相当于西汉末到新莽前后的江苏沛县栖山一号画像石墓（图1），其中东壁正面左侧二层楼阁上一妇女面几而坐，楼阁旁刻拜谒者、衔食之鸟和

① 参见湖南省博物馆、中国科学院考古研究所《长沙马王堆二、三号汉墓发掘简报》，《文物》1974年第7期；湖南省博物馆、湖南省文物考古研究所编著《长沙马王堆二、三号汉墓·第一卷：田野考古发掘报告》，文物出版社2004年版，第16、47、49、166页；熊传新《谈马王堆三号西汉墓出土的陆博》，《文物》1979年第4期；长江流域第二期文物考古工作人员训练班《湖北江陵凤凰山西汉墓发掘简报》，《文物》1974年第6期；湖北省博物馆《云梦大坟头一号汉墓》，载文物编辑委员会编《文物资料丛刊·4》，文物出版社1981年版，第19页。

② 王利器：《颜氏家训集解（增补本）》，中华书局1993年版，第591页。

③ 参见杜亚泉《博史：附乐客戏谱》，开明书店发行所1933年版，第6页。

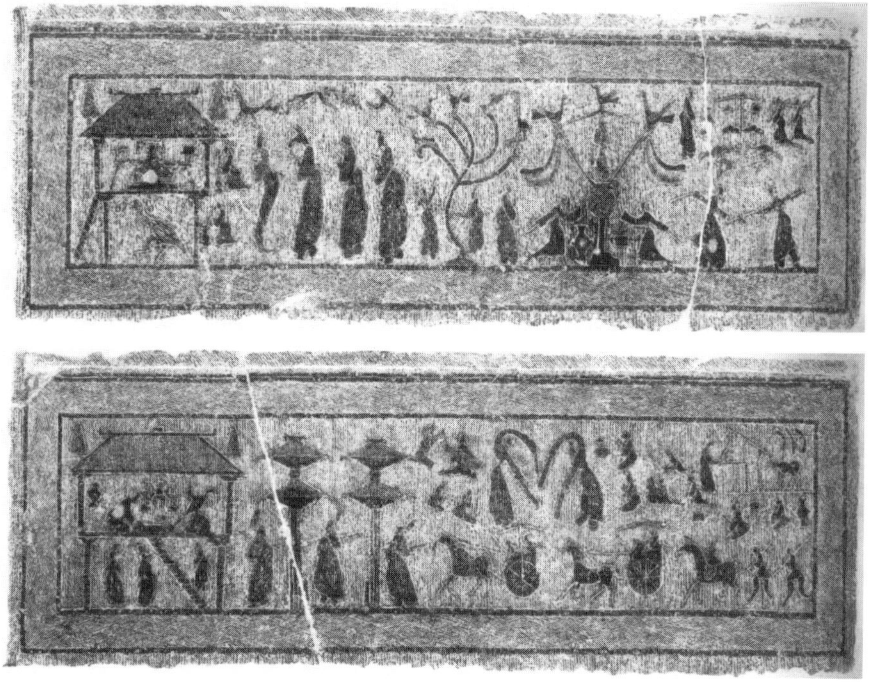

图 1　江苏沛县栖山一号汉墓中棺东壁和西壁画像石正面拓本

九尾狐等，发掘者认为是诸神朝拜西王母图。该面另刻有围绕树木的人物张弓射鸟场面、人物执桴击建鼓及格斗图像。西壁正面画像的第一组也刻画有二层楼阁，上部为人物对坐式六博图像，楼阁旁有一对双层门阙，另外还有车马出行、乐舞和庖厨场面。①

微山岛万庄发现的六博图像，所属时代与上述画像石墓基本同时，在可复原为单椁室的两个侧板上，画像以左、中、右三格布局。其中一块棺板上刻画百戏橦末伎图、泗水升鼎图和以建鼓为中心的乐舞图。另一块棺板上刻画了狩猎图、楼阁博戏图和庖厨图。②

在微山岛沟南村的石椁板面上刻有画像，其中一块为单面刻画，分别为孔

① 参见徐州市博物馆、沛县文化馆《江苏沛县栖山汉画象石墓清理简报》，载《考古》编辑部编辑《考古学集刊》第 2 集，中国社会科学出版社 1982 年版，第 106—112 页。
② 参见张从军等编著《汉画像石》，山东友谊出版社 2002 年版，第 96—123 页。

子师项橐图、送葬图和墓地图。另一块石板两面刻画，其中一面为庖厨图、楼阁六博图和升鼎图；另一面为诸神拜谒西王母图、车马出行图和狩猎图。同村出土的另一块双石椁中隔板的双面也刻有画像，其中一面为泗水升鼎图、宴饮图、楼阁六博图和杂技场面；另一面为升仙图、车马出行图、狩猎图和双阙门吏图。另外，在沟南村楼堂石椁的一块侧板上，并列的三格内依次为庖厨图、楼阁六博图和以建鼓为中心的乐舞图。①

滕州市城郊马王村出土的5块画像石，根据复原，其中4块同属于一件西汉晚期石椁，两块侧板画面均分作三格。其中一块侧板依次是以建鼓为中心的歌舞图、楼阙图和垂钓图，另一块侧板画面依次为六博图、以西王母为中心的仙界和拜谒图。②

上述人物对坐式六博图像，较早地出现在西汉晚期、新莽前后这一时期，集中分布在鲁南、苏北一带的画像石棺上，不论是否被隔界分开，六博与建鼓乐舞、庖厨、车马出行以及狩猎作为最基本元素，被表现在有西王母出现的盛大场面中。

虽然西王母的形象在西汉昭宣时期的洛阳一带已经出现，而六博图像出现得更早，约在战国末至西汉初期，但从已知的材料看，正是在西汉晚期、新莽前后，两种形象才开始结合、相伴出现。六博图像伴随着西王母崇拜而成为画像中的主要题材，并盛行于此后的整个东汉。

三、“设张博具，歌舞祠西王母”

关于上述图像的内容与性质，学术界存在不同观点。日本学者曾布川宽认为，楼阁上的西王母与乐舞、庖厨、六博画面，是墓主人向往的西王母世界

---

① 参见王思礼、赖非、丁冲、万良《山东微山县汉代画像石调查报告》，《考古》1989年第8期；信立祥《汉代画像石综合研究》，文物出版社2000年版，第217—221页。

② 参见张从军等编著《汉画像石》，山东友谊出版社2002年版，第96—123页。

的理想乐园。李凇、张从军持有相同观点，认为这些画像体现了死后升仙的主题。[①] 信立祥则认为，除第一幅西王母仙界图与西王母信仰有关，其他图像主要与祭祀墓主人有关，这一时期几座石棺上的六博场面只是为了表明墓主在地下世界或祠庙中的欢乐生活。[②] 王建中认为，栖山一号墓石棺东壁第一幅，表现的是神庙中接受祭祀的西王母；武红丽也指出，汉画与文献记载均表明当时存在西王母祠这样安置神的处所，设祭张博局、乐舞活动，都是在西王母祠前进行的。[③]

实际上，乐舞、狩猎、庖厨及六博等元素与西王母形象相伴出现，它们之间的紧密关联是不言而喻的。虽然尚不能判断此组图像的具体性质，但可以肯定的是，上述画像内容源于现实世界，当时确实存在着乐舞、狩猎、庖厨及六博等祭祀西王母的仪式，表达了人们对西王母的崇拜和对升仙的企盼。

早在先秦时期，已经有文献记载以乐舞祭祀神灵祖先的行为，《诗经》《周礼》中多存祭典中的乐歌和舞蹈，其目的在于祈求神灵和祖先保佑，赐福降祥。[④] 桓谭《新论・言体》："楚灵王骄逸轻下，简贤务鬼，信巫祝之道，斋戒洁鲜，以祀上帝、礼群神，躬执羽绂，起舞坛前。吴人来攻，其国人告急，而灵王鼓舞自若。"[⑤]《楚辞・九歌》王逸注："昔楚国南郢之邑，沅、湘之间，其俗信鬼而好祠。其祠，必作歌乐鼓舞以乐诸神。屈原放逐……出见俗人祭祀之礼，歌舞之乐，其词鄙陋，因为作《九歌》之曲，上陈事神之敬，下见己之冤结，托之以讽谏。"[⑥] 楚灵王信巫鬼，常以乐舞祭祀上帝、礼遇群神，楚国民间

---

① 参见［日］曾布川寛《漢代画像石における昇仙図の系譜》，《東方学報》京都版第 65 册，1993 年。此据氏著《中国美術の図像と様式（研究篇）》，中央公論美術出版社 2006 年版，第 121—128 页。李凇《论汉代艺术中的西王母图像》，湖南教育出版社 2000 年版，第 76—77 页；张从军等编著《汉画像石》，山东友谊出版社 2002 年版，第 96 页。

② 参见信立祥《汉代画像石综合研究》，文物出版社 2000 年版，第 216 页。

③ 参见王建中《汉代画像石通论》，紫禁城出版社 2001 年版，第 397 页；武红丽《试论汉画像石中乐舞图像的来源与变化——从乐舞祠西王母说起》，《美苑》2010 年第 1 期。

④ 参见冯振琦《汉画乐舞的娱神功能》，《史学月刊》2006 年第 8 期。

⑤ （汉）桓谭：《新论》，上海人民出版社 1977 年版，第 14 页。

⑥ （宋）洪兴祖撰，白化文等点校：《楚辞补注》，中华书局 1983 年版，第 55 页。

也常以歌乐鼓舞来愉悦诸神。战国时期楚人祠神乐舞对其后西汉时期祠神方式产生很大的影响。

《汉书·郊祀志》:“(汉武帝)既灭南越，嬖臣李延年以好音见。上善之，下公卿议，曰:‘民间祠有鼓舞乐，今郊祀而无乐，岂称乎?’公卿曰:‘古者祠天地皆有乐，而神祇可得而礼。’或曰:‘泰帝使素女鼓五十弦瑟，悲，帝禁不止，故破其瑟为二十五弦。’于是塞南越，祷祠泰一、后土，始用乐舞。益招歌儿，作二十五弦及空侯瑟自此起。”[①] 李凇认为，汉代民间的祝祠活动中普遍使用乐舞，并且影响到官方正规的郊祀[②]，西汉武帝时开始将乐舞纳入国家祭祀活动中。其祠神所用乐舞受到楚国祠神乐舞用鼓的影响，以击鼓为主要特点。[③]

此外，据《汉书·王莽传》:“或言黄帝时建华盖以登仙，莽乃造华盖九重，高八丈一尺，金瑵羽葆，载以秘机四轮车，驾六马，力士三百人黄衣帻，车上人击鼓，挽者皆呼‘登仙’。”[④]《风俗通义》:“因为起祀舍，众巫数十，帷帐钟鼓，方数百里皆来祷祀，号鲍君神。”[⑤] 另外，《后汉书·刘盆子传》《潜夫论·浮侈篇》《汉官仪》和《三国志·董卓传》裴注引《献帝起居注》中也有相关记载。两汉时期，上至天子祭天大典，下至民间祀神，都使用击鼓歌舞。[⑥] 以建鼓为中心的乐舞场面在汉代画像石中十分常见，其中一部分表现的即“歌舞祠西王母”的祭祀登仙活动。[⑦]

《礼记·射义》:“天子将祭，必先习射于泽……而后射于射宫。射中者得与于祭，不中者不得与于祭。”[⑧] 天子祭祀必先狩猎，在当时，只有上等的猎物

---

① 《汉书·卷二十五上·郊祀志》，中华书局1962年版，第1232页。
② 参见李凇《论汉代艺术中的西王母图像》，湖南教育出版社2000年版，第265—270页。
③ 参见萧亢达《汉代乐舞百戏艺术研究(修订版)》，文物出版社2010年版，第165—166页。
④ 《汉书·卷九十九下·王莽传》，中华书局1962年版，第4169页。
⑤ (东汉)应劭撰，吴树平校释:《风俗通义校释》，天津人民出版社1980年版，第341页。
⑥ 参见萧亢达《汉代乐舞百戏艺术研究(修订版)》，文物出版社2010年版，第165—166页。
⑦ 参见李凇《论汉代艺术中的西王母图像》，湖南教育出版社2000年版，第265—270页。
⑧ (汉)郑玄注，(唐)孔颖达正义，吕友仁整理:《礼记正义》，上海古籍出版社2008年版，第2320页。

才可以作为祭祀的牺牲。另据《汉书·郊祀志》记载："后二年，郊雍，获一角兽，若麃然。有司曰：'陛下肃祗郊祀，上帝报享，锡一角兽，盖麟云。'于是以荐五畤，畤加一牛以燎。"同卷记载："自得宝鼎，上与公卿诸生议封禅。封禅用希旷绝，莫知其仪体，而群儒采封禅《尚书》《周官》《王制》之望祀射牛事。……上于是乃令诸儒习射牛，草封禅仪。"颜师古注："天子有事宗庙，必自射牲，盖示亲杀也。"[①] 信立祥指出，在宗庙祭祀中，向祖先灵魂供奉牺牲和祭食，是祭祀典礼不可或缺的最重要的仪式，而狩猎是获得祭祀用牺牲的手段。[②]

《汉书·高帝纪》记载，汉高祖五年（前202），刘邦下诏说："故粤王亡诸世奉粤祀，秦侵夺其地，使其社稷不得血食。"颜师古注："祭者尚血腥，故曰血食也。"[③] 当时祭祀祖先，须以血食，将宰杀的各种动物供放在宗庙或祠堂中。可见，乐舞、狩猎与庖厨是古人祭祀祖先、上帝的重要方式，西汉晚期的祭祀西王母，应延续了此传统。源自当时工匠对此事之熟悉，故能在制作图像时将真实情况进行呈现。

《汉书·五行志》："哀帝建平四年正月，民惊走，持稾或棷一枚，传相付与，曰行诏筹。道中相过逢多至千数，或被发徒践，或夜折关，或逾墙入，或乘车骑奔驰，以置驿传行，经历郡国二十六，至京师。其夏，京师郡国民聚会里巷仟佰，设（祭）张博具，歌舞祠西王母。"[④] 武红丽根据《盐铁论》中相关记载，认为下层民众在祭祀时往往要修建社场，西王母信仰在民间如此盛行，应该有类似社场的祭祀场所，六博、乐舞和祭祀用具就集中在这个场所中。[⑤] 从文献记载来看，人们在祭祀西王母的活动中不仅载歌载舞、狩猎庖厨，也会张设博具，举行相关仪式。

---

① 《汉书·卷二十五上·郊祀志》，中华书局1962年版，第1219、1232—1234页。

② 参见信立祥《汉代画像石综合研究》，文物出版社2000年版，第142、219—221页。

③ 《汉书·卷一下·高帝纪》，中华书局1962年版，第53—54页。

④ 《汉书·卷二十七下之上·五行志》，中华书局1962年版，第1476页。

⑤ 参见武红丽《试论汉画像石中乐舞图像的来源与变化——从乐舞祠西王母说起》，《美苑》2010年第1期。

四、升仙愿望与政治意涵

西汉晚期、新莽前后的六博图像十分流行，并主要出现在祭祀西王母的场面中。由于两者息息相关，故欲探讨六博图像，必须了解当时的西王母崇拜。

西王母崇拜在西汉晚期、新莽前后的流行，其表面原因是人们（包括王莽）的升仙愿望，实质则是王莽借助西王母的神异来附会王太后，表明作为王太后的嫡亲，王莽政权具有“君权神授”的合法性。[①] 马非百、张从军等学者的观点卓有见地，惜未能加以论证，对于当时西王母崇拜的政治隐情，本文补充材料作进一步讨论。

西汉成帝在位期间，赵皇后、赵昭仪姊妹贵倾后宫，由于已无所出，为巩固宫中地位，赵氏姐妹曾数度掩杀皇子，导致成帝终无亲嗣，不得不从至亲中挑选继承人，中山孝王和定陶王成为当时的热门人选。由于定陶王祖母傅昭仪私赂曲阳侯王根、赵昭仪等人，最终定陶王成为储嗣，是为汉哀帝。哀帝即位之后，其祖母傅昭仪成为太后，依仗皇帝祖母的身份，经常欺侮已经失势的成帝生母王太后，作为外戚的王氏意识到了危机，其家族的重要成员王莽也选择了隐退。

在汉哀帝当政时期，发生了震动朝野的西王母运动，《汉书·鲍宣传》记载：“是时郡国地震，民讹言行筹，明年正月朔日蚀，上乃征孔光，免孙宠、息夫躬，罢侍中诸曹黄门郎数十人。”[②]《汉书·王嘉传》记载：“奢僭放纵，变乱阴阳，灾异众多，百姓讹言，持筹相惊，被发徒跣而走，乘马者驰，天惑其意，不能自止。或以为筹者策失之戒也。”关于文中所言“持筹”，颜师古注曰：“言行西王母筹也。”[③]《汉书·天文志》记载：“哀帝建平元年正月丁未日

① 参见马非百《管子轻重篇新诠》，中华书局1979年版，第22页；张从军等编著《汉画像石》，山东友谊出版社2002年版，第137页；唐宇《汉代六博图像研究：以墓葬材料为中心》，硕士学位论文，中央美术学院，2013年；张影、邬晓东《西王母的神格发展与汉代西王母崇拜》，《古籍整理研究学刊》2013年第5期；张雁勇《〈管子·轻重己〉“出祭王母”研究》，《古籍整理研究学刊》2015年第1期。

② 《汉书·卷七十二·鲍宣传》，中华书局1962年版，第3091页。

③ 《汉书·卷八十六·王嘉传》，中华书局1962年版，第3496—3497页。

出时，有著天白气，广如一匹布，长十余丈，西南行，讙如雷，西南行一刻而止，名曰天狗。传曰：‘言之不从，则有犬祸诗妖。’到其四年正月、二月、三月，民相惊动，讙哗奔走，传行诏筹祠西王母。”[①]在当时的人看来，由于朝政腐败，幸臣当道，于是上天通过各种灾异现象以提醒统治者，也正是在这种背景下，民间发生了西王母运动。到了王氏重新掌权之后，对于此次西王母运动的看法，发生了巨大转变。

在哀、平两帝相继驾崩后，王莽依周公辅成王故事践祚居摄，外戚王氏重新掌握政权。这引起了刘氏子孙的警觉，并联合起来进行反抗。王莽听说刘氏起兵的消息后异常忧惧，遂派遣重兵进行镇压，同时仿《周书》作《大诰》以示天下，其中说道：“太皇太后肇有元城沙鹿之右，阴精女主圣明之祥，配元生成，以兴我天下之符，遂获西王母之应，神灵之征，以祐我帝室，以安我大宗，以绍我后嗣，以继我汉功。”[②]与此前的评价不同，王莽在檄文中，将西王母运动与王太后重新当政进行关联，借助王太后在当时朝野的威信，来获得天下认同，共同讨伐叛乱，并试图论证外戚王氏家族当政的合法性。正如马非百指出，待王氏重新掌权，“祠西王母”事被附会为“元后王莽之应”，王莽亦自承之。[③]

在王莽代汉之后，也采用了相同的做法，据《汉书·元后传》记载：“莽乃下诏曰：‘……予伏念皇天命予为子，更命太皇太后为“新室文母太皇太后”，协于新故交代之际，信于汉氏。哀帝之代，世传行诏筹，为西王母共具之祥，当为历代母，昭然著明。予祗畏天命，敢不钦承！谨以令月吉日，亲率群公诸侯卿士，奉上皇太后玺绂，以当顺天心，光于四海焉。’太后听许。”[④]

王莽在诏书中，再次将王太后与西王母联系起来，作为论证新莽政权合法性的依据。王莽之所以将二者进行联系，一方面，是由于西王母信仰在当时民

① 《汉书·卷二十六·天文志》，中华书局 1962 年版，第 1311—1312 页。
② 《汉书·卷八十四·翟方进传》，中华书局 1962 年版，第 3432 页。
③ 参见马非百《管子轻重篇新诠》，中华书局 1979 年版，第 22 页。
④ 《汉书·卷九十八·元后传》，中华书局 1962 年版，第 4033 页。

间盛行，具有广泛的民众基础。《汉书·哀帝纪》记载："（建平）四年春，大旱。关东民传行西王母筹，经历郡国，西入关至京师。民又会聚祠西王母，或夜持火上屋，击鼓号呼相惊恐。"[①]

另一方面，王太后的权威是王莽掌权的重要依靠。哀帝驾崩之后，王太后临朝称制，王莽重掌大权。自元、成时起，外戚王氏的势力便不断上升，共十侯、五大司马，掌理枢要，王太后威信更是盛极一时，作为内侄的王莽，自然需要讨好王太后以寻求重权。据《汉书·元后传》记载："（元寿二年）哀帝崩，无子，太皇太后以莽为大司马，与共征立中山王奉哀帝后，是为平帝。帝年九岁，常年被疾，太后临朝，委政于莽，莽颛威福……莽又知太后妇人厌居深宫中，莽欲娱乐以市其权，乃令太后四时车驾巡狩四郊，存见孤寡贞妇……太后旁弄儿病在外舍，莽自亲候之。其欲得太后意如此。"[②] 王莽将哀帝建平四年（前3）风靡全国的西王母运动与王太后重新掌权联系起来，以当时流行的谶纬思想强调哀帝崩后王太后临朝称制是上天的授意，将西王母是"元后寿考之象"定为官方思想，为新莽政权攫取民心、获得天下认同做舆论宣传。

在东汉早期，滕州也出现了与上述石棺上内容几乎相同的画像，只是将原本表现在横长石棺上的六博、乐舞、狩猎、庖厨等图像压缩在祠堂的西壁上，构图的紧凑使得祭祀的主题更加突出。滕州西户口村出土有两块相似的画像石（图2），从图像中西王母的形象判断，该画像石属于祠堂的西壁。其中一块主要以三条横贯的线条，将画面分隔为四个区域，共同表现了一个主题。从上至下分别表现西王母及其人首蛇身的侍从，以建鼓为中心的百戏、乐舞和庖厨等活动，其中位于画面右下角

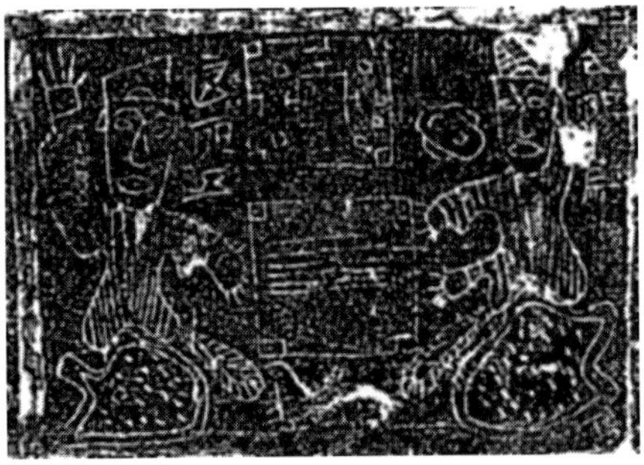

图2 滕州西户口村祠堂画像

① 《汉书·卷十一·哀帝纪》，中华书局1962年版，第342页。
② 《汉书·卷九十八·元后传》，中华书局1962年版，第4030—4031页。

的六博图中，棋盘两侧人物分别刻有“武阳尉”和“良成丞”的榜题。李凇认为，上述图像表现的是由地方官吏进行的“歌舞祠西王母”的世俗宗教活动。[①]

《太平御览·卷五二六·礼仪部五·祭礼下》引《汉旧仪》记载：“祭西王母于石室，皆在所，二千石令、长奉祠。”[②]西汉晚期，尤其是新莽前后，西王母崇拜得到官方认可，西王母成为各地祭祀的重要神灵，并且形成了地方长官奉祀的制度，在此背景下，东汉早期滕州画像石上出现官员主持西王母祭祀的场面就显得弥足珍贵了。滕州画像石虽然时代稍晚，但考虑到其表现对象，与此前相关石棺画像在地域、内容和思想方面存在的重合性及延续性，更可作为论证本文主旨不可或缺的重要材料。

可以说，王莽在重新掌权和篡汉之初，受到了社会各阶层的普遍支持，在当时社会中层的墓葬画像石上，大量刻画包括六博在内的与祭祀西王母有关的图像并非偶然，其后此类图像依然延续，虽然因为时代环境带动思想内涵发生变化，却依然可以看作王莽愿望的延续。总之，此类图像在新莽时期的盛行，是由当时的民间信仰、官方提倡和王莽本人的升仙愿望共同促成的。同时，这一时期流行的博局镜和博局纹花钱上出现的西王母或与西王母有关的图像、铭文，也很说明问题。

五、以六博祭祀西王母的原因

有一种看法认为，由于六博深深体现了时人观念中的宇宙模式和宇宙运行法则，才成为祭祀西王母的一项活动。[③]这种看法是具有一定道理的。日晷、式盘和博局三者同源，都是来自中国古代的宇宙模式，博局上“TLV”图案自

① 参见李凇《论汉代艺术中的西王母图像》，湖南教育出版社2000年版，第265—270页。
② （宋）李昉等：《太平御览·卷五二六》，中华书局1960年版，第2388页。
③ 参见王煜《四川汉墓画像中“钩绳”博局与仙人六博》，《四川文物》2011年第2期。

产生开始，其所具有的宇宙模式的寓意，可能长期以来影响着人们的思想。[1]正是这种神秘色彩，使六博被应用在祭祀西王母的活动中，在与西王母产生关联后，六博的升仙思想也得到了进一步加强。

根据文献记载，六博可能早在商代便已出现，春秋以来，六博广泛流行于社会各阶层中。春秋时期的诸侯宋湣公因与部下南宫万博戏争道，为南宫万以博局所提杀。战国时期的淳于髡，在齐威王的宴会中被问到酒量，淳于髡的回答是如果引入六博、投壶等游戏助兴，则八斗也不会有醉意。梁国富人虞氏于大路边高楼上准备好酒乐和六博，款待来自四方的英雄豪杰。齐国首都临淄生活富裕殷实的民众，其日常也多以吹竽、鼓瑟、斗鸡、走犬以及六博消遣。

到了汉代，历史竟然重演，汉景帝刘启做太子时，曾因吴太子六博行筹中傲慢不恭，以博局提杀了吴太子，为西汉王朝日后的政治纷争埋下了隐患。西汉前期安陵人许博昌擅六博，其总结出的六博口诀脍炙人口，连三辅儿童皆能背诵，所作《大博经》一篇，传于后世。汉武帝时期的世家子弟及妇人，都十分热衷于斗鸡、走狗、六博等娱乐活动。东汉时期身为贵戚的梁冀，对于挽满、弹棋、格五、六博、意钱之戏皆好之。

从先秦到两汉的很长时期内，六博是人们日常娱乐之戏，上至帝王将相，下到平民百姓，对于六博是津津乐道的。这一情况同时得到了考古发掘的证实，就目前掌握的材料看，六博实物在东周时期已经出现，主要见于战国到西汉时期，东汉以后数量锐减，到魏晋时期基本不见。

六博实物又有以陶、木等为质地，表现两组人俑对坐的博戏场面。时代相当于西汉末年的武威磨咀子48号汉墓出土有彩绘六博木俑1套，置于该墓两棺的前方。两男俑呈跪坐下棋状，两俑之间有一刻有“TLV”图案的长方形木盘。[2]河

① 参见李零《“式”与中国古代的宇宙模式》，《中国文化》1991年第1期；李零《跋中山王墓出土的六博棋局——与尹湾〈博局占〉的设计比较》，《中国历史文物》2002年第1期。

② 参见甘肃省博物馆《武威磨咀子三座汉墓发掘简报》，《文物》1972年第12期。

南济源10号东汉墓、灵宝张湾3号东汉墓分别出土有绿釉六博俑1组。[①]（图3）另外，在河南陕县刘家渠汉墓出土的绿釉陶楼阁，Ⅰ型和Ⅱ型分属东汉前期和东汉后期，其二层室内有四件陶俑围坐进行六博的场面，与同期画像石中楼阁六博场面极为相似。[②]

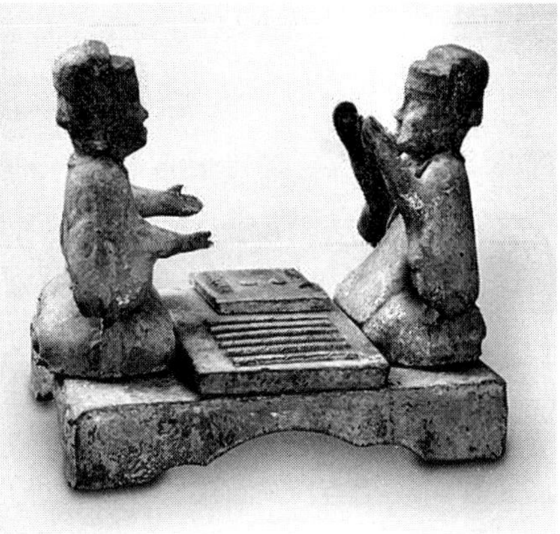

图3 灵宝张湾东汉墓出土绿釉六博俑

这些六博实物的拥有者，既有王侯贵戚，又有文武官员，也有普通平民。出土于房屋等遗址中的六博实物，至少应有部分是与其主人日常娱乐生活有关。而随葬的六博实物，根据发掘报告部分信息较完整者，其伴出品多为盛酒器、梳妆品、铜熏炉、文房等日常生活用具和乐器、歌舞俑等随葬品，可判断其所在墓葬中的位置，多是模拟墓主生前歌舞宴享或专门储藏日用器物的地方。据此推测，随葬六博与墓主人的娱乐生活具有密切关系。尤其是武威磨咀子48号汉墓出土的1套彩绘六博木俑（图4），置于该墓两棺的前方[③]，应该也是供墓主人娱乐之用的。

考古发掘的六博实物，集中出土于战国到西汉的墓葬和房屋等遗址中，并以随葬情况居多，但在六博依然盛行的东汉时期则少有实物出土。实际上，从西汉晚期开始，尤其是新莽前后，随着墓葬中六博图像的出现，随葬六博实物的做法被逐渐取代了。在西汉晚期之初的山东枣庄小山2号墓和临沂庆云山2号墓棺底、平阴县出土的石椁北挡板上，已经较早地出现了六博图像[④]，虽然刻

① 参见河南省博物馆《灵宝张湾汉墓》，《文物》1975年第11期；胡成芳《河南济源出土的几件釉陶俑》，《考古与文物》2007年第1期。

② 参见黄河水库考古工作队《一九五六年河南陕县刘家渠汉唐墓葬发掘简报》，《考古通讯》1957年第4期；胡肇椿《楼橹坞壁与东汉的阶级斗争》，《考古》1962年第4期；叶小燕《河南陕县刘家渠汉墓》，《考古学报》1965年第1期。

③ 参见甘肃省博物馆《武威磨咀子三座汉墓发掘简报》，《文物》1972年第12期。

④ 参见临沂市博物馆《临沂的西汉瓮棺、砖棺、石棺墓》，《文物》1988年第10期；枣庄市文物管理委员会办公室、枣庄市博物馆《山东枣庄小山西汉画像石墓》，《文物》1997年第12期。

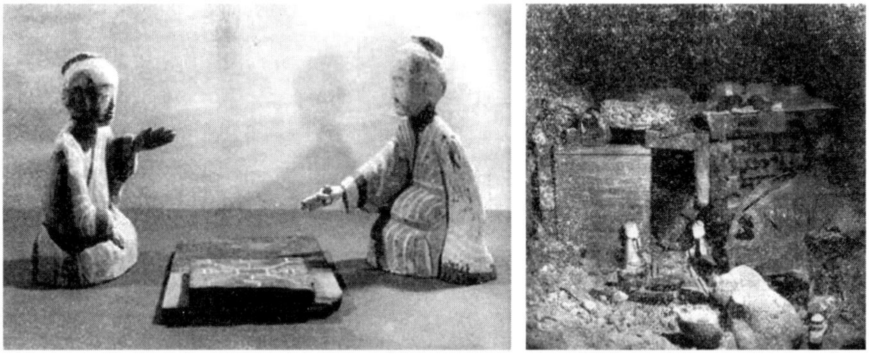

图 4　甘肃武威磨咀子 48 号西汉墓六博木俑

画出了较完整的博局图案，但作为博主的人物尚未出现，一般也不会将六博的博具刻画完整，直到西汉晚期、新莽前后，人物对坐式六博图像，出现在有西王母的场面中。联系到上述文献记载及考古实物所指向的娱乐功能，出现于洛阳偃师新莽时期壁画墓中六博图像，也表现在猜拳行令、乐舞宴饮的场面中，甚至表现有一老者饮酒过量作张口欲吐状。可以认为，时人张设博具，恐怕不仅是六博可能存在的神圣意涵，也可能是六博在世俗娱乐中喜闻乐见。在两种因素共同促成下，六博出现在了祭祀西王母的仪式中，从而实现其娱悦神灵的功能。

西汉晚期、新莽前后，具有宗教意涵并作为世俗娱乐的六博，因为出现在祭祀西王母的仪式中而愈显神圣。当时的工匠通过图像创作，将其亲历或听闻的祭祀西王母的仪式进行呈现，从而保存下一幅社会生活的历史画卷。六博及其图像具有丰富的文化内涵，是汉代社会生活的一个缩影，对深入了解和全面认识汉代历史大有裨益。

（原载《中国国家博物馆馆刊》2018 年第 11 期）

*弟子论文

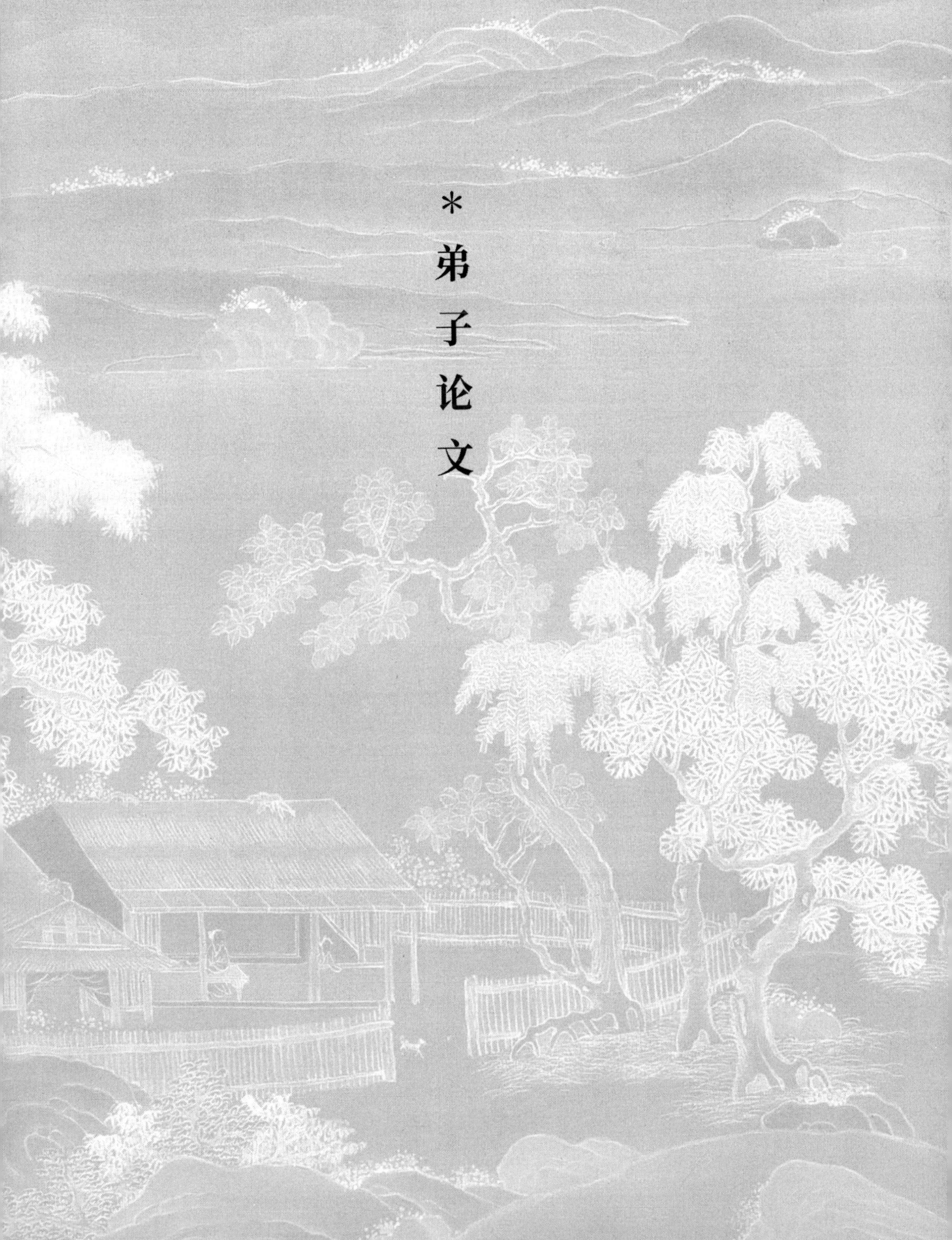

典志梳析与图像补证：元代秘书监图籍庋藏制度研究 *

李万康

秘书监是元代最重要的图籍庋藏管理机构，设于元世祖至元九年（1272），下领司天台、秘书库和典簿厅等，共存九十六年。在此期间，秘书监一度与兴文署、太史院合并，但“掌天文谶纬版籍图书”的国家图书馆性质终元一代没有变化。目前，学界对秘书监的研究主要集中于职官建制、图籍收储和档案管理，庋藏管理制度的研究则较为薄弱。鉴于秘书监在继承南宋秘阁制的基础上进行制度改革，对明代内库图籍庋藏管理制度产生了重大影响。本文拟就此结合现存秘书监旧藏典籍书画，对秘书监图籍庋藏管理制度作一初步探讨。

一、秘书监负责图籍庋藏管理的人事构成与职事分工

元代最早建立的图籍庋藏机构是太宗八年（1236）在山西平阳设置的经籍所。至元四年（1267），经籍所迁往中都与编修所合并，更名宏文院。至元九年（1272），中都更名大都，设秘书监“掌历代图籍，并阴阳禁书”[①]，定阶从三品。大德九年（1305），中书省上奏，请升秘书监为正三品衙门，成宗准奏，秘书监遂与中书省吏户等六部平阶，“行使正三品银印”[②]。

* 基金项目：本文为文化部文化艺术科学研究项目“项元汴鉴藏印与千字文编号研究：兼论中国古代书画编号与半印关防”（项目编号：14DF37）成果之一。

① （清）钱大昕著，田汉云点校：《元史艺文志》，载陈文和主编《嘉定钱大昕全集》第5册，江苏古籍出版社1997年版，第1页。

② （元）王士点、商企翁编次，高荣盛点校：《秘书监志・卷一》，浙江古籍出版社1992年版，第20页。

秘书监在至元九年设立初，是一个地位较低、建制简单的中央图书机构，只有秘书监和秘书少监两个官职，下置吏属仅令史、典书、奏差各二人。[①]至元十四年（1277），秘书监因规模扩张，开始增设官吏。到至元二十五年（1288），几乎每年新增官职一到四个，唯一未增设的年份是至元二十一年（1284）。官职扩充后，秘书监变得人员庞杂，有监丞、典簿、知印、典吏、管勾、译史、回回令史、蒙古必阇赤等。其中，负责图籍庋藏管理的职事官吏，主要是秘书郎、秘书监丞、管勾、提控案牍等簿书人员和辨验书画直长，他们多数是汉人，少数是蛮人。（表1）

表1　元代秘书监负责图籍庋藏管理的主要职事人员

职衔	设置年份	品阶调整	职掌	总人数
秘书郎	至元十四年（1277）	正七品	掌钥，负责橱柜开封、图籍统计与提调以及藏品检查等	73
秘书监丞	至元十六年（1279）	正六品→从五品	主掌图籍庋藏管理	61
管勾	至元十六年（1279）	正八品→从七品	掌秘书库	28
提控案牍（知事、典簿）	至元十七年（1280）	从八品→从七品	系簿书人员，负责藏品整理与编号登记	42
辨验书画直长	至元二十五年（1288）	正八品→正七品	专掌书画辨验	24

秘书郎是秘书监负责内库管理的最重要的一类职官，设于至元十四年（1277）二月，员额一人，正七品，次年增添一人[②]，以后维持员额两名至鼎革。秘书郎最初为"管秘书监文书"，后来掌管秘书库贮放典籍书画等物的厨匣钥匙，负责柜匣开封、统计图籍和上呈图籍供御览。[③]仁宗延祐二年（1315）九月，由秘书郎呈交的一份报告显示，秘书监接收典籍书画等物之后，由秘书郎

① （元）王士点、商企翁编次，高荣盛点校：《秘书监志·卷一》，浙江古籍出版社1992年版，第19—20页。

② （元）王士点、商企翁编次，高荣盛点校：《秘书监志·卷十》，浙江古籍出版社1992年版，第197页。

③ 秘书郎的职事分工，参见（元）王士点、商企翁编次，高荣盛点校《秘书监志·卷一》，浙江古籍出版社1992年版，第27页；同书卷三，第49页。

清检藏品，形成简报上交，这份简报主要描述藏品的构成和完好程度[①]，说明秘书郎还负责检查秘书库藏品的保存状况。据《秘书监志》记载，秘书监担任秘书郎一职的人数仅次于秘书少监，多达七十三人，其中汉族五十九人，蒙古族和其他族十四人。[②]秘书监丞设于至元十六年（1279）三月，员额一人，正六品，大德九年（1305）升从五品。[③]秘书监丞的具体分工无明确记载，据《秘书监志》收录的两道关文[④]，一道建议至正元年（1341）修葺一新的秘书监立碑撰志[⑤]，一道建议多次搬迁的秘书库规范管理，做到"品类成号""供奉有伦"[⑥]。这两大建议均由监丞王道提出，于至正二年（1342）五月经秘书监批准实行，可见秘书监丞分掌秘书监图籍管理事务，是本监级别最高的掌理图籍庋藏事务的职事官。此外，《秘书监志》记载的本监行移公文还显示，秘书监丞的日常工作主要是负责提调藏品的审核以及图籍整理和出纳关防。在直接负责图籍庋藏管理的官吏中，担任监丞的蒙古族人比例最高，达百分之三十九，汉人只有蒙古族人的一半左右。

秘书监设监丞后不久，于至元十六年（1279）七月，设经历一员［至元二十四年（1287）废］。[⑦]十月，又依"诸色人匠总管府例"，设管勾一员，正八品。[⑧]次年十一月，秘书监增设提控案牍，员额一人，从八品，大德五年

---

① （元）王士点、商企翁编次，高荣盛点校：《秘书监志·卷五》，浙江古籍出版社1992年版，第92—93页。

② 本文关于秘书监职事官吏的统计，均见郭伟玲《中国秘书省藏书史》，武汉大学出版社2015年版，第567、571页。

③ 参见（元）王士点、商企翁编次，高荣盛点校《秘书监志·卷九》，浙江古籍出版社1992年版，第175页。

④ 关文是指同级官府间的通报和询事公文，义取"关通其事"。《秘书监志》所录关文，涉及吏、户、礼、兵、刑、工六部衙门，"礼部关"最多，"刑部关"最少，可见秘书监与礼部往来频繁。

⑤ 参见（元）王士点、商企翁编次，高荣盛点校《秘书监志·秘书监准监丞王道奉议关文》，第1页。

⑥ （元）王士点、商企翁编次，高荣盛点校：《秘书监志·卷六》，浙江古籍出版社1992年版，第109页。

⑦ （元）王士点、商企翁编次，高荣盛点校：《秘书监志·卷九》，浙江古籍出版社1992年版，第180页。

⑧ 秘书监管勾的设置年份，参见（元）王士点、商企翁编次，高荣盛点校《秘书监志·卷一》，浙江古籍出版社1992年版，第26页；管勾品阶，见卷三，第53页。

（1301）五月，改提控案牍为知事，品阶和员额不变，大德九年（1305）七月，又改知事为典簿，阶升从七品。[①]《秘书监志》记载了管勾的分工是专管秘书库"御览图画、禁书、经典、一切文字"[②]，对经历、提控案牍、知事、典簿的职事分工未明确交代。不过，据《大元圣政国朝典章》记："各路所设经历、知事、提控案牍，俱系亲临簿书人员，拟合将本路应行并已绝架阁文卷，编类置立号簿，明白开写，令提控案牍不妨本职充架阁库官，专一与经历、知事一同掌管。"[③]可见与路府架阁库吏员性质相同的经历等秘书监吏员，均为簿书人员，他们负责藏品分类编号和簿籍登记工作。终元一代，秘书监有二十八人担任管勾，四十二人担任提控案牍（知事、典簿），还有三人担任经历。汉人担任管勾和提控案牍的比重较大，各占百分之八十六。

在秘书监为图籍庋藏管理而设置的"奉藏之官"中，分工最细也最具特色的一类职官是"辨验书画直长"。该职设于至元二十五年（1288）三月，员额一人，正八品[④]，到元末总计有二十四人曾担任该职。《秘书监志》没有交代秘书监设辨验书画直长的目的，余辉先生认为辨验书画直长属于"鉴定官"，"其地位远远低于翰林兼国史院下艺文鉴和奎章阁中的鉴书博士"[⑤]。但将辨验书画直长定为"鉴定官"，与秘书监图籍庋藏管理制度明显不符。因为据《秘书监志》所载公文，秘书监只是奉上级命令接收典籍书画等物，并不对其优劣真伪加以鉴定，譬如至大二年（1309）十二月，秘书监接到礼部关文，收取《宝元天人详异书》《宋天文》等"天子亲览禁秘之书"；至治元年（1321）七月，秘

① 参见（元）王士点、商企翁编次，高荣盛点校《秘书监志·卷一》，浙江古籍出版社 1992 年版，第 25 页。

② 参见（元）王士点、商企翁编次，高荣盛点校《秘书监志·卷三》，浙江古籍出版社 1992 年版，第 53 页。

③《大元圣政国朝典章·卷十四》，中国广播电视出版社 1998 年影印元刊本，第 572 页。

④ 辨验书画直长的设置时间及员额，参见（元）王士点、商企翁编次，高荣盛点校《秘书监志·卷十》，浙江古籍出版社 1992 年版，第 205 页。品阶见（明）宋濂等《元史·卷九十》，中华书局 1976 年版，第 2296 页。

⑤ 余辉：《元代宫廷绘画机构初探》，《故宫博物院院刊》1998 年第 1 期。

书监奉旨接收“三颗玉宝，一颗象牙宝”[1]等，都没有鉴定程序。

辨验书画直长的职官属性，更准确地说，近似于专掌卷宗核查的照磨官。照磨初名“提控案牍”，正八品，中书省、六部和路总管府等衙门皆有设置。秘书监设辨验书画直长，是因为秘书库所藏书画采用了半印关防[2]，加之秘书监时常提调书画供御览，所以为加强监管，秘书监在设提控案牍的基础上，增设专员勘照半印，核查出监书画是否有改易、窃换等奸妄现象。在秘书监，辨验书画直长专职负责提调书画的监督，他们与掌管秘书库的管勾和主管典簿厅的典簿一道，构成了秘书监既分工明确又相互制约的人事组织结构，有利于秘书库典籍书画的保管。

二、秘书监图籍庋藏管理制度与收储流程

秘书监庋藏管理制度在元代法典中缺乏专文记载，从《秘书监志》记载的典章故实，可知其制度设计，主要包括藏品移交制度、当面交割制度、藏品入库制度、提调监督制度和照勘制度等。这些制度隐含在《秘书监志》辑录的往来公文中，尽管没有具体交代，但从公文内容看，各项制度相辅相成，既遵从全国通行的文卷管理制度，又具有秘书监图籍庋藏管理的自身特点。

（一）藏品移交制度

典籍书画移交秘书监收藏，所需遵循的规章制度以及需要履行的相关手续，在《秘书监志》收录的移交公文中均有不同程度的反映。移交公文包括旨、呈状、札付、关文和申等。[3]旨是要求原管方将典籍书画等物移交秘书监

---

① （元）王士点、商企翁编次，高荣盛点校：《秘书监志·卷五》，浙江古籍出版社 1992 年版，第 101、102 页。

② 参见李万康《半印关防：元代秘书监书画庋藏关防考》，《中国美术研究》2017 年第 2 期。

③ 有关元代公文的类型、格式及用途，参见刘晓《元代公文起首语初探：兼论〈全元文〉所收顺帝诏书等相关问题》，《文史》2007 年第 3 期。

收储的命令，主要有圣旨、皇太子和亲王旨令以及都省钧旨。通常，原管方接到旨令，会开出一份详尽的移交清单附在旨令之后，以呈状形式上交都省审核。都省批复后，连带旨令及呈状，以指示文书的形式札付礼部，礼部又附旨令、呈状和都省札付，再行关文，通知秘书监接收典籍书画等物。秘书监接到关文，与原管方当面交割，事毕附前四道公文，以呈文形式申请都省复核。直到复核通过，整个移交流程方告结束。

在《秘书监志》收录的移交公文中，有一个“连”字尤其值得注意。如元贞二年（1296）十一月初二，秘书监“黏连到《大一统志》”；至大二年（1309）十二月，秘书监“黏连到所关书籍七部”；延祐六年（1319）十二月，中书省检校官照得各架阁库所收文卷簿籍诸物，“连送礼部郎中张朝”[①]。以上公文中的“连”字显然都是名词，据王与《无冤录》记元代尸帐关防云：“听将原检尸帐权且黏连入卷，用印关防。”[②]可见公文中的“连”字，是指用印关防后钤有半印的纸条。这些纸条须粘贴入卷，以呈状形式上交，因此移交公文常有“缴连开呈”“照拟连呈”等惯用结语。在移交公文中同“缴连开呈”等结语相关联的惯用结语，还有“乞照详事”“申乞照验”“具呈照详”等，这些结语表示秘书监接收图籍和都省复核，都必须以半印清单为依据。

《秘书监志》所录移交公文中的“缴连开呈”和“乞照详事”等结语，反映了元代秘书监图籍收储在移交环节中必须遵守的两项重要制度：一是半印关防，一是勘合照验。这两项制度的实施表明秘书监借鉴当时行政管理普遍施行的勘合制[③]，对图籍庋藏管理制度进行了重新设计。此前，《南宋馆阁录》所录

---

① （元）王士点、商企翁编次，高荣盛点校：《秘书监志·卷四》，浙江古籍出版社 1992 年版，第 81 页；同书卷五，第 99、102 页。

② 王与：《无冤录》卷上“格例”尸帐仵作被告人画字。转引自黄时鉴辑点《元代法律资料辑存》，浙江古籍出版社 1988 年版，第 142 页。

③ 参见胡光明《勘合考释》，《重庆工商大学学报（社会科学版）》2009 年第 1 期。

秘阁庋藏公文，均无“缴连”或“照详”等类似表述[①]，说明南宋秘阁收储还没有“黏连入卷，用印关防”和复核照验的例行程序。南宋秘阁正是由于制度设计的先天缺陷，管理混乱，藏品私占屡禁不止。[②]为避免图籍庋藏管理再出现如同南宋秘阁一样的混乱局面，秘书监在入藏环节施行“关防—照验”制，这是中国图籍庋藏史上的一次重大改革。

（二）藏品入库制度

都省复核完毕后，秘书监首先要履行的第一道程序是由秘书郎清检典籍书画及档案等物——重点检查移交之物的完好程度，接着送秘书库，“与本库官典一同分拣”[③]。据《至元新格》规定：“诸已绝经刷文卷……仍须当该检勾人员躬亲照过……依例送库立号、封题，如法架阁。”[④]《秘书监志》卷六亦载：“合无行下秘书库，依上编类成号，置簿缮写，诚为相应。”[⑤]可见藏品分拣完毕以后，须“依上编类成号”并“置簿缮写”。“依上”是指依照秘书库现有分类一一编号，同时登记入簿。这两道程序完成以后，还有一项工作是“封题”。封题是指在典籍书画及档案卷宗等物的启封处，贴一书有“标题事目”的纸签。大德元年（1297）御史台规定，“所置签贴，须与承发司簿内标题事目相同”[⑥]。这说明签贴不得随意书写，内容必须与原始簿籍中登记的“标题事目”

---

① 如南宋淳熙七年（1180）十月，国史院修成《四朝正史志》，吏部尚书王希吕等上奏“乞选日进呈”，参见（南宋）陈骙等撰，张富祥点校《南宋馆阁录　续录·卷三》，中华书局1998年版，第198页；九年（1182），秘书监沈揆奉旨刊刻《皇朝祖宗御书》十卷，并摹宋太宗《御书飞白“秘阁”字、御制御书〈秘阁赞〉、序》二轴，装毕呈都省，公文结语为“申都省缴进”，参见（南宋）陈骙等撰，张富祥点校《南宋馆阁录　续录·卷三》，中华书局1998年版，第173页。

② 绍定元年（1228），秘书监叶禾便痛陈时弊：“人情积玩，欺伪易生……近之士夫，至有借出馆书携而去图者，是久假不归，恶知其非有也；有人所未见之书，私印其本，刊售于外者，是以秘府之文为市井货鬻之利也。”参见（南宋）陈骙等撰，张富祥点校《南宋馆阁录　续录·卷三》，中华书局1998年版，第192页。

③ （元）王士点、商企翁编次，高荣盛点校：《秘书监志·卷五》，浙江古籍出版社1992年版，第99页。

④ 《大元圣政国朝典章·卷十四》，中国广播电视出版社1998年影印元刊本，第571页。

⑤ （元）王士点、商企翁编次，高荣盛点校：《秘书监志·卷六》，浙江古籍出版社1992年版，第109—110页。

⑥ 《大元圣政国朝典章·卷十四》，中国广播电视出版社1998年影印元刊本，第574页。

保持一致。

书画签贴上的标题又称“看题”，因古书名画“专以祗备御览”，标题的书写受到格外重视，通常委托书家精写，如大德六年（1302）六月，秘书监新裱书画手卷六百四十六轴，“所有签贴，合委请字画精妙之人题写”；延祐三年（1316）三月，秘书监接到圣旨，要求尚无签贴的库藏书画由赵孟頫书写。[①]至于书籍档案等物的签贴标题，应由簿书人员主笔。标题书写完毕，经核对无误再正式封题，接着，簿籍交典簿厅保管，典籍书画等物则搁入橱柜，上锁封存。秘书监新造书画和新编书籍，同移交本监的典籍书画的入库收贮程序相同，区别只在送库交收之前，须送校书郎校勘，如果是部帙较大的著作，还需要著作郎协助校正[②]，整个流程细密规范。其间，为防止交割之后的“立号、封题”和入库环节出现遗失或沉匿现象，政府还特别规定，“其交割之后，复有不肯尽心、去失文卷者，合将检勾案牍人员治罪，庶得革去沉匿文字之弊”[③]。

综上，元代秘书监的藏品入库管理，主要由六道程序构成，依次是：清检、分拣、编号、登记、封题和入架。其中，第一道程序由秘书郎负责，接下来的四道程序由簿书人员即提控案牍（后来改为知事和典簿）完成，参与编号与登记工作的官吏可能还有知印（掌印官）和典吏（掌簿籍）。最后一道程序则由秘书库的总领官即管勾和掌管库内橱柜钥匙的秘书郎共同完成。

（三）提调监督制度

作为“专备御览”的皇家档案与图籍典藏机构，秘书监对库藏典籍书画等物的提调监管严格。如至元十六年（1279）三月二十四日，秘书监规定：“本

① 参见（元）王士点、商企翁编次，高荣盛点校《秘书监志·卷六》，浙江古籍出版社1992年版，第104—108页。

② 参见（元）王士点、商企翁编次，高荣盛点校《秘书监志·卷四》，浙江古籍出版社1992年版，第87页。

③《大元圣政国朝典章·卷十四》，中国广播电视出版社1998年影印元刊本，第573页。

监见收书画，非奉圣旨及上位不得出监。”[①] 延祐五年（1318）三月，秘书监又做了两项特别规定：其一，书画典籍等物入库收贮，凡遇出纳，为防不测，须派监官一员与秘书郎“一同开封”，承命监视的官员由本监官员兼任；其二，秘书库御览法书名画，“逐月轮流㨫调。如遇阴雨，点视疏漏，常例舒展曝晒”，避免发霉损坏。这两项规定证明，为了杜绝监守自盗，掌管秘书库一切文字的管勾没有自行开封的权力，也表明法书名画是秘书监奉旨提调最频繁的一类藏品，一年四季轮流调阅。新规还对提调文书的流转和承担提调任务的官员作了说明：“仰移关监丞王奉训，依上提调。仍下秘书郎，依上施行。”[②] 细则显示圣旨先到秘书监丞，再由监丞下达秘书郎，由秘书郎入库承事提调。

秘书监负责提调的官员不止秘书郎。《秘书监志》卷三载，裱褙书画由“提控案牍”任提调官，大德五年（1301）三月秘书监减“提控案牍”另设知事以后，改由知事负责提调。[③] 这说明秘书库的书画提调可能因为事务性质的不同存在一定分工，秘书郎大概只负责御览书画的提调。

（四）照勘制度

秘书监收藏典籍书画等物，据《秘书监志》记载，有两道关防：一道是在典籍书画等物移交秘书监之前由礼部关防；另一道是在秘书库提调环节，由秘书监丞关防。前者属于中书省督检关防，后者属于监内提调关防。两者都须登记备案，交典簿厅保存。由典簿厅保管的文书籍账是秘书监查勘照验的主要凭据。依照元代设计严密的“照刷磨勘”文卷管理制度，查勘内容主要包括：文字上有无刮补涂注，文义上有无差错谬讹，时间上有无倒题、改抹，印押上有无模糊伪冒，程限上有无虚调行移。倘若查勘无误，在文卷末注明“照

① （元）王士点、商企翁编次，高荣盛点校：《秘书监志·卷六》，浙江古籍出版社 1992 年版，第 109 页。
② （元）王士点、商企翁编次，高荣盛点校：《秘书监志·卷六》，浙江古籍出版社 1992 年版，第 109 页。
③ 参见（元）王士点、商企翁编次，高荣盛点校《秘书监志·卷三》，浙江古籍出版社 1992 年版，第 68 页。

过”，发现妄谬，则注明“违错”。[①] 延祐五年（1318）三月，秘书监规定书画提调须派监官与秘书郎“一同开封”，在公告中就有一句“毋致似前违错”，其中“违错”二字即为当时的查勘结论。秘书监往来文书多有交代词“照验”二字，表明秘书监遵从政府制定的“照刷磨勘”文卷制度，对图籍出纳的把关颇为严格。

秘书监负责书画照验的官员是辨验书画直长。虽然《秘书监志》对该职的性质和职事范围述之不详，但据元代“照刷磨勘”制，辨验书画直长负责书画照验，重点是核验书画印押与提调文书是否存在违错现象，如果一致，在文卷上盖印署名，标明“已绝”字样，再“发还勾销”，对违错稽迟文卷，标明“未绝”，主管官员会受到处罚。[②] 秘书监普通文卷的查勘，因为工作量较小，没有像中书省一样设置专职检校官（正七品）和照磨官，仍由文书案牍人员负责照验。

三、“礼部关防”与秘书监书画庋藏勘合

在秘书监设计严密的庋藏管理制度中，有一道“礼部关防”与藏品入簿登记、提调出纳和照勘查验联系紧密。这道程序是在典籍书画等物移交秘书监收贮之前履行。但《秘书监志》和其他元代文献，都没有提到礼部关防的具体形式，难以通过考证厘清礼部关防在秘书监图籍庋藏管理中发挥的作用。所幸现存秘书监旧藏典籍书画尚见礼部关防印，弥补了文献记载的不足。

据现存元代秘书监旧藏典籍书画，礼部关防印是一方篆有“礼部评验书画关防”字样的朱文长条印。[③] 该印沿用南宋九叠篆的官印制式，窄边细文，精整秀密，宽约 3.3 厘米，长约 6.6 厘米（图 1）。以印长折元尺一寸九分，对

① 参见周雪恒主编《中国档案事业史》，中国人民大学出版社 1994 年版，第 141—143 页。
② 参见《大元圣政国朝典章・卷十四》，中国广播电视出版社 1998 年影印元刊本，第 573—574 页。
③ “礼部评验书画关防”一印的辨伪与考证，参见李万康《图像证据的证明、诠释与甄别：“礼部评验书画关防”印考》，《形象史学》2018 第 2 期。

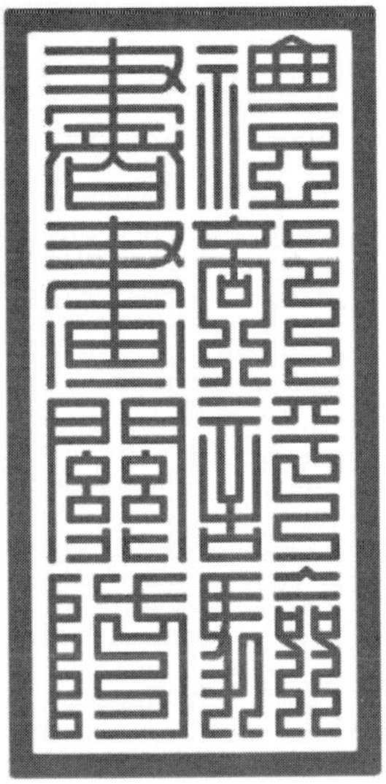

图 1 “礼部评验书画关防”
朱文长条印，6.6 cm × 3.3 cm，
据中国国家图书馆藏《资治通鉴》
元魏天祐刻本所钤诸印复原图

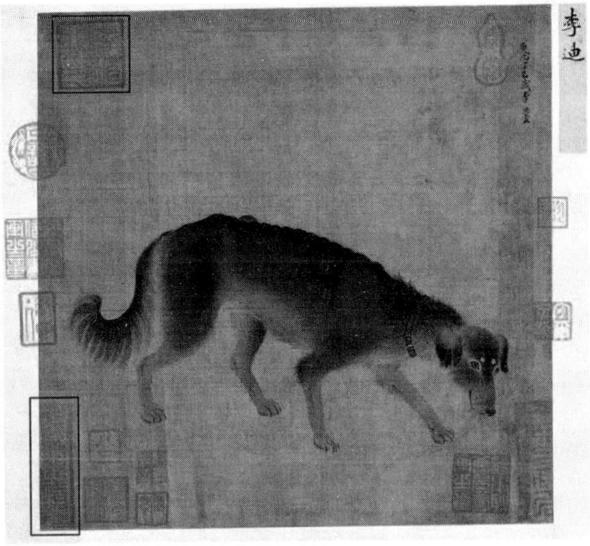

图 2 《猎犬图页》，李迪，南宋，绢本设色，
26.5 cm × 26.9 cm，故宫博物院藏

照元代官印分寸判断，该印系从六品官印。[①] 鉴于元代礼部从六品职官仅员外郎[②]，所以依据印长可推断“礼部评验书画关防”当为礼部员外郎佩印无疑。也就是说，秘书监收贮典籍书画等物所须履行的关防手续应由礼部员外郎具体负责。

在现存秘书监旧藏典籍书画中，与“礼部评验书画关防”一印同时出现的，还有一方“都省书画之印”。这两方官印的钤盖位置较为统一：典籍中的省印钤于册首，礼部关防印钤于册尾；书画中的省印则钤于画心上端或左或右，关防印则钤于下端（图 2）。两印一首一尾，或一上一下，与品阶保持一致，尊卑秩然，显示中书省对两印在典籍书画中的钤盖格式有明确规定。

---

① 元代官印尺寸，参见杨平《从元代官印看元代的尺度》，《考古》1997 年第 8 期。元代官印分寸的统一规定，见《大元圣政国朝典章 · 卷二十九》，中国广播电视出版社 1998 年影印元刊本，第 1127 页。

② 参见（明）宋濂等《元史 · 卷八十五》，中华书局 1976 年版，第 2136 页。

“都省书画之印”属于中书省复核印记。无论典籍还是书画，所见该印钤盖，皆为全印格式。“礼部评验书画关防”一印则有全印和半印两种钤盖格式。其中，典籍内钤盖的礼部关防印均为全印，一部分还押有温字墨印编号。[①]出现在书画中的礼部关防印则有全印和半印之分，但经研究，以全印格式出现的礼部关防印很可能都是伪印，真正可靠的押印格式是在画心下端直钤半印。这一钤印格式在图籍庋藏史上具有重要意义。此前，南宋秘阁书画只有一方“尚书省印”作审核印记，而元代半印格式的出现，说明中书省对秘书监书画庋藏关防做了重大改进。

为什么秘书监庋藏书画会采用半印关防呢?《秘书监志》对此没有具体说明，但该书卷三云：“凡借钱人文契，典簿厅受讫呈监，然后用半印勘合，行下架阁库收受的契，方许放支钞定。”[②]此言秘书监借钱文契用“半印勘合”，说明秘书监入藏书画采用半印关防是同一制度下的产物。“半印勘合”是一种专门用于勘验的纸质符契，创于南宋。如宁宗庆元四年（1198）八月二十七日，皇城司下令：“刑部措置，今后敕号以《千字文》为号，将敕号簿各书凿字号，仍各缝印，计定数目，呈长官签押，不得指留多印。本司契勘递年印造敕号并给散收换拘籍数目，及关防辨验检察，并禁止借赁及伪造。”[③]南宋刑部全面施行的关防契勘制明确规定：御敕号簿以千字文编号，各字号押合缝印，用以关防奸弊。至元代，在行政管理中发挥重要作用的半印勘合，同样是在号簿与文契骑缝处编写字号，再钤盖印记，一半在外，一半留簿，便于日后勘验。由此可见，在元代运用广泛的半印勘合因承宋制。胡光明先生认为勘合制创于蒙元值得商榷。[④]

元代半印勘合主要用于府库管理，具体样式见于在黑水城出土的两份元代

① 参见李万康《温字编号考：兼论元秘书监图籍庋藏关防与收储流程》，《南京艺术学院学报（美术与设计）》2018 年第 2 期。

② 参见（元）王士点、商企翁编次，高荣盛点校《秘书监志 · 卷三》，浙江古籍出版社 1992 年版，第 65 页。

③ 刘琳、刁忠民等校点：《宋会要辑稿》第 7 册，上海古籍出版社 2014 年版，第 3870 页。

④ 参见胡光明《勘合考释》，《重庆工商大学学报（社会科学版）》2009 年第 1 期。

官库收支文书原件：一份是“广积仓支黄米文书”，一份是文书残件。前者书有半字“洪字玖拾贰号”，后者书半字疑为“寒字拾柒号”。[1] 这两道文书都押有八思巴文“亦集乃总管府印”朱文半印。与这两份收支文书原件中的半印勘合对照，不难发现，遗存书画中缺少编号的“礼部评验书画关防”半印，属于半印勘合的一种简化形式。这种勘合形式的防伪级别，相较于半印勘合略低一些。

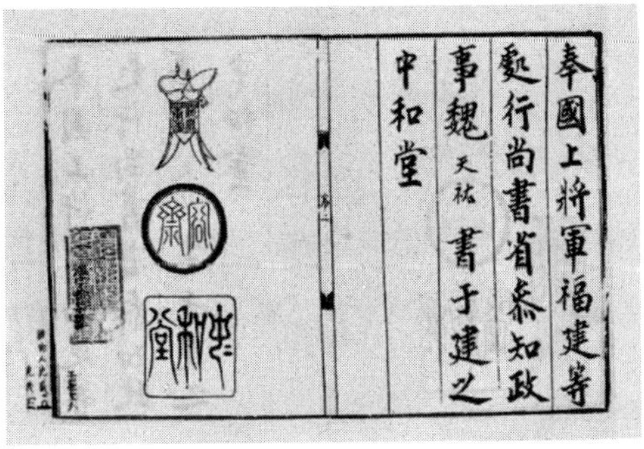

图 3 《资治通鉴》序，元魏天祐刻本，中国国家图书馆藏

《秘书监志》没有提到用印关防如何操作。结合秘书监移交公文中的“缴连开呈”“照拟连呈”等惯用结语，再据秘书监旧藏书画中礼部关防印的钤盖格式推测，礼部关防在制作方法上大概如此：在书画本幅下端置条形空纸，骑缝钤印，书画留半印，空纸留半印并注品名、完好程度等可供核查的必要信息；事毕，所有纸条整理后粘入相应卷宗，上呈中书省以备勘照。

这一秘书监书画庋藏勘合的制作过程，大概与实际操作相差不远。秘书监其他藏品如典籍，据中国国家图书馆藏《资治通鉴》元魏天祐刻本，仅在分册卷尾钤盖“礼部评验书画关防”全印（图 3），这种格式不具有勘合功能，所以就目前掌握的资料看，秘书监可能只有最珍贵、提调御览最频繁的历代法书名画使用了庋藏勘合。秘书监专设辨验书画直长一职，其他藏品未设专职照磨官，也表明庋藏勘合很可能是秘书监为防止书画遭遇不测，而采取的一种特殊的防范措施。

元代秘书监的庋藏关防与勘验制度设计严密。此前，南宋秘阁书画关防未

① 参见塔拉、杜建录、高国祥主编《中国藏黑水城汉文文献》第二册，国家图书馆出版社 2008 年版，第 231 页；同书第九册，第 1845 页。

用勘合，仅在裱件里外以全印格式钤盖“尚书省印”，[1] 这种钤印形式难以防伪杜奸。周密就说：“每卷表里，皆有尚书省印，防闲虽甚严，而往往以伪易真，殊不可晓。”[2] 宋元鼎革，秘书监为革除南宋秘阁旧弊，改进关防形式，采用半印关防，使庋藏书画以伪易真的难度大增。加之秘书监提调书画须有监官在场，“非奉圣旨及上位不得出监”，所以秘书监少有书画以伪易真的事件发生。

四、秘书库庋藏管理与“千文架阁法”

元代典志未记载秘书库存放典籍书画等物的具体方法，只能依据《秘书监志》引录的相关公文，了解秘书库图籍庋藏管理的部分细节。其中，有一道下达于至元二年（1336）四月十二日的公文写道：将秘监密迩谟穌么提调制造的公用银器，“送架阁库依数收贮”[3]。这说明秘书库实为“秘书监架阁库”的省称。该库同中书省和六部附属架阁库一样，都采用架阁法。

“架阁”，一是指“架搁”，一是指橱架。橱架搁放内置抽匣的立柜，收贮典籍书画和档案等物。至元十一年（1274）正月，秘书监接到圣旨“见收阴阳禁书并一切回回文字”，圣旨要求：“除钦依外，即目多有收到文书，未曾制造书柜，恐经夏润虫鼠损坏，今拟用红油大竖柜六个，内各置抽匣三层，锁钥全，常川收顿秘书相应。”[4] 可见秘书监所用书柜为红油漆大竖柜，具有防虫蛀鼠咬的功能，内置抽匣共三层，配装锁钥。天历二年（1329）三月，元文宗针对秘书库所缺橱柜，又下旨：“秘书监书画好生收拾者。少的厨柜架子，您

① 参见彭慧萍《两宋宫廷书画储藏制度之变：以秘阁为核心的鉴藏机制研究》，《故宫博物院院刊》2005 年第 1 期；彭慧萍《两宋“尚书省印”之研究回顾暨五项商榷》，《故宫博物院院刊》2009 年第 1 期。

②（宋）周密撰，张茂鹏点校：《齐东野语・卷十四》，中华书局 1983 年版，第 249 页。

③（元）王士点、商企翁编次，高荣盛点校：《秘书监志・卷三》，浙江古籍出版社 1992 年版，第 63 页。

④（元）王士点、商企翁编次，高荣盛点校：《秘书监志・卷五》，浙江古籍出版社 1992 年版，第 102 页。

行与工部文书，教添造者。”[①] 说明“厨柜架子”由工部统一制作交秘书监使用，与南宋秘阁收储的设施完全相同。

秘书库厨柜架子的排列布局不详，封存后的图籍档案等物如何检索亦无记载，《秘书监志》仅言“依上编类成号，置簿缮写”，“依上”言指不明。据《南宋馆阁录　续录·卷三》记：“阁库所储，据籍排整，分入厨匣；仍恐防严未至，并与封钥收掌。”[②] 周密《齐东野语·卷十四》亦云：

> 登秘阁，两旁皆列龛藏先朝会要及御书画，别有朱漆巨匣五十余，皆古今法书名画也。是日仅阅秋、收、冬、馀四匣，画皆以鸾鹊绫、象轴为饰，有御题者，则加以金花绫。[③]

综合两书描述，可知南宋秘阁在室内两侧排架置柜，分别存放“先朝会要”即档案和御书画，另有五十余个“朱漆巨匣”，各以周兴嗣《千字文》编号，分别存放历代法书名画。《齐东野语·卷六》还记载，南宋初年御府搜集名画，在装裱入库前，“先降付魏茂实定验，打千字文号及定验印记”[④]。这说明书画与立柜均以千字文编号，两者谐然相映，方便定位检索。从元代秘书库以“橱柜架子”存放图籍档案，竖柜红油上漆并配锁具看，元代秘书库自分类、设施到布局，继承了南宋秘阁管理制度。由此推断，元代秘书库依旧排架列龛，藏品与立柜仍以千字文编号。

架阁库排架置柜以千字文编号，图籍档案与之对应，也以千字文编排收储，谓之“千文架阁法”。该法由北宋仁宗朝江西转运使周湛创立，北宋末年朝廷颁诸路为法，以后历朝沿用，元代也不例外。[⑤] 据《俄藏黑水城文献》和

---

① （元）王士点、商企翁编次，高荣盛点校：《秘书监志·卷六》，浙江古籍出版社 1992 年版，第 108 页。

② （宋）陈骙等撰，张富祥点校：《南宋馆阁录　续录·卷三》，中华书局 1998 年版，第 192 页。

③ （宋）周密撰，张茂鹏点校：《齐东野语·卷十四》，中华书局 1983 年版，第 249 页。

④ （宋）周密撰，张茂鹏点校：《齐东野语·卷六》，中华书局 1983 年版，第 100 页。

⑤ 王金玉：《宋代“千支架阁法”辨析》，《历史研究》1994 年第 6 期。

《中国藏黑水城汉文文献》公布的黑水城出土文书，有三十一件幸存编号，均以千字文排次，内有三件亦集乃路总管府架阁库档案，编号分别为“寒字四号”“辰字贰号”和“天字廿八号”，[①] 这是元代架阁库沿袭两宋“千文架阁法”的直接证据。秘书库作为元代规格最高的御用架阁库，能证明采用“千文架阁法”的一个重要依据，是中国国家图书馆藏《资治通鉴》元刻本，在序末和册尾幸存十二个“温字拾柒号”，每个编号都钤有“礼部评验书画关防”朱文长条印（图 4），其中“温字拾柒号”即为秘书库千字文编号。[②]

元代官方档案编号的书写位置有两种：一种书于文书内，表示政府公文的下发顺序和运转流程；一种书于文书外，表示收入架阁库的存放位置。[③] 据黑水城出土的元代亦集乃路总管府架阁库“天字廿八号”公文，索检编号写在长条形的纸签上贴于卷宗外表（图 5）。所以《资治通鉴》元刻本诸册内的“温字拾柒号”，主要功能是表示分册归属，避免混杂错乱。至于秘书库庋藏书画及文玩，因为是整件收贮，所以只有标示排次位置的索检编号。这类编号虽然缺少实物遗存，但可以确信，它同档案一样，仍以签贴形式，粘于藏品表面的醒目位置，方便查阅。

遵从“千文架阁法”的秘书库庋藏管理，是一个简便、科学而又严谨的综合系统。在这一系统中，千字文编号被赋予了多重功能。其中，橱柜上的字号既是库内设施的布局编号，也是分类编号。《秘书监志》所谓“品类成号”“供奉有伦”，正是指书画、档案与典籍等大项中的小类以字号区分。以“件”为单位的书画、典籍与档案等物上的贴签编号则属于索检编号，这类编号由字号和序号两部分构成，如“天字廿八号”中的“天”是表示类别的字号，“廿八”

① 参见刘广瑞《元代千字文编号应用形式考：以黑水城文献为中心》，《档案学研究》2014 年第 1 期。按，寒字四号文书与辰字贰号文书分见《俄藏黑水城文献》(4)，上海古籍出版社 1997 年版，第 200 页、第 318 页；天字廿八号文书见《中国藏黑水城汉文文献》第十册，第 2310 页。

② 参见李万康《温字编号考：兼论元秘书监图籍庋藏关防与收储流程》，《南京艺术学院学报（美术与设计）》2018 年第 2 期。

③ 参见刘广瑞《元代千字文编号应用形式考：以黑水城文献为中心》，《档案学研究》2014 年第 1 期。

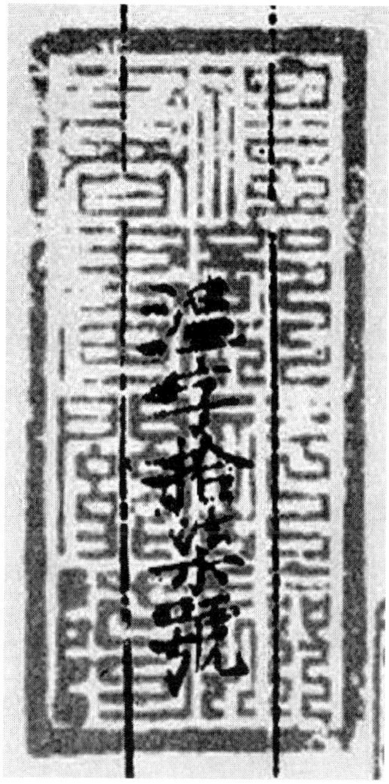

图4　温字拾柒号/卷78末，
《资治通鉴》元魏天祐刻本，
中国国家图书馆藏

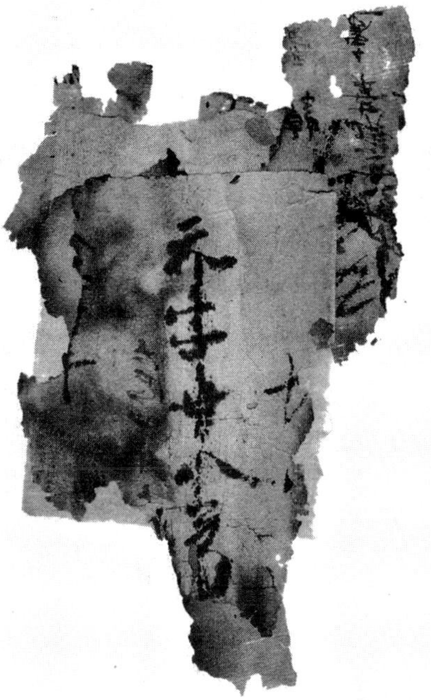

图5　天字廿八号公文，元亦集乃路总管府架阁库
档案，黑水城出土（采自《中国藏黑水城汉文文献》
第十册，第2310页）

为序号，指“天”字号下第二十八件卷宗。至于典籍中出现的千字文编号，主要功能是标示分册归属。鉴于庋藏编号还是查勘线索，因此标记在图籍档案等物上的千字文编号，实有排架功能、检索功能、整理功能和查勘功能。在秘书库的日常管理中，千字文编号主要发挥的是检索功能。

秘书库的藏品编号与登记簿中的对应条目，按规定须保持一致，不得有误。据《秘书监志》收录的公文所透露的信息，保存于典簿厅的登记簿主要是藏品登记簿和提调登记簿。这两类登记簿都记录有详细而又准确的藏品信息，以便索检和照验查勘。此外，典簿厅还保存有一类藏品交付秘书监收贮的移交登记簿，这类登记簿通常附在中书省下达秘书监的批文之后，如延祐七年（1320）五月，秘书监接到中书省来文并附清单一份，内记省部架阁库所藏图画十二轴、典籍五百一十二册，以及玉印和木制印盒各一个，要求秘书监收纳。[1]该文书作为原始档案由典簿厅保存。

五、结语

秘书监是元代规格最高的御用图籍庋藏机构，建制完备，分工明晰。为确保藏品安全，秘书监在继承南宋秘阁制的基础上，遵循元代统一执行的文卷管理制度，不断加强管理，形成了完善的“关防—照勘”制度、藏品移交制度、入库登记制度、提调制度和排架整理制度。《秘书监志》对这些制度的介绍语焉不详。借助出土元代文书和现存秘书监旧藏典籍书画，发现秘书监沿从宋制，依然采用“千文编号法”排次登记。此外，为杜绝欺弊，秘书监还创造了一种在画心直钤半印的庋藏勘合，并设辨验书画直长一职负责照勘查验。这是中国图籍庋藏史上的一次重要改革。元亡以后，明代典礼纪察司收储法书名画依然沿用半印关防，只是为了与元代钤印格式区分，典礼纪察司将手卷上的直钤半印改为了横钤半印[2]，但“关防—照勘”的基本原理没有变化。

（原载《中国美术研究》2019 年第 2 期）

① 参见（元）王士点、商企翁编次，高荣盛点校《秘书监志·卷五》，浙江古籍出版社 1992 年版，第 99—100 页。

② 参见丁羲元《“典礼纪察司印”考》，载《国宝鉴读》，上海人民美术出版社 2005 年版，第 242—249 页。

肖像、别号、书斋与地域文化的叠加表达

——吴历《墨井草堂消夏图》解析

付阳华

一、墨井草堂中的自我写照

《墨井草堂消夏图》（图 1）绘制于康熙十八年（1679），是吴历（1632—1718）48 岁时个人风格成熟、创作数量和质量均为高峰期时候的作品。[①] 而且此年亦是吴历即将作为天主教士远赴欧洲（后来止步于澳门）的前一年。以画卷末的题跋比照画面内容，可以看出此图具有很强的描写实景性质："梅雨初晴，晓来独坐墨井草堂上，师古人消夏图，寄于毗陵青屿先生，以致久远之怀。己未年四月十日，吴历。"绘画的时间是在阴历四月份的早上，梅雨初晴时候；地点是墨井草堂，即吴历的住所书斋；画卷所赠之人乃画家多年好友许之渐[②]。

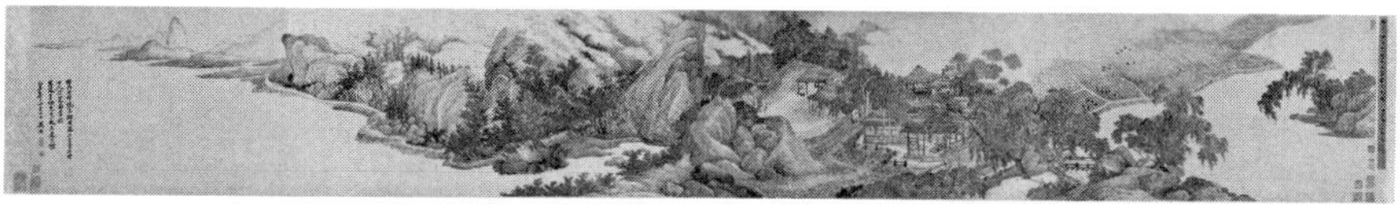

图 1　《墨井草堂消夏图》卷，吴历，清，纸本墨笔，30 cm × 374 cm，美国大都会艺术博物馆藏

① 参见付阳华《吴历绘画风格变迁研究》，《美术观察》2019 年第 3 期。

② 许之渐（1613—1701），字仪吉，号青屿。吴渔山与许之渐自 20 岁订交，相差 19 岁成为忘年之交。至 1665 年许之渐因汤若望案罢官归里，二人往还更密。吴历有多幅绘画作品赠给许之渐。

画卷起于溪流、田畴，终于远山、平湖，展现了雨后初晴、湿气蒸腾、河水涨满、草木葱茏的山水景色。溪流之上，一个板桥引领观者视线来到一片宅院，即题跋中所说的“墨井草堂”。在树荫掩映之间，可以看到两进院落。内院有凉阁、回廊、草亭以及藏书楼，一曲荷塘环绕。正对荷塘的凉阁之下的椅榻上，有一个文人袒胸露腹，正半躺半坐着读书。他交腿并一脚赤足的姿态，非常具有“文人消夏”图式中的那种放逸。[①]（图2）侧面回廊有携书奔来的童子，显示了文人与藏书楼之间的勾连。内院与外院相隔的篱笆墙上开一门，由跨过荷塘的简易的桥来连接。院门和篱笆墙圈定出草堂的范围。外院有妇孺活动，并有一口井特别引人注意，这是因为画题中便有“井”字，让人联想到此处“井”的图像应为切题之笔，即题目中所谓“墨井”，而吴历亦自号“墨井道人”，其书斋名为“墨井草堂”，皆由院中这口井而来。题跋中所说“晓来

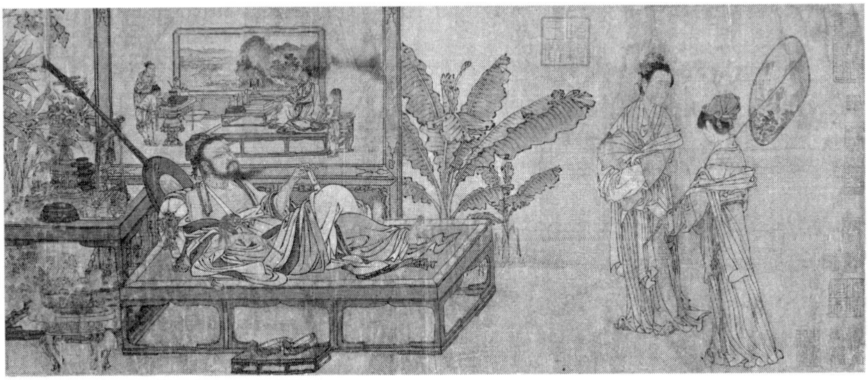

图2 《消夏图》，刘贯道，元，绢本设色，29.3 cm × 71.2 cm，美国纳尔逊 - 阿特金斯艺术博物馆藏

① 美国纳尔逊 - 阿特金斯艺术博物馆藏元代刘贯道《消夏图》中，人物形象便是袒胸露腹、赤足、手中持书的姿态。故宫博物院藏宋佚名《荷亭消夏图》、南宋佚名《槐荫消夏图》中的人物姿态也都很类似。唐代陆龟蒙《奉和袭美太湖诗二十首 · 销夏湾》中的“遗名复避世，消夏还消忧”；袁枚的《消夏诗》有“不着衣冠近半年，水云深处抱花眠。平生自想无官乐，第一骄人六月天”。“消夏”的主题显然和退隐、归乡有密切关联。值得注意的是，清代多位退隐学者创作有众多“消夏录”，著名的有书画鉴赏方面的“四大消夏录”，即高士奇的《江村销夏录》、孙承泽的《庚子销夏记》、吴荣光的《辛丑销夏记》和端方的《壬寅消夏录》，分别收录其所藏或亲见由晋唐至清的法书、绘画、墓志、碑传等并加以品鉴。此外还有纪昀的《滦阳消夏录》和俞樾的《九九消夏录》。沉迷书中、消夏的态度成为隐居的一种模式。

独坐墨井草堂上”正是点明了画面中的人物——自己、时间——夏日雨后的早上、地点——墨井草堂。外院的“墨井”和内院的独坐人物（“墨井道人”）形成了遥相呼应的两个形象。由于墨井草堂以井为名，这口井的出现使这幅画具有了更多的实景意味。

全卷的构图安排犹如展翼之鸟，溪流和湖水的留白勾勒出两条边际线，让墨笔画面呈现出 V 字形，仿佛两翼，展开空间。墨井草堂之外，山石嶙峋、丛树丰茂，梅雨蒸腾为雾霭飘荡。从方位看，人物面南而坐，草堂的西北方向是群山，西南方向是开阔的湖面，东部则是溪流、板桥和田地。两进院的墨井草堂正好位于 V 字形的顶点，给了画家细节毕现的展示空间。

画卷用墨并不浓重，横笔密皴，所以让人想起倪云林和王蒙的皴法，但吴历此画兼具云林的轻淡和王蒙的密集，物象复杂、具体。画中连荷池里的水禽、湿热天气霉烂的墙根都一一表现了出来。由于画中对墨井草堂有着具体细微的刻画，再加上与题跋描述的契合，两相对照，使得图中文人的形象强烈地指涉吴历本人。

二、墨井草堂与言子故宅

那么，画中看似真实性很强的墨井草堂，实际的地理位置是怎样的呢？我们可先查阅文献记录中关于吴历的住宅情况。

吴历的先祖吴讷（1372—1457）在《吴氏谱图序》中说：“常熟去吴城百里，为吴属邑。先君子尝言：‘吾家世居是邑。元入中国，邑里被兵，宗族星散，谱牒亡失。吾曾大父诚庵府君艰关孑立，始自邑城东隅迁居文学桥子游巷言公故里之侧，以至于今。自是而上，不可得而详矣。’”所以吴讷“自高祖诚庵府君为始，列为谱图，以纪世系”[①]，但可惜的是，吴氏的谱图并没有流传下

① （清）邵松年辑：《海虞文征 · 卷二》，广陵书社 2017 年版，第 89 页。

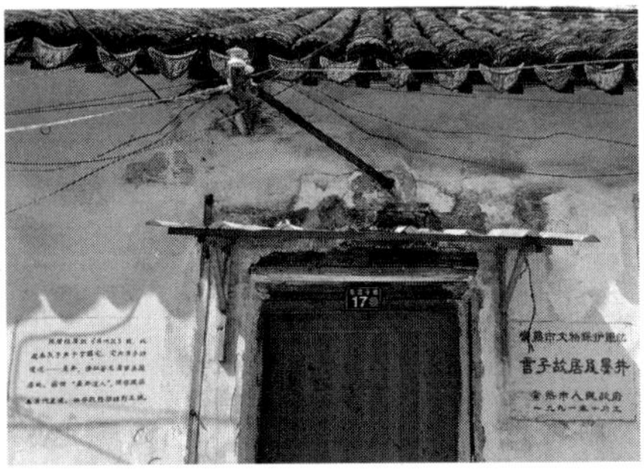

图 3　言子故居，2019 年拍摄

来，所以我们无法一览吴氏家谱。明代关于吴讷居所的记载还有：“盖子游之苗裔也。……世居邑城之子游巷，墨井遗迹在焉。”[①] 由以上记载可知，自吴讷的曾祖辈诚庵公（约活动于元末）之后，吴氏便世居常熟城的子游巷言公故里旁边。而言公故里的一个重要地点标志便是墨井。（图 3）吴历的祖先吴讷被人称为言子的后代，这一点也是有据可循的，后面再详述。

言公即春秋时期的言偃（前 506—前 443），出生在吴国的虞山东麓，字子游，吴地常熟人。他是孔门弟子，擅文学，26 岁曾任鲁国武城宰，阐扬孔子学说，用礼乐教育士民，境内到处有弦歌之声，为孔子所称赞。言偃在孔门中的特殊性在于，他是孔门七十二贤弟子中唯一的南方弟子。孔子曾云：“吾门有偃，吾道其南。”言子死后配祀孔庙，唐代开元八年（720），他被列入“孔门十哲”，后又被追封为吴侯；北宋大中祥符二年（1009），被封为丹阳公，南宋咸淳二年（1266）被封为吴公；元代大德年间，被封为吴国公。

吴历先祖在元末便世居言公旧宅之侧，很可能与居住在言子旧宅的人共用言子墨井（因为古代的井并不是每家都有，同村人共用一口井是很常见的）。关于言公旧宅的记载，道光《苏州府志》第 49 卷有《本朝孔传铎复言子宅记》，其中写道：“去山半里为子游巷，有故宅，子孙世守之，垂二千余年。明永乐初，六十二世孙名信者由象贤斋弟子员宾兴升胄监。寻任谏垣，以言事得罪，簿录其家，而宅遂废。至明季，泰西氏之教淫溢中国，其人蔓引根

① （清）高士鸃、杨振藻修，（清）钱陆灿等纂：《康熙常熟县志·卷十六·邑人》，吴讷之孙吴淳、曾孙吴堂附其传后。参见《中国地方志集成·江苏府县志辑 21》，江苏古籍出版社 1991 年版，第 382—383 页。

据，所在多有，于是言子宅遂为天主教堂矣。”[①] 象贤斋，是常熟官方在言子祠设置的学堂，供给食宿，买书延师，为言氏后代提供教育的处所。胄监，即国子监生员。这段记载说明永乐时期，言偃的六十二世孙言信担任了谏官之后，获罪被抄家，其宅邸废。

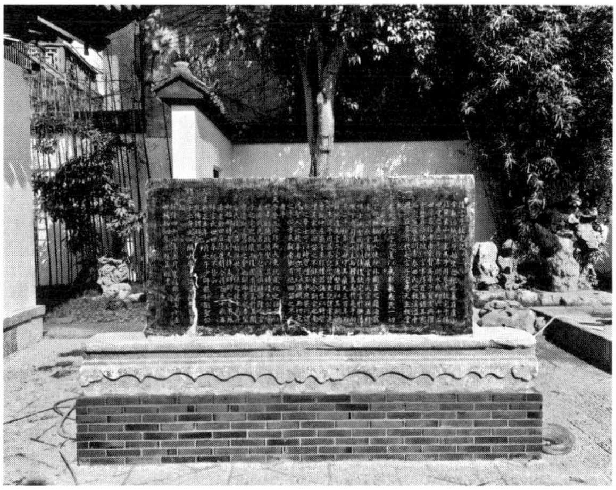

图 4　常熟市 2019 年在言子旧宅出土的石碑，正面刻《复言子故宅记》，雍正五年（1727）由衍圣公孔传铎所写，现立于常熟市言子旧宅。常熟市博物馆陈颂华拍摄

2019 年，常熟市在对言子旧宅翻修的过程中，发掘出了乾隆年间所立的一块体量很大的双面碑，其上所刻正是《复言子故宅记》，由雍正初年衍圣公孔传铎所写，印证了《苏州府志》的记载。[②]（图 4）言子故宅在乾隆时期经过了一次大规模的扩建，按照清代《言子文学录》中所画的言子宅图看，有“宝翰楼”“世恩楼”“墨井亭”等建筑。[③]

---

① （清）宋如林等修，（清）石韫玉等纂：《道光苏州府志 · 卷四九 · 园林宅第四》，清道光四年刻本，第 1 页。

② “在今年言子旧宅翻修的过程中，我们在一家民宅厨房的夹弄里发现了一块大石碑，长约 1.9 米，体量之大实属罕见。”言子旧宅馆员姚远介绍说，在拆除一些违建后工作人员才把这块石碑取出来，进行清洗后发现这还是一块“双面碑”，是在清乾隆四十七年（1782）由同一人同一年所刻写，碑文名为《复言子故宅记》，内容讲述的是言子故宅在明末变成了天主教堂，雍正二年（1724）禁止天主教，各地天主教堂被废，言子故宅才得以恢复。由于该石碑长期被嵌在墙体中，朝下的一面御祭碑文已磨损严重，但尤能辨识内容。见《常熟日报》2019 年 11 月 29 日的文章《拭尘建档金石无声再述芳华——常熟碑刻文物普查背后的那些故事》。

③ 2018 年开始，常熟市政府着手对言子旧宅进行恢复：“言子旧宅及周边院落内，存有青石柱基、青石磉石、石香炉、御窑金砖、石狮等诸多建筑构件，均为旧宅遗存；院墙上嵌砌有乾隆及光绪年间镌松山房四止图、言子墓图、言子像、雍正二年《复先贤言子宅记》等四块碑刻，东组厢房有乾隆四十七年兵部侍郎柯兴阿所立御祭碑一通；言子的重要遗物墨井历经 2500 多年，至今犹在。”“根据《常昭合志》中记录的言子旧宅图，原建筑有东中西三条轴线，现存墨井所在的东轴线，还保留着三幢清代建筑。”常熟市人民政府官网 2018 年 12 月发布（http://www.changshu.gov.cn/zgcs/infodetail/?infoid=c6e213a8-32f0-4569-9788-4b0695bf22f2）。

根据碑文可知，这块碑上的文字写于雍正五年（1727）八月，此时吴历去世将近10年。但是从碑文来看，在明初颓废了的言子故宅在明代到底由谁管理或者居住，在记载中语焉不详。言子故宅在明末变成了天主教堂，雍正二年（1724）禁止天主教，各地天主教堂被废，言子故宅才得以恢复。

不过，言子姓言，吴历姓吴，为何吴历的祖先吴讷被称为“子游后裔”呢？

根据常熟市图书馆所藏清代碑刻拓片《先贤言氏统宗大宗各图，又明初言裔改姓吴氏另图序》（原碑已散佚）可以看到这样的脉络：吴历在明初的先祖即言子六十二世孙言信，因为他的获罪，导致言氏族人亡匿，并有一宗改姓吴氏，吴讷的父辈便是较早改姓吴的。而另一清代碑刻拓片《复先贤墨井旧宅恭记》（原碑已散佚，图5）的碑文记载更为详尽：“先贤墨井旧宅颜曰归全堂者，先贤五十七世孙诚庵公所居，事载邑乘。前明洪武十八年，会六十二世孙讳信，字以实，公任给事中，以直谏得罪忤旨，簿录子姓谪戍，惟留大宗一支，典守祠墓，余族星散，几至中绝。诚庵公之孙祐之公、汝嘉公，曾孙敬叔公、惟馨公、惟实公亡匿丹阳，因先贤封号吴公，改姓为吴。……厥后禁网少弛，仍还墨井宅，诚庵公元孙文恪公实发祥于是。文恪曾孙虞东公传至孙莼溪公讳季英，纵情诗酒，与邑人侍御蒋以化交善，万历间遂将归全堂售蒋居之。国朝

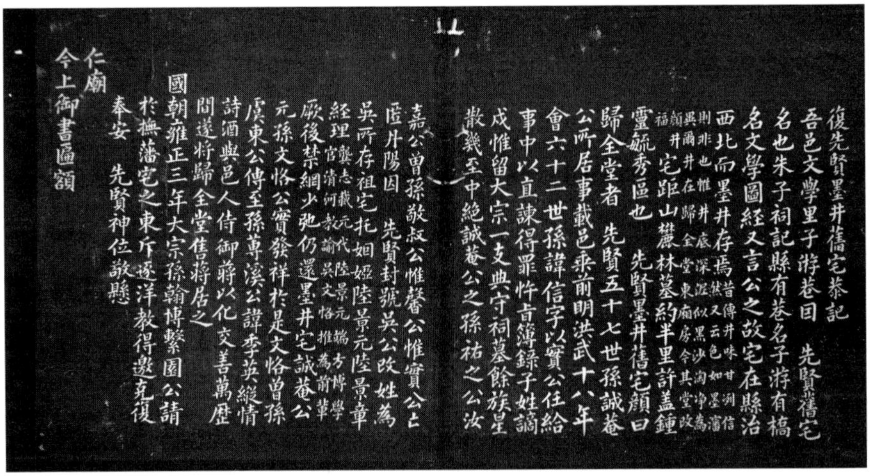

图5　清代碑刻拓片《复先贤墨井旧宅恭记》，1725，50 cm × 95 cm，常熟市图书馆藏

雍正三年大宗孙翰博系园公请于抚藩宅之东斥逐洋教，得邀克复……”此碑亦写于雍正三年（1725）禁教之后，年代和前述《本朝孔传铎复言子宅记》相近。碑文也记载了自明初言信遭到发配之后，言氏宗族中有多支改姓吴。而诚庵公的玄（碑文中“元”为“玄”的避讳字）孙吴讷，也即吴历的直系先祖，对吴氏的重新崛起意义重大。

根据章文钦的研究，吴历先祖在吴讷之后的很长时间里都是家门兴旺、政要频出、家资丰厚的望族。吴讷，字敏德，洪熙元年（1425）拜监察御史，曾出巡江浙、贵州，政声颇著，宣德五年（1430）在南京任右副都御使，掌院事，著述很多，《明史》有传，《常熟县志》中也记载详细。他从永乐到正统，历经四帝，死后“上遣官赐葬祭，弘治初谥文恪，从祀子游祠，号思庵”[①]。吴历的九世祖吴淳、六世祖吴堂也都进士及第，做过御史。“直至嘉靖末年，吴氏子孙犹以富厚名播江南。”[②]但是碑文中也记载了吴讷所居墨井旧宅名为归全堂，它在明万历时期曾被卖给蒋氏。并且晚明孙七政的《睢阳泉记》对宅中墨井有方位上的记载：“井湮于蒋柱史宅东厢下。按蒋以化宅，即吴文恪归全堂也。”[③]《常昭合志》又记：“故宅之右即吴氏归全堂旧址。”[④]按照古代的方位习惯，右应为西，可见吴历祖宅（归全堂）在言子故宅之西，而墨井在归全堂“东厢”，几乎位于言子旧宅和归全堂（墨井旧宅）之间。

综上所述，墨井本来在言子旧宅，而吴历的书斋也称墨井草堂，祖上的归全堂甚至称为“墨井旧宅”。依据《本朝孔传铎复言子宅记》《先贤言氏统宗大宗各图，又明初言裔改姓吴氏另图序》和《复先贤墨井旧宅恭记》三篇碑文总结其原因如下：一、吴历先祖本姓言，在明初改姓为吴，吴历本来就是言子后裔。二、吴历这一宗从元末便居住在言子旧宅的西侧，而墨井被记载位于

① （清）高士鸃、杨振藻修，（清）钱陆灿等纂：《康熙常熟县志·卷十六·邑人》，参见《中国地方志集成·江苏府县志辑 21》，江苏古籍出版社 1991 年版，第 382 页。
② 章文钦：《吴渔山及其华化天学》，中华书局 2008 年版，第 19 页。
③ 常熟市地方志编纂委员会办公室标校：《重修常昭合志》，上海社会科学院出版社 2002 年版，第 420 页。
④ 常熟市地方志编纂委员会办公室标校：《重修常昭合志》，上海社会科学院出版社 2002 年版，第 420 页。

吴讷归全堂（墨井旧宅）的东厢，所以墨井的位置在两宅之间，很可能两宅共用此井。[①]

吴历对于天主教的信仰，有地域传播原因和自身信仰的转变过程，和言子旧宅在明季成为天主教堂也有关系。早在明代万历年间，利玛窦在华传教就受到了常熟儒士瞿太素的协助，而瞿太素也于万历三十三年（1605）领洗。瞿氏为常熟望族，瞿氏家族多人入教对常熟民众有引领之力，有记载，天启年间数星期中新入教者有二百二十余人。[②]关于吴历信仰天主教的过程，虽有记载说吴历“自幼受洗”[③]，但吴历早期对佛教、道教的浸染留有很多痕迹，曾为吴历作过年谱的陈垣先生对此有过论述。[④]从吴历的著述和年谱来看，1675年，吴历的恩师陈瑚去世之后，吴历的信仰转变渐趋明朗化。就在陈瑚去世的第二年（1676），吴历画了《湖天春色图》，显示出和天主教中人的交游，在题跋中，他提到了名叫“帱函”的教友和比利时耶稣会士“远西鲁先生”，即鲁日满。在接下来的四十多年的后半生中，吴历开始全身心投入天主教活动。据章文钦的研究，1679年，吴历已经成为常熟县教友团体的会长[⑤]，而《墨井草堂消夏图》正是作于此年。随后一年（1680）吴历更是跟随比利时耶稣会士柏应理准备远赴欧洲罗马，但后来却因为“礼仪之争”等原因，止步于澳门。[⑥]在这

---

① 谭志成在 *Six Masters of Early Qing and WuLi*（《清初六家与吴历》）中对吴历的住所进行了考证。他首先提到吴历绘制《墨井草堂消夏图》以及在《七十自咏》中写“堂前墨井水依在，屋后桃溪花自妍”，都印证了吴历和墨井的关系。他猜测，“如果墨井在吴历住宅中，很有可能是吴氏家族在言子旧宅荒废后占用了它的前半部分。”此说暂且存疑。参见 See Laurence C.S. Tam（谭志成），*Six Masters of Early Qing and WuLi*，Published by the Urban Concil，1986，p.69。

② 参见［法］费赖之《在华耶稣会士列传及书目》，冯承钧译，中华书局1995年版，第134页。

③ 1688年罗文藻主教给罗马呈书说：“本年八月一日，托天主恩宠，我能为三位中国耶稣会士祝圣为司铎。……第二人名 Simon-Xiaviera Cunha，中文名吴历。江苏常熟人。自幼受洗。”参见方豪《中国天主教史人物传》，中华书局1988年版，第204页。

④ 参见陈垣《吴渔山晋铎二百五十年纪念》，载周康燮主编《吴渔山（历）研究论集》，崇文书店1971年版，第50页。

⑤ 参见章文钦《吴渔山及其华化天学》，中华书局2008年版，第112页。

⑥ 全国平、吴志良《吴历“入澳不果”隐因探究》，认为“由于‘礼仪之争’的公开，耶稣会意识到，‘译名之争’将再次兴起，不可能再讨论和批准经典汉译，教会本土化将不可避免地推迟，因而吴历和陆希言的西行失去了意义”。参见《早期澳门史论》，转引自章文钦《吴渔山及其华化天学》，中华书局2008年版，第115页。

样的一个信仰转折的缝隙之中，《墨井草堂消夏图》诞生了。

三、虞山、墨井与吴历形象的叠加表达

从图中人物和整幅画的比例来看，《墨井草堂消夏图》是无可争议的山水画，其中“晓来独坐”的消夏人物虽然比画面中其他人物形象大了很多（图6），但完全可以被称为山水画中的点景人物。但此图中人物与一般山水画中的点景人物又有差别：我们从画面题跋中，得知这个形象是画家吴历的自我写照。这便使得画面人物图像具有了实际且唯一的指涉。仔细查看，可以发现画中人物的五官、发须、服装、手足以及身体姿态皆细致可辨，并且画家还将人物安排为袒胸、赤足、读书的传统文人形象，表达了自己对传统文人的认同。

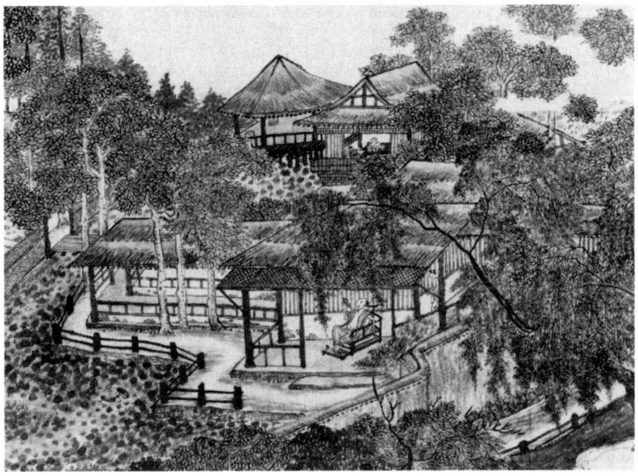

图6　吴历《墨井草堂消夏图》局部

这种情况在吴历的绘画中还可举出一例。1669年，吴历作《枫叶晚云图》扇面，题跋中写：“枫叶湖山，晚云出没，漫拟松雪，驱毫正未易似也。默公溪边强欲添一人，予勉为之曰置君岩壑里。”这幅扇面中白衣抚琴的人物亦是山水画中点景人物的规模，但由于以上的题跋，我们得知他是吴历为好友默容（苏州兴福庵僧人）的造像。画中人物不但有一个侧面的形象、抚琴的姿态，而且“置君岩壑里”也运用顾恺之为谢琨造像的典故，表达了默容的精神面貌。

具有实际指涉的人物形象若无意于详细刻画五官以追似像主算不算肖像？如果不是肖像，那它怎么区别于一般的点景人物？中国画特有的写意人物画并无心于再现像主的面貌，可不可以绘制人物肖像？到底人物的形象具体到什么

程度算是肖像？这一连串的问题恐怕一时很难回答。文以诚在研究明清肖像画时说道：除了再现性强的模拟肖像之外，“象征性肖像通常是非正式的，其肖像像主既由个人外貌又由标签或言外之意得以识别”[①]。可以说，这扩展了肖像画的范围，但也模糊了肖像画的边界。我们从《墨井草堂消夏图》中分明能看到画家试图展示人物面貌，又希冀通过当时的社会文化环境，来描绘人物的人格、气质。我们姑且称之为“点景人物式的自我写照”。

“点景人物”肯定不属于肖像，因为没有任何一个现实的人与其对应，点景人物作为人形的图像只是“例示”了人的存在，是“没有再现人，而只不过是一幅人—图像”的“零指谓”[②]的形象。吴历的《墨井草堂消夏图》在此点上已经跳离了点景人物的示例性，而具有独特的人物指涉，并用消夏图式刻画了自己的人格风采，着实应该属于广义上肖像的一种。[③]

《墨井草堂消夏图》在画家用点景人物方式的自我写照之外，其身外的草堂、虞山、尚湖也可看作其形象的象征。

首先，是吴历的别号“墨井道人”与书斋“墨井草堂”。

章文钦在分析吴历人生信仰的转折时认为，吴历从出入佛道、亦释亦道，到成为耶稣会士、专注天学，其间儒学的底色却不曾改变：“至于墨井道人之号，其‘道源’始则孔子之道，继则佛老之道，终为天主之道，渔山虽学凡数变，此号则终其身而不变。”[④]吴历之所以自号墨井道人，并终身不变其号，又将宅院名为墨井草堂，便可以看出他对言子墨井的重视，也可以得知他对言子儒家传统的认同。早在唐代陆广微的《吴地记》中便详细记载了言偃宅和

① ［美］文以诚（Richard Vinograd）：《自我的界限：1600—1900 年的中国肖像画》，郭伟其译，北京大学出版社 2017 年版，第 22 页。

② ［美］纳尔逊·古德曼：《艺术的语言：通往符号理论的道路》，彭锋译，北京大学出版社 2013 年版，第 23 页。

③ “一幅画像要再现一个人，就必须指谓它；但是，要成为一个人—再现，却无须指谓任何东西。”参见［美］纳尔逊·古德曼《艺术的语言：通往符号理论的道路》，彭锋译，北京大学出版社，2013 年版，第 22 页。

④ 章文钦：《吴渔山及其华化天学》，中华书局 2008 年版，第 104 页。

墨井。[1]明高启在诗中称此井为“道源”[2]。明成化年间李杰有《言子井》一诗：“吴公遗井在，水色同墨汁，余泽可沃心，修绠频劳汲。”[3]指出井水墨色的特征。吴历之所以以墨井为名号，便是因为这口墨井在传世过程中，已经被赋予了儒家“道源”“圣井”的象征。不能不说“墨井”二字是吴历最深刻的精神画像。

其次，是吴历与吴地的关系。

吴历对自己的家乡虞山是十分钟爱的，这体现在他的诗文中、画中，还有他的名、号里面。他的别号墨井道人和桃溪居士都是来自故土的名称。而笔者发现，吴历最初的名字——“启历”也和吴地文化有关系。

吴地最重要的文化名人便是吴地的创始者——商末的泰伯和仲雍了。常熟的虞山得名于虞仲，即仲雍，他是商末周太王的次子。他的父亲周太王宠爱幼子季历之子昌，意欲传位季历，再传昌。仲雍与其兄泰伯知道父亲的心思后，便主动让国避位，借采药之名奔荆蛮，文身断发，示不可用，在无锡、苏州一带建立了“勾吴”国。泰伯为君长，被称为吴太伯，死后由仲雍继位，是为吴仲雍，他们是吴姓人的始祖。

而有趣的是，吴历兄弟三人的名字分别是吴启泰、吴启雍和吴启历，正是和周太王的三个儿子同名。吴历曾经请其师陈瑚为母亲写《吴节母王孺人墓志铭》，其中有：“嗟良人，漕转粟，命不辰，丧河北。维孺人，哀黄鹄，洴澼纰，茹荼蓼。藐诸孤，襁褓中。长启泰，次启雍，少启历，咸童蒙。维孺人，教以正，毋谗言，毋惰行。亲贤哲，远便佞。”[4]从中可知，吴历幼年时名为启历，有兄长启泰、启雍，而其父亲客死河北，当时兄弟三人尚小，母亲王孺人守寡将他们抚养长大。三兄弟和周太王三子重名（图 7），这绝非巧合，而是来

---

① 常熟县“北一百九十步有孔子弟子言偃宅，中有圣井，阔三尺，深十丈，傍有盟（即坛），盟北百步有浣纱石，可方四丈”。参见（唐）陆广微撰，曹林娣校注《吴地记》，江苏古籍出版社 1999 年版，第 54 页。

② （明）高启：《言公井》“艺圃自可灌，道源谁复寻？”参见（康熙）《常熟县志·卷十四·古迹》，第 326 页。

③ 参见（康熙）《常熟县志·卷十四·古迹·墨井》。

④ （清）陈瑚：《确庵文稿·卷十九·吴节母王孺人墓志铭》，载《四库禁毁书丛刊》（集部第 184 册）北京出版社 2000 年版，第 415 页。

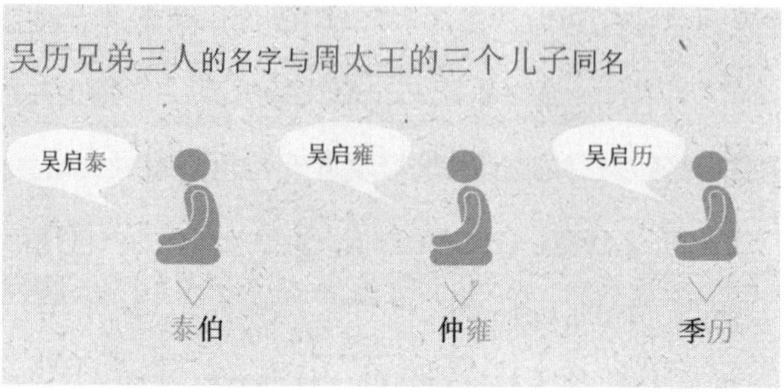

图7　吴历兄弟三人名字示意图

自吴历家族对吴地地方文化精神的认同。

在精神方面，由于仲雍与其兄泰伯让国避位，吴人将乌目山（海隅山）改名为虞山。时至今日，仲雍墓道上留下了很多座明清时期修建的牌坊，上面留下的文字比如“让国同心”“道中清权垂百世，行侔夷惠表千秋”都称赞了兄弟二人隐逸让国的高洁品行。孔子在《论语·微子》篇中也曾夸奖：“虞仲，夷逸，隐居放言，身中清，废中权。”给清廉淡泊、礼让权宜的精神以充分肯定，仲雍成为古代的“逸民”的代表。仲雍往下传八世，又出现了同样的情况，幼子季札，多次推让君位，封于延陵（即毗陵，现在的常州），所以称为“延陵季子”，而吴历自称“延陵吴历”，不但在绘画落款中常用“延陵吴历”，也有印章“延陵”，这些亦是对吴地祖先节操的认同。

吴历早期的遗民思想非常明显，他的老师陈瑚是当时著名的遗民，对他影响很大。吴历有一首《写忧》诗：“十年萍迹总无端，恸哭西台泪未干。到处荒凉新第宅，几人惆怅旧衣冠。江边春去诗情在，塞外飞鸿雪意寒。今日战尘犹未息，共谁沉醉老渔竿？”[①] 遗民意识很重。吴历在绘画中最明显的遗民表达是他早期的一套《人物故事册》，用《史记》中的历史故事将“避秦”“棰秦”演化为“避清”“抗清”的遗民叙事。几乎每个研究吴历的学者如章文钦、林晓平等都注意到了他的遗民情怀来自儒学教养，而且是他携带一生的精神底色。不能不说“墨井”二字是吴历最深刻的精神画像，而墨井草堂也成了他肖像的

① （清）吴历：《墨井诗钞·卷上》，飞霞阁藏本。

外化、人格的象征。

康熙初年钱陆灿在给吴历赠诗《送渔山归城南》序中写：“渔山数椽在城南，缭绕松篁，仿佛清闷阁也。轻帆短策，不异箬笠湖泖间也。”[1]“数椽”“湖泖间”都很符合画中景象。

那么吴历是怎样在《墨井草堂消夏图》中表达这些叠加的认同呢？

章文钦在研究中说道：“渔山《七十自咏》诗云：‘堂前墨井水依在，屋后桃溪花自妍。’堂前墨井，屋后桃溪，与虞山画作《墨井草堂消夏图》相印证，情景历历在目。”[2]笔者认为，《墨井草堂消夏图》之所以给人这种“历历在目”的感觉，正是因为它绘制出了常熟的山水大势和吴历宅院的真实方位。

总览《墨井草堂消夏图》，湖山、溪流的方位安排并不是随意的。如果我们用一张常熟地图，将虞山、尚湖和墨井草堂所在的东言子巷的地理大势作一个方位示意图，可以惊奇地发现，位置和画面情况大致相同。再比照清光绪《常昭合志》卷首的“常昭全境图”（图8）和清代《常熟县志》中的“县境新图”（图9），以“子游家庙”为墨井草堂的大概位置，的确可以看到，溪流在东（桃溪），有桥（文学桥）通往言氏故宅，虞山在西偏北，尚湖则在西南方，和《墨井草堂消夏图》中山水、溪流、小桥的方位安排惊人的一致。而且虞山、尚湖和草堂位置所形成的夹角，正像画中的V形

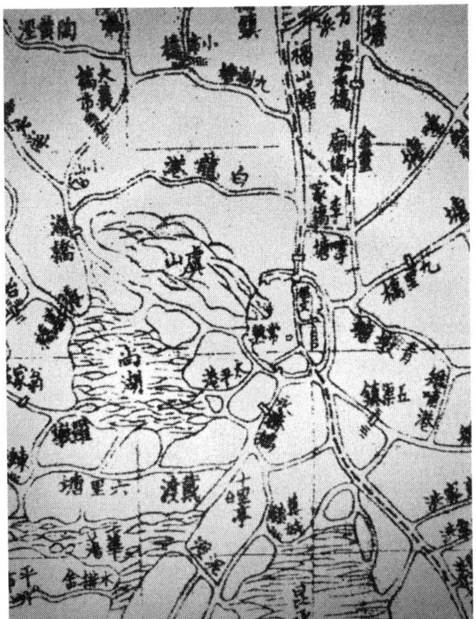

图8　清光绪《常昭合志》卷首“常昭全境图”局部，可以看到虞山、尚湖和常熟之间的地理方位大势

① （清）吴历：《墨井诗钞·卷上》，飞霞阁藏本。
② 章文钦：《吴渔山及其华化天学》，中华书局2008年版，第18页。

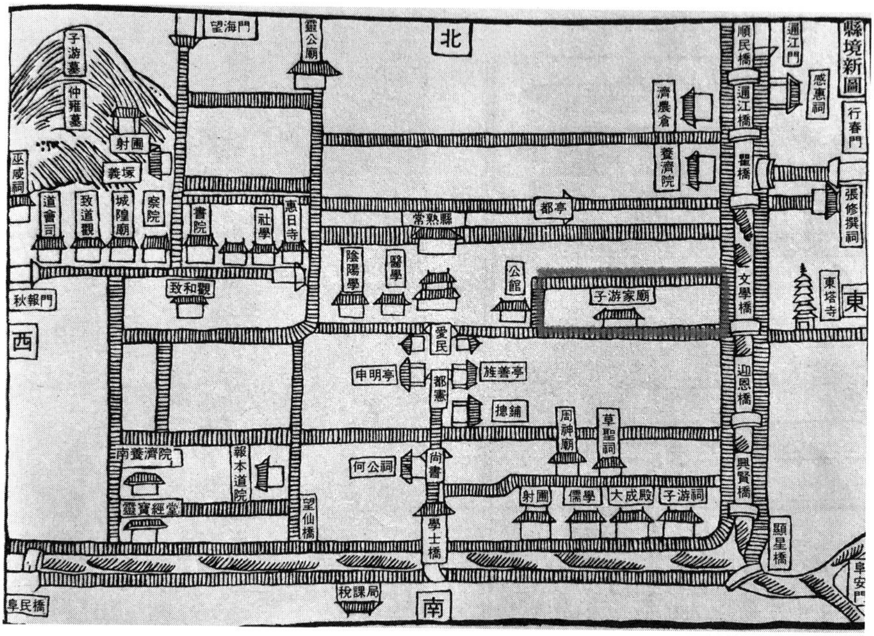

图9 清《常熟县志》中县境新图

左翼。而桃溪、板桥则构成了右翼。画家将自己的草堂绘制于山水间，将实际的山水大势表现在画卷上，所以我们得以感受到《墨井草堂消夏图》的整体构图和真实地理的暗合，才会发出“历历在目”的感叹。当然，在实际地理范围以及比例上，这两翼差别甚大，虞山、尚湖要比桃溪广阔太多了。但我们不能用实际地图模式来规定画家所创作的山水画，这恰恰反映出画家在经营位置时独特的安排和剪裁。

回归我们讨论的肖像问题，《墨井草堂消夏图》中的人物是否肖像画？由此延及吴历另一幅画《湖山春晓图》，图中有一长衣人伴一携琴童子，正过桥向一组建筑院落走去。此图题跋中提到是为松崖先生筑新居而作，那么画中人物是否松崖先生的肖像？还是点景人物？我们不太清楚。

由此来论，会引起一个重要问题的思考，即山水画中人物之图像的问题。是否文人山水画中的人物均可归入“点景人物”之列？按照纳尔逊·古德曼（Nelson Goodman，1906—1998）对艺术符号学的分析，“点景人物”肯定不属于肖像，而应属于exemplification之列，即例示：他没有任何一个现实的人与其对应，这个人形的图像只是例示了人的存在。但是，与西方宗教画或历史画的非明确可指认之人物相比，文人山水画中“点景人物”就图像指涉而言，均具有典型人物身份的类型。可分类为童子、士人、行旅者、贩夫、渔樵、仆人诸类。而服装、姿态和所携工具，往往是这种身份类型的辨认标记，根据这种标记，会有一种身份图像的划分。但在这种“点景人物”的例示性图像中，有一种独特的方面，尤显示出中国文化图像生成中的特点，比如点景人物中，士人、行旅者、渔樵等三者很多时候具有身份贯通的性质。这种性质恰为中国文化所塑造，由其体现在文人山水画之丘壑营造中。在诸如“消夏图”“寒江独钓图”“风雨归舟”等母题中，“舟中渔者”“山路行者”等点景人物又是文人画者自我心象之投射。在这个意义上，点景人物就非一般意义上的例示，而是一种文化想象的身份塑造。

吴历的《墨井草堂消夏图》在此点上已经跳离了点景人物的示例性，而具有独特的人物指涉，并用消夏图示刻画了人格风采，应是肖像的一种。而其身外的草堂，所处的吴地虞山、尚湖、桃溪又关联到自身的故土属性和文化认同，故笔者认为这是一幅由人物和山水叠加的肖像。“一幅画像要再现一个人，就必须指谓它；但是，要成为一个人—再现，却无须指谓任何东西。”[①] 点景人物便是“没有再现人，而只不过是一幅人—图像”的“零指谓”[②] 的形象。而《墨井草堂消夏图》是有确切指谓的，它兼具了肖像、别号、草堂、地域文化的多重指谓。

吴历就是将这样一幅包含有自身肖像、墨井图像、墨井草堂以及海虞山水大势的画送给朋友许之渐，“以致久远之怀”。按照以上的分析，不妨将《墨井草堂消夏图》所叠加的数层表达剖析开来：画卷的核心层是吴历的自我写

① ［美］纳尔逊·古德曼：《艺术的语言：通往符号理论的道路》，彭锋译，北京大学出版社2013年版，第22页。
② ［美］纳尔逊·古德曼：《艺术的语言：通往符号理论的道路》，彭锋译，北京大学出版社2013年版，第23页。

照——一个认同古代隐逸之风传统的读书人；次外层是吴历的墨井草堂，承接着儒家先贤、孔子的南方弟子言偃的精神肖像，更可以看作吴历的别号图；最外层则是对吴历世居之地——虞山山水的描绘，承载着他自身的故土属性和对吴地文化的认同。这样丰富意涵的一幅画，确可以作为他远行之前赠送给好友的“纪念照”了。

可以说，吴历在这幅画中埋藏了很大的野心，因为次年他即将有欧洲之行，他既有把自己的肉体形象传达给朋友许之渐的诉求，又将之叠加在古代消夏图形象的袒胸露腹、读书纳凉的文士形象之上，更将墨井草堂对儒家的承接、递延，常熟的桃溪、田地，渐远的虞山，依依惜别的情绪（送别图图示常有的表达方式）都叠加进这样一幅绘画之中。

（原载《美术观察》2020年第6期，收入本文集时图文有补充）

帝王即佛

——佛教造像对南北朝帝王等身御容的影响*

王艳云

魏晋是文艺自觉的时期，发展至南北朝陆续出现了许多著名的画家、雕塑家和书法家等，其中绘画方面人物肖像开始脱离汉以来稚拙风格，注重形神气韵的表达，并逐渐形成影响后世的绘画理论，为中国人物肖像艺术的发展开辟了新纪元。但与以往一样，目前仍很少发现魏晋南北朝帝王画像御容[①]的文献记载和实物遗存。反而由于北方少数民族入主中原，其早先铸像以卜的习俗和后期受佛教造像等因素的影响，北魏时期开始出现了帝王及皇族等的铸像。帝王铸像御容的出现打破了周以来传统御容平面绘写的格局（图1、图2），在中国古代肖像发展史上具有里程碑的意义，对隋唐、五代、宋雕塑御容的影响重大而深远。（图3）

一、铸像以卜与北朝铸像御容

铸像以卜是北方少数民族中较为流行的一种问天命的习俗。铸像的出现目前最早可追溯到西汉时期的“金人”，元狩二年（前121）霍去病（前140—前117）陇西讨伐匈奴时获休屠王的祭天金人。[②] 十六国时期后赵的大将冉闵

* 本研究为2011年北京市社科规划重点项目“北京绘画图史”资助。

① 御容，古代为了供奉、祭祀或瞻仰等活动的需要，专门绘写、雕铸、织造或拍摄的帝王后妃的图与像。

② “其明年春，汉使骠骑将军去病将万骑出陇西，过焉支山千余里，击匈奴，得胡首虏万八千余级，破得休屠王祭天金人。”（汉）司马迁：《史记·一百一十卷·匈奴列传·第五十》，中华书局1959年版，第2908页。

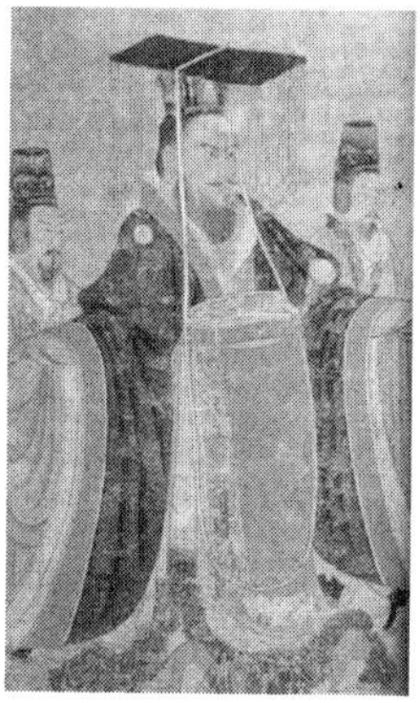

图 1 《历代帝王图》
阎立本，唐，绢本绘画，
美国波士顿美术博物馆藏

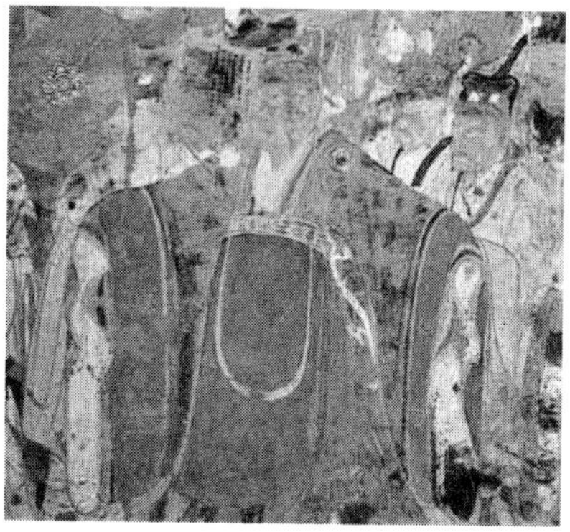

图 2 敦煌莫高窟第 220 窟壁画帝王图
（图片源自郎绍君等主编《中国书画鉴赏辞典》）

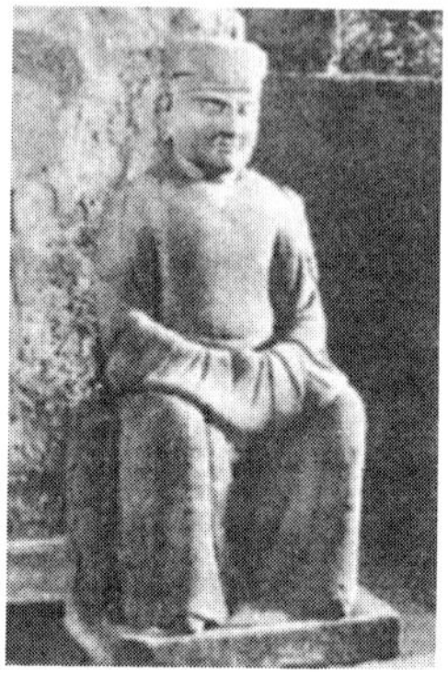

图 3 唐五代前蜀开国皇帝
王建石像（图片源自
李福顺《中国美术史》）

（？—352）杀石坚称帝后，遣常炜出使前燕，前燕主慕容儁（319—360）令封裕问常炜："闻闵铸金为己像，坏而不成，何得言有天命？"（《晋书·慕容儁载记》）冉闵虽然是汉族人，其铸像的习俗应是从羯族而来。[①]北魏孝昌三年（527）孝明帝暴病身亡，重臣尔朱荣（493—530）谋废新帝孝庄自立，"荣抗表之始，遣从子天光、亲信奚毅及仓头王相入洛，与从弟世隆密议废立。天光乃见庄帝，具论荣心，帝许之。天光等还北，荣发晋阳。犹疑所立，乃以铜铸高祖及咸阳王禧等六王子孙像，成者当奉为主，惟庄帝独就"（《魏书·尔朱荣传》）。尔朱荣采取北魏鲜卑族传统的做法，与孝庄帝同时铸造高祖及咸阳王元禧（？—501）等六王子孙像，结果孝庄帝铸像成功，挫败了尔朱荣的阴谋。尔朱荣觊觎帝位铸己像不成，被人劝阻放弃。"及至河阴之战，尔朱荣欲僭帝位，遂铸金为己像，数四不成。时幽州人刘灵助善占卜，为荣所信，言天时人事必不可尔，乃止。"（《魏书·尔朱荣传》）但曾是北齐权臣的高洋（526—559）僭位铸像成功即位。高洋欲僭位，"群臣皆意为不可，于是铸像卜之，一写而成，遂决意僭位"（赵翼《廿二史札记》）。高洋的先祖曾仕前燕鲜卑慕容氏，父高欢（496—547），生长于鲜卑军人驻守的边镇，长大后又娶了鲜卑人

① 冉闵父冉瞻为后赵石虎养子，石虎是羯族，由此推知。

做妻子，几乎是个鲜卑化的汉人，因此鲜卑人铸像卜天命的理念根深蒂固。“但无论鲜卑族还是羯族南下中原之初，生产力水平低下，复杂的铸像技术并非游牧民族所擅长，有可能是定居中原后，从已经入居中原的北方少数民族那里受到了浸染。”①

正是少数民族这种铸像卜天问命之习俗的交汇和影响，发展至北朝时期中原政权中开始出现帝王御容的铸造。如上述北魏孝庄帝和权臣尔朱荣铸造的北魏高祖及咸阳王元禧等六王子孙像。高祖为北魏孝文帝元宏，六王子孙分别为咸阳王元禧、广陵王元羽（470—501）、彭城王元勰（473—508）、北海王元祥（476—504）、任城王元澄（467—520）和宣武帝元恪（483—515）。元禧、元详、元勰是孝文帝的弟弟，元澄是孝文帝的叔叔，元嘉是孝文帝的叔祖，宣武帝元恪是孝文帝次子，太子元恂死后立为太子，孝文帝病死后继位。铸像中帝王御容有孝文帝元宏和宣武帝元恪，其他为皇弟、皇叔、叔祖形象。

此外，北魏宫廷还有以能否手铸金像成功为立后前提的传统，否则即便是生子，也不得登后位。《魏书·卷十三·列传》中记载：

> 魏故事，将立皇后必令手铸金人，以成者为吉，不成则不得立也……道武皇后慕容氏，宝之季女也。中山平，入充掖庭，得幸。左丞相卫王仪等奏请立皇后，帝从群臣议，令后铸金人，成，乃立之，告于郊庙……道武宣穆皇后刘氏，刘眷女也。登国初，纳为夫人，生华阴公主，后生太宗。后专理内事，宠待有加，以铸金人不成，故不得登后位……明元昭哀皇后姚氏，姚兴女也，兴封西平长公主。太宗以后礼纳之，后为夫人。后以铸金人不成，未升尊位，然帝宠幸之，出入居处，礼秩如后焉。是后犹欲正位，而后谦让不当。②

---

① 金申：《北魏铸像以卜的风俗》，《文物天地》2007年第9期。

② （北齐）魏收：《魏书·卷十三》，中华书局1974年版，第321—325页。

手铸金人成功与否为立后的依据，这恐怕仍与鲜卑旧俗有关。宋末元初的胡三省（1230—1302）是个大学问家，他在《资治通鉴》注中曾说过“魏人立后，皆铸像以卜之。慕容氏谓冉闵以金铸己像不成。胡人铸像以卜君，其来尚矣”，也提到了铸金像的目的是占卜。或许铸像卜吉凶还有更深的内容包含其中，虽然这与佛教当中造像的本意有关联，仍是值得深究的。（李福顺《中国美术史典故集锦》）此处明显还存有另外一个问题，就是北魏立后所铸的“金人”为何？是佛像、帝王像还是己像？也有待于专家学者的进一步考订。同时仍需指出的是，从后赵冉闵铸金为己像、北魏尔朱荣僭位铸金为己像、北齐高洋僭位铸像即位、北魏立后手铸金人以及后来隋文帝自写帝形象于恒岳寺[①]等情况来看，古代雕塑艺术成就中，帝王、帝后和权臣也应占有一席之地。

二、佛教等身像与南北朝御容

等身像，又名等身、等身佛像。《佛光大辞典》释所谓等身像，除了指丈六佛像外，还有与顾主同等身长之像的意思。《佛学大辞典》“等身，造诸尊之形象，等于自己之身量，谓之等身”。

“等身像”一词最早出现在佛经翻译中。东晋晋安帝隆安三年（399），僧人法显（约337—约422）历时十四载西行印度求法，义熙八年（412）返回后抵建康道场寺开始译经，其翻译的莲花经中提到了“等身”一词。《太平御览·释部五·像》载：“法显记曰：僧尼罗国王以金等身而铸佛像，髻装宝珠。”但据专家考证，“今传法显《佛国记》无此文字，或另有《法显记》一书。文中僧尼罗之名不见于他书，不可考，但它为外域名，当无疑。法显于后秦弘始元年（399）西行求法，东晋义熙九年（413）还至建康，次年撰成《佛

① 《隋恒岳寺舍利塔碑》跋曰：“隶书，不著书撰人名氏。隋文帝仁寿元年（601），建舍利塔于恒岳寺，诏吏民皆行道七日，人施十钱，又自写帝形像于寺中。大业元年，长史张果等立碑。”陈思：《宝刻丛编·卷六》，中华书局1985年版，第143页。

国记》。外域此时已有等身像。而中土也已有知晓此事者。”（陆永峰《中土等身佛述论》）

（一）帝王等身像的铸造

南北朝各统治者为巩固政权，麻痹百姓，大多积极参与扶持佛教，佛界也乘机宣扬“帝王即佛论”，将佛教与皇权结合起来，佛教借帝王提升地位，帝王借佛教增加了神性和威严，其鲜明的标志之一就是石窟、寺庙中开始出现帝王及帝王等身像的雕刻和供奉。

南朝宋齐梁陈各个朝代，诸帝多崇信佛教，且延请僧人佐政，因此佛教在南朝有长足的发展。刘宋文帝曾说：“若使率土之滨，皆纯此化，则吾坐致太平，夫复何事？”[①] 齐文宣王萧子良（460—494）广召宾客高僧，精研佛理，撰述著书。梁武帝曾率道俗二万人舍道归佛，建寺铸像、设斋供僧，四次舍身同泰寺，为历代帝王中笃信佛法第一人。此后陈代仍多效法梁武帝，奉佛不辍。在这种崇佛的氛围带动下，南朝佛教造像十分盛行。宋武帝造有无量寿金像，宋明帝造有丈四金像及行像八部鬼神。此外，小金像也多有铸造，塑像、旃檀像更为普遍。齐武帝时，石匠雷卑造瑞石释迦像，镌琢极巧。梁武帝崇佛，不惜耗资为自己铸造了等身金、银像各一躯。[②]

北朝诸帝，除北魏太武帝和北周武帝短暂的反佛外，余皆崇奉佛教、举国力建寺院、护佛教。北魏初太武帝也信奉佛法，礼敬沙门。道武帝任用沙门法果，绾摄僧徒，参与国初诸多经营，沙门谓“太祖明睿好道，即是当今如来，沙门宜应尽礼”。将天子比作佛主，这是佛教公开向世俗统治者北朝靠拢。在此影响下北朝开始出现帝王等身像。据史料记载，北朝拥有等身像的帝王有北魏神元帝、道武帝、太武帝、文成帝，北周孝闵帝。等身像不仅有当朝帝王为

① 梁僧祐：《中华大藏经》（汉文部分）第六二册，《弘明集·卷十一》，《何令尚之答宋文皇帝赞扬佛教事元嘉十二年五月五日》。

② 唐释道宣《集神州三宝感通录》：“每引高僧谈叙幽旨，又造等身金银像两躯，于重云殿晨夕礼事五十许年。”

自己制造的，还包括为诸离世先王所造。数量上少则一两尊，多则十尊以上。材质有石、铜、檀木、金和银等。如北魏兴安元年（452），文成帝“诏有司为石像，令如帝身。既成，颜下、足上各有黑子同帝体上下黑子，论者以为纯诚所感”（《魏书·释老志》）。兴光元年（454）秋，文成帝又诏令为太祖以下五帝各铸造等身释迦佛像一尊，“五级大寺内，为太祖以下五帝铸释迦像五各长一丈六尺，都用赤金二十五万斤”（《魏书·释老志》）。太祖以下五帝应为神元帝、道武帝、太武帝、文成帝、孝文帝[①]，北周孝明帝二年（558）为其父孝闵帝敬造等身檀像一十二躯，“敬建造卢舍那一躯并二菩萨，高二丈六尺。等身檀像一十二躯，各二菩萨及金刚狮子等，丽极天成，妙同神制”（《大正藏》）。《集神州三宝感通录》载，南朝梁武帝崇佛，也为自己铸造了等身金银像各一躯，“每引高僧谈叙幽旨，又造等身金银像两躯，于重云殿晨夕礼事五十许年”。由以上可知，南北朝帝王等身像的安置场所有寺庙如五级大寺、皇宫大殿如重云殿等。其中重云殿中供奉的梁武帝等身金银像，早晚奉祭连五十年之久。

（二）帝王等身像与帝王御容之间关系

按照《佛光大辞典》与《佛学大辞典》的解释，等身像是等于“身长”和“身量”，可理解为等同身高和体量，但通过北魏文成帝“为太祖以下五帝铸释迦像各长一丈六尺”来看，似乎并不是简单的身高和体量，帝王等身像应该是除了身高和体量之外，还具有帝王某些特征的佛教形象，如文成帝的等身石像如帝身，“既成，颜下、足上各有黑子同帝体上下黑子”。对此，国内学者有持相同的观点，如帝王等身像的存在表明佛教与君主间的密切关系。（陆永峰《中土等身佛述论》）国外学者谢和耐（1921—2018）同样也认为所谓等身佛，系按照皇帝的形象来建造的佛像，“这种根据已故皇帝的肖像而铸造佛像（即

---

① 赵一德：《云岗昙曜五窟的帝王象征》，载中国魏晋南北朝史学会编《魏晋南北朝史论文集》，齐鲁书社 1991 年版，第 278—285 页。但也有学者认为是北魏开国以来的五位先帝，即太祖平文、太祖道武、太宗明元、世祖太武、恭帝景穆，参见陈清香《论云冈石佛式样的源流》，《华冈佛学学报》1983 年第 6 期。

'等神佛')的做法，在中国历史上是习以为常的行为"(《中国五至十世纪的寺院经济》)。由于文献记载不详及实物的不存，帝王等身像在身体特征外，容貌是否相近？仍难定论。但从南北朝等身像对隋唐帝王御容在制作材质、供奉场所等方面来看，帝王等身像与帝王御容之间确实存在着密切的关联，且帝王等身像直接催生了帝王御容的出现。

（三）帝王等身像政治与宗教双重功用

帝王等身像是"帝王即佛"观念最直观的体现，宗教崇拜与皇帝崇拜通过等身佛巧妙地结合起来。帝王通过等身像将皇权与佛教结合起来，借佛教增加了自己的神性。佛教借帝王的支持提升了自己的地位，壮大了自己的势力。"形像上的合二为一，君王赋予自己同佛一般的尊贵、神圣，正式以佛的面目立于世人之前。它要求着僧俗对皇帝的尊敬、佛教置于皇权的影响之下，更要求着这种尊敬不仅是基于皇帝的身份，还要基于他是佛这一'事实'。佛即皇上，皇上即佛，圣觉之化与圣皇之德二体如一，宗教崇拜与皇帝崇拜通过等身佛巧妙地结合起来。"[①] 正因为如此，自南北朝开始至明清，历代帝王多重视御容的制作、祭拜和奉安等，陆续增设御容殿、御容祭仪等，帝王御容也在南北朝佛装等身御容的基础上，逐渐衍生出后世的佛装御容（图4）、道装御容、儒装御容甚至是洋装御容等。

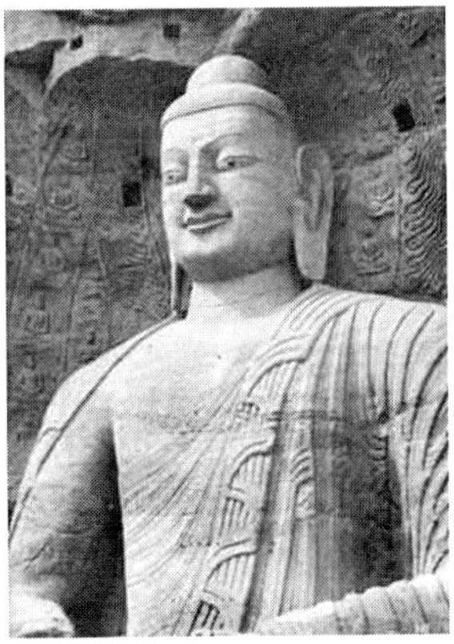

图4　山西云冈石窟第20窟大佛
（图片源自李治国《云冈石窟》）

（原载台湾《故宫文物月刊》2013年第1期）

① 陆永峰：《中土等身佛述论》，《闽南佛学》1998年第2期。

地理时间维度下的北京美术史研究摭论

苏　滨

大致而言，目前国内关于北京美术史的研究，已从史料梳理阶段转向了历史阐释阶段。无论是邵大箴、李松主编的《20世纪北京绘画史》，还是薛永年、万青力关于民国初期北京画坛的研究，均显著推进了中短时段的北京美术史研究，但尚未涉足地理时间意义上的长时段历史。[①] 显而易见，倘若我们无以否认北京美术须臾不可离开历史层累而成的地域文化，那么北京美术史研究就应当基于地域文化史的范畴来展开，否则难免陷入两种误区：一是仅从美术本体论出发，把地方美术史作为造型艺术规律在限定空间范围内的具体表现，其中不断得到强化的内容必然是与艺术本体逻辑直接相关的因素——如美术门类、造型工具、材料、技法、风格等，而地域本身则变得无关紧要；二是仅从事件史出发，把地方美术史作为标示了时间序列的美术方志，完全忽略地域的空间属性与美术之间的关联。

换言之，北京美术史研究不仅需要汲取其他地域美术史的研究方法与经验，而且还有必要借鉴文化地理学等其他学科的理论成果。唯此方能厘清北京美术史研究范畴，并获得恰当的研究方法，进而得以构建自洽的历史阐释框架。

① 参见邵大箴、李松主编《20世纪北京绘画史》，人民美术出版社2007年版；万青力《南风北渐：民国初年南方画家主导的北京画坛（上）》，《美术研究》2000年第4期；薛永年《民国初期北京画坛传统派的再认识》，《美术观察》2002年第4期。

一、地缘空间的文化形式

在文化地理学中，地域文化一般被视为自然、社会、群落等因素共同构成的综合体，地域文化的形成与各种文化要素互动过程密不可分（如民族迁徙与不同民族文化之间的碰撞、交融），随着地域文化发展，血缘、族缘的影响逐渐让位于地缘和其他因素。其中，新文化地理学在研究方法上更注重探寻地域文化的独特性，同时强调这种独特性源于不同主体对地方意义的理解。[①] 人文主义地理学则认为，地方是文化长期作用于自然地理空间的结果，地域性产生于空间被赋予文化意义的过程。[②]

毋庸讳言，如何理解地域性与历史性的辩证关系，对于地域美术史研究是至关重要的。在这个意义上，文化地理学者艾伦·普列德（A. Pred）关于“地方生成于历史层累（layered）过程”的理论，无疑具有重大的参考价值。[③] 从历史角度看，一切地域文化都处于不断发展、消亡或替换的过程中，地域文化史所要诠释的正是文化流变与特定地理空间的相互联系，它通过分析文化地理的静态剖面与动态构造而归纳地域文化的综合特征。

文化地理的静态剖面反映了某一文化区域在某一历史时期的分布状态，及其不同于其他地域文化的属性；地域文化的动态构造，则反映文化在某一地域空间的兴衰流变及影响。地域美术作为地域文化的视觉表征，其性状应该从地域文化的综合特征中推演出来。

基于地域文化史范畴的北京美术史研究，不仅需要探究经历了不同形成过程的文化是如何汇集于北京的，同时亦须关注文化如何赋予地域以意义的过程，即北京美术是如何获得地域文化属性的。只有通过对历史文献与文物的整

---

① Jackson P., *Maps of Meaning: An Introduction to Cultural Geography*, London: Unwin Hyman, 1989, pp.6–18.

② 参见李蕾蕾《当代西方“新文化地理学”知识谱系引论》,《人文地理》2005 年第 2 期。

③ 参见［美］艾伦·普列德《结构历程和地方——地方感和感觉结构的形成过程》，许坤荣译，载夏铸九、王志弘编译《空间的文化形式与社会理论读本》，台湾明文书局 1993 年版，第 86 页。

理分析，从北京地域文化的动态构造与静态剖面来阐释其综合特征，描述北京美术的发展线索，阐发北京美术在不同时期的性状，我们才有可能揭示其有别于其他地域的特征。

在地域美术的研究层面，北京属于文化地理概念，而不局限于自然地理的意义。

大致上，其空间范围在华北大平原西部之北京小平原，即由燕山山脉与太行山脉从东西北三面围拢的部分。北京西部的西山属太行山脉，北部的军都山属燕山山脉，两个山脉在北京的南口汇合形成向东南展开的半圆形大山湾，山湾所环抱的北京平原由西北向东南微倾，永定河、潮白河等河川顺势流向渤海。这个范围，与当今北京地区行政区划大致相当。①

然而，对北京空间范围的界定，只不过表明了北京地域文化发展的基本范围，并不意味着存在一个空间边界始终固定不变的“北京”。

从文化地理的角度看，北京既包括石器时代北京小平原上的原始聚落，也包括青铜器时代的“夏家店文化”；既包括商周之燕蓟，也包括秦汉之蓟城；既包括隋之涿郡，也包括唐之幽州；既包括辽之燕京，也包括金之中都；既包括元之大都，也包括明清之北京。②

作为地域文化的历史积淀，北京绝非一个超越历史而独立存在的地区或城市：一方面，天造地设的独特的地理属性，决定了地域的空间范围与文化生态；另一方面，因时势人情而演变的地域文化构造，不断改变着它的空间形态。正因为北京乃是地域文化的历史集合体，由今视昔的地域美术研究才成为可能。通过回溯地域文化历史，我们不仅能在总体上知其然，而且能知其所以然。

倘若脱离地域文化的发展逻辑，不啻北京美术之研究没有基石，甚至关于北京文化的一切研究都将失去合理性。

---

① 参见侯仁之著，邓辉、申雨平、毛怡译《北平历史地理》，外语教学与研究出版社 2013 年版，第 6—29 页。

② 参见侯仁之主编《北京历史地图集（政区城市卷）》，北京出版社 1988 年版。

二、从原始聚落到多民族城市

北京自古地理条件优越，适于生存，石器时代便有原始人类栖息于此。旧石器时代早期，在北京房山周口店地区出现了北京猿人，他们群居于山洞，靠采集、狩猎为生，并懂得制造最简单的工具。距今18000年前的旧石器时代晚期，北京猿人进化为与现代人体形相差无几的“山顶洞人”。约在1万年前的新石器时期，北京地区的先民在河流冲积扇区域开始了以农牧为主的定居生活，导致了固定原始聚落的形成。

这个时期的文化遗址在北京地区星罗棋布，分布广泛。由于古华北平原上水网密集，故南北来往只能依赖太行山东麓一线，古永定河是北行最后一个渡口，渡过后即入北京小平原。大道于此分为三条：一条向西北直上蒙古高原；另一条向东北进入东北大平原；第三条向正东，沿燕山南麓而达松辽平原。大道将中原、东北和蒙古高原这三大地区紧密地联系起来。永定河渡口在交通的枢纽地位，为北京原始聚落的发展提供了重要的条件。这里土肥水美，适宜定居农耕，加之交通方便，利于城市的繁衍。考古学的器型学研究表明，北京新石器时代文化既有中原的仰韶、龙山文化的特征，也有东北地区红山文化的特征，这说明北京远古便与中原和东北存在密切的联系，受到南北文化的影响。[①]

公元前2000—前1000年，北京已进入“青铜器时代”，出现了城市的萌芽，考古学上称之为“夏家店文化”。作为北京早期城市形态的蓟城，正好处在古永定河冲积扇的背脊一侧距河不远的高地——蓟丘，故《尔雅·释丘》云：“绝高为之京。”这里地下水源丰沛，便于凿井汲水，蓟城的原始聚落由这个地理位置上开始发展起来，代替了永定河上的古代渡口，它既是交通的枢纽和物品交换的场所，又为地方势力区域统治的中心。

① 参见北京市文物研究所编《北京考古四十年》，北京燕山出版社1990年版，第27页。

公元前11世纪，周武王灭商，建立周朝，封帝尧后裔于蓟，封召公奭于燕。蓟国居北部，都蓟城，位于今北京市广安门附近。燕国居西南，都城在今北京房山，燕国吞并蓟国后，迁都蓟城。后北京又称燕京，盖源于此。燕国至燕昭王时南临齐赵、北领五郡，青铜文化发达，粟支十年，车逾千乘，富冠海内。在地理格局上，蓟城东临辽碣，西依太行，北连朔漠，背扼军都，南控中原，为北方草原与中原交接之地，随着中原农耕文明的发展，遂成中原汉族的农业文化圈与北方少数民族的游牧文化圈的重要交界。它在战争时期是南北兵家必争的要塞，而在和平时期则为汉族与北方少数民族贸易往来的集散地。无论是战争冲突还是和平交往，都使此地人口流动的频度与规模与日俱增，先后出现了己其、北伯、髟人、羌、狄、山戎、貊等北方少数民族与燕人同居燕地的情况。燕人与北方胡人的长期杂处，又使北京地域文化呈现多种民族文化杂糅交融的面貌，而其中的青铜艺术则是非常显著的视觉表征。譬如，北京昌平白浮村西周木椁墓中出土的鼎、簋、壶等青铜礼器不仅有中原汉民族的风格，同时也有北方游牧民族的形制，表明了燕文化与中原文化有着紧密的联系；而鹰首剑、马首剑、鹰首刀、带铃匕首等兵器则颇具草原游牧文化特色，反映了燕文化与北方异质文化的交融。[①] 又如山戎文化青铜器中，不仅有游牧文化特征的青铜器，还有蟠螭纹铜罍、云纹铜盘等融合了中原文化因素的器物。[②]

秦灭六国后，分燕国领土为六郡，其中广阳郡的治所即设在蓟城。秦于燕地，筑长城，修驰道，极大地加强了中原政权的控制力。作为中原腹地与北方草原之间的分界地标，长城界定了北京在帝制时代的双重角色——既是中原政权抵御北方游牧民族南侵的军事重镇，又是长城南北经济文化相互往来的枢纽。[③] 为了防止北方少数民族南下侵扰，中原政权一般都通过设藩置国等方式，

---

① 参见北京市文物管理处《北京地区的又一重要考古收获——昌平白浮西周木椁墓的新启示》，《考古》1976年第4期。

② 参见北京市文物研究所山戎文化考古队《北京延庆军都山东周山戎部落墓地发掘纪略》，《文物》1989年第8期。

③ 参见史念海《秦汉时代国内之交通路线》，《文史杂志》1944年第1—2期。

对其实施监控。由于长期与周边地区存在频繁的经济交易、民族交往与文化交流，北京地域文化形成了多元复合形态，即多种文化互动所导致的特殊地域文化结构。

唐代以后，北方少数民族政权纷纷崛起，北京的地缘意义更为显著。不论哪个少数民族政权，一旦称雄北方，无一不觊觎中原沃土，而跨长城、据北京则是首当其冲的扩张步骤。北方少数民族政权的轮番登场，客观上促进了多民族文化在北京地域文化中的大融合。

在北方游牧文化与中原文化碰撞交融的过程中，北京美术如海纳百川一般将不同的民族艺术融为一体，彰显了兼容开放、多元并存的特质，展示出荒蛮与文明、质朴与华丽等丰富多样的风格，构建了北京美术复杂的地域特征。

三、从少数民族政权之都到中华政治文化中心

自公元936年后唐的石敬瑭割让幽云十六州起，至1125年金灭辽止，北京一直为契丹所据。在辽都城中，北京是最南的一个，称南京。其后，女真人建金朝，迁都北京后，改名中都。从辽南京到金中都，北京成了北方少数民族地方政权的都城。

北来的少数民族虽然在武力上征服了北京，但文化上却使之不得不被先进的中原文化征服，故辽金统治者无一不袭汉制、御汉人、筑汉宫、倡汉服，甚至通过战争途径劫掠典籍、工匠、画家以满足物质与精神需求。据《辽史》载，辽太宗灭后晋，遂将“晋诸司僚吏、嫔御、宦寺、方技、百工、图籍……悉送上京”[①]。在崇尚汉文化的热潮中，辽南京艺术沿袭了隋唐和五代的中原书画传统，不但帝王和贵族中不乏擅长书画者，甚至布衣画家也备受青睐。在此基础上，辽南京书画艺术还体现了鲜明的契丹民族特色。那些与契丹游牧生

① （元）脱脱等：《辽史·卷四·本纪第四·太宗》，中华书局1974年版，第59—60页。

活相关的事物，如契丹族人物、鞍马等，在许多作品中都得到了淋漓尽致的描绘，花鸟、山水则呈现出浓厚的装饰风格。不仅在驻京的辽契丹贵族中有擅长民族人物、鞍马等题材的画家，而且在辽南京本地画家中也有不少人擅长表现马、鹿等动物形象。金迁都后，其文化建构深受北宋传统的影响。金中都帝王贵族大多有书画雅好，如完颜亮、完颜璟、完颜允恭和完颜寿皆工于墨竹，以至于宫廷内外墨竹盛行一时。金代帝王陵墓在墓葬建筑与雕刻则借鉴了中原传统雕刻艺术，但精谨不足而率性有余，流露出女真民族的审美旧习。

自元代起，内跨中原、外控朔漠的北京长期为扼制天下的都城，享有作为全国政治与文化中心的至尊地位，其文化发展尽管仍受到异地文化因素的影响，但却发生了由自然交融到主动选择的变化。这种地域文化的中心化以及对其他地域文化因素的主动选择，从根本上导致了北京在“去地域化”的过程中演变为囊括诸多异地文化特质的国家缩影。不过，历史地看，那些曾是异地文化特质的东西却可能随着时代变迁而层积在北京地域文化之中，进而融入地域文脉，甚至转化成后世北京的地域象征。

公元1260年，忽必烈于开平称大汗，建立了横跨欧亚大陆的大帝国。公元1261年，忽必烈正式下令修缮燕京旧城，三年后诏改燕京为中都，公元1272年，升中都为大都，正式将元朝政治中心南迁大都。从此，北京从少数民族政治文化中心跃升为全国的政治文化中心和重要的国际大都市，迎来了空前辉煌的大都时代。作为东西方多民族的汇聚地，元大都将中原文化、北方草原文化、中亚伊斯兰文化、东欧拜占庭文化、南亚佛教文化集于一身，显示出杂糅开放的文化性质。譬如北京妙应寺白塔造型、“西天梵相”造像艺术，就是由尼泊尔雕塑家阿尼哥将尼泊尔、印度、藏式风格传入大都而得以开创的。《元史》载：“有刘元者，尝从阿尼哥学西天梵相，亦称绝艺……至元中，凡两都名刹，塑土、范金、抟换为佛像，出元手者，神思妙合，天下称之。”[①] 自元

① （明）宋濂等：《元史·卷二百三·列传第九十·方技》，中华书局1976年版，第4546页。

代始，北京文化与思潮对全国文化艺术的示范与指向作用越来越显著。受其政治地位影响，多种文化交汇于北京，极大地丰富了北京本土的文化内涵，这一点体现在历代北京地区的美术作品中更为显著。中外文化的交流与融合，使北京美术在原有的本土风格题材基础上得以拓展。全国各地各民族优秀的文学家、书画家、建筑师等云集大都，使大都美术呈现出多民族文化艺术共生共荣的风貌。譬如，负责元大都城市建设的群体中不仅有蒙古人，还有汉人、女真人、色目人等，不计其数的能工巧匠来自中都、真定、顺天、河间、平滦等地，因而大都城内的主体建筑呈现了多种民族风格；大都画坛中涌现出了蒙古人张彦辅、色目人高克恭、维吾尔族边鲁等民族画家，绘画题材丰富多彩，艺术风格多种多样。

元亡后，明取而代之，定都南京。1421年，明成祖迁都北京。永乐皇帝的审美取向与明太祖大异其趣，尚元画而贬宋画，尤将南宋院体斥为“残山剩水，宋僻安之物也”[①]，宋代院体画风自此从宫廷绘画中黯然淡出。从永乐到弘治的一百多年间，明代院体画风盛行于京师画坛，其流风所被，波及帝国各地。在建筑方面，紫禁城汇集了历代皇宫的建筑传统，从整体布局、建筑形制到空间局部都象征着极度威严的皇权，成为北京乃至中国古代建筑史上的典范。在书法方面，台阁体应《永乐大典》及八股书写的需要而得以形成，并被奉为圭臬。在工艺美术方面，艳丽华美、做工精致的景泰蓝风靡一时，其原因主要是符合皇家贵族的审美趣味。明代中后期，随着市民主体意识的觉醒，市民文化异常繁荣，插图版画随着通俗小说的兴起日益风行于世，民间工艺也渐渐和宫廷缩小了距离，狂放不羁的文人画风甚为世人所重。于是，北京美术的教化功用日趋消解，宫廷美学的主导作用逐渐废弛，市民审美精神开始得以彰显。

清灭明后，建都北京，使北京地域文化重新注入游牧民族的活力，北京美

---

① 参见叶盛《水东日记·卷二》，转引自穆益勤编《明代院体浙派史料》，上海人民美术出版社1985年版，第10页。

术又一次成为多民族艺术的熔炉。尽管清代北京美术的形式与风格几乎都已在明代出现，但其开花结果却在清代。清代仅设内庭供奉，而不设画院，宫廷绘画以康乾两朝为盛。各族巧工良艺云集北京，汇入宫廷艺术，并成为北京美术的主流。例如西藏的绘画与雕刻，随着黄教的传播，在北京城与皇家的绘画和雕塑相融合。康熙后期，汉族文化最终占据了主导地位。清代北京工艺成就最突出，艺巧花样集历史的大成，令人目不暇接。在书画方面，馆阁体与南宗画法空前程式化。在皇家审美趣味的选择下，一些北京民间艺术与外来艺术日趋宫廷化，甚至西画传到宫廷后也不得不同中国画材料与技法相结合，变成清代宫廷样式的纪实画和装饰画。至晚清，国脉如缕，世风萎靡，北京绘画则风靡矫揉仕女，工艺则流于奇技淫巧，繁缛至极，令人发指。屡遭西方列强的猛烈冲击后，封建帝国终于日薄西山，清代北京美术的余晖与封建文化的黯淡残照已行将消逝。

从辽陪都到金中都，再到元、明、清三朝帝都，北京渐次成为帝国政治文化中心，这意味着“京师天下之根本，四方所取则”[①]，意味着一种总体性的高度中心化的文明秩序，它制约着任何形式的意义输出与文化再生产。经由历史层累而形成的北京美术，在本质上无以自外于这种文化意义上的地缘性。

清朝覆灭后，中华民国成立。1912年，中华民国由南京迁都北京，一个新的时代来临了。北京从1912年至1928年一直是中华民国的首都，北洋政府垮台后中国的首都迁至南京，北京改名北平特别市，同时撤销京兆地方。民国时期是中国从封建社会逐步走向现代社会的转型期，新旧格局的交替对北京地域文化产生了深刻影响。一方面，北京是封建故都，在这里中国书画作为中国传统文化精神的象征，不仅依然延续发展着，而且还占据着北京画坛的主导地位。另一方面，北京又是民国新府，在这里新文化运动如火如荼，北京的新艺术活动亦如旭日喷薄。新式的美术学校在民国政府倡导下得以创办和发展，并

① （明）张瀚著，盛冬铃点校：《松窗梦语·卷四·百工纪》，中华书局1985年版，第76页。

成为海归艺术家传播新艺术火种的阵地。民国北京美术不仅延续了雍容华贵的皇家气派，而且融合了雅俗共赏的民间气质。它一方面集传统大成而多元化，另一方面则融合异地文化而北京化，具有深厚的传统性、广泛的包容性、鲜明的地域性、风格的多样性、适时的流变性。

回溯历史，北京经历了从原始聚落到城市萌芽，从中土边塞到多民族城市，从少数民族政权之都到中华政治文化中心的演化过程。在这漫长的历史历程中，其地域文化构造宛如古老的地质积层一般，错综繁芜，一言难以蔽之。北京美术作为地域文化的视觉表征，其性状亦难以简单概言，因为它是如此复杂，就像无限深邃的历史一样。若非深察源流，则绝无解读的可能。

新中国美术创作中的民族复兴内涵

杨 斌

民族复兴是新中国60年历程的总体性价值目标，是国家意志、社会体制乃至文化机制、道德规范所着力体现的价值追求，是形成社会凝聚力的重要因素，是社会公共价值的基本内涵，因而也是新中国美术创作必然包含的重要内容。今天，民族复兴不仅是主流价值话语体系中的核心概念，更是当今普遍而自觉的基本精神诉求，美术创作如何更好地以自身的独特创造体现这种诉求，是当代美术创作必然思考的一个现实问题，也必然是评价当代美术创作的一个更高尺度。

这个问题也是个历史问题，也在推动着新中国乃至20世纪中国美术创作的演进变化。在整个摆脱贫弱、谋求自主的20世纪的中国历史中，每一个重要的美术现象，都是对这一问题的回应。即便那些主张“中西合璧”，以西画来改造中国画，把素描当作中国画基础乃至发“中国画穷途末路”之论的偏颇之举，我们也很难否定其中祈求民族复兴的潜在动机与时代合理性。即便在一些以“现代性”“当代性”来表述创作倾向的论述中，民族复兴也作为基本价值追求闪烁其中。其中的偏颇之举虽发端于个人的偏狭浮躁之见，但也体现了一个时期在民族文化认知上的片面性。从另一个方面看，这种局限性是随着民族复兴历史的展开而显现出来的，这种“显现”本身也表明了今天我们对民族复兴的深刻认同和对美术特质和规律的深入认知。民族复兴是一个不断建构、充满探索和自我批判的过程，是一个包含矛盾对立统一的历史进程，各个时期有其局限性、片面性是在所难免的。我们不能因这种缺憾而回避或否认这一历史目标。

对于新中国初期的美术而言，民族复兴首先是作为一定的社会理想而进入美术创作的。在美术创作中，这一社会理想被具体化为火热的劳动热情、生活的幸福美满和现代化的生产方式等世俗场景。这是当时人们的想象力所能达到的民族复兴的理想图景，有着鲜明的理想主义色彩。当时的美术家也参与到这场想象中，并努力把这种理想以更通俗的写实手法表现出来，要让普通群众在“真实”的理想中获得精神上的满足。当然，这种理想如果有其现实生活的依据则会显得更为真实，这就需要美术家深入到各行各业中，发现理想的现实依据，使理想和现实之间保持一个既合情又合理的适度距离。这对于当时的美术家来说，是一个新的也是更高的美学要求，美术创作问题也上升到将“理想性”和“真实性”统一起来的“典型化”美学原则上。创作实践也在两方面的摇摆之中不断变化。改革开放前，“理想性”一直处于主导地位，并随着极左思潮的泛滥以至于突破了典型性原则，出现像江苏邳县农民画那种无度夸张和单纯表现革命理想的“红光亮”模式。这一阶段的美术创作体现出对民族复兴内涵的理解庸俗化和狭隘化的趋势，而这种虚假的理解从根本上无法保证民族复兴这一理想化内涵在美术表现中的美学尺度。

是否能更明确、更通俗地表达这种社会理想，决定着美术创作对于形式的取舍。在这样的要求下，中国画相对于油画、雕塑而言，处境则颇为尴尬。但中国画毕竟是中华民族的一种文化象征，仍需要在新中国美术中占有重要地位，缘此，国家通过成立画院来肯定中国画的文化地位。当一定时期的社会理想与民族形式发生冲突时，权宜之计则是，中国画要进行创新以适应新的时代要求。通过一系列的改造，中国画作为一个富有民族特色的画种地位虽然得到提高，但中国画所特有的那种超越日常经验文化特质与哲理化的美学内蕴却被抽掉了。其原因一方面是因为社会理想的现实功利性和中国画的文化特质之间存在较大的差距，但更为根本的原因在于，在当时的社会条件下，人们将民族复兴更多的是放在政治的稳定和经济的强盛上了，还未意识到文化意义上的民族复兴。

改革开放后，对民族复兴内涵的思考从想象性进入更务实的反思性层面，这种反思把对民族复兴的放纵想象转化到一种“问题”的角度上，从更加理性、实际的立场上为民族复兴注入更多的时代内涵和人文价值，这一走向在20世纪80年代的文化“寻根热”和人文价值的讨论中表现得最为突出。美术创作也以灵活丰富的表达形态加入这场思潮中。当时的美术创作并没有直接表达反思的答案，而是通过形象的方式树立了反思的姿态。罗中立的《父亲》、陈丹青的《西藏组画》、何多苓的《春风已经苏醒》等作品之所以引起社会的极大关注，正是因为这些作品以不加理想化想象、不做实用主义判断的姿态把生活形象推到观众面前，把观众从原来想象性满足的愉悦欣赏状态带入正视的沉思状态中，通过形象把反思民族精神和现实生活推到观众的脑海中。这无疑使美术创作具有更为深厚的人文内涵。同时，美术创作从这一角度充分展现了视觉形象对于某种莫可名状的复杂情感的涵括力和表现力。从这个意义上可以说，美术创作突破了内涵明确、情感通俗的“典型化”创作方法，而以象征性和表现性手法来强化作品内涵的复杂性。尽管这场反思夹杂着很多误解和迷惑，但对民族自身的反思却是民族复兴的一个重要内涵。

在今天，民族文化依然处在与西方文化博弈的状态。提升国家文化软实力，抵御西方文化侵蚀，成为民族复兴的一个突出指向，民族复兴的内涵也被置于世界化的视野中，已不可避免地与世界紧密联系在一起了，“文化输出”也成为民族复兴的应有之意了。在这一视野中，民族复兴的内涵就不仅仅是幸福生活景观，也不仅仅是对民族自身文化历史特质的反思与呈现，更多的是增强自身的文化自信心和创造力，要在东西方的交流比较中，找到自身文化的优势加以弘扬。今天，“和谐”已成为民族复兴的一个重要的精神内涵。它是中华文化的精髓，在现代性问题丛生的文化语境中，不仅具有现实意义，尤具为世界所共享的意义。相信中华文化将会在营造和谐文化氛围的时代进程中释放出巨大的能量。

当代美术也表现出“国际化”的愿望，希望能受到西方的关注。但在西方国家操纵的“国际艺坛”上，中国艺术是难以获得平等地位的。伴随着一次次冷遇，这种“国际化”的冲动渐渐消散。在这个过程中，中国艺术家也强烈感受到，中国美术创作首先要有中国文化的针对性，对中国当代文化的建设有意义，这个意义主要是要强化我们的文化自信，而非一味追求“国际艺坛”的认可。打“中国牌”虽是“当代艺术”走向国际的一种技术意义上的策略，但从积极的方面看，这种策略亦可视为中国文化的一种输出渠道。各种各样的当代艺术形态与传统艺术形态之间有较大的距离，两者之间甚至是相对立的，但也有其社会根源和表达优势。当代艺术的国际化愿望在现实中虽遇层层阻碍，但也是一个积极的方向。问题的关键是，我们要输出什么样的文化？当代艺术所承载的文化内涵是否具有“国际化”的意义？又如何能推动民族复兴的进程呢？这必然是当代艺术在民族复兴的目标中所要思考的问题。

在当代美术中，还存在那种自虐、自嘲、丑化自我的“当代艺术”创作倾向，其中的诉求也很复杂，有的就是为了以“艺术”的方式满足一些西方主顾的需求，赚点银子过日子。有的则纯粹是为了好玩，用艺术开个玩笑。有的则是个人情绪的偶然宣泄。然而，“当代艺术”这种浅层的、游戏化甚至恶作剧的表达却被一些批评误导成一个历史必然的、更具“进步”意义的艺术价值，这种批评会弱化艺术价值中那种严肃的、理性的、有着深厚文化积淀的艺术价值和表达方式，似乎当代艺术中就不能有“宏大叙事”和正面表达。批评家作为当代艺术评价体系的重要构建者，需要对此有更多的反思，强化自身的社会责任意识，从更为长远更为根本的价值基点出发，建构当代艺术的评价体系。

以上论述大致说明了民族复兴在新中国美术发展中的体现。从中可以看出，民族复兴的内涵是随着新中国的发展进程而日益深化和丰富起来的，显现出鲜明的历史发展趋向，新中国美术的历史也是不断寻求表达民族复兴价值理念的进程。只有投入民族复兴这一价值追求中，中国美术才能拥有坚实的人文基础和不竭的精神源泉。

连环画对中国动漫本土化的影响研究

魏 华

连环画的辉煌已经是昨天的往事，动漫的发展也并不像我们想象的那么乐观，本土化特色缺失，只能在欧美、日本风潮后边亦步亦趋。那么，中国传统的连环画艺术能否为动漫的本土化发展提供一些有益的借鉴？二者的结合是否会为动漫创造新的发展契机？本文从二者的概念入手，分析其发展过程中的异同，对连环画可能影响未来动漫发展的因素进行了研究。

一、中国连环画与动漫早期艺术手法的一致性

连环画是用多幅画面连续叙述一个故事或事件发展过程的绘画形式，兴起于20世纪初叶的上海，根据文学作品、故事，或取材于现实生活，编成简明的文字脚本，再绘制小型画幅而成。因主要读者为少年儿童，民间俗称“小人书”。中国古代故事壁画、故事画卷及小说戏曲中的“全相”等，也具有连环画的性质。动漫狭义上专指动画片和漫画。目前的动漫，在广义上，已经成为强调视觉冲击的“新漫画”的代名词，延伸为一种表达方式，可以与电脑结合成Flash、CG、网络游戏；可以穿插在文学作品中作插图甚至渗入语言文字，比如表达羞愧、惊讶的一个字“汗”，就是来源于漫画中常见的“汗滴滑下额角”的程式……漫画最早是由鲁迅“引进”，丰子恺发扬光大。漫画分为单幅、四格和连载等，分别承载讽刺、幽默和叙事功能。相比之下，我国单幅漫画相对“发达”，经常体现出“讽刺与幽默”，代表人物有丁聪、华君武等。我们的

连载漫画，只有一种，即连环画。从概念分析可以看出，漫画既属于连环画的一种，也属于动漫的一类，它是连环画和动漫的交集。

回首连环画与动漫漫长的发展历程，我们会惊奇地发现解放前一直到20世纪80年代，中国的连环画和动漫在题材的选择、角色的塑造以及表现手法的运用上都以传统文化为基础，表现出惊人的一致性。

中国连环画有着悠久的历史，古代的一些传世绘画作品中常使用一些连续的绘画形式，显示出连环画的萌芽状态。我国最早、最具有代表性的连环画当数长沙马王堆一号汉墓漆棺上的《土伯吃蛇》和《羊骑鹤》。在明、清、民国时期演变、发展，日臻成熟，并取得了巨大成就。例如黑龙江美术出版社再版的明代木刻《忠义水浒全传图》、清代木刻《〈三国志演义〉全图》、民国时期陈丹旭的《封神榜》和《岳传》等，构图严谨，刻绘精细，是精品佳作。在解放前的上海，连环画空前兴旺，产生了如赵宏本、钱笑呆、张乐平、叶浅予等优秀连环画家，解放后连环画创作出现了前所未有的繁荣景象，其间名家名作精彩纷呈，争奇斗妍，如贺友直先生的《山乡巨变》、刘继卣的《水帘洞》、华三川的《白毛女》等。大致呈现三种风格：一是线描或水墨等国画手法，其风格朴实，力求形神兼备；二是漫画手法，造型夸张，多有讽喻意味；三是西洋手法，如素描、水粉、油画等，造型、透视准确。

中国动画早在20世纪20年代，就因其独特的风格、熟悉的传统道德、感人的情节故事而受到观众的喜爱，例如《大闹天宫》《骄傲的将军》《过猴山》《小蝌蚪找妈妈》《神笔马良》《阿凡提的故事》等。我国既是最早开发动画片的国家之一，也曾一度是动画大国之一。《大闹天宫》曾经震惊国际动画界，英国《电影与摄影》杂志给予它极高评价，指出它是风格活泼，叙述方法简洁、流畅，具有中国独特的艺术风格。《铁臂阿童木》的导演手冢治虫甚至万分敬仰地说："是《大闹天宫》将我真正领进了动画的大门。"① 在艺术手法上，从20世纪

① 葛志玉：《中国动漫期待崛起》，《中国经济周刊》2004年第36期。

20年代万氏兄弟创作出中国第一部动画片，至1956年《骄傲的将军》的拍摄，中国动画片和连环画一样，以传统的国画技法为主。《骄傲的将军》的角色造型借鉴了京剧脸谱与中国绣像人物的画法，略显形式化，有戏曲艺术动画化之感。随后的《过猴山》《小蝌蚪找妈妈》等影片中水墨角色造型、场景效果的出现，显出民族的风格。《大闹天宫》的拍摄宣告了中国动画民族化的成熟。动画作为一个舶来品，作为一种表现形式，在这里已基本被创作者理解和驾驭，角色的造型、动作、举手投足之间反映的是追求节奏与韵律感的中国动画造型风格，贴上了鲜明的“中国造”的标签。从20世纪60年代到80年代，中国动画在国际上频频获奖，创作了一部又一部优秀作品，被国际动画界称为“中国学派”。

二、中国连环画与动漫的发展现状

然而，经历了几十年的繁荣之后，20世纪90年代，连环画的创作和出版一落千丈，走向衰落。而动漫市场也被美国、日本的作品占领，本土动漫的发展呈现“民族化”危机。

1985年，中国连环画出版约3000种、8.1亿册，但大多数成了积压品，64开通行本每种发行量由几十万、十几万册骤降到万余册、几千册。许多选题因征订数过低而搁浅，有的征订数连最低的开机印数都达不到。1986年，全国连环画出版总量下降至1.3亿册，1987年再降至7000万册，1991年下降到了50种，几百万册，即便降价也无法销售。《故事画报》停办，《富春江画报》改刊，连环画编创出版渐趋萎缩。由于连环画的滞销，很多出版社不愿意再出版连环画，连环画创作队伍解体，大量优秀画家分流，连环画走向衰落。

而动漫的发展，由于大量美国、日本动画片的进入，受到了猛烈的冲击。20世纪90年代和21世纪初，《怪物史莱克》《海底总动员》《千与千寻》《灌篮高手》等动画片牢牢占领中国动画市场，给中国动画界带来了极大恐慌。近年来，我国动画市场急遽萎缩，几年才出产一部影院片，国产动画片年产量仅为日本的1%左右。日本现人均拥有国产动画5—8分钟，而我国只有区区0.0012秒。由于我国动漫市场一直被日本、欧美所占据，从事创作的动漫人无论是创意还是画风都深受外来动漫的影响。

三、连环画对中国动漫本土化的影响因素

动画艺术与其他艺术门类一样，有它生存、成长的土壤，有明显的地域性和民族性。动画的风格由本民族特定的地理环境、社会状况、文化传统、伦理道德、风俗习惯、生活方式、语言心理等多种因素决定。在其内容、形式、格调、表现手法上，要体现出审美理想与审美需要，尤其是文化心理需要。从审美心理方面来讲，越富有民族特色和地域色彩的表现形式就越容易引起国际动画界的兴趣，越能在世界动画中标出自己的位置，同时也越能契合外国观众猎奇心理。从某种意义上说，越是民族的，越具有国际性。吸收传统文化，继承传统艺术形式，在原有的探索之上进行再研究再发展，是中国动漫民族化不可回避的道路。传统连环画有着深厚的文化艺术底蕴，既有对传统的继承也有随时代而变的新突破，动漫继承传统连环画艺术的精华，如对题材与内容的选择、角色的塑造以及多种多样的表现手法，都将为动漫本土化发展补充充足的营养。

（一）注重题材与内容的民族化

动画发展的基础，关键在于尊重自己的文化。作为一种独特的文化艺术产品，动画的“民族性”同文学、戏剧等一样，主要取决于内容题材上体现出来的民族品格的深度与广度，换句话说，就在于是否真实地表现了本民族普通民众工作、生活等现实情况或者反映出深刻的人文历史内涵。当我们回头观望，会发现不管在中国还是西方，真正能留在我们记忆中的还是一些主题明确、饱含传统文化精神的题材与内容，如《聪明的一休》《花木兰》等。

在动画语言日趋国际化、通行化以及观众视听感觉日益趋同化的情况下，

既要将日美动画日益现代、先锋的动画语言为我所用，又要借鉴传统连环画在题材与内容方面的选择，关注文化、历史，扩大选择范围，注重社会价值与娱乐价值的提升，如《中国古代成语故事》《中国古代寓言故事》《三言二拍》《聊斋志异》，使动漫在价值观念、地域色彩、风俗习惯、审美理想等方面凸显出中华民族独特的东方品格。

（二）探索角色造型的本土化

动画角色作为具有民族精神内涵的文化形象，不仅仅是寓教于乐的产物，更是一种品牌，是动画衍生产品的基础。动画角色的民族化塑造，首先应建立在对本民族文化全面认识的基础上，将民族文化艺术的精髓与时代精神相结合，在现代语境下探索展现民族特质的新道路，探索新时代条件下民族化的动画角色造型方式，确立中国动画在国际舞台上的位置。中国动画曾经的成功在于大量借鉴本民族的其他艺术形式和表现形式，如：《哪吒闹海》中的哪吒借鉴了山东的年画造型，九色鹿的造型完全取自敦煌壁画，《小蝌蚪找妈妈》则第一次以中国传统水墨画的手法塑造动画角色，等等。这种中国民族独有的角色造型方式为世界动画贡献了一种全新的艺术语言。

而今的中国动漫造型几乎都是对日美造型的照抄或者模仿，缺少特色。在角色造型的问题上，认真分析作品角色所在的国度、年代、文化氛围等，找出角色的特征，进行特色造型。传统连环画的造型很值得借鉴，如张乐平《三毛流浪记》中的三毛、叶浅予《小陈留京外史》中的小陈、贺友直《山乡巨变》中的亭面糊等，不仅仅塑造了特色鲜明的人物形象，更体现了他们对传统文化道德的理解和阐释。继承连环画优秀的造型手段，将是推动动漫本土化发展的重要环节。

（三）探索继承传统的表现手法

中国连环画的艺术手法异彩纷呈，有线描、水墨、彩墨、工笔、油画、素描、水粉、水彩、装饰以及其他手法。而且每一种手法又有若干不同形式与风格，或粗犷，或细腻，或夸张，或朴拙。就线描来说，就有单线白描、意笔线描、复线线描、线描加黑白、线描皴擦等多种不同的形式。同一种表现手法，也能被演绎出多种风格，如线描表现手法中就有：写实风格，如汪国新的《长江三部曲》；写意风格，如施大畏的《暴风骤雨》；装饰风格，如卢延光的《龙女牧羊》；等等。而同样是装饰风格的线描由于画家不同的个性语言和表达方式，又各具特色，既有黄全昌的方圆对比、卢延光的流畅圆润，又有叶毓中的活泼夸张……真可谓百花齐放，令人叹为观止。

动漫曾经拥有的辉煌，归根结底是由于强大的民族文化的支撑，动漫作品蕴含了民族文化艺术的精髓。1961 年，第一部水墨动画片《小蝌蚪找妈妈》诞生，为世界动画影坛增添了最能代表华夏风范的新片种；1963 年，又拍出水墨动画片《牧笛》，用水墨表现人物、家畜和山水，扩大了水墨动画片的表现领域，从而标出了鲜明的中国风格。一门艺术能否生存与发展，要看它是否真正扎根于本民族的文化沃土，生长成流淌着本民族文化热血的鲜活的生命体，否则它必定是无源之水，终将枯竭。目前动漫创作表现手法多局限于欧美、日本风格的影响，丧失了民族特色。动漫如果能继承连环画的表现手法，对传统的技法进行发扬和创新，将推动动漫本土化的进程。

四、结语

综上所述，中国动漫和连环画存在着千丝万缕的联系，提取连环画有价值的元素，将其运用到动漫的发展中来，将会找到动漫本土化发展的钥匙。在现代西方文化的冲击下，中国的连环画和动漫，要随时代的发展而变化，努力发掘中国传统文化，才能创造出更加富有中国特色的动漫作品。

（原载《电影文学》2009 年第 11 期）

北魏《刘根造像碑》的刊记与书艺

宫万琳

《刘根造像碑》以其富含哲理的“水尽则影亡，谷盈则响灭”起首、刊记模式以及精湛的书艺、完好无损的碑石，遐迩闻名。《洛阳出土石刻时地记·二十六》云：“清光绪年间，在洛阳城东韩旗屯村西出土，距地面仅数尺。此地正处于汉魏洛阳故城内。广庆按：石出未几，开封郑清湖出差，憩义井铺村，逆旅中以钱廿元得之。由巩县黑石关舟载入汴，其母以石上有神像恶之，拓本每纸售十二元。民国十八年（1929），因案石入官。”[①] 碑高 39.5 厘米、宽 144 厘米、厚 16 厘米，现藏河南博物院。该碑为卧碑式，实乃“三级砖浮图”即三层砖塔的塔铭。（图 1）

碑面竖界划分三等份：中间造像为高大茂盛的四株菩提树下，释迦坐佛说法，上有宝盖罩顶，左右各二菩萨立侍并六比丘聆听。十二比丘中一为胡僧。雕刻手法为减地平雕，辅以阴线造型。佛像神态逼真，刻画细腻，线条流畅。两条榜题空置未刊。前侧为合邑造像刊记，19 行，满行 17 字；后侧为合邑官员、浮图主、斋主、维那主及邑子等 41 人名单，19 行，前 4 行直行，后 15 行分上下 5 列（第 14 行空白）。前后均阴线刻九宫界格。刊记并合邑名单如下：

夫水尽则影亡，谷盈则响灭。娑罗现北首之 / 期，负杖发山颓之叹。物分以然，理趣无爽。故 / 忧填恋道，铸真金以写灵容，目连慕德，克

① 郭培育、郭培智主编：《洛阳出土石刻时地记》，大象出版社 2005 年版，第 26 页。王广庆，洛阳新安人，前中央大学教授、河南大学校长，该书序二作者。

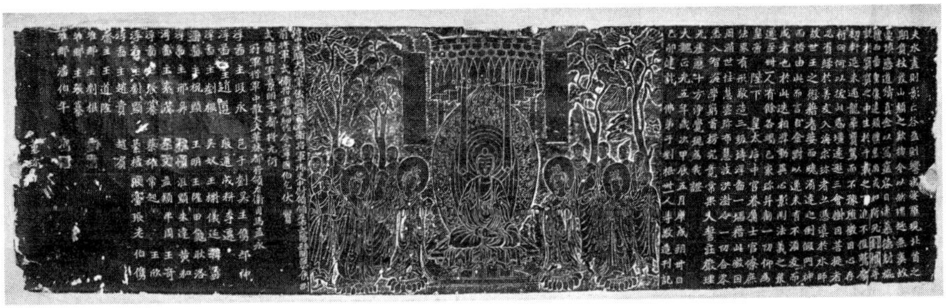

图 1　刘根造像碑（塔铭），北魏，河阳宫氏藏拓

旃／檀而图圣像，违颜倏忽，尚或如斯况。刘根等／托于冥冥之中，生于千载之下，进不值鹫岭／初轩，退未遇龙华宝驾。而不豫殖微，因心存／祈向，何以拔此昏疆，远邀三会？树因菩提者，／必资缘于善友；入海求珍者，亦凭导于水师。／故世王之愆，借耆婆而晓；须达之倒，假门神／而悟。由此而言，自金刚以还，未有不须友而／成者也。于此迭相奖劝，异心影附，法义之众，／遂至卌一人有余，各竭己家珍，并劝一切，仰为／皇帝陛下、皇太后、中宫眷属、士官僚庶、／法界有形，敬造三级砖浮图一区。借此微因，／周满世性，慧云弥布，慧波洪澍。令一切含零／悉入智海，学穷首愣，究竟常果，大誓庄严，理／无虚应，十方净觉，现为我证。／

大魏正光五年岁次甲辰五月庚戌朔卅日／己卯建迄。　佛弟子刘根卌一人等敬造刊记。／

侍中、车骑大将军、仪同三司、左卫将军、御史中尉、领领左右、武阳县开国公侯刚／前将军、武卫将军、领细作令、宁国伯乞伏　宝／武卫将军、景明寺都将元衍／冠军将军、中散大夫、华林都将、领左卫司马孟永／

浮图主段永　　邑子刘升　王俊　郝神／

浮图主赵遵　　张通　成硏　李迁／

浮图主刘根　　吴奴　王标　仪延　韩苟／

浮图主祝显　王明　王隆　田龟　耿洛／

浮图主邢升　程烦　沮显　朱达　黄和／

浮图主袁茂　李文　孟颖　卑周　王奇／

浮图主张纂　蔡雄　常起　　王欣／

浮图主刘显　綦檀　张台　张老　伯俊／

浮图主赵贵　赵宾／

斋主王道隆／

维那主刘根　□□（当时磨灭，有遗痕）／

维那主张纂／

维那潘伯年／　冯□（当时磨灭，有遗痕，冯字尚可识）

董珍／

从民间佛教社团——邑义卌一人合邑，于北魏正光五年（524）为孝明帝、灵太后胡氏等造三层砖塔塔铭看，发起组织者为佛弟子刘根。他既是地方僧官，又是塔主之一，此举可谓引领一时风尚。

河阳宫氏藏拓中就有一件佛弟子《陈天宝造像塔铭》，高20.3厘米、宽42厘米，23行、行9字，有阴线刻九宫界格，全文如下：

夫至狠斋微，非世赏之能模。真姿妙灭，岂情近情之仿响。然经著归依，显洞导之尊章。教播声饰，扬苌住之续像。故镌金镂玉，继童发于修沙。素莹雕塗，宗弹合于指掌。有扬州丹扬（阳）郡溧阳县右乡西里佛弟子陈天宝，因茅齐都，轮官魏阙。宿薄无良，风患萦疴，方医未效，奄加抹疾，尫蕠枕㾜，莫知淠祈，款托三宝，觊救危隧，乃于中练里私宅造塔三级并建石像一区。光趺三尺，图侍备设，庶藉兹诚，所患云消。有愿从此上及七世父母，下暨现在卷（眷）属，值佛闻法，朗悟正觉。轮乐兜率，恒与善会。大魏武泰元年岁次戊申四月八日乙未刊。（据河阳宫氏收

藏清末原石拓本，原石下落不明）

武泰元年（528）四月，大都督尔朱荣“乃害灵太后及幼主，次害无上王劭、始平王子正……公卿已下二千余人”[①]，史称“河阴之役”，或“河阴之难”。陈天宝“于中练里私宅造塔三级并建石像一区”，除了求佛保佑，使其久治不愈的重病得以康复外，还有深层的寓意是祈求乱世平安。可见刘根的造像塔铭与陈天宝的私宅造塔、造像，是时代风气使然。北魏光宅嵩洛，法教愈盛，皇室贵族广建寺塔，或舍宅为寺。“于是招提栉比，宝塔骈罗，争写天上之姿，竞摸山中之影，金刹与灵台比高，广殿共阿房等壮。”最盛时佛寺多达“一千三百六十七所”[②]。《陈天宝造像塔铭》，《洛阳出土石刻时地记·三十四》称：“民国七年（1918），洛阳东白马寺西出土。距地面深七八尺，地主为平乐村郭东初。宋魏咸信（太祖赵匡胤之驸马都尉）墓在其南。”[③]

陈天宝塔铭造像选定在四月八日，是沿袭宣武帝景明寺法会的吉日。塔铭之魏碑书体，工整舒展，结字紧密，呈现魏碑盛期风范。

刘根造像塔铭的起首并刊记还曾被借用，借用者为孝武帝，永熙二年（533）八月廿日，《龙门三十品》中佚名（名字早泐）等“廿余人”，“敬造石像一区”的造像题记。造像题记仅将发起人名字、人数、年代和造像名称改变。刘根的“法义之众”，“法义”似为邑义，被佚名误作“法仪之众”[④]。《龙门石窟造像题记拓本全编》则当作人名，称“法仪等二十余人造像记”[⑤]。

《刘根造像碑》之所以赢得古今器重，在于刘根的双重身份，颇有号召力，加之侯刚、乞伏宝与元衍等达官显贵的参与，使造像碑之图文精美且富有创意。由此也可以想象所造三层砖塔营制之精妙。

---

① （北齐）魏收：《魏书·孝庄纪第十》，中华书局1974年版，第256页。

② （北魏）杨衒之撰，范祥雍校注：《洛阳伽蓝记校注》，上海古籍出版社1978年版，第1、2页。

③ 郭培育、郭培智主编：《洛阳出土石刻时地记》，大象出版社2005年版，第34页。

④ 宫大中：《龙门石窟艺术》（增订本），人民美术出版社2002年版，第446页。

⑤ 吴元真主编：《北京图书馆藏龙门石窟造像题记拓本全编》，广西师范大学出版社2000年版，第176页。

《魏故侍中使持节都督冀州诸军事车骑大将军仪同三司冀州刺史武阳县开国公侯君（侯刚）之墓志》并盖[①]，《洛阳出土石刻时地记·三十》称："民国十五年（1926）阴历十二月，洛阳城东北马沟村西岭出土。"[②]现藏西安碑林，墓志总编号76，志盖呈盝顶，阴线刻阳文篆书"魏侍中车骑大将军仪同三司武阳公志"。四斜杀阴线刻四绽莲、四神兽，志云："公讳刚，字乾之，上谷居庸人也。太和五年文明太后调为内小，以军功转虎卫将军。世宗即位，除奉车都尉，累迁至武卫将军、通直常侍。延昌元年进右卫将军、领太子中庶子。四年散骑常侍、卫尉卿，寻加抚军将军、侍中、卫将军、本州大中正。神龟二年迁车骑将军、御史中尉。正光三年仪同三司。四年复拜御史中尉，余官如故。六年正月复拜领军将军加侍中，车骑仪同中尉如故。四月改授使持节、散骑常侍、都督冀州诸军事、本将军、冀州刺史，仪同开国如故。春秋六十有一。以孝昌二年三月十一日寝疾薨于洛阳中练里第，越十月十八日葬于马鞍山之阳。侍御史谯郡戴智深文。"

志铭与《魏书·恩幸·侯刚传》互校多异。魏志多不载撰人姓名，斯志由朝廷侍御史撰文，说明侯刚因受宠，方才获此殊荣。志铭与塔铭结衔相合，可补史之阙、纠史之误。

《魏故使持节都督河凉二州诸军事卫大将军河州刺史宁国伯乞伏君（乞伏宝）墓志》[③]，《洛阳出土石刻时地记·四十七》称："民国十七年（1928）阴历六月，洛阳城东北白鹿庄村南、营庄村北出土。"[④]现藏西安碑林，墓志总编号127。志云："君讳宝，字菩萨，金城郡榆中县人也。祖尚书，父豫州。君后袭侯爵，仍除中散。属惟新在运，普改群官，降侯为伯。俄迁给事中，寻转威远将军、羽林监。顷之拜步兵校尉，随班例也。乃为持节假振武将军，除显武将军、左中郎将，俄迁鄯善镇将，将军、伯如故。以母忧解任，泣血茹忧，几

① 参见赵万里《汉魏南北朝墓志集释》，广西师范大学出版社2008年版，第249页。
② 郭培育、郭培智主编：《洛阳出土石刻时地记》，大象出版社2005年版，第30页。
③ 参见宫大中《洛都美术史迹》，湖北美术出版社1991年版。
④ 郭培育、郭培智主编：《洛阳出土石刻时地记》，大象出版社2005年版，第45页。

将毁灭。日月未终，起莅南中郎将，后征拜武卫将军，仍兼左卫。又除平南将军、银青光禄大夫、太府卿，乃以君为大鸿胪卿。南中地接荆蛮，西临淮泗，镇卫尤重，乃以君行广州事，复除镇南将军、襄州刺史。以太昌元年十一月薨。乃赠使持节、卫大将军、河州刺史。以永熙二年三月廿一日窆于北芒之西岭。”

志铭与《魏书·孝感·乞伏保传》相校，志详传略，历官略有差异。志铭与塔铭可互补。保、宝字通。

《魏书·景穆十二王·阳平王传》云：“阳平王新成，长子安寿，袭爵。高祖（孝文帝）赐名颐。颐弟衍，字安乐，赐爵广陵侯。位梁州刺史，转徐州刺史，后卒于雍州刺史，谥曰康侯。”[①]

广陵侯元衍历官，与塔铭不合。塔铭为当时信物，与墓志可互证。惜查阅《洛阳出土石刻时地记》《汉魏南北朝墓志集释》等有关史籍文献，未发现《元衍墓志》。有待墓志面世校勘。

武卫将军、景明寺都将元衍的身份地位非同一般。《洛阳伽蓝记校注·城南》云：“景明寺，宣武皇帝所立也。景明年中立，因以为名。在宣阳门外一里御道东。其寺东西南北，方五百步。前望嵩山、少室，却负帝城，青林垂影，绿水为文。至正光年中，太后始造七级浮图一所，去地百仞（八尺或七尺为一仞）。伽蓝之妙，最为称首。时世好崇福，四月七日，京师诸像皆来此寺。尚书祠部曹录像名有一千余躯。至八日，以次入宣阳门，向阊阖宫前受皇帝散花。于时金花映日，宝盖浮云，旛幢若林，香烟似雾。梵乐法音，聒动天地。百戏腾骧，所在骈比。名僧德众，负锡为群；信徒法侣，持花成薮。车骑填咽，繁衍相倾。时有西域胡沙门见此，唱言佛国。”[②] 由此可见四月七、八两日景明寺法会之盛况，景明寺都将元衍职责之重大。

---

① （北齐）魏收：《魏书·孝庄纪第十》，中华书局 1974 年版，第 441、442 页。
② （北魏）杨衒之撰，范祥雍校注：《洛阳伽蓝记校注》，上海古籍出版社 1978 年版，第 132、133 页。

广陵侯元衔也或许与塔铭的武卫将军、景明寺都将元衔不是一人，是重名。这在北魏也有重名案例。武泰元年（528）二月廿一日《魏故员外散骑侍郎元举墓志铭》，《洛阳出土石刻时地记·三十四》称：“民国十五年（1926）阴历七月上旬，洛阳城北安驾沟村西北出土，无冢。”而同年三月十六日的《魏宁朔将军梁国镇将元举墓志》，《洛阳出土石刻时地记·三十四》称：“民国廿三年（1934）阴历六月，洛阳城北南陈庄村北出土，无冢。与前志同姓名。石存西安碑林。”[1]

司马孟永，《魏书》诸司马传失载，也未发现出土墓志。

塔铭留白及空行，留待投资邑子刻名。磨灭名字，当为未兑现或退出者。隔行末尾“董珍”，疑为身份比较寒微且投资少者。

《刘根造像碑》正值北魏汉化佛教艺术的鼎盛期，故图文俱佳。其塔铭魏碑书体，精丽遒美。既工整茂密、端庄严谨，又于俊逸爽朗中，显露挺拔刚劲，俨然北国鲜卑那种剽悍之气。与同年的赵郡贞景王元谧、白水太守元平两方墓志殊多相近，而严整、雄峻尤甚。可谓上承魏晋之余脉，下开隋唐之先河。堪称魏碑书法之上乘名品。

世有翻刻本，民国五年（1916）郦禾农摩刻于辉县。后又有一翻刻本，无“董珍”二字。分别藏开封市博物馆与日本大理教大学资料馆。翻刻石左侧曾刻郑清湖跋一则，后又磨去。[2]北京大学图书馆藏原石初拓本。河阳宫氏所藏，亦为可观赏的初拓善本之一。

（原载《中国书法》2017年第8期）

① 郭培育、郭培智主编：《洛阳出土石刻时地记》，大象出版社2005年版，第34页。
② 参见河南省文物局编《河南碑志叙录》，中州古籍出版社1992年版。

论黄胄绘画作品中的“复笔”现象

郝兴义

黄胄是20世纪中国画改良思想的践行者，是冲破传统文人画表现内容与程式化形式，深入现实生活，捕捉瞬间饶有情趣或激动人心的生活形象，表现新社会百姓幸福、欢悦的生活景象和当家做主人的自豪感与蓬勃向上的时代精神而卓有成就的画家。他将速写的画法不加修饰地直接植入中国画创作，创造性地走出一条写实性中国人物画发展的新路，成为风格独特、擅长新疆少数民族题材绘画的代表性画家。数十年间效仿者众多，在推动中国人物画发展进程的同时，也产生些许负面影响。笔者认为，其主要原因在于速写画法被黄胄引入中国画创作之时，画面日益加剧的“复笔”现象，在特殊的历史阶段引发了人们对承续传统中国画精华无益的认知，也体现出大众审美和画家本人难以超越的时代局限性。

在绘画领域，速写是收集创作形象素材的重要手段，也是提高绘画者观察和表现能力的基本训练方法，在一定程度上又被视为一种独立的绘画形式。但就中国画而言，速写作为创作资料收集和提高绘画能力的功用更为突出。因此，在写生过程中，由于绘画者能力和用时多少的不同，速写的形象塑造和表现形式具有明显的精粗差别。粗略者，或形象结构简约，仅捕捉某一场景的瞬间状态，或表现人物、动物、植物、器物的位置关系与动态、动势，以利于创作参考之用；精细者，通常用时充足，可精心刻画，甚至直接形成创作的初稿或完整的作品。在速写过程中，绘画者以“复笔”的线条修正造型或粗略乃至杂乱记录笔、墨、色关系的情况屡见不鲜，其中不乏绘画者因被所见境象感动而受激情驱使的情感注入。

速写贯穿于黄胄一生的绘画历程，写生之作数以万计。特别是他的铅笔速写，不乏精彩动人者。

黄胄因于直率而略显急躁的性情，使之在写生过程中针对具体物象所激发的直观感受，显现出急切宣泄于画面的强烈冲动。其用笔迅疾，感性成分多于理性，以致许多时候无法心手相应而呈现形体塑造的误差。随即，他以连续“复笔”方式进行理想性的补充和修正。这种现象通常出现在他的画面非精细刻画的部分，多体现在因运动物象产生形态变化的轮廓线或结构线表现方面。由于他极具个人化的绘画认识观念，这一做法久而久之成为习惯，形成他速写作品的突出特点。由此，我们可将本文反复提及的“复笔”概念归结为：黄胄绘画作品中为造型准确或弱化现实物象某些结构而习惯性重复勾勒线条的用笔现象。

1946 年黄胄伴随司徒乔在黄泛区写生的作品，被学界认为是他早期的绘画代表作。那时，他开始注重笔墨的经营，着意于人物面部和手足的细节刻画，偶有躯体和衣饰部分为修正不精准造型而“复笔”勾勒线条的现象。1950 年后，黄胄的中国画创作题材逐渐转向新疆和西藏少数民族生活与民族团结主题的表现，画面突出动势和动感较强的形象塑造，笔、墨、色的运用相对温和、规整，“复笔”现象一度收敛，似乎专为大型展示活动而精心绘制。但在其速写中却不断加剧修正造型的线条重复。有研究者认为，黄胄此时的作品显现出“异于当时流行风格的特色”，具有“生动流利的绘画性”。[①] 自 1956 年到 1964 年，黄胄开始在人物画创作中有意识引入速写的成分，“复笔”现象随之再度出现于他的中国画作品创作中并逐渐成为习气。画面笔墨日渐丰富并因为线条的重复产生造型“不确定”的效果，使形象塑造增加了几分动感，用色则因适

---

① 原文：“黄胄创作于 50 年代前期的作品，已经显露出一些异于当时流行风格的特色，那就是生动流利的绘画性。”水天中：《创造个性化的绘画形象—— 黄胄创作浅议》，载炎黄艺术馆编《黄胄研究》，北京工艺美术出版社 1999 年版，第 40 页。

应民族服装丰富、亮泽的色彩而变得明艳，进而使画面的情感表现因素增强，给人以率真、粗放、生动的感觉。此后尤甚。至此，黄胄作品中劲爽、交叠的“复笔”线条，勾勒迅疾，刷、写自如，甚至呈现躁动之势。这种“复笔”在频繁运用中使黄胄找到某种个人化的方法，将传统中国画中的“败笔”转化为画面关系和谐、符合时代审美、独具个性化特征的绘画风格要素，并为业界同仁和大众所接受，乃至颇感生动，最终促成其富于创造性的新画法确立。

审视同时期画家，首次将速写画法植入中国画创作者并非黄胄，叶浅予即为例证之一。然而，将速写中修正有失准确造型的“复笔”潦草线条直接用于创作成品的成功者，则非黄胄莫属。仅就二者比较，叶浅予只是将速写作为素材和底本，要经过提炼加工而落墨成画，与黄胄直接以速写之法入画的做法存在本质的区别。

许多人将黄胄速写手法介入中国画的新画法与传统文人画并论，视其为“俗”。20 世纪末，宫达非回应道：

> 正是黄胄笔下的这些“俗”，使人物画脱离了只画古人、神仙、佳人、贵妇的俗套，表现了劳动人民的生活；正是黄胄笔下的这些“俗”，一扫旧文人画无病呻吟的俗媚，表现了健康奋发向前的时代风貌，成为绘写新中国的生活、社会与时代的“画史”。[①]

更有研究者认为，黄胄所画形象“充盈的野性的矫健，是对新旧传统审美标准的一种挑衅”[②]，“充实并发展了‘师造化’的历史含量，具有鲜明的当代性和雄辩的实践性”，“用旧式文人画的价值体系来指点黄胄的艺术，无疑是一种错位。因为黄胄不属于那里，黄胄属于当代”。[③] 黄胄以“复笔”线条用于日常

---

① 参见宫达非《生活 社会 时代—— 评识黄胄之画》，载炎黄艺术馆编《黄胄研究》，北京工艺美术出版社 1999 年版，第 20 页。

② 水天中观点。参见庆晖《黄胄艺术研讨会综述》，《美术》1998 年第 9 期。

③ 刘国辉、罗世平观点。参见庆晖《黄胄艺术研讨会综述》，《美术》1998 年第 9 期。

素材搜集的速写，再将速写画法移植于中国画创作形成新的画风，并非出于偶然，而是他个人学画经历、绘画能力和所持绘画观念综合的必然。究其原因如下。

其一，青年时期的黄胄深受恩师赵望云绘画理念的影响。他视老师为五四运动以来接近劳苦群众，面向生活走向生活，开辟独特艺术道路的人。[①] 从学画伊始他便接受了赵望云居于社会接受的角度，突出“报导性”或“新闻性”，而较少“绘画性”[②] 的创作方式。20 世纪 50 年代前期，在身处西北地区学画和进行绘画创作的过程中，黄胄始终醉心于对现实生活的描绘而展示其绘画才华，作品迎合了时代审美和社会政治思想宣教的需要，而从未触及传统的中国绘画。在西北工作期间，以及有生之年数次到新疆等地写生，也未见其对新疆、西藏和甘肃等地的石窟艺术产生兴趣或有所涉猎。到北京工作后，他虽然与收藏家们交游甚密，但就其临仿古画之作而论，未见其得古人之妙的迹象而止于表面化。究其原因在于，未能用功于此，加之对传统文化理解能力所限。然而，黄胄终其一生扬长避短植根于现实生活所取得的绘画成就，使之成为创造有别传统而绘画风格独特新画法的人物画家。诚如贾方舟所言：

> 如果说吴作人、董希文、韩乐然、赵望云等在 40 年代的西北之行可谓中国现代“西部美术”的前奏，那么，黄胄则借助西部题材创造了一个“艺术时代”。他于 1956 年创作的《洪荒风雪》，堪称这个“艺术时代”

---

① 黄胄回忆赵望云时说：“他确实是‘五四’以来开辟了一条独特的艺术道路的人，是接近劳苦群众、面向生活走向生活的人。”黄胄：《我的青少年时代》，载刘学明《与时代同行—— 论黄胄的艺术人生》，河北教育出版社 2014 年版，第 151 页。

② “赵望云的意义主要在试验了一种新的创作方式，他的艺术活动显示了时代对艺术家存在价值的衡量，开始有了新的尺度。如果说在以往的艺术史中，乡野小民是附着艺术家的艺术而存在的话，现在的艺术家则是附着于乡野小民的存在而存在了。如前所说，赵望云对他自己创作的着眼点主要在扩展题材，追赶那些使他激动不已的生活景象，来不及精心创造具有感情深度的人物形象，更没有余暇推敲水墨语言自身的表现性。30—40 年代出现的各种写生作品，大都具有同样的特点，从社会接受的角度看，它们具有突出的‘报导性’或‘新闻性’，而较少‘绘画性’。”水天中：《创造个性化的绘画形象—— 黄胄创作浅议》，载炎黄艺术馆编《黄胄研究》，北京工艺美术出版社 1999 年版，第 39 页。

的开篇之作，它为我们打开了一扇通向一个新的地域之门。[1]

黄胄的作品有别于美术院系画室里专注于技能探究的作品，也不同于韩乐然和赵望云等人，包括他自己对旧社会贫苦百姓的愁苦、流落、疾病、死亡等悲惨生活小尺幅、小场景情节的记录、揭露和哭诉，而代之以新社会民众赋予他幸福、欢悦、自豪的内在新感受，围绕少数民族生活和民族团结表现主题，呈现日趋转向大尺幅的宏大叙事的巨制。

其二，黄胄贵有自知，努力追求将速写的生动性植入中国画创作。黄胄一生热衷于深入生活写生，他为收集素材所画的速写不计其数，其中不乏至今被国内美术院系作为教学经典的作品。黄胄对自己日常的速写作品与依据众多写生形象精心组合、营造的中国画创作的生动性有清醒的考量和认识，并且认为他的速写更具感染力。因此，期许二者之间融合，得以相得益彰的互补。他曾说："我多年来都希望我的速写能与国画结合为一道。我的国画不如速写水平，最近我感到我的国画有速写的味道了……"[2]从20世纪60年代起，他逐渐将速写中即时性的情绪化线条依据形体塑造的组合需要引入创作画面，或者稍加调整使形象与形象之间在画面笔墨形式上构成复杂而和谐的关系。随之，他速写中"复笔"的习惯也自觉与不自觉被带入中国画创作中，与画面人物的歌舞、坐卧，人畜的俯仰、奔腾等动态和动势的强化表现相适应，更与他自己对审美趣味的认知达到自洽，促成了他个人与观众共同习惯已久的样式，或称之为创造性的新画法。

其实，针对现实中的人畜、景物和生活器用的现场写生，现实物象所诱发的画家的激情和创作冲动，与面对写生作品组合式复制的二次创作相比，二者的用情程度无法相提并论，加之速写作品尺幅小，易掌控；而创作画幅巨大，

---

① 贾方舟：《从"西部题材"到"西部精神"》，《美术观察》2001年第12期。其中所言创作时间"1956年"有误。

② 黄胄：《黄胄论画》，《老年教育（书画艺术）》2010年第3期。

形象众多，关系复杂多变，难以把握和协调等缘故，使黄胄认为他的速写比其他形式的画作水平更高亦在情理之中。

其三，由于时代对主题性人物画形象塑造的惯性要求，又因黄胄对于写实性绘画始终如一坚持以造型准确生动为目标的认识观念，在激情驱使之下的写生过程，必然会出现有悖于他追求造型准确愿望之处，故而造成无奈之下的习惯性“复笔”修正，日久而成为心手自适的绘画语言的认同形式。这种做法及其结果因于黄胄看待此事的本意：

> 这笔不准吗，再画一笔，连画几笔都不准，最后总有比较准确的一笔。①

倘若是速写中出现类似的“复笔”线条，因画家处于急切捕捉最生动形象的瞬间，无暇仔细斟酌或使用橡皮加以修改，完全可以理解。甚至，我们也可以质疑黄胄在写生技术层面存在某些不足，而导致画面的“复笔”部分不像传统中国画组织衣纹那样具有章法或程式化的套路。然而，在他进行大幅中国画主题创作时依然存在速写的习气，而且黄胄在落墨前的大体形象造型已然经过反复推敲，便应该没有理由再频繁出现“复笔”勾勒的线条。那么，笔者认为，其中有两种可能：一则是出于视觉自适的习惯，那种“复笔”处理画面的方式，是黄胄所认为的理想形态；二则是有意为之，以加强形象的动势和用笔上的形式意趣，从而与传统中国人物画在形式语言上疏离，体现其认知层面的当代性。换言之，黄胄竭尽所能、刻意将速写中所表现出的生动现场和形象感受如实复制或反映于创作的画面，意在呈现他所追寻的“速写的味道”。至少，他觉得自己的速写之所以生动，“复笔”线条有着重要的作用，而且是他的作品有别于他人最显著的特征。这正是西方写实性绘画观念对他产生深入骨髓影

① 李延声：《必攻不守—— 黄胄先生的治学精神》，《美术》1992 年第 5 期。

响的结果性反映。

西方绘画理念的冲击和受众审美观念的变迁，使中国画的表现形式逐步摆脱传统绘画的程式化语言方式，是历史发展的必然。

从20世纪初中国画改良思潮涌动之始，中国人物画的内容表现一改传统一贯的帝王贵胄、忠臣良将、烈女贵妇、高贤隐士、才子佳人、圣僧道长等标榜尊贵、节操和境界的类型化寓意主题，将汉代以来不为画界所推崇的风俗画表现内容助推为现代中国写实性绘画的发展主流，转向突出百姓日常生活情节的叙事性描绘。审美接受对象由从前的贵族、仕宦和文人阶层，扩及广大的普通民众。在一定程度上，画面的叙事方式迎合大众审美的成分与日俱增。绘画单一的怡情悦性玩赏功能，通过强调“成教化，助人伦”的社会教育功能得以题材领域和社会审美价值的扩展，甚至直接成为社会政治宣教的一部分，发挥其直观而通俗易懂的巨大影响作用。与之相应，在绘画表现形式上，国人日益西化的服装款式已无法再套用传统人物画衣纹组织的方式，迫使画家们探索新的画法。黄胄正是在这种社会背景下，开疆拓土探索中国写实性人物画新路的代表性画家。其绘画的创造性意义在于，以前所未有的语言方式表现人物群体性外化的喜悦和昂扬的生活斗志，并始终立足自身能力和感受，发挥长处，避开对传统画法的沿袭另辟蹊径，在中国画创作中引入速写画法，以人物和畜兽众多、场景宏阔的大场面绘画作品，展示其特立独行的新画风。

“复笔”习气在黄胄的“速写式”中国画创作中趋于常态化，并未被他本人视为不妥，甚至随着时间推移日渐加剧而不以为意，表明他对因此所产生的“特殊”“生动”的画面效果的认可，乃至有使之成为风格特征的企图。否则，他不会不加遏制。然而，黄胄作为20世纪70年代后期至90年代最具影响力的写实性中国画家之一，效仿者众多，导致年轻一代学画者在没有充分认识和掌握传统画法的情况下步入他个人探索的迷途。同时，在摒弃传统中国人物画程式化的衣纹组织方法而未能建立新法之际，也衍生出阻断承续的负面影响。

如今，我们重新审视作为特例的黄胄及其绘画作品，在肯定其宏大叙事的大场景人物画和生动活泼富于肖像画特点的作品所具有的开创性成就之时，也必须客观判断和评价其作品中“复笔”现象的优劣与得失。

北宋内府书画收藏探微

赵　娟

北宋宫廷采用各种方式收藏天下书画珍品，历经一百六十多年的积累，北宋末期内府收藏丰盈。收藏书画的机构也从“湫隘卑陋，仅庇风雨”发展至“朱碧辉焕，栋宇宏丽”；宫廷书画著录也于徽宗期编撰成书；此时书画收藏形式多样，鉴藏活动异彩纷呈。

一、内府书画收藏来源

书画经历了唐季兵难，五朝乱离，宫廷收藏乍存乍失，北宋肇建皇基即着手内府收藏。宋太祖“独喜观书，虽在军中，手不释卷，闻人间有奇书，不吝千金购之”①。虽一介武夫，却能手不释卷，开国之祖如此，对以下八帝的影响不可低估。太宗时，陆续将前朝书画收归内府，“诸伪归真”“屡购珍奇”。并诏令郡县搜访流落民间的名笔逸墨。至徽宗朝，内府收藏已是“充牣填溢，百倍先朝”②。

（一）复兴内府收藏

随着新王朝的确立，旧王朝所属珍品自然归新主所有，朝代更迭，书画也

① （清）况周颐：《餐樱庑随笔》（全一卷），还见《续资治通鉴长编・卷七》，乾德四年。

② （宋）邓椿：《画继》，载于安澜编《画史丛书》第一册，上海人民美术出版社 1982 年版，第 1 页。

随之屡遭厄运。仅以《历代名画记》为例，大的劫难就有数起。（参见表 1）

表 1 《历代名画记》中记录的数起劫难

劫难一	魏晋之时，胡寇入洛，一时焚烧
劫难二	南朝“侯景之乱”，内府图画数百函为侯景所焚
劫难三	梁元帝降西魏于谨之际，聚名画法书及典籍二十四万卷焚之，后于谨从灰烬中仅收得书画四千余轴
劫难四	隋炀帝东幸扬州，所藏书画尽将随驾，中途船覆，大半沦弃
劫难五	唐武德五年，将隋炀帝所剩书画运往京师，载之以船，逆流而上，行至底柱山，忽遭漂没，幸存十之一二
劫难六	天后朝，张易之以伪易真，易之诛，所藏归薛稷，薛稷殁，归岐王李范，未上贡，因惧怕乃焚之。“禄山之乱”，耗散颇多

宫廷书画收藏时聚时散，历经波折。明代王世贞将其归纳为“六厄”：其一，桓玄悉裒二王、顾恺之书画之精者以自随，其他下建康后，珠玉古器名迹悉沉之江；其二，梁武帝时二王以下书迹至万五千纸，后元帝江陵陷以宝剑折柱取图籍十四万卷，悉焚之，书画古器玩称是于谨，仅于煨烬之余得三千卷而已；其三，唐文皇自兰亭从殉外右军以下古法书名画不啻数千，右军亦一千五百纸，为宗楚客安乐太平公主散殆尽，名迹最妙者复遭岐王之火；其四，开元天宝所收，垂复贞观之旧，而安史之乱又失之；其五，南唐元宗后主收藏图籍万卷，尤多钟王妙迹，金陵陷同黄保仪悉火之；其六，徽宗以全盛之力酷意访求，唐人硬黄临二王帖至三千八百余幅，颜鲁公墨迹至八百余幅，宣和殿所藏大小礼器五百余件，至政和间尚方所贮至六千余，而靖康之难，流落兵燹殆尽。王氏与张氏所述虽稍有出入，均可觇宋前宫廷书画湮灭过程。

1. 将前朝所蓄书画收归内府

至宋，宫廷纳天下珍宝蓄藏遗逸，收纳前朝旧迹，复兴内府收藏，采取各种措施以聚名迹。

首先是对前朝内府书画的收藏。赵匡胤篡权定都开封不久，便着手文化建设，“太祖平江南，所得图画，赐本院（翰林院）。初有五十余轴。及（真宗）景德、咸平，只有雨村牧牛图三轴，无名寒芦野鸭三轴，徐熙笔；五王饮酪图，周文矩笔；亦令重装背焉”[①]。赵构《翰墨志》载：“本朝自建隆（960—962）以后平定僭伪，其间法书名迹皆归秘府。”[②]开宝八年（975）“两浙钱俶归朝，又收其书籍”，加上前朝皇帝“煜进其画，藏于秘府”，其中多为精绝之作，如李后主有国日尝令周文矩画《南庄图》，尽写其山川气象，亭台景物，精细详备殆为绝格，开宝癸亥岁归朝，籍之秘府。“（周文矩）仕李煜为待诏，能画冕服、车器、人物、子女。伪升元中，命图南庄，最为精备。开宝中煜贡之，藏于秘府，为上宝重。”[③]“初，帝遣右拾遗孙逢吉至成都收蜀图书，法物。”[④]太祖期对旧朝书画收纳，至太宗期仍陆续进行。郭若虚《图画见闻志·卷一·叙国朝求访》指出：“太宗皇帝，钦明睿哲，富艺多才。时方诸伪归真，四荒重译，万机丰暇，屡购珍奇。”这里的“诸伪”指的就是归顺宋朝的各分裂政权，如南唐后主李煜，宋便称其为伪主。宋朝初建，五代十国尚存余绪，除南唐、后蜀之外，南汉、北汉、吴越、荆南、闽等国所存名迹陆续收归宋内府。

收入内府的书画，经过一段时间的整理，诠定为上中下、神妙能、三品九等，再加修缮收藏。不同时期各有权威鉴定人对宫廷藏品加以评定。真宗期，丁晋公执掌金陵，辞别之日，帝以《袁安卧雪图》相赠，所画人物车马，林石庐舍甚妙，旁题云：“臣黄居寀等定到神品上。”[⑤]徽宗朝的勾处士“在宣和间鉴赏第一，眷宠甚厚。凡四方所进，必令定品。”[⑥]鉴定者还有高文进，以及后来的李公麟、蔡京、米芾、沈乔年等人。诠定品级是鉴藏的重要步骤，装裱也是

---

① （宋）江少虞：《宋朝事实类苑卷·五十》，上海古籍出版社 1981 年版，第 653 页。

② （宋）赵构：《翰墨志》，载卢辅圣主编《中国书画全书》第二册，上海书画出版社 1993 年版，第 3 页。

③ （宋）刘道醇：《圣朝名画评》，载于安澜编《画品丛书》，上海美术出版社 1982 年版，第 122 页。

④ （清）毕沅编著：《续资治通鉴·卷四》，中华书局 1957 年版，第 97 页。

⑤ （宋）郭若虚：《图画见闻志·卷六·近事》，京华出版社 2000 年版，第 140 页。

⑥ （宋）邓椿：《画继·卷十·杂说·论近》，载于安澜编《画史丛书》第一册，上海人民美术出版社 1982 年版，第 76 页。

不可或缺的工序。宋之前，宫廷内府就有专职人员从事书画装裱。不同规格的装裱，既能保护书画，又是品次等级的标志。唐时弘文馆有一定数量的装裱工匠，《历代名画记·卷三·论装背褾轴》中谈到了装裱的历史及各种方法，可知唐代装裱已十分精细。"贞观开元中，内府图书一例用白檀身、紫檀首、紫罗褾织成带，以为官画之褾。"[①]卷中接缝处以"贞""观"小印押缝并钤在画卷首尾处，唐太宗首创帝王鉴藏印。宋代宫廷的装裱继承了唐代传统，装潢工艺也更加精致，特别是宋徽宗即位后，对宫中旧藏护爱有加，重新整理装裱，御笔亲题加盖"宣和七玺"，即"御书"葫芦形印、双龙纹图形方印、"宣""和"连珠印、"政""和"连珠印、"政和""宣和"两长方形印、"内府图书之印"大方玺，凡七玺全者即为宣和内府装裱裁制。

2. 重金搜访散失民间的名迹

诸伪归真的同时，宫廷还不惜重金四处搜访流落宫外的书画。太平兴国期间，主要是对前贤作品的寻访，[太宗太平兴国二年（977）七月辛巳]"诏诸州搜访先贤笔迹、图画"[②]。风鉴明达的苏大参搜访名贤书画，"后果得千余卷上进"，并诏令天下郡县搜访前哲墨迹图画，先是荆湖转运使得汉张芝草书，唐韩幹马二本以献之。韶州得张九龄画像并文集九卷表进。"后之继者，难可胜纪。"太宗万机之暇，留心绘事，丹青精妙的画院待诏高文进与黄居寀常列左右，后二人蒙恩访求民间图画，屡购奇珍。为了得到先贤墨迹书画，宫廷还赏赐献画之人，小则偿以金帛，大则授之官职。太宗期，对于献图书三百卷以上者，赐予千钱并量材录用，赐给出身酬奖，以至于臣僚下属屡献珍品，"是岁（966），三礼涉弼、三传彭翰、学究朱载应诏献书，总千二百二十八卷，命分置馆阁，赐弼等科名"[③]，"是岁（981），镇国军节度使钱惟演以钟繇、王羲之、唐明皇墨迹凡七轴献。八年（983）秘书监钱昱又献钟繇羲之墨迹八轴"[④]。王文

① （唐）张彦远：《历代名画记》，人民美术出版社 1983 年版，第 48 页。
② （宋）李焘：《续资治通鉴长编·卷十八》，中华书局 1979 年版，第 409 页。
③ （清）徐松辑：《宋会要辑稿·崇儒》，中华书局 1957 年版，第 415 页。
④ （清）徐松辑：《宋会要辑稿·崇儒》，中华书局 1957 年版，第 416 页。

献喜好书画，经常往来于京城与洛阳购求名笔，家藏丰富，“太宗朝尝表进所藏书画十五卷”[①]，太宗看后称赞其所献古画俱是妙笔。燕肃字穆之，他的先世是燕蓟人，善画山水寒林，终于康定元年，“公（燕肃）之画与所收藏的古画近百卷，皆收取入禁中”[②]，西蜀名笔黄筌之子黄居寀，字伯鸾，随蜀主至阙下，供进图画，太宗皇帝对其尤加眷遇，恩宠优异。内臣乐士宣留心丹青，士大夫见到他的画，莫不赏咏，“屡以画上进，实为北省绝艺也”[③]。喜藏晋、宋以来法书名画的宗室赵令穰，得益于丹青之妙，尝因端午节进献画扇，哲宗赞“其笔甚妙”。及至徽宗更胜一筹，赵佶雅尚书画，未登龙位时便对书画珍爱有加，即位后，酷意访求天下法书图画，凡献书画者，分等给予奖赏，或酬以官职或酬以厚赏，如赐进士出身，或转官、补官等，书画成了晋级登科的捷径，如右神武大将军睦州团练使宗谔，于至和二年（1055）将自家收藏的颜真卿画像献给了朝廷。自崇宁（1102—1106）开始，命沈乔年收纳整理，后米芾承之，米芾献所藏法书名画，徽宗“赐白金十八笏”[④]。王世贞亦称：“书画古迹器物无过于宋，徽宗以全盛之力收之，见于《宣和书谱》《画谱》《博古图》者，可谓夐绝矣。”[⑤]新朝建立，对民间书画的收集，使流散的书画名笔重新得到修缮宝藏，实为艺术流传之幸事。

（二）丰盈内府蓄藏

经过北宋多年的搜寻，内府所藏，日渐丰盈。

1. 对前朝画家的接纳

宫廷一方面收藏前代古迹珍品，另一方面，注重召集前朝的画家。这些画

---

① （宋）郭若虚：《图画见闻志·卷六·王氏图画》，京华出版社 2000 年版，第 139 页。

② （宋）郭若虚：《图画见闻志·卷三·纪艺中》，京华出版社 2000 年版，第 108 页。

③ 俞剑华标点注译：《宣和画谱·卷十九·花鸟五》，人民美术出版社 1964 年版，第 298 页。

④ （宋）张邦基：《墨庄漫录》卷一，中华书局 1985 年版，第 15 页。[宣和中（1119—1125），“遣大黄门就西都多出金帛易古画本”，家藏古字画者“求售者如市”，殆至末年“上方所藏，率举千计，实熙朝之盛事也。”]（宋）蔡绦：《铁围山丛谈》卷四，中华书局 1983 年版，第 18 页。

⑤ （明）王世贞：《弇州四部稿·卷一百七十》。

家当中不乏名笔高逸，他们的加入，无疑会对北宋的书画繁荣起到极大的推动作用。仅《图画见闻志》卷三、卷四所载就有：太宗期，京师人王霭，擅画佛道人物，长于写貌，晋末与王仁寿皆为契丹所掠，“太祖受禅放还，授图画院祗候”。后改为翰林待诏，所绘太祖御容收藏于定力院。后来，太宗御容还令牟谷绘制，牟谷“太宗朝为图画院祗候，端拱初诏令随使者往交趾，写安南王黎桓及诸臣真像，留止数年”，回国时太宗已偃驾。后真宗幸建隆观，牟谷乃以所写太宗正面御容张贴于户内，真宗见到先帝的御容，就责问牟谷缘由，得知经过，赞其画技，复召牟谷为画院待诏，“时太宗御容已令元霭写毕，乃更令谷写正面御容”。赵长元，蜀人，“工画佛道人物”，初随蜀主归宋，做彩画匠人，后因画得到皇帝赞许，升至图画院祗候。厉昭庆，建康丰城人，“工画人物，事江南为翰林待诏。后随李后主至阙下，授图画院祗候”。勾龙爽，蜀人，“国初为翰林待诏。工画佛道人物”，亦一代之奇笔。僧维真，嘉禾人，“工传写，尝被旨写仁宗、英宗御容，赏赉殊厚，元霭之继矣。名公贵人多召致传写，尤以善写贵人得名”。高益“太祖朝，潜归京师”，于太宗即位后授翰林待诏，笔力绝人，有小幅画卷收藏于内府。王齐翰，建康人，“事江南李后主为翰林待诏，工画佛道人物”，太宗收藏其所绘罗汉十六轴，名为应运罗汉，宣和时内府秘藏其作品一百一十九件。周文矩，仕李煜为画院待诏，用笔于繁复中见工细，宣和时内府秘藏其作品七十六件。李雄，北海人，“工画佛道，偏长鬼神，罕有伦比。太宗朝为图画院祗候”。高文进，“工画佛道，曹吴兼备。乾德乙丑（965）岁，蜀平至阙下。时太宗在潜邸，多访求名艺，文进往依焉。后以攀附，授翰林待诏”。王道真，蜀郡新繁人，工画佛道人物，兼长屋木。太宗朝高文进荐引“授图画院祗候”。黄居寀，字伯鸾，筌之季子也，工画花竹翎毛，乾德乙丑岁随蜀主至阙下，太祖旧知其名，寻真命，太宗皇帝尤加眷遇，供进图画，恩宠优异，“仍委之探访名踪，铨定名目”。夏侯延祐，蜀郡人，工画花竹翎毛，师黄筌，粗得其要，“始事孟蜀为翰林待诏，既归朝拜真命，为图画院艺学”。除此之外，还有钟陵人蔡润，擅长画舟船及江河水势，南唐灭亡，先随李主到朝廷，隶属八作司的彩画工匠，后因画《舟车图》进献皇上，皇上才知道他的名字，于是补授画院的官职，后令他画《楚王渡江图》，收藏于内府。善画鱼、龙、海水的董羽，“事伪主李煜为待诏，后随煜归京师，即命为图画院艺学”[①]，来自南唐与西蜀的画家大致见表 2。

表 2　来自南唐与西蜀的画家

南唐	王齐翰	周文矩	徐崇嗣	赵幹	蔡润	历昭庆	董羽	顾德谦
西蜀	黄筌	黄居寀 黄居宝	赵光辅	高文进	勾龙爽	夏侯延祐	赵长元	袁仁厚

选用前朝画家名手，使绘画技艺得以延续，他们的作品也是内府收藏的大宗，对绘画的发展、收藏与鉴赏起到积极推动的作用。

2. 对画院画家作品蓄藏

宫廷陆续将精于绘事的民间画家收归画院，蓄其画作。《图画见闻志》中也多有记载，如真宗期就有工画山水的燕贵，自立一家规范，“因奏补图画院祇候”；工画花竹翎毛的陶裔，初为图画院祇候，祥符中画御座屏扆，称旨“寻改翰林待诏”；工画马的卑显，时为翰林待诏，“有韩幹之风，而笔力劲健”；工画龙水的荀信，“真宗朝为翰林待诏”；善画屋木的刘文通等。仁宗期，图画院祇候陈用智，“工画佛道人物”；工画山水的翰林待诏高克明、图画院祇候屈鼎；工画水牛的翰林待诏裴文目见；工画龙水海鱼的翰林待诏任从一；工画太平车及江州车，又画酒肆边绞缚楼子，有分疏界画之功，兼工杂画的支选。神宗期，工画佛道人物的李元济精于吴笔，工画山水寒林的御书院艺学郭熙，“敕画小殿屏风，熙画中扇，李宗成、符道隐画两侧扇，各尽所蕴”；图画院艺学崔白，善画花竹翎毛，用笔新细，体制清澹，得天然之趣；徽宗精于书画，此时画家名手辈出，刘益宣和间专供御画，多取内殿珍禽，不师古本，故

① 俞剑华标点注译：《宣和画谱 · 卷九》，人民美术出版社 1964 年版，第 159 页。

多酷似，“尤长小景，作莲塘背风荷叶百馀，独一红莲花半开，其中创意可喜也”[①]；卢章多画禁中物象，如白杏花、绿萼梅、白鹦鹉，皆其本也；宣和间与刘益同供御画的富燮布景运思有过于益处；长于墨竹的田逸民，其所作极美观，多作欹风冒雪、带雨含烟之状，时人名笔在数量上超过古人。人物、山水、花鸟兼长的李唐，入南宋画院后，其画风影响南宋绘画长达百余年。英年早逝的天才画家王希孟，仅《千里江山图》就足以令他永垂不朽。张择端及其《清明上河图》成为千古绝唱，如此等等，供职徽宗期画院画家还有马贲、刘宗古、杨士贤、李迪、苏汉臣、朱锐、李端等人。无论是意境神韵，还是科目画种，称得上异彩纷呈璀璨夺目。北宋画院画家根据史料见表3。

表3 北宋画院画家

时间	待诏	祗候	艺学	学生
太祖期	王霭、高益、蔡润、勾龙爽	赵长元、厉昭庆	夏侯延祐、董羽	赵光辅
太宗期	高文进、高怀节、牟谷、燕文贵	李雄、吕拙、高怀宝、王道真		
真宗期	陶裔、卑显、荀信	高元亨、燕贵	刘文通	
仁宗期	高克明、裴晛、任从一	屈鼎、梁忠信、支选		
神宗期	种文秀、侯文庆、董祥	葛守昌	李吉、崔白	侯封

众多的画院画家，在优越的环境下创作出一批一批流芳后世的佳迹，充实内府收藏的同时，继为鉴藏名品百代标程。

二、内府书画收藏机构及其相关职能

宫廷在广泛搜寻书画的同时，收集、整理等活动相应进行，收藏机构也相应设立。将收集的书画经过鉴别摹写，分门别类典藏于内府，至北宋末期内府

① （宋）邓椿：《画继·卷五·花鸟翎毛》，载于安澜编《画史丛书》第一册，上海人民美术出版社1982年版，第183页。

所藏书画各有归属。宋承唐制，国家收藏图书之所，仍在“三馆”，分别是昭文馆、集贤院、史馆。太宗期，太平兴国三年（978）三馆统称崇文院。北宋中，元丰改制，将崇文院改为秘书省。

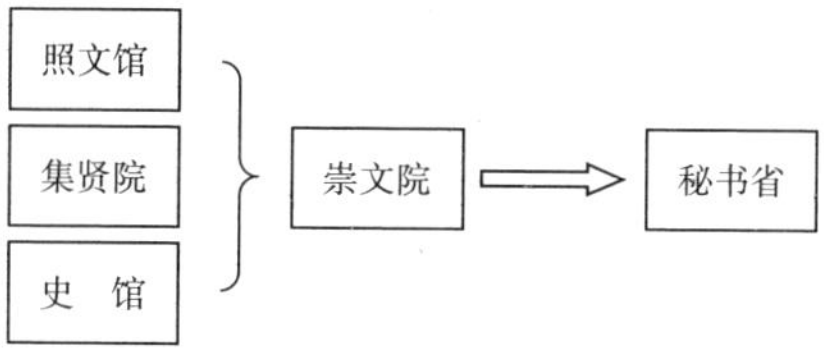

图 1 “三馆”演变图

端拱元年（988），在史馆中置秘阁，蓄藏书画，馆中有阁，故将三馆、秘阁简称为“馆阁”。又设天章、龙图、宝文等阁专门蓄藏帝王书画，乃收藏御用图书之所，它们与三馆秘阁共同构成宫廷书画收藏机构。元丰五年（1082），崇文院并入秘书省。崇文院与秘书省是北宋馆阁制度的两个重要阶段，虽然秘书省取代馆阁，但馆阁职能并未有大的改变。宋初沿承唐制设立的秘书省，主要是“掌常祀祝版”负责祝文的撰写，并未有图书整理工作，“其秘书省既无书籍，原隶京百司，请如旧制。诏曰：‘朕肇兴秘府，典掌群书，仍选名儒，入直于内。文籍大备，粲然可观，处中禁以宏开，非外司之为比。自今秘阁宜次三馆，其秘书省依旧属京百司’”。[①] 书画的收藏整理归于馆阁。“宋朝三馆书，直馆官校对。太祖、太宗朝收诸伪国图籍实馆阁，抑或召京朝官校对。皆题名卷末。”[②] 元丰改制后，馆阁并入秘书省管理，秘书省取代崇文院，成为内府书画管理机构。

（一）崇文院

北宋前期书画储藏机构为崇文院，唐代设有崇文馆，为太子学馆，掌管经

---

① （宋）程俱撰，张富祥校证：《麟台故事校证 · 卷一 · 沿革》，中华书局 2004 年版，第 22 页。
② （宋）程俱撰，张富祥校证：《麟台故事校证 · 卷一 · 沿革》，中华书局 2004 年版，第 22 页。

籍图书。北宋承唐旧制，在内府设立昭文馆、史馆、集贤院，通称崇文院。其原址在右长庆门东北，仅小屋数十间，宋太宗视察三馆，发现其条件太差，仍然是沿用后周旧馆，破烂不堪透风漏雨，加上临近兵营，环境十分嘈杂，太宗见其“湫隘卑陋，仅庇风雨，周庐徼道，多出其旁，卫士驺卒，朝夕喧杂”[①]，对伴侍左右的大臣感慨地说：如此简陋的地方，怎么可以蓄藏天下图书，延至四方贤俊！当即划定地点“诏有司度左升龙门东北车府地为三馆，命中贵人督工徒，晨夜兼作，其栋宇之制皆上亲授”[②]，并要求“轮奂壮丽，甲于内庭”[③]。来年二月修缮完毕，太宗赐名崇文院。

馆成之后，将原西馆所藏图书转迁崇文院，分库收藏，东廊为昭文书库，南廊为集贤书库，西廊又分经史子集四部，为史馆书库，“凡六库分经史集四部正副本凡八万卷。初乾德中平蜀得书万三千卷，开宝中平吴得书二万余卷，参以旧书为八万卷”[④]。真宗大中祥符八年（1015）四月壬申，荣王赵元俨侍婢韩氏，因盗卖荣府金器，恐事败露，遂纵火，自三鼓至翌日亭午乃止，宫城火灾延及崇文院，院中所藏损失惨重。为了防止此类事情再次发生，遂采取唐制在宫城之内设有内省，宫城之外有外省，崇文院仅保留秘阁，其余三馆迁移至宫城之外的崇文院，并赐额“三馆”，但终因“逼近市嚣，非多士讨论之所”，复将三馆迁回旧址，三馆秘阁重新合为一体。崇文院职能除了具有监修国史、起草诏令等功能外，主要用来贮藏国家图书，包括搜访、校勘、撰写、保管、鉴赏等，即“修史、藏书、校雠”。

（二）秘阁

宋初，乃于史馆中建秘阁蓄藏书画，前面已叙述了有关秘阁的基本情况。由于皇家四处搜访，及进献者日多，秘阁所藏书画逐渐增加，数岁之间，所得

---

① （清）徐松辑：《宋会要辑稿》，中华书局 2006 年版，第 2779 页。
② （宋）王应麟：《玉海 · 卷一百六十八》，扬州广陵书社 2003 年版，第 3077 页。
③ （宋）李焘：《续资治通鉴长编 · 卷十九》，中华书局 1979 年版，第 422 页。
④ （宋）王应麟：《玉海 · 卷一百六十八》，扬州广陵书社 2003 年版，第 3077 页。

书画不可胜计，诸郡购得者又数倍，因此不得不加以精选。“乃诏史馆尽取天文、占候、谶纬、方术等书五千一十卷，并内出古画、墨迹一百一十四轴，悉令藏于秘阁，图籍之盛，近代所未有也。”《麟台故事·卷一》亦云：“自唐室陵夷，中原多故，经籍文物，荡然流离，近及百年，斯道几废。国家承衰弊之末，复与经籍，三馆之书，访求渐备。”秘阁地位“令与三馆并列”[①]，蓄藏供御典籍图书。

秘阁书画少而精。端拱元年（988）五月辛酉，太宗下诏建秘阁于史馆，用以收藏由三馆精选出来的部分图书及开国以来搜访来的古画、墨迹。“命吏部侍郎李至兼秘书监，点检供御图书，选三馆正本书万卷，实之秘监以进御，退余藏于阁内。又从中降图画并前贤墨迹数千轴以藏之。”[②]初藏秘阁的书画就“有晋王羲之、献之、庾亮、萧子云、唐太宗、明皇、颜真卿、欧阳询、柳公权、怀素、怀仁墨迹，顾恺之画维摩诘像、韩幹马、薛稷鹤、戴崧牛，及近代东丹王李赞华千角鹿、西川黄筌白兔，亦一时之妙也”。

太宗重视秘阁，秘阁初成时，即作赞赐之，宰相李昉等人请刻石阁下，李至上表太宗，以唐秘书省所藏薛稷画的鹤、郎余令画的凤、贺知章的草书为所藏“三绝”，又供奉僧元蔼所写御容二轴藏于阁。赐匾、赐酒、赐诗、饮宴群臣以美此事。太宗登临秘阁，观群书齐整，喜形于色，谓侍臣曰：“丧乱以来，经籍散失，周孔之教，将坠于地。朕即位之后，多方收拾，抄写购募，今方及数万卷，千古治乱之道，并在其中矣。”[③]直史馆谢泌上奏言，此时国家的图书，还没有按顺序校勘，可以按唐朝所采用的方法，把所有的图书分为经、史、子、集四库，每库安排一人职掌。“上嘉之，遂命泌与馆职四人分领四库。”[④]真宗期，纵火事件，延烧内府左藏库、朝元门、秘阁，损失惨重。秘阁所藏如上所述，乃是精挑细选出的作品，被烧毁的书画珍品难以估量。荣王宫火灾后，

---

①（宋）程俱撰，张富祥校证：《麟台故事校证·卷一·沿革》，中华书局 2004 年版，第 22 页。
②（宋）郭若虚：《图画见闻志·卷一·叙国朝求访》，京华出版社 2000 年版，第 87 页。
③（宋）程俱撰，张富祥校证：《麟台故事校证·卷一·储藏》，中华书局 2004 年版，第 38 页。
④（宋）程俱撰，张富祥校证：《麟台故事校证·卷一·储藏》，中华书局 2004 年版，第 18 页。

翰林学士陈彭年奉命规划重建秘阁，将原旧屋重修为内院，奉安太宗御容及御书额，放置专供御览的书籍、天文禁书、图画。于左右掖门外近便处修盖外院，供儒臣们校勘和抄写书籍，雕造印版，并置三馆书库，再将三馆藏书分擘正副本，分藏于内外院，以防不测。

秘阁受到历代帝王的重视，据宋王应麟《玉海·卷 百六十二》所载绘制表 4，可展现北宋皇帝对秘阁的关注与改善。

表 4　北宋皇帝对秘阁的修建与充盈

淳化二年	991	宰相李昉等请立石阁下，李至上表引苏易简乞上飞白书“玉堂之署”为比，愿尝新额以光秘府
淳化四年	993	画天下图藏于阁
至道元年	995	正月直秘阁朱昂等言已立秘阁赞碑，请附名李至下
咸平二年	999	六月诏童子邵焕于秘阁读书
咸平五年	1002	七月幸秘阁阅群书
景德四年	1007	五月己亥幸馆阁周览图籍，以秘阁地狭分内藏西库以广之
大中祥符九年	1016	九月以秘书监杨亿判秘阁。国初书止万二千卷，秘阁之建图籍大备
仁宗期	1023—1063	收藏图书三万六千二百卷
熙宁四年	1071	十月二十九日判秘阁宋敏求言，三馆秘阁四部书多讹舛，请校雠
元祐元年	1086	四月十四日诏兰台延阁位序多阙，命大臣各举三人
元祐二年	1087	六月以昭文馆黄本书分藏密阁
元祐三年	1088	九月复试贤良于阁下
元祐四年	1089	四月二十四日太师彦博与宰辅至秘阁观书，宴儒士
崇宁元年	1102	重修秘阁
崇宁二年	1103	五月秘阁书装褫共二千八十二部

其中，帝王屡次驾幸秘府，督促书画的整理工作，据《宋朝事实类苑》所载：“至徽宗建中靖国元年（1101）四月二十三日，内出缗钱十五万，对秘书省中凡未经太宗朝摹刻的秘阁墨迹，均加以摹刻，厘为十卷上之。”[①] 继续整理秘阁书画。

① （宋）江少虞：《宋朝事实类苑》下册，上海古籍出版社 1981 年版，第 654 页。

（三）御制图书阁

宋初，太宗创“御书阁”，除收藏从全国各地搜罗来的图书、法书名画外，同时收藏太祖、太宗墨迹。真宗登基后，别创“龙图阁”专藏太宗御书及书帖等物，北宋九帝，“无集不为阁”。就是说，九帝中没有留下文集的不专立阁，凡有文集的都要立阁，存放皇帝御书御画、皇家重要文献及宝瑞物品。北宋建国至真宗大中祥符前，书画均收藏于三馆及秘阁。又有天章、龙图、宝文三阁，后苑有图书库，都是收藏图书的地方。大中祥符间（1008—1016）建龙图阁，下设资政、崇和、宣德、述古四殿，专藏太宗御书及典籍、图画、宝瑞之物等，数目颇巨，条目颇细。此后北宋皇帝，几乎每位都有专用的御书阁，虽然以藏御书为主，同时也收藏各自喜欢的其他文物及书画。真宗死后，仁宗登基，建“天章阁”，下设群玉、蕊珠二殿，专藏真宗御书文集等。仁宗执政42年，自庆历初又建“宝文阁”，阁东西有嘉德、延康二殿，专藏仁宗御书。又有孝严殿，安置仁宗神像，“治平甲辰岁于景灵宫建孝严殿，奉安仁宗神御，乃鸠集画手画诸屏扆墙壁”。在三圣神御两廊，图绘先帝创业、平定边难的功绩和宫廷所行的礼仪，绘制了仁宗朝中大臣七十二人，“于是观者莫不叹其盛美”。

哲宗元符元年（1098）四月丙申，建“显谟阁”，藏神宗御集；徽宗大观二年（1108）二月甲午建“徽猷阁”，藏哲宗御集；“敷文阁”，藏徽宗御集。只有太祖与英宗“不为阁”，英宗御书附于宝文阁，阁中配置学士、直学士、待制、直阁学士等人员，前三种名义上为皇帝出入侍从，并备作顾问，后一种不具此资格，只增加荣显，厚重身份，以示皇帝恩宠。

表5　御制图书阁的位置、建阁时间、藏品及职掌情况

御制图书阁名	建阁时间	位置	藏品	职掌
龙图阁	大中祥符中建	在会庆殿西偏。北连禁中。阁东曰资政殿，西曰述古殿	奉太宗御书、御制文集及典籍图画宝瑞之物，宗正寺所进属籍世谱	有学士、直学士、待制、直阁学士，并赴内殿起居

（续表）

御制图书阁名	建阁时间	位置	藏品	职掌
天章阁	天禧四年建	龙图阁之北，东曰群玉殿，西曰蕊珠殿，北曰寿昌殿，南曰延康殿	奉安真宗御制并图籍符瑞宝玩之物，国史宗正寺所进属籍，祖宗御容。潜邸旌节亦安奉焉。以在位受天书祥符，名曰天章，取为章于天之义	天圣八年置待制，庆历七年又置学士、直学士
宝文阁	天禧初所建寿昌阁也。庆历初改曰宝文	在天章阁之东西序，群玉、蕊珠殿之北	以仁宗御书御集藏于宝文阁。命王珪撰记立石，英宗御书附于阁	治平四年，神宗即位，始置学士、直学士、待制。恩赐如龙图
显谟阁（徽宗建中靖国元年，诏以显谟阁为熙明阁）	元符元年曾布、邓洵仁各申请建阁		藏神宗御集	置学士、直学士、待制
徽猷阁	大观二年建		藏哲宗御集	置学士、直学士、待制
敷文阁			徽宗御制	置学士、直学士、待制

注：根据（清）周城《宋东京考》（二）绘制

龙图阁在会庆殿西边，北连禁中。阁东曰资政殿，西曰述古殿。阁上藏太宗御书及典籍、图画、宝瑞之物，内侍三人掌之。太宗御制御书文集总五千一百一十五卷、轴、册，又有御书纨扇数十。其下列六阁：经典阁三千三百四十一卷，史传阁七千二百八十卷，子书阁八千四百八十九卷，图画阁七百三轴、卷、册，瑞物阁奇瑞二十三、瑞木十六、众瑞百三十、杂宝百七十五。观其初制，既列经史，又储奇物，亦非专以奉奎画，然牺河观瑞，图书为首，命名之意，概可理推矣。真宗经常幸龙图阁，召宗室及近臣观太宗御书、阁藏法书名画、宝瑞之物等。

真宗在世时建天章阁，据《宋会要辑稿》记载，真宗天禧五年（1021）二月，天章阁建成，专藏真宗御书御制及真宗朝所收图书文物。仁宗即位后，天章阁成为仁宗、神宗、哲宗、徽宗召对群臣、议论朝政、瞻仰先帝御容，及观瑞物、欣赏书画的理想场所。

宝文阁专藏仁宗御书及其所喜欢的其他文物。据《愧郯录·卷十四·九阁》记载，仁宗宝文阁，旧名寿昌，亦自庆历初已新厥号，虽未即正名，而毖藏严奉之意，灼然可考。又云：宝文以前，皆先建阁后藏书。凡建阁降诏，必着阁之所以名。治平四年五月二十八日，宝文建宫之诏亦曰："仁祖升遐，先皇纂御。首命近列，谕次遗文。钿轴宝函，未终翻录。白云紫气，遽遂上宾。今告毕工，甫将安奉。则宝文字具见于诏文矣。"又云："嘉祐八年（1063）八月十二日，诏以仁宗御书藏宝文阁，命翰林学士王珪撰记立石，是先已有阁，因藏书而下诏。"[①] 治平四年（1067）神宗即位，未改元五月二十八日诏曰："昔我艺祖，神武不杀，诞昌宝祚。太宗修文德，以光大业。真宗崇儒术，以承休命。仁宗善继谟烈，化成治定。咸有述作，焕乎篇简。河汉昭回，奎壁相照。乃规层构。"[②] 此诏文把北宋偃武修文及崇儒术的变化过程，表述得精练而准确。

哲宗元符元年（1098）夏四月丙申，建显谟阁，藏神宗御集。徽宗崇宁元年（1102）十一月戊戌，置显谟阁学士、待制官。三年六月一日，图熙宁、元丰功臣于显谟阁。《愧郯录・卷十四》云："显谟阁位置虽不见于书，而元符元年（1098）二月十八日，知枢密院事曾布言：'恭惟神宗皇帝，圣学高明，出于天纵，中外之议，谓宜卜日相地，建延阁为一代图书之府。'"又敷文阁云："建中靖国元年二月九日，改显谟阁为熙明阁。诏曰：'神宗皇帝，神心经纬，圣学缉熙，百度惟新。备矣有周之庶事，四方其训，巍乎尧帝之成功，言则为文。昭如云汉，宝之垂世，炳若丹青，则熙明之意已章。"[③] 神宗当政仅 18 年，大多在变法中度过，所以御书御制相对较少，但其影响却极为深远。

《宋史・徽宗本纪》："大观二年（1108）二月甲午，诏建徽猷阁，藏哲宗御集，置学士、直学士、待制。"《愧郯录・卷十四・九阁》云："大观二年二月十三日，诏哲宗皇帝建阁，以徽猷为名。此正下诏建名之始。"大观之建徽猷，置官亦止于学士、直学士、待制，亦以政和六年九月十七日，始诏增置直阁。

---

① （清）宋继郊：《东京志略・宝文阁》，中华书局 1985 年影印本，第 299 页。又见《愧郯录・卷十四・九阁》，第 119 页。

② （清）徐松辑：《宋会要辑稿》第三册职官七之一七，中华书局 2006 年版，第 2543 页。

③ （清）宋继郊编撰：《东京志略・显谟阁》，河南大学出版社 1999 年版，第 301 页。

徽宗之子赵构在临安建南宋政权不久，便着手收集其父留存在世的文物，且建敷文阁以藏之。“绍兴十年（1140），以徽宗皇帝御集成，诏特建阁以敷文为名。置学士以下官，在徽猷阁之下。高宗绍兴十年五月十一日，内降诏曰：恭惟徽宗皇帝，躬天纵之睿资，辅以日就之圣学，因而制治，修礼乐，恢学校，发挥典坟缉熙治具。宸章奎画，发为号令，著在简编者，焕乎若三辰之文，丽天垂光，贲饰群物。所以贻谋立教，作为万世。殆与诗书相表里。将加哀辑。崇建层阁，以严宝藏，用传示于永久。其阁恭以敷文为名，祇遹旧章，宜置学士、直学士、待制、直阁，以次列职。备西清之咨访，为儒学之华宠，其著于令。”①

三、结语

北宋初宫廷书画收藏规模远不如唐，原因是隋唐三百年间各种变故，特别是五代十国时期数十年的战乱，唐朝宫廷收藏大多毁于兵火。北宋建国，面临满目疮痍、百废待兴的局面，几乎一切从零开始。太祖平江南，所得图画只有五十余轴，到真宗景德、咸平中，只有无名氏的《两村牧牛图》三轴，徐熙的《寒芦野鸭图》三轴，周文矩的《五王饮酪图》二轴，显得十分可怜。可是经过太祖至徽宗八位皇帝的苦心经营，到徽宗朝，书画藏品已是百倍于先朝。

北宋书画鉴藏兴盛，除去官方提倡外，一系列具体措施是更为关键的。首先，皇帝派专人四处访求，下诏鼓励藏家献书画，且给以重奖，多者赐官，少者赐钱物。不愿贡献者，借给官家临摹亦可，用完后不仅原物奉还同时给以奖励。鼓励官员贡献自家藏品，给以加官晋爵的奖励。其次，设立专门机构贮藏作品，责成高官要员负责编辑、整理、保管。主要收藏机构是三馆（史馆、昭文馆、集贤院）与秘阁。三馆本沿袭唐五代旧制，但因后周三馆设备太差，所

① （清）徐松辑：《宋会要辑稿》，中华书局 1957 年版，第 2542 页。

以太宗下令扩建重修，修成后命名崇文院，统辖三馆。皇帝为了便于查看和集中贮藏精品，再于崇文院内设“秘阁”，这样又增加了一层收藏机构。

徽宗朝，著录专著有《宣和画谱》《宣和书谱》，全面记录宫廷收藏，同时阐述皇家收藏理念、品评标准。《宣和画谱》“乃集中秘阁所藏者，魏晋以来名画凡二百三十一人，计六千三百九十六轴，析为十门，随其世次而品第之”。十门为“道释、人物、宫室、番族、龙鱼、山水、畜兽、花鸟、墨竹、蔬果”。每门开头短论，叙述该门的起源、发展、代表人物等。这对收藏者无疑是非常重要的参考材料。同时编纂的《宣和书谱》，是北宋皇家御府所藏书法的全面记录，包括一百九十七人的一千三百四十四件作品，分为二十卷，其中卷一为历代帝王书法，卷二为篆书，卷三至卷六为正书，卷七至卷十二为行书，卷十三至卷十九为草书，卷二十为八分书并附制诏诰命。自第二卷始，各有叙论，叙述各种书体的渊源及其发展，成为后世书法收藏者不可或缺的参考材料。

“二徐之争”刍议

李 振

1929 年，国民政府教育部举办全国美术展览会期间，徐志摩等人编辑出版的《美展》会刊，第 5 期发表了徐悲鸿写给徐志摩题为《惑》的信，抨击展览会上模仿塞尚、马蒂斯等西方现代派风格的作品，认为马奈、雷诺阿、塞尚、马蒂斯等人的成功源自画商操纵，并非艺术发展规律使然，且他们的画有庸、俗、浮、劣之“病”，如果政府用纳税人的钱购买塞尚的画，实为“卑鄙昏聩黑暗堕落”之举。徐志摩遂在同期及第 6 期发表《我也“惑”》《我也“惑”（续）》的文章，对徐悲鸿基于自己兴趣而批驳塞尚等现代画家予以反驳。徐悲鸿后来又写了《“惑”之不解》和《“惑”之不解（续）》分别发表在《美展》会刊 1929 年第 9 期和增刊上，指出徐志摩为塞尚辩护是出于侠情义愤，并非对塞尚艺术的理解，并表达了对发展中国美术的主张。二徐论战期间，李毅士也在 1929 年第 8 期《美展》会刊上发表《我不“惑”》的文章，认为“二徐之争”源自艺术家和评论家角度不同，同时主张艺术风格应该发挥应有的作用，推动社会发展。随着《美展》会刊的停刊，争论也就停止了。这次论争是中国西画史上第一次不同见解之间的学术性争论，在一定程度上活跃了西画界的研究空气，促进了不同艺术思想间的交流。

一、“二徐之争”文献综述

对“二徐之争”的研究大致有三种倾向。首先，支持徐志摩观点，批评徐悲鸿意气用事，偏执己见。刘金库（2009）在《八十年后再看徐悲鸿、徐志摩的“二徐之辩”》中说“徐悲鸿的观点，在很大程度上渗入了自己的意气，多有成见与固执的成分在里面”。林木（1999）《对本世纪中国美术几个问题的检讨》，周博（2006）《惑的回声》等文章中，也都持相同或相似的看法。其次，分析“二徐之争”中徐悲鸿的艺术观，探讨“二徐之争”的起因。曾佳（2007）《由“二徐”之辩管窥徐悲鸿的现代艺术观》认为“徐悲鸿的观点有狭隘门户之嫌和对西方现代艺术的简单否定之讥，徐志摩则显然能从更高层面上去认识和理解问题”。刘丹（2016）在《从“二徐之争”看徐悲鸿的历史局限性》中认为，“二徐之争”凸显徐悲鸿的历史局限性，表现为“1. 对19世纪写实主义运动的思想与观念背景没有真正理解；2. 对西方现代派画家的批评有失偏颇；3. 偏执的艺术观点渗入到教育理念中”。王文娟（2018）《徐悲鸿的写实主义及其再理解》、（2020）《对徐悲鸿关于西方现代派艺术态度的重新检省》等文中，承认徐悲鸿对现代艺术有个人偏激的一面，但又认为徐悲鸿的观点是中国艺术发展规律使然。“徐悲鸿尽管有其矛盾与局限，但瑕不掩瑜——其‘瑜’在于他的卓识、贡献和影响。”而许永宁（2018）《概念的含混与争论的错位——1920年代“二徐之争”的一种再考察》中认为，“二徐之争”不仅来自二徐的身份与立场的一种错位，更重要的是隐匿在其后的对“艺术”与“美术”概念的含混认识所导致的。“徐志摩对‘美术’的理解与辩论是有点泛化的，而徐悲鸿却是恪守着‘美术’的范畴，不越雷池一步，所以在争论的开始，这个指向性就开始出现了偏差。”颜廷颂（1998）《艺术家的态度与评论家的口气——1929年关于西方现代艺术的一场论争》认为“二徐之争”是作为艺术家的徐悲鸿与作为评论家的徐志摩之间，由于个人所站角度不同而引起的学术分歧。庄沐杨（2020）在《不止“二徐论战”——1929年全国美展视野下的艺术批评及新旧争鸣》中，采用新研究方法将“二徐之争”置于艺术批评场域之中，考察在相对更广的语境下，“二徐论战”所呈现出的现代性知识生产。最后，“二徐之争”阴谋论认为，“二徐之争”是徐志摩一手策划的新闻事件，目的是引起公众对美展的关注。陆长明（2009）《“争论”的导演与现代批评的引用——徐志摩与1929年“全国美术展览会”期间“二徐之争”》中，认为“‘二徐之争’是由徐志摩的《我也“惑”》引起的，或者说是徐志摩策划和组织了这样的‘争论’，这完全是徐志摩预设好的争论，或者可以称为‘伪争论’，但是这样辩论还是挑起了艺术界对中西艺术以及对现代艺术积累已久的‘矛盾’”。据雷羽生（2015）在《“二徐论战”研究之述评》中说，陆长明观点是基于商勇的“徐悲鸿应徐志摩应约投文，二人的论争也似乎有预设的痕迹”的推测，并进一步地深入考据而得来的。不过雷羽生并不赞同阴谋论。另外，徐珂（2021）《探析民国时期第一次全国美术展览会对公众艺术启蒙的作用》提到“二徐之争”在当时的美术界产生了十分深远的影响，民众对这个争论的热情越发高涨，连带着对美术展览会的兴趣也浓厚起来。

以上研究大多将“二徐之争”视为偶然现象，是个案。研究方法大多采用文献法，查阅文献来确定“二徐之争”的缘起、主要分歧观点，得出“二徐之争”完全是由于徐悲鸿个人偏见引起的争论，即便是为徐悲鸿辩护（像王文娟等）也是从徐悲鸿写实主义思想出发，认为徐悲鸿偏激思想情有可原。研究者很少从中国油画发展历史规律出发，探讨“二徐之争”所涉及的本质问题，本文采用文献法、归纳法和演绎法，探讨中国近代油画发展规律、“二徐之争”观点背后的实质问题，以及对今天的借鉴意义。

二、“二徐之争”的理论背景

民国建立以后，中国人开始热烈拥抱西方美术，究其原因有三。一是引进西方现代教育，美术成为学校教育课程。蔡元培在就任中华民国临时政府教育总长后，推动教育部公布的教育宗旨是：“注重道德教育，以实利教育、军国民教育辅之，更以美感教育完成其道德。”[1]1921年上海成立全国首家美术学校（上海图画美术院，后改为上海美术专科学校，设西洋画科），1918年国立北京美术学校在蔡元培倡导下成立（1922年改称国立北京美术专门学校，分设西画系），1928年杭州成立国立艺术院（1930年改名为国立杭州艺术专科学校），学校以“介绍西洋艺术，整理中国艺术，调和中西艺术，创造时代艺术”为办学宗旨，“融合中西”成为促进中国绘画转型发展的方法论基础。二是新文化运动为中国人进行了思想启蒙。像鲁迅在1913年发表的《拟播布美术意见书》，积极介绍西方美术，提倡文化事业建设。吕澂和陈独秀积极鼓吹美术革命，陈独秀在《新青年》杂志上撰文，指出中国画改良的出路就是采用西洋画的写实精神，“若想把中国画改良，首先要革王画的命”。[2]1925年陈抱一在《申报》发表《油画艺术是什么》的文章，向中国民众介绍西方油画艺术，并指出油画艺术是“用油画方法所创成的有生命的艺术”[3]。三是留学生对西方现代美术的介绍和实践。中国留学生有两个留学目的国家——日本和欧洲（主要是法国），他们受所在国家教育和艺术观念的影响，形成了大致两个不同“潮流”，日本泽村幸夫敏锐地观察到这种趋势，他说：“在中国现在的洋画界里，大体上有两股潮流，一股从日本进入，一股从法国进入。”[4]

从艺术理念层面看，日本油画的源头也在欧洲（主要是法国），但日本的观念与法国时兴的现代主义也有不同之处，恰如刘晓璐总结的那样：“留学西方的中国美术家一般倾向写实主义，留学日本的中国美术家一般倾向现代主义。”[5]实际上，留学西方的中国美术家可分前后两期：前期以林风眠主持的国

---

① 《教育部公布教育宗旨令（1912年9月2日）》，载陈学恂主编《中国近代教育史教学参考资料》中册，人民教育出版社1987年版，第178页。

② 陈独秀：《美术革命》，载郎绍君、水天中编《二十世纪中国美术文选》上卷，上海书画出版社1999年版，第29页。

③ 陈抱一：《油画艺术是什么》，载赵力、余丁编著《中国油画文献（1542—2000）》，湖南美术出版社2002年版，第485页。

④ ［日］泽村幸夫：《中华洋画家之群——日法二潮流》，转引自李超《中国现代油画史》，上海书画出版社2007年版，第112页。

⑤ 转引自刘晓璐编著《世界美术中的中国与日本美术》，广西美术出版社2001年版，第228页。

立北京艺术专门学校（1925—1927）和国立杭州艺术专科学校（1928—1937）为代表，包容了西方的各流派，后期以徐悲鸿主持的中央大学和北平艺专为代表，选择了单一的写实风格。“日本的油画没有欧洲那种悠久的写实传统，学院派教育一开始就带有外光派色彩，而且尚未扎根，西方现代主义就接踵而来。比中国留学生赴日本或西方略早，日本的留学生已从西方带回了现代主义。在中国留学生云集日本的1937年以前，西方现代诸流派正倾入日本，各种流派风起云涌，形成日本近代美术史上最开放、风格面貌最多的一段时期。中国留学生既在学校从师带有外光派色彩的学院式写实油画，同时又深受日本社会上现代主义的影响，都在不同程度上倾向现代主义诸流派。另外，日本的现代主义有一个特点，就是具有在野性质，高扬反官方的旗帜，民办展览比官办展览更有活力，吸引了众多新生代的艺术家。……他们或拥护共产主义，主张资产阶级自由民主，或鼓吹艺术至上。凡此种种，都与日本军国主义政府的侵略政策格格不入，故为其不容。日本政府为了把艺术捆在侵略战争的战车上，常把现代主义作为‘共产艺术’‘无产阶级艺术’‘堕落艺术’‘腐朽艺术’横加取缔。相反，中国留学生的思想在其中却找到很大的契合点，能够产生强烈共鸣。西方现代艺术的许多概念，都是先由日本人译为汉字，再由中国留学生传入中国的，如印象主义、后印象主义、新印象主义、达达主义、野兽主义、表现主义、抽象主义、立体主义、超现实主义，等等。”①

从艺术实践看，以李毅士、徐悲鸿、颜文樑为代表的传统派，以法国传统写实画法为源头，探索将西方写实理念和技法在本土的“完整移植和延续”；以陈抱一、林风眠、刘海粟、吴大羽为代表的现代艺术派，“将目光投向本土文化汲取滋养，调和油画形式风格在东方的变格和再生”②。他们各自坚持艺术创作，并不断进行展览以宣传各自的艺术主张。随着这些艺术大师的创作实践和教育教学活动的不断开展，他们的艺术观念得到推广，他们拥有了大批追随

---

① 刘晓璐：《世界美术中的中国与日本美术》，广西美术出版社2001年版，第228—229页。
② 李超：《中国现代油画史》，上海书画出版社2007年版，第116页。

者。这些追随者中有大批人打着“革新”的旗号，通过拙劣模仿西方现代派艺术，创作了许多不中不西的怪胎。恰如鲁迅先生所言：“我看这些美术家的作品，不是剥制的鹿，便是畸形的美人，的确不甚高明。”[①]这些人为了抬高自己的身价，“满口说新艺术真艺术，想必自己懂得这新艺术真艺术的了。但我看他所画的讽刺画，多是攻击新文艺新思想的”[②]。徐志摩也说：“学画不到三两星期的学生们热奋的争辩古典派与后期印象派的优劣，凡·高的梨抵当着考莱琪奥的圣母，塞尚的苹果交斗着波堤切利的《维纳斯》……他们那口齿的便捷与使用名家学派种种法宝的热烈，不由得不十分惊讶的钦佩，这大都是（我猜想）就近由我们的东邻贩卖得来的。”[③]

西方不同思想和不同流派的观念在中国传播过程中，与中国传统艺术理念相互激荡，并在本土化的过程中产生了碰撞，产生了中国现代艺术发展方向争论的火花，“二徐之争”就是这种环境下的必然结果。

三、“二徐之争”的核心思想内容

（一）中国建设现代艺术是否要全盘西化

《教育部全国美术展览会组织大纲》中开宗明义规定第一次美展的宗旨：“在汇集全国美术出品陈列展览唤起国民美术兴味并促进国内美术事业。”[④]南京国民政府希望通过展览来对国民进行审美教育，美术展览会是美育的重要途径。徐志摩并不认为对公众进行审美教育是艺术的目的，他认为要建立资产阶级民主国家就要向西方学习，遵循自由、民主、博爱的思想，使每个人

① 鲁迅：《评画〈泼克〉的美术家》，载张光福编注《鲁迅美术论集》，云南人民出版社 1982 年版，第 133 页。
② 鲁迅：《评画〈泼克〉的美术家》，载张光福编注《鲁迅美术论集》，云南人民出版社 1982 年版，第 134 页。
③ 徐志摩：《我也“惑”》，载王震、徐伯阳编《徐悲鸿艺术文集》，宁夏人民出版社 1994 年版，第 105 页。
④ 《教育部全国美术展览组织大纲》，转引自徐珂《探析民国时期第一次全国美术展览会对公众艺术启蒙的作用》，《书画世界》2021 年第 2 期。

都获得充分自由。“艺术是独立的”，与文学、政治无关，只要给予艺术自由的空间，它就会按照自身的规律发展。如果用一套规则去规范艺术行为，实际上就成为不同派别之间党同伐异的借口，他说，当人们“尤其是性情爱好附会的就跟着来摭拾一些他们自己懂得不一半的名词，吹动他们传声的喇叭，希望这么一来就可以勾引起，如同月亮勾引海潮，一个‘伟大’的运动——革命；在文艺上掀动全武行做武戏与在政治上卖弄身手有时一样的过瘾”[①]。西方现代艺术为中国艺术发展指明了方向，使艺术走出传统辅翼政治的窠臼而自由发展。

徐悲鸿认为艺术应该是传统艺术合乎逻辑的发展，他希望“吾国艺术趋向光明正大之途，以绍吾先人非功利（此为吾中国美术之特点、美术之共同条件固有非功利，但在他国恒有求福邀功之迹，不若中国人写花鸟、作山水、唯抒情寄美感）之伟迹。而使一切卖买商人，无所施其狡狯也（此亦过虑，但势所必然）”[②]。而现代派崛起只是西方特殊国情（包括文艺政策）使然，并非艺术发展规律的结果。他对美术展览会的宗旨深表赞同，认为意义重大是“中国破天荒”大展览，展览会对模仿塞尚、马蒂斯、伯纳尔等现代派作品持否定态度，他对展览组织方的鲜明态度大加赞赏，“可云喜事，值得称贺”[③]。需要指出的是，徐悲鸿此处的“无耻之作”并非塞尚的原作而是中国所谓现代派画家对塞尚风格的拙劣模仿之作，他对这种赤裸裸的剽窃模仿行为深恶痛绝，他提醒徐志摩说：“现在真正无耻之作，你也看见了（指那一片绿色我已忘其题目），如此明火执仗，他就敲你，能够把他怎样？”[④]同时期李毅士的观点与徐悲鸿颇为相似，他也说：“我还觉得要反对他们（指西方现代派）在中国流行，万一种

① 徐志摩：《我也“惑”》，载王震、徐伯阳编《徐悲鸿艺术文集》，宁夏人民出版社 1994 年版，第 106 页。

② 徐悲鸿：《惑之不解（二）》，载王震、徐伯阳编《徐悲鸿艺术文集》，宁夏人民出版社 1994 年版，第 94 页。

③ 徐悲鸿：《惑》，载王震、徐伯阳编《徐悲鸿艺术文集》，宁夏人民出版社 1994 年版，第 92 页。

④ 徐悲鸿：《惑之不解（二）》，载王震、徐伯阳编《徐悲鸿艺术文集》，宁夏人民出版社 1994 年版，第 101—102 页。

下不利于社会的种子，因为我以为在中国现在的状况之下，人心思乱了20多年，我们正应该用艺术的力量，调剂他们的思想，安慰他们的精神，像塞尚、马蒂斯一类的作品，若然盛行在中国，冲动了中国的社会，我知道这祸患不浅哩?! ……欧洲数百年来，艺术的根基，多少融化了，再把那触目的作风，如塞尚、马蒂斯一类的作品，输入中国来。”①

他反对现代派观念并非哗众取宠自抬身价，而是源自他对向现代转型的中国美术深刻的理解，他自辩说并非“自尊自大，摹仿托先生挑个巨头来打倒，显显声势（并非无此胆量）。因为欧人之捧塞尚，不过像论书者之表彰北魏造像而已（弟所指沙金）(或如药中之砒有特殊之功）”②。他认为中国美术发展要建立在传统根基上，吸收外来艺术营养为我所用，而不是完全照搬西方现代艺术流派及其理念，他真诚地希望“革命政府启其天纵之谋，伟大之计，高瞻远瞩”③，不要被这些所谓的现代艺术迷惑，更不要为了博得推动艺术自由发展的虚名，“竟抽烟赌杂税一千万元，成立一大规模之美术馆，而收罗三五千元一幅之塞尚之画十大间（彼等之画一小时可作两幅），为民脂民膏计，未见得就好过买来路货之吗啡海洛因”④，这无异于纵容丑陋而扼杀美好，造成千古遗恨。这些肺腑之言绝非一些专家所谓的徐悲鸿基于个人偏见而打击现代艺术，而是他从民族文化发展计，反对崇洋媚外，全盘西化，在毫无研究和理解的情况下生搬硬套的模仿，这是投机心理作祟，一言以蔽之，他并非反对西方现代派而是“反对投机而已”⑤。

---

① 李毅士:《我不“惑”》，载王震、徐伯阳编《徐悲鸿艺术文集》，宁夏人民出版社1994年版，第114页。

② 徐悲鸿:《惑之不解（二）》，载王震、徐伯阳编《徐悲鸿艺术文集》，宁夏人民出版社1994年版，第101页。

③ 徐悲鸿:《惑》，载王震、徐伯阳编《徐悲鸿艺术文集》，宁夏人民出版社1994年版，第93页。

④ 徐悲鸿:《惑》，载王震、徐伯阳编《徐悲鸿艺术文集》，宁夏人民出版社1994年版，第93页。

⑤ 徐悲鸿:《惑之不解（二）》，载王震、徐伯阳编《徐悲鸿艺术文集》，宁夏人民出版社1994年版，第98页。

（二）中国现代艺术是否要建立在传统基础上

徐悲鸿继承传统艺术精神，主张艺术表现必须遵循“真善美”三大原则：“真”是研究艺术的方法和态度；而“善”和“美”则是指艺术的内容和形式。他认为：“内容者，往往属于‘善’之表现。而为美术者，其最重要之精神，恒属于形式，不尽属于内容。”由于性格不同，有的画家偏于“善”（内容），而有的画家则偏于“美”（形式）。而艺术形式的核心是“性格”和“神情”，所谓性格就是表现刚强、柔弱、壮丽、淡泊……是审美情感的体验；而神情则是艺术形象的情感反应，人物的喜怒哀乐，景物的风雨晦暝，反映作者“幽眇复颐广博浩荡之襟怀思绪”[①]。画家只要能表现艺术形象的神情和性格特征，题材并不很重要。

徐志摩显然赞同现代派理论，反对传统对美术的束缚，他将技巧视为传统大师在艺术创作中形成的一套制作规范标准，它是艺术的载体而不是艺术本体，不要将其看得太重。如果过分看重技巧就会束缚个人的创造，明确反对美术的“唯技巧”论。他说：“技巧有它的地位，知识也有它的用处，但单凭任何高深的技巧与知识，一个作家不能造作出你我可以承认的纯艺术的作品。”[②]在徐志摩内心深处，非常强调艺术家个人才情的流露，技巧只是传统手艺人互相鄙薄的标准，他看到“美术学校或画院刻苦出身朋友鄙薄塞尚以次一流的画”就像“八股试帖刻苦出身的老辈鄙薄胡适之以次一流的诗”一样，是拿古代的标准来刻舟求剑式规范现代艺术，不仅无助于现代艺术发展，反而会限制艺术灵感的自由发挥。艺术作为个性灵感的发挥无关技巧的高低，其高下来自表达是否真诚。徐志摩说：“如果关于艺术的批评可以容纳一个道德性的观念，那就只许有——我想你一定可以同意——一个真与伪的辨认。”他接着解释说：

---

① 徐悲鸿：《美术漫话》，载王震、徐伯阳编《徐悲鸿艺术文集》，宁夏人民出版社 1994 年版，第 412—413 页。

② 徐志摩：《我也“惑”》，载王震、徐伯阳编《徐悲鸿艺术文集》，宁夏人民出版社 1994 年版，第 107—108 页。

“真与伪是指一个作家在他的作品里所表见的意趣与志向。”[①] 也就是说，技巧只有与人的“意趣和志向”表达完美融合才能有意义。单靠技巧训练而没有真情实感，也只是学到了艺术的躯壳而缺乏灵魂，唯有个人的“意趣和志向”才是艺术最可宝贵的核心。当徐悲鸿在信中批评塞尚、马蒂斯等现代派画家“无耻”“卑鄙”时，无形中戳中了徐志摩笃信的艺术理念。他认为在西方美术史上，塞尚就是一位艺术“殉道士”，一生绘画不是为了卖钱，他的艺术中从没有铜臭气息，“近代画史上有性格孤高，耿介淡泊，完全遗世独立，终身的志愿但求实现他个人独到的一个‘境界’这样的一个人，塞尚当然是一个。换一句话说，如其近代画史上有‘无耻’‘卑鄙’一类字眼最应用不上的一个人，塞尚是那一个人！”[②] 徐志摩的观点过于理想化，美术不同于文学，如果过分强调“意趣和志向”，就会陷入清末中国画坛追求“气节”“人品”的怪圈，使美术走向自我解体，“形既不存，何云乎艺”，对此，徐悲鸿也看得明白，徐志摩并不懂绘画，其理想化的美术观念只是个人情绪的表达，并非完整的美术思想。他安慰徐志摩说，“（塞尚）彼一生之含垢忍辱，实能博得人深厚之同情，即兄之竭力回护，恐亦未尝不是激于侠情的义愤”[③]。

（三）中国现代美术是传统艺术的创新性发展

徐志摩认为，欧洲强大必然文化也强大，模仿欧洲成为中国美术发展的内在需求，“事事模仿欧西，那是个必然的倾向”[④]。徐悲鸿则反对模仿前人，他认为学习原始艺术是将其作为自身创作的“原料”，而不是“返乎原始时代”。

---

① 徐志摩：《我也“惑”》，载王震、徐伯阳编《徐悲鸿艺术文集》，宁夏人民出版社 1994 年版，第 102—103 页。
② 徐志摩：《我也“惑”》，载王震、徐伯阳编《徐悲鸿艺术文集》，宁夏人民出版社 1994 年版，第 109—110 页。
③ 徐悲鸿：《惑之不解（二）》，载王震、徐伯阳编《徐悲鸿艺术文集》，宁夏人民出版社 1994 年版，第 101 页。
④ 徐志摩：《我也“惑”》，载王震、徐伯阳编《徐悲鸿艺术文集》，宁夏人民出版社 1994 年版，第 105 页。

"美术之所以能安慰吾人者，乃在其自身之健全，故需一智之艺。"[①] 他说："美术之大道，在追索自然，一切 Comention 须打倒，不仅四王。"[②] 他希望"亲爱之艺人，细心体会造物，精密观察之，不必先有一什么主义，横亘胸中，使为目障"[③]。

徐悲鸿认为美术发展有其规律，发展中国美术既不能模仿欧洲现代派，也不能拘泥传统艺术，而是采用"拿来主义"，在认真研究的基础上继承优秀传统艺术，吸收外来艺术营养来发展中国当代艺术。他在《中国画改良之方法》一文中，提出发展改良中国的主张，"古法之佳者守之，垂绝者继之，不佳者改之，未足者增之，西方画之可采入者融之"[④]。改良不是细枝末节的完善，而是脱胎换骨式的创造。"创造乃一可贵之事，不能责之人人。人而不以独立自期，便云无志。"[⑤] 创造并非一蹴而就，他需要艺术家经年累月的实践，百折不挠久久为功的精神，才能有所发现和创造，"创造，必不能期之漫无高深研究之妄人大胆者，即名创造人，讵非语病？特人必须具有大胆，方得与于进化之彼云耳"[⑥]。创造不是天马行空式的率性而为，而是合乎艺术规律的发展，要想进行艺术创造就必须对艺术进行学理性研究，他认为："一切学术有一共同目的，曰：追寻造物之真理而已。美术者，乃真理之存乎形象色彩声音者也。"[⑦] 表现真理的艺术语言就是色彩与形状，画家就应该以科学严谨的态度研究艺术语言，"吾人研究之目标，要求真理，唯诚笃，可以下切实功夫，研究至绝对

① 徐悲鸿：《惑》，载王震、徐伯阳编《徐悲鸿艺术文集》，宁夏人民出版社 1994 年版，第 92 页。
② 徐悲鸿：《惑之不解（二）》，载王震、徐伯阳编《徐悲鸿艺术文集》，宁夏人民出版社 1994 年版，第 99 页。
③ 徐悲鸿：《惑之不解（二）》，载王震、徐伯阳编《徐悲鸿艺术文集》，宁夏人民出版社 1994 年版，第 97 页。
④ 徐悲鸿：《中国画改良之方法》，载王震、徐伯阳编《徐悲鸿艺术文集》，宁夏人民出版社 1994 年版，第 11—12 页。
⑤ 徐悲鸿：《惑》，载王震、徐伯阳编《徐悲鸿艺术文集》，宁夏人民出版社 1994 年版，第 96 页。
⑥ 徐悲鸿：《惑之不解（二）》，载王震、徐伯阳编《徐悲鸿艺术文集》，宁夏人民出版社 1994 年版，第 98 页。
⑦ 徐悲鸿：《美术漫话》，载王震、徐伯阳编《徐悲鸿艺术文集》，宁夏人民出版社 1994 年版，第 411 页。

精确之地步”[①]，只有做到观察和表现的准确，艺术才有表现力，“吾人必须观察精确，表现其恰当之程度，此即所谓‘力量’，力量即是绝对的精确”。徐悲鸿认为，现代绘画不同于传统，传统文人画家们为了追求文人们的清高，在艺术上追求“高简”，“两点是眼，不知是长是圆；一画是鸟，不知是鹰是燕，竞尚高简，变成空虚”。[②]文人画这种人云亦云式陈陈相因表现，源自追求时尚、投机取巧，与艺术规律背道而驰，矫枉过正的方法就是要求画家在研究自然上下苦功，“艺术之出发点，首在精密观察一切物象”，“必求获得技能之精，锻炼其观察手法，而求合乎其心之所求，达到得心应手。”[③]才能达到艺术的最高境界，“尊德性、崇文学、致广大、尽精微、极高明、道中庸”[④]。用现代的话说，当代艺术应该是继承传统艺术精神上创造性转化、创新性发展。

四、结语

“二徐之争”虽然只出现在二人的几篇文章中，却在当时引起了巨大反响，以至于在二人结束争论后，蔡元培在《美术批评的相对性》，贺天健在《批评艺术应具有之态度》《画家名利之弊因及今后之补救》，郑午昌的《敬告不愿出品者》《批评家的责任》，俞剑华的《从美展大门说到中西美术的混合》、杨清磐《模特儿》等文，认为艺术批评应该客观，不应以自身的标准来判断西方艺术的好坏等，也都可以视为“二徐之争”的余波，由此可见其在中国油画发展中的重要意义。

“二徐之争”实质上是中国现代艺术发展方向之争：是坚持“为艺术而艺

① 徐悲鸿：《在中华艺术大学讲演辞》，载王震、徐伯阳编《徐悲鸿艺术文集》，宁夏人民出版社1994年版，第57页。

② 鲁迅：《记苏联版画展览会》，载《鲁迅全集》六卷，人民文学出版社1958年版，第391页。

③ 徐悲鸿：《〈中央大学艺术学系系讯〉序》，载王震、徐伯阳编《徐悲鸿艺术文集》，宁夏人民出版社1994年版，第436页。

④ 徐悲鸿：《惑之不解（二）》，载王震、徐伯阳编《徐悲鸿艺术文集》，宁夏人民出版社1994年版，第97页。

术”的自由主义，跟在西方艺术后面亦步亦趋地走商业化之路？还是继承传统基础上，借鉴外来文明元素，走适合中国国情的艺术之路？中国现代美术历史地选择了后者。当代中国正在向建设中国特色社会主义文化强国奋勇前进，推动传统艺术创造性转化、创新性发展，发展社会主义先进文化进程中，“二徐之争”的某些观点仍具有借鉴意义。

一场崇效赏花事　三卷《楸阴感旧图》
——清华大学艺术博物馆《楸阴感旧图》研究

倪　葭

一、姜筠《楸阴感旧图》

清华大学艺术博物馆收藏有一卷《楸阴感旧图》(图1，后简称清华本)，系姜筠为徐德沅所作。画面描绘了崇效寺春景，前景处有几株高大的槐树及一株开满粉花的楸树，树下各色牡丹争奇斗艳。楸树花期为5—6月，牡丹花期为4—5月，图中楸花盛开、牡丹绽放，因此所绘当为春景。图中主体建筑为面阔五间的大殿及东西配殿。从西配殿后望，还可见到一座二层建筑。上题："楸阴感旧图，丁酉（1897）四月，芷帆仁兄世台太史属（嘱）画。弟姜筠。"钤"姜筠"朱文印。后有冯煦题："糁雪揉云展倦茵。年时裙屐几逡巡。碧阴阴地断无人。韦曲花凋无那醉。谢池草暗不成春。旧游如梦梦如尘。浣溪沙。芷帆我兄同年正。弟冯煦。"钤"蒿盦"朱文印。

姜筠（1847—1919），字颖生[①]，号大雄山民，安徽怀宁人。清光绪十七年（1891）举人，官至礼部主事，同时是晚清民国京师最有影响力的画家之一。其山水初无师承，后专学王翚，书法苏轼，兼善篆刻。姜颖生"在当时画名甚

① 《中国美术家人名辞典》"姜筠"条目载姜筠"字颖生"［俞剑华编：《中国美术家人名辞典（修订本）》，上海人民美术出版社2009年版，第581页］。其他很多著作中也均写作"颖生"。依据目前所见姜筠画作，姜筠字当为"颖生"。

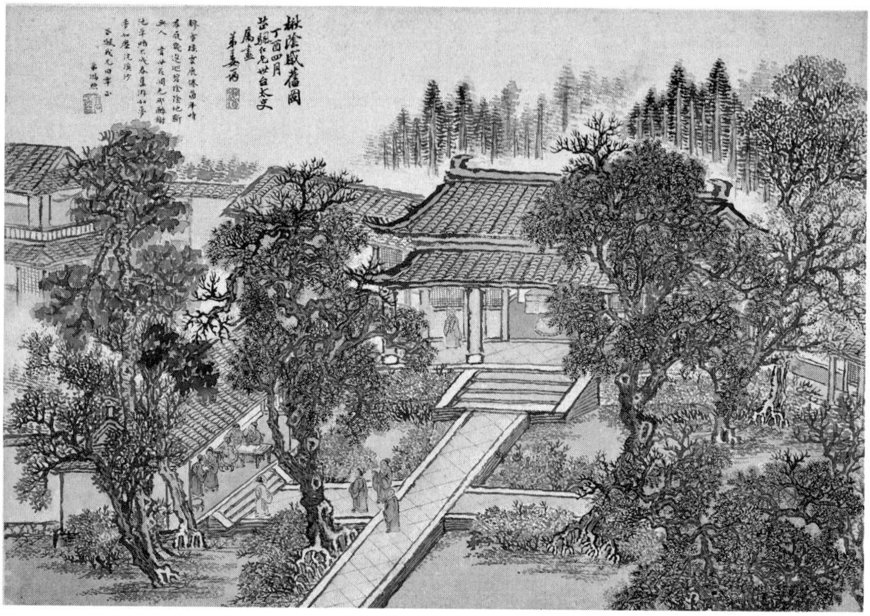

图 1 《楸阴感旧图》，姜筠，清，纸本设色，47 cm × 55 cm，清华大学艺术博物馆藏

高，与苏州顾麟士（鹤逸）并称南北两大画家”[①]。黄濬《花随人圣庵摭忆》中也曾写道：“旧京画史，予所记者，庚子后，以姜颖生、林畏庐两先生为巨擘。大雄山民，纯学耕烟，苍劲密蔚。补柳翁则师田叔，问学大小米。论工力，姜自在林上。”[②]冯煦（1842—1927），原名冯熙，字梦华，号蒿盦，晚号蒿叟、蒿隐公，江苏金坛人。光绪十二年（1886）进士，授翰林院编修，官至安徽巡抚。辛亥革命后，寓居上海。著有《蒿盦类稿》等。

卷后拖尾依次有朱祖谋、夏孙桐、秦树声题识。

朱祖谋题识：“绀烟敛雾。香外梵歇，颓照萧寺。珠露飘花。惯催、俊侣年年贳春醉。画阑再倚。谁料素约，和恨难理。残酹沾地。夜深、定有，秋魂暗惊起。蠹壁字零落，细数词流空百辈。何况故人、伤高当日泪。总付与西风，邻笛凄异。断鸿知未。有一样西堂，孤坐无睡。绕花阴、梦痕如水。绕佛

① 于安澜口述，刘小敏整理：《姜颖生先生作品收藏记事》，《美术研究》1997 年第 2 期。

② 黄濬：《花随人圣庵摭忆》，上海古籍出版社 1983 年版，第 468 页。

阁。”并记云“庚寅（1890）辛卯（1891）间与芷帆、仲到同年昆弟连为崇效寺之集，予季彦偁间亦一至。明年，仲到遽下世，又三年，予季亦疾殁里门。今芷帆出图索题，泚笔泫然，不止黄垆之思也。已亥（1899）五月祖谋写记，壬寅（1902）八月重录”。钤“朱祖谋”朱文印。

朱祖谋（1857—1931），原名孝臧，字藿生、古微，号沤尹、彊村，浙江归安（今湖州）人。光绪九年（1883）进士，曾任礼部右侍郎等职。善书法，尤工词。著有《彊村词》。朱祖谋文中所记“彦偁”为其季弟。当朱彦偁去世后，朱祖谋作《鹧鸪天·龙凤兜展彦偁弟墓》缅怀：“纸蝶风旋土一堆。无多老泪著寒灰。残鹃锦树啼还咽，小雁炉峰梦不回。身后事，眼前来。青山须办骨同埋。便能世世为兄弟，知否人间更可哀。”可见兄弟感情笃深。

夏孙桐题识：“又繁英缀雪，峭干含霏，绀宇春残。阅尽缁尘影，认参天古绿，深锁空坛。夕阳一晌人去，禅榻落花寒。尽展画疏帘，寻题坏壁，意总阑珊。尊前。问游侣，道百辈词流，掌故曾传。几度芳韶换，叹黄垆陈迹，依旧花间。多情更有红药，风雨护西阑。愿鬓雪成丝，年年此日来共看。忆旧游。”并记云：“丁酉（1897）之春，芷帆前辈同过崇效寺，枨触旧游，凄然有鸰原之感。绘图征咏，为题此阕。今春花时重到，梵宇荒凉，风景不殊，何意遂更浩劫。适图经重装，督写旧句，低徊今昔，益难为怀矣。壬寅（1902）八月夏孙桐。”钤“悔龛”朱文印，“水云楼乡里后进”白文印。

夏孙桐（1857—1941），字闰枝，一字悔生，晚号闰庵，江苏江阴人。光绪十八年（1892）进士，选庶吉士，授翰林院编修，历任湖州、宁波、杭州知府。民国初入清史馆任总纂。著有《悔龛词》及续集。

秦树声题识：“古春万缬。倩屈平（将）灵涕，将花扶得。雨霁坠红休洗，怕瘦损东皇病骨。薛甃寒流，蛛幢荒篆，更二千年定娇歇。风笛谁家，露车今日，物表剑轻吷。招魂试问猨沙劫。绕昆仑几许，离（蒙）珠离国。断雁书天故无力。身是成凭，百六江南，世根尤劣。烧烛遗尘，抹碑私路，一寸倚梧鬓雪。春云怨。”后题：“楸阴感旧图，太湖徐芷帆侍御忆弟仲到水部之作也。壬寅（1902）七月重装。益纸幅，属丈之，展其旧题，则即前之‘蒿盦’、悔生、沤尹皆倚声。精婉凄塞，不可毕读，隙阴如流，秋柏大实，上距庚寅（1890）已一纪矣。仲到清耿，刚中迕俗，壬辰（1892）通籍，同余官，墨墨欲死之，无何，以殉死父卒。沤尹之季彦俑嵚崎，而风性不恒，余季野篁英悟，而不谐物则一，其兄皆未之有逮也。侍御哭其弟之又三年，沤尹哭其季，余亦哭余季。谢池之草，殊春共悲。是游彦俑间一至，而余季并未之与，涕之无从，益可哀已。余与蒿庵诸君无能为役，而悔生、沤尹顾督之不已，苦婢之意，幸复怜之。门焦秦树声。”

秦树声（1861—1926），字宥横，一字晦鸣，号乖庵，河南固始人。光绪十二年（1886）进士，曾任工部主事、云南提法使、广东提学使等职。辛亥革命后避居上海，后移居北京，任清史馆总纂。秦树声文中所题“野篁”为其英年早逝之四弟秦鸿声。

姜筠图中所绘的建筑到底位于崇效寺的什么位置？首先需要了解崇效寺的全貌。根据民国十九年（1930）国立北平研究院测绘，标注有寺庙建筑及寺内所植花木的《崇效寺全部平面图》（图 2）可知，该寺原分为东、中、西三路，有南北四进院落。中路自山门进入：一进院落有面阔三间的天王殿、东西钟鼓楼及灵房；二进院落有面阔五间名为“无量殿”的大雄殿及厨房、灵房、客堂，种植树木有楸树、椿树、柏树、梅树，栽培花卉有牡丹、丁香；三进院落有面阔五间的大悲坛（殿），殿二层为藏经阁，有东西配殿，种植树木有楸树、枣树、柏树，栽培花卉有牡丹、丁香、迎春；四进院落为坟场义地。东路开大车门，自南向北依次有菜园、灵房、车房、花圃和坟院。西路无外门，自南向北依次有菜园、空房、文昌阁、灵房、吕祖殿、库房、住房、方丈室和花圃。

崇效寺可以种植牡丹的位置有第二进院落、第三进院落和东西跨院的两个花圃。从画面中可见正殿加偏殿的建筑格局，因此画中所表现的不会是东西跨院的场景。那究竟是哪进院落？

画面所描绘的主体建筑为面阔五间的大殿及东西配殿。从西配殿后望，还

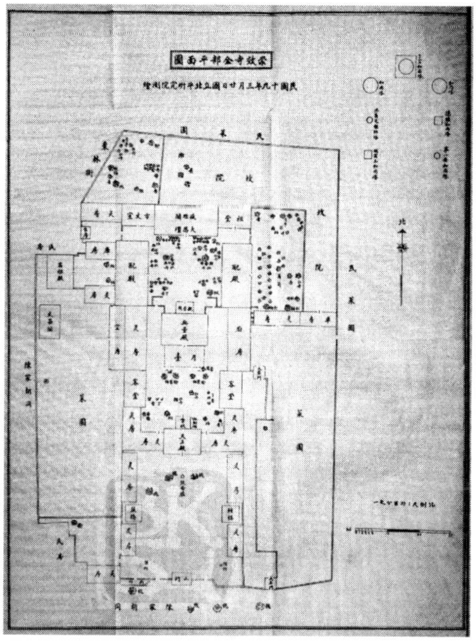

图 2 《崇效寺全部平面图》

[图据《史学研究会调查北平庙宇碑记报告》所附民国十九年三月廿日(1930 年 3 月 20 日)国立北平研究院测绘《崇效寺全部平面图》,《国立北平研究院院务汇报》1930 年第 1 卷第 2 期。]

可见到一座二层建筑。正殿与东西配殿之间以方砖铺地，形成十字形甬道。甬道外的空间自然形成了四个方形的花圃，其中种植各色花木。树木包括三株古槐、一株楸树及数株杂树；花卉主要为牡丹。崇效寺“花事”历史悠久，“寺中有枣树千株，故又名枣花寺。清乾隆朝，曾以丁香盛称一时。降至同治光绪间，则以牡丹冠绝京华”[①]。每当牡丹花开阑珊之时楸树悄然绽放。崇彝在《道咸以来朝野杂记》中记录：“寺中楸树三株，苍蔚可喜，花时有如幢盖。”[②]《道咸以来朝野杂记》成书时间在 20 世纪 40 年代，当时崇彝所见的楸树已经是

① 马芷庠：《老北京旅行指南》，吉林出版集团有限责任公司 2008 年版，第 84 页。另有徐珂《清稗类钞》载：“京师崇效寺花事最盛，顺、康以枣花名，乾隆中以丁香名，光绪中以牡丹名。”

② “崇效寺，昔以枣花名。寺中楸树三株，苍蔚可喜，花时有如幢盖。后以牡丹著名，异种甚多。犹记戊午、己未之间，偕客探花事，佛院中二乔、一品衣、墨华、姚黄，俱盛开。最可念者，西偏僧寮前有魏紫两株，高逾五尺。其后三年，主持僧以修屋贮灰于花下，因伤根，就萎，伐去，殊可恨也。”崇彝：《道咸以来朝野杂记》，载《笔记小说大观》第 33 编第 9 册，台湾新兴书局有限公司 1983 年版，第 25—26 页。

“苍蔚可喜，花时有如幢盖”，这与画中楸树所呈现的树干挺立、花朵繁盛状态是一致的。

崇效寺一、二、三进院落建筑形式不同。一进院落正殿名为“天王殿”，仅种植有三棵槐树，未种植花卉。二进院落正殿名为“无量殿”，该殿前有月台，以踏跺与地面连接。三进院落无月台，因此也就没有了踏跺。清华本中可见垂带踏跺，由此可知画家所绘为崇效寺的第二进院落。藏经阁是寺庙中唯一的二层建筑。在实际的空间方位中，藏经阁在北、无量殿在南。自南向北，由二进院落可望见三进院落的二层建筑。而在画面中，藏经阁在西，无量殿在东，整体的建筑走向发生了“位移”。由此可以推测，姜筠所绘主体建筑为二进院落中面阔五间名为“无量殿”的大雄殿。为适应横长手卷的构图需要，姜筠将第三进院落中的寺庙标志性建筑——藏经阁也巧妙地安排进了画面。根据老照片（图 3–1、图 3–2）与中华人民共和国成立后第一次全国文物普查对崇效寺各处建筑所做的详细记录可知，崇效寺所有的殿宇顶均为单檐式，并无画中所呈现的重檐式，所以画中正殿的重檐为画家的艺术“加工”。这种“加工”不仅表现在为建筑“加”重檐上，还表现在对重要植物的“移植”上。

崇效寺种植花木众多，而且不少花木历史悠久、树形高大。正如画中所呈现的，在粉云绕树的楸树之前，有三株树形虬曲峥嵘的高树，树叶呈羽状。由此鲜明的特征可看出，姜筠所描绘的是槐树。在实际方位中，这三棵古槐位于崇效寺的第一进院落里，但是为了与楸树相映衬，画家将三株古槐安排在了

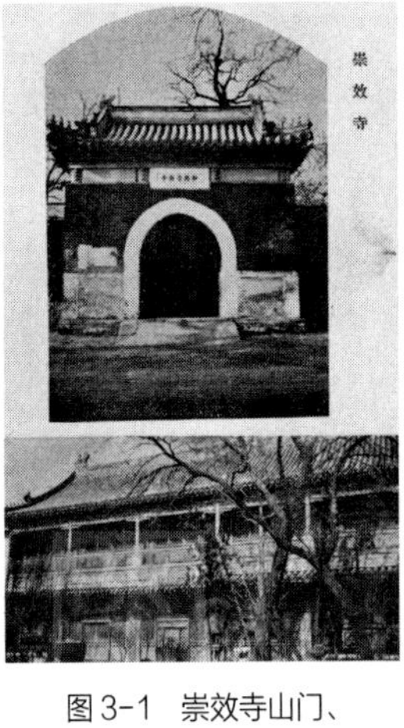

图 3–1　崇效寺山门、大悲殿老照片

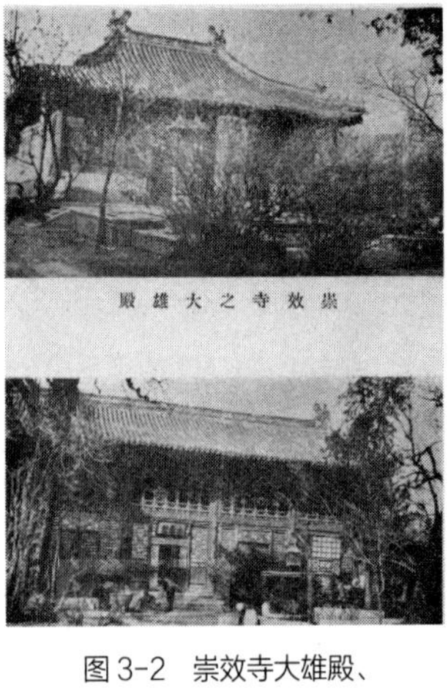

图 3–2　崇效寺大雄殿、大悲殿老照片

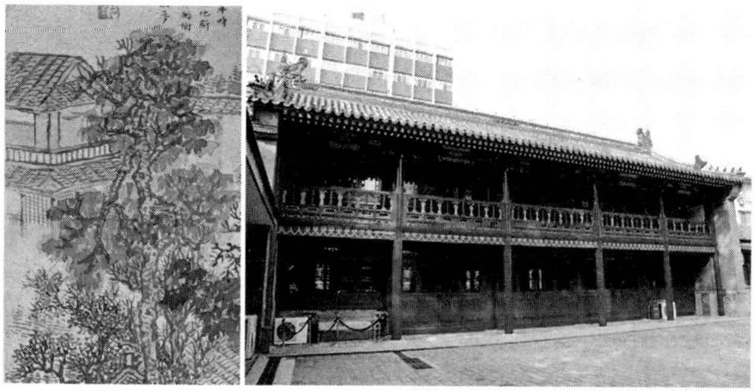

图 4　崇效寺藏经阁绘画与现状

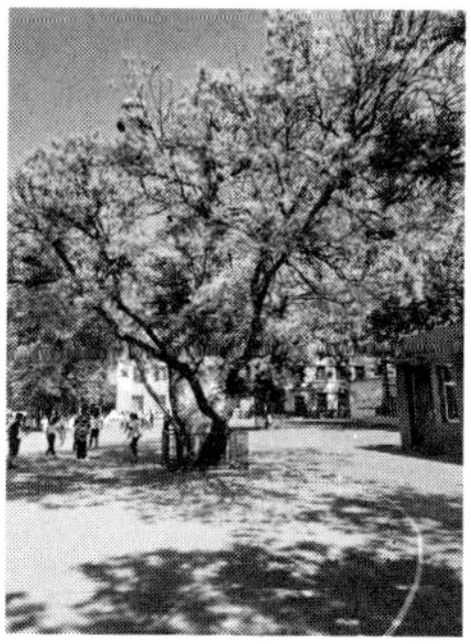

图 5　古槐与古楸的现状

楸树身畔。笔者实地走访了白纸坊小学（崇效寺旧址），观察到现今一、二进院落已经拆除，三进院落中的藏经阁仍然存在（图 4）。神奇的是，笔者拍到了槐树与楸树在没有原建筑遮挡情况下与清华本相似的照片（图 5）。一进院落原有的三棵槐树，两棵在正殿前，一棵在西厢房前，现剩下正殿前东侧一棵和西厢房前的一棵。

二、沈宗畸描述中的两幅《楸阴感旧图》

张江裁（次溪）对北京史地风物多有研究，对崇效寺情有独钟，曾先后撰有多篇关于此寺的文章，如《枣花寺》《北京崇效寺〈训鸡图〉志》《北平崇效寺〈楸阴感旧图〉考》等。在《北平崇效寺〈楸阴感旧图〉考》一文中，张次溪记录了沈南野（宗畸）关于《楸阴感旧图》的一段话："光绪丁亥（1887），余年二十三，与徐芷帆侍御（德沅）、养吾主政（德溉）昆仲，同受业于郑东甫师之门。……崇效寺有老楸两株，数百年物，暮春著花，作淡红色。游春士女，来赏牡丹，此树婆娑，难邀一盻。余与芷帆昆仲，馆课余暇，排日载酒来赏楸花。养吾既逝，芷帆为绘《楸阴感旧图》，遍征题咏，一时名辈如朱古微、胡长木、刘慈甫咸有题词。余亦谱《买陂塘》一阕，稿佚已久。甲辰（1904）

余再入都，芷帆逝逾十年[1]，《感旧图》不知流落何处。社友李绍堂（国瑜），为陈松山给谏女婿，夫人陈佩彤，工绘事，为余重写《楸阴感旧图》一帧，付之装池，题者甚夥。”[2]沈宗畸短短的话语描述了两幅《楸阴感旧图》，先有徐德沅亲绘的《楸阴感旧图》（后简称徐本），后有沈宗畸请人重绘的《楸阴感旧图》（后简称沈本）。

郑杲（1852—1900），字东甫（东父），原籍直隶迁安（今河北迁安），光绪六年（1880）进士，授刑部主事。著有《郑东父遗书》《东甫遗稿》《杜诗钞》等。

沈宗畸（1857—1926），原名宗畤，字孝耕，号太侔、南雅、南野、繁霜阁主。祖籍浙江，世侨居番禺。光绪己丑（1889）举人。词坛耆宿，著湄吟社发起人，晚寓北京。有藏书楼名“拜鸳楼”。著有《东华琐录》等。

徐德沅，字芷帆，太湖人，光绪十五年（1889）己丑科二甲进士，曾任监察御史。

徐德溉，字养吾，太湖人，光绪十八年（1892）壬辰科三甲进士，曾任工部主事。

沈宗畸与徐氏昆仲同学于郑东甫门下，兴趣相投，经常同游崇效寺，赏花、饮酒、赋诗。所以沈宗畸对于徐德沅亲绘《楸阴感旧图》的记录应较为真实可信。王揖唐在《今传是楼诗话》中也说道：“养吾逝世，芷帆为绘《楸阴感旧图》。”[3]

徐本的作者是徐德沅。创作起因是纪念徐德溉。胡延所记可与之印证：“太湖徐芷帆，于丙戌（1886）之岁与其弟携朋游于京师崇效寺，赌酒联诗，流连碧楸之下。三载于兹，尺波电谢，灵修不居，其弟俄从怛化，朋辈亦零

① 关于“芷帆逝逾十年”之句的断句，笔者持不同看法，后文详述。
② 张江裁：《北平崇效寺〈楸阴感旧图〉考》，《国立北平研究院院务汇报》1936年第7卷第6期。
③ 王揖唐著，张金耀校点：《今传是楼诗话》，辽宁教育出版社2003年版，第134页。

落，向尽如槛外秋烟。芷帆伤之，作《楸阴感旧图》以寄恨。”[①]

徐本的绘制时间没有明确的材料证明，但是笔者有个推论。

清华本卷后拖尾有朱祖谋长题：“庚寅（1890）辛卯（1891）间与芷帆、仲到同年昆弟连为崇效寺之集，予季彦俩间亦一至。明年，仲到遽卜世，又三年，予季亦疾殁里门。”此处有一个重要的时间信息——“明年，仲到遽下世”，也就是徐德溉于1892年去世，结合前文沈宗畸谈到的“甲辰（1904）余再入都，芷帆逝逾十年，《感旧图》不知流落何处”，可以进行一定推理。在这里，如果断句为“甲辰（1904）余再入都，芷帆逝，逾十年，《感旧图》不知流落何处”，也就是1904年当沈宗畸回到京城时徐德沅已去世，十余年后，也就是1913年左右沈本消失了，那么徐本的创作时间段应该在1892—1904年。“芷帆逝，逾十年”，此句如果不断，为“芷帆逝逾十年”，那会被解读为1904年距徐德沅去世已经超过了10年，也就是徐德沅去世于1894年之前。而清华本上有姜筠所题“楸阴感旧图，丁酉（1897）四月，芷帆仁兄世台太史属（嘱）画”，1894年之前去世的徐德沅是不可能再请姜筠于1897年作画的。

此外，还有一个本文之外的收获。由清华本上朱祖谋所题可知，徐德溉与朱彦俩的去世时间相隔三年。据《朱彊村年谱》所载，朱彦俩去世于光绪二十四年（1898）[②]。但如果徐德溉去世于1892年，那么三年之后是1895年，这与《朱彊村年谱》所载朱彦俩去世时间不一致。[③]清华本此处文字是否可以作为修订朱彦俩去世时间的重要参考资料呢？

在徐本之后为何出现了沈本，也就是另一卷《楸阴感旧图》？沈宗畸的自

---

① 胡延：《苾刍馆词集》，载《清代诗文集汇编》编纂委员会编《清代诗文集汇编》第788册，上海古籍出版社2010年版，第475页。

② “清光绪二十四年，戊戌，公元1898年。……是年四月，季弟彦俩去世。”参见沈文泉《朱彊村年谱》，浙江古籍出版社2013年版，第28—29页。

③ 现今出版的朱祖谋《绕佛阁》前序均为“崇效寺楸花最盛，往年，徐芷帆、养吾兄弟，花时辄宴赏其下，予季彦俩间亦一至。养吾下世已五年，彦俩墓亦宿草矣。芷帆作《楸阴感旧图》征题，属笔泫然，不止黄垆之悲也。”参见（清）朱孝臧著，白敦仁笺注《彊村语业笺注：白敦仁著作全集》，浙江古籍出版社2016年版，第28页。上文“养吾下世已五年，彦俩墓亦宿草矣”与清华本上朱祖谋的时间记叙不符，当依亲笔记录。

述回答了这个问题。他在得知图卷遗失后，怆怀往迹，因此要补绘。据沈自言："《感旧图》不知流落何处。社友李绍堂（国瑜），为陈松山给谏女婿，夫人陈佩彤，工绘事，为余重写《楸阴感旧图》一帧。"作为著涒吟社的发起人，当徐本遗失后，沈宗畸得知社友李国瑜的夫人陈佩彤善绘，因此请陈佩彤画了又一幅《楸阴感旧图》。

陈佩彤之父陈田[①]，号松山，又号黔灵山樵，贵州贵阳人，官掌印给事中，著有《明诗纪事》。陈佩彤资料较少。

其实沈本并不是陈佩彤一人所绘，而是李国瑜、陈佩彤夫妇合作。沈本上有很多当时文人名士的题识。1920年的《小说月报》曾刊登沈本，但仅刊登了画面[②]（图6），而张次溪因在民国十三年（1924）春"谒南野先生于宣南青厂便佳簃，得瞻斯图"，所以在《北平崇效寺〈楸阴感旧图〉考》中得以详细记录了"图咏"部分，图咏的作者分别有：易顺鼎、吴昌绶、潘飞声、孙天问、夏仁虎、徐琪、徐珂、高旭、孙雄、赵炳麟、罗复堪、陈庆佑、盛时、周退舟、沈福田、陈之鼒、陈昭常、陈宗寔、程康、辛耀文、徐半梦、袁祖光、庆珍、杨赫坤、李吉麟、周天球、董玉书、陈训、管之枢、王賓生、何震彝、吴坚、寿石工、袁祖光（二题）、陈述、王蕴章、傅熊湘、骆成昌、劳乃宣、李绮青、张孟劬、周岸登、颜冰盦、张瞿仙。

其中，颜冰盦谈道"图为李绍堂（国瑜）、妻佩彤夫妇同绘"，赵炳麟也写道"写此图之李居国瑜，松山婿也"。陈佩彤夫，李国瑜，字绍堂，《历代画史汇传补编》称其"山水学王石谷"[③]。民国时期活跃于天津的城南诗社中，也有李国瑜的身影。

那到底沈本是何样面貌？1920年《小说月报》曾刊登此图。可以为我们解开沈本神秘的面纱。

---

① （清）赵炳麟：《挽陈松山给谏》，参见（清）赵炳麟著，余瑾、刘深校注《赵柏岩诗集校注》，巴蜀书社2014年版，第341页。

② 《〈楸阴感旧图〉行看子》，《小说月报》1920年第11卷第1期。

③ 吴心谷：《历代画史汇传补编》第3卷，香港博雅斋1977年版，第32页。

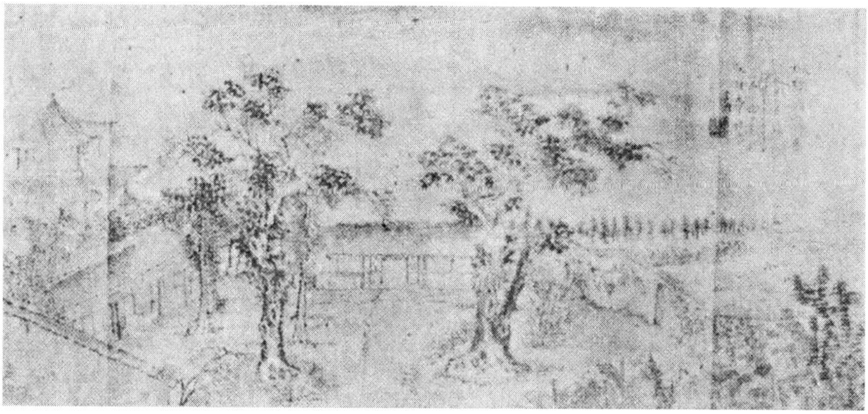

图6 《〈楸阴感旧图〉行看子》

画中心两株巨大的楸树分立左右，庭院宽敞，廊庑环绕，左边起一座高楼，院内有假山、芭蕉、修竹。两楸树间有一位文士，神色怅惘。画中的楸树异常高大，正如王揖唐曾提到的那样，“干可十围，浓阴满院，信为巨观”[①]。楸树、屋宇和人物形成的鲜明对比，突出了画中人在楸树下怀恋旧人的画题。上题“楸阴感旧图。癸丑（1913）六月，以耕烟、麓台家意写崇效寺景。太侔先生雅鉴。李国□。”“□瑜印”（报纸图片不甚清晰）。画面的左侧下方还有一行落款及两方印章，但图片太小，难以辨认是否为陈佩彤的落款及钤印。全作图片虽不甚清晰，但画面中心几乎并列的两株树木却显得更为高大。全作构图庄

---

① 王揖唐《题〈楸阴感旧图〉》“京师白纸坊崇效寺，本唐之枣花寺，盖刘济舍宅所建。元至正改名崇效，明清因之。朱竹垞、王渔洋手种丁香，闻在西来阁下，今久非故物，惟春时牡丹盛开，游赏如织，龚定盦诗所谓‘词流百辈花间尽，此是宣南掌故花’者也。寺内楸花二株，干可十围，浓阴满院，信为巨观。吾乡太湖徐芷帆侍御与其弟养吾主政及番禺沈太侔宗畸游，常徘徊楸阴下。养吾逝世，芷帆为绘《楸阴感旧图》，海内名流，多有题识。未久芷帆图卷不知流落何所。清季太侔乃倩陈松山给谏长女陈佩彤补绘征诗，计题诗达四十余人，洵为枣花寺一段掌故，当与《青松红杏图》及《训鸡图》卷子并传矣。陈简持中丞与太侔善，有《题楸阴感旧图》一律云：‘宣南掌故费追寻，梵寺重来涕不禁。转眼沧桑沦浩劫，盛时花木损秋心。茫茫人海风骚歇，衮衮名流岁月侵。检点旧题成隔世，东阳消瘦怨同深。’易实甫云：‘为看芍药屡停车，几度楸阴听煮茶。寻梦更寻寻梦地，送春先送送春花。闲思棋局都成劫，小坐琴床便当家。感旧却怜君似我，鬓丝禅榻共生涯。’简持、实甫均余故人，邻笛之哀，无间岁月。太侔曩客鸡林，亦余旧识，风流文采，饶有典型。官祠部日，于宣南创煮潜吟社，并刊行《国学萃编》，表彰丛佚，沾溉艺林。晚年自署繁霜阁主，身世侘傺，人以沈聋呼之。丙寅秋病殁都下，遗稿飘零，殊可念也。”参见王揖唐著，张金耀校点《今传是楼诗话》，辽宁教育出版社2003年版，第134页。

重均衡，笔墨取法王翚、王原祁，画面洋溢着一种静谧沉着之气。

沈本归宿如何？张次溪曾写道："民国十三年春……越二年，南野先生归道山，图书玩饰，多已易主，而是图也，或云已送寺中，寺僧视同拱璧，秘不示人。或云遗孤以之易米，佚诸他姓。同一时世，所云异词，又安知千百年后，此图故事，传闻不更支离耶。"[①] 当时对于此作的流传，民间有多种的猜想。舒乙曾撰有《崇效寺与惟明和尚》一文[②]，发表于《北京晚报》，谈到寺中的画作都被末代监寺惟明和尚（俗姓田，故又被称为田师傅）上交民政部。另外据潘恭《白纸坊之崇效寺》一文载："解放后的1949年7月，印钞厂（541厂）职工子弟小学，迁入崇效寺。解放时，庙里的方丈叫云安，知客叫泉峰，监院叫惟明。云安、泉峰离寺他住，管事儿的只有惟明和尚，他把房屋地产都交给了人民政府。民政部指示，庙里的藏品要交由政府保管。惟明雇了一辆人力车，把包括《青松红杏图》在内的字画拉到民政部，开了收条。惟明认为庙已全部归了学校，校长是领导，就把收条交给了校长。"[③] 但是，上述文章都没有具体说明当年移交的字画中是否有沈本《楸阴感旧图》。王揖唐曾写道："（沈宗畸）丙寅（1926）秋病殁都下，遗稿飘零，殊可念也。"[④] 沈氏遗稿都已飘零，《楸阴感旧图》也难逃散落民间的结局。其实，细读张次溪的文章就可发现，他写到沈宗畸"不意""师困贫以死，此愿终负"[⑤]。沈宗畸百年后将画卷托付寺僧的愿望最终是辜负了，沈宗畸去世后，他所藏的那幅作品，其家人并未留给崇效寺。

---

① 张江裁：《北平崇效寺〈楸阴感旧图〉考》，《国立北平研究院院务汇报》1936年第7卷第6期。

② "田师傅（惟明和尚俗姓田）马上把这几幅图卷整理包裹好，自己花钱雇了一辆人力车，直奔当时的民政部，亲手将这几幅珍贵的图卷交给了相关负责人……半个多世纪又过去了，这几幅珍贵的图卷，直到田师傅永远闭上了眼睛，他和关心这些图卷的人士，再也没听到一点消息，也再没看到过这些画。"转引自刘文丰《崇效寺建筑调查及相关史实考》，载祁庆国主编《北京文博文丛》第1辑，北京燕山出版社2015年版，第8页。

③ 此处潘恭文中写道"经过60多年的变动"，因此《青松红杏图》估计在1949年北京解放后不久即由惟明上交。详见潘恭《白纸坊之崇效寺》，载边建主编《茶余饭后话北京：2010年版》，中国档案出版社2010年版，第133页。

④ 王揖唐著，张金耀校点：《今传是楼诗话》，辽宁教育出版社2003年版，第134页。

⑤ 张次溪：《燕京访古录》，中华印书局1934年版，第43页。

三、徐本？清华本？沈本？

笔者发现了一个有趣的现象：将清华本与《小说月报》刊登的沈本并置，两图的相似性显而易见。同样居于画面中心的高树、同样的正殿加东西偏殿、同样可以从西偏殿后可见二层建筑，只是两座二层建筑的形制并不相同。沈本两株高树的树种不太明确，但因为画题为《楸阴感旧图》，所以模糊的画面中最高的两株树有可能是楸树。清华本中的高树为槐树和楸树。

如此相似的两卷，显然不会是不约而同的想法导致了近似作品，而是一本参考了另一本。那么，谁参考了谁？

我们可以依据画面款识中的时间将两本排列一下顺序。清华本创作于丁酉年（1897），沈本创作于癸丑年（1913）。答案不言自明。

还有一个有趣的发现：沈本除参考了清华本，将南北走向的二三进院落进行了东西的“位移”外，还是存在写实因素的。画面中两株几乎并排而列的楸树，在今日的白纸坊小学中依然挺立。可见在参考清华本的基础上，李国瑜、陈佩彤夫妇如实地描绘了二进院落中的两株楸树，并未如清华本将第一进院落中的槐树“移植”入画面。

另一个问题是，沈宗畸、王揖唐、胡延口中的“徐德沅亲绘本”与清华本是何关系？是一本还是两本？

如果说有早于沈本的，那应该是徐本。在当时名流的记述中，多持徐德沅亲绘之说，如王揖唐在《今传是楼诗话》中说道：“吾乡太湖徐芷帆侍御与其弟养吾主政及番禺沈太侔宗畸游，常徘徊楸阴下。养吾逝世，芷帆为绘《楸阴感旧图》，海内名流，多有题识。未久，芷帆图卷不知流落何所。”[①] 沈宗畸也说道：“养吾既逝，芷帆为绘《楸阴感旧图》，遍征题咏，一时名辈如朱古微、胡长木、刘慈甫咸有题词。余亦谱《买陂塘》一阕，稿佚已久。”[②] 清华本创作于

---

① 王揖唐著，张金耀校点：《今传是楼诗话》，辽宁教育出版社2003年版，第134页。

② 张江裁：《北平崇效寺〈楸阴感旧图〉考》，《国立北平研究院院务汇报》1936年第7卷第6期。

1897 年 4 月。笔者在前文推导出徐德溉去世于光绪十八年（1892）。作为至亲手足，徐德沅大概不会在徐德溉去世 5 年后才请人绘制怀念贤弟的画卷。且从沈宗畸的叙述中可见，徐本上有很多名流题识，如朱祖谋（古微）、胡延（长木）、刘慈甫均有题词，沈宗畸也题写《买陂塘》一阕于其上。但是清华本上仅有冯煦、朱祖谋、夏孙桐、秦树声题识，两本情况明显不同，可以排除清华本为徐本的可能。除清华本与沈本外还有一本目前图像面目不甚清晰的徐本不知飘零何方。

为何会有清华本？由朱祖谋、夏孙桐、秦树声的题识中出现“重录”“重装”“督写旧句”“旧题”等语，笔者推测，正如王揖唐所言，“未久，芷帆图卷不知流落何处”，有诸多名流题识的徐本后来丢失了，遗失的时间段应该是1893—1897 年。之后，徐德沅并未亲自重绘，而是请当时在京师画坛享有盛名的姜筠重绘。姜筠绘成后徐德沅又拿着姜本请名流重题。但庚子（1900）前后，京师混乱，名流云散，且徐德沅卒于 1904 年以前，所以画卷拖尾中仅有朱祖谋等三人于 1902 年的重题。

世异时移，兴衰显晦。看着崇效寺的老照片，那座曾经有着南北四进院落、百余尊造像、上百株牡丹的宝刹已难觅踪影了。现在崇效寺的遗迹仅存有藏经阁、厢房和几株古树[①]，我们只能由这硕果仅存的《楸阴感旧图》中感怀如烟往事的点点记忆之痕。

---

① “北侧两棵为植于清代的楸树（200 年以上）。楸树是古树中的稀有品种，在北京十分少见。”参见刘文丰《崇效寺建筑调查及相关史实考》，载祁庆国主编《北京文博文丛》第 1 辑，北京燕山出版社 2015 年版，第 7 页。

油画民族化之路上的坚定身影

——纪念卫天霖先生诞辰110周年

英 帆

近百年来，中国社会经历了一个曲折而多变的发展历程。新旧制度的更替，东西方文化的碰撞，传统与现代的交融等，都出现在这一时期，20世纪二三十年代，李叔同、徐悲鸿、林风眠、刘海粟、潘玉良、卫天霖等纷纷出国留学，开始近距离接触西方绘画。然而，在民族危亡关头，他们对于弘扬民族文化有着强烈而坚定的使命感，把探索更富精神力量的民族绘画当作终生奋斗的目标，而民族文化始终是他们艺术道路的基石。卫天霖一生坚定求索，为这条道路增添了一道绚烂的色彩，是这条道路上的坚定身影。作为中国油画的先行者，卫天霖的艺术在将油画技法与中国审美旨趣融合的方面，可以说达到了同时代画家无法比肩的境界，是“中国油画”的典型代表，开启了油画民族化之路的光辉起点。今天，油画的民族化仍是油画创作中一个含义深刻的文化主题，一直伴随在油画的发展历程中，是反映在油画领域里中西文化的交流与对立态势，而且日趋复杂。之所以复杂，是因为这一问题并不仅仅是理论领域里的话题，更体现在一个个艺术家主体的创作中，是与具体的、个性鲜明的艺术家的创作交织在一起的，正因为如此，“中国油画”才通过一个个艺术家的创造而变得丰满活跃起来。卫天霖作为油画民族化的先行者，他的艺术人生鲜明地昭示出他坚定的油画民族化信念。因此，卫天霖的艺术和人生正是油画民族化道路上一个耀眼的身影。在卫天霖先生诞辰110周年之际，撰文纪念，希望我们能沿着卫天霖先生留下的足迹，真切地感受到油画民族化的历史步履。

卫天霖，字雨三，1898 年 8 月 22 日生于山西省汾阳县东阳城村一个诗书之家。父亲卫璋（达臣）和舅舅秦云川皆为当地知名文人，能书善画。卫天霖从小就在他们的熏陶和严格要求下学文习画，同时受到山西浓厚民间艺术的滋养，中华民族优秀传统文化和艺术对其产生了深远的影响，为其以后油画民族化道路打下了坚实的基础。卫天霖曾说："别看我是画油画的，但我对古代的佛画和造像有特别的爱好和兴趣，因为这些艺术品留存着大量先辈艺术家们的审美观和如何创造艺术美的表现手法。对于这一切，我们无疑存在着某些似乎是必然的共鸣和先天的继承性。"卫天霖中学时就能书善画，展露出一定的艺术才华。1920 年，作为山西省第一名专攻绘画的学生，他漂洋过海，赴日本留学。启程之前，父亲为儿子题写了"守身如玉"的训言，卫天霖将此作为人生的座右铭，毕生带在身边。卫天霖到日本后，开始在东京川端美术学校学习，后入国立东京美术学校西画系，师从藤岛武二先生。卫天霖勤奋学习，广泛涉猎，凭着突出的表现在班级中获得了"首席画家"的称誉。这一时期，西方各种现代主义绘画正被广泛介绍到日本，印象派、后印象派、立体主义、野兽派等作品在日本频频展出。1926 年他的毕业创作《闺中》（图 1）以独具的东方艺术特色获得成功，得到藤岛先生的高度评价。之后卫天霖继续留校深造，成为藤岛武二的研究生。1928 年学成回国，先后任教于中法大学孔德文艺学院、北平国立艺专、华北大学文艺学院、北京师范大学美术工艺系、北京艺术师范学院、北京艺术学院、中央工艺美术学院等。1977 年 3 月 24 日病逝，享年 79 岁。

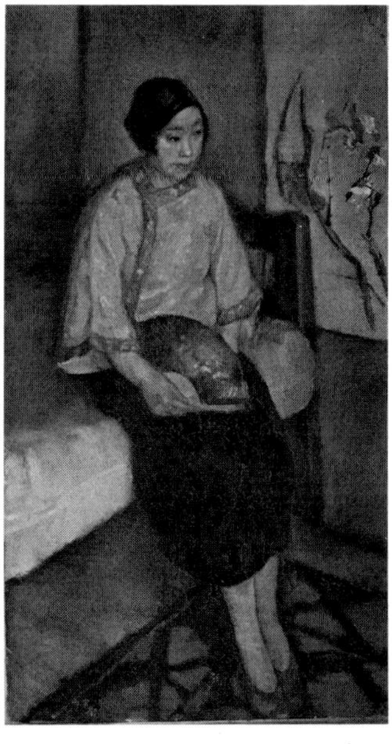

图 1 《闺中》，1926，
130cm × 70cm，布面油画

卫天霖在长期的创作实践中，一直致力于将西方油画技法与中国传统文化相融合，广泛从民间美术和工艺美术中吸收营养，创造出斑斓绚丽、独具民族特色的中国油画，在油画民族化道路上独树一帜。他前期的绘画题材较为多样，包括人物、风景、静物等；“文革”中后期，由于条件所限，他的作品转以表现静物为主。在卫天霖的作品中，几乎时时处处可以感受到中国的审美形式，如画面中桌面上蓝地白花的衬布、独具特色的青花瓷器，背景中典雅古朴的中式家具以及模特身上传统的中国服装……此外，卫天霖的创作中，对中国传统装饰性色彩的运用，对中国画用笔、用线的深刻理解，对“诗中有画，画中有诗”有情调的中国画意境的追求，等等，都通过作品无声地向世人展示着：这是中国的油画，是具有民族特色的中国油画，是卫天霖毕生孜孜以求的“东方艺术要有东方的特色”（藤岛武二）艺术创作思想的具体体现。闻立鹏评价说：“画家此时的艺术，早已不是印象派、后印象派的西方艺术观念与技法所能涵盖的。卫老享受过印象主义的乳汁，也受过后印象主义的洗礼。但他自己身上固有的东方文化素养成为他艺术生命中重要的文化基因。加上归国后自觉的追求，使卫老从西方艺术的营养圈中逐渐脱胎而生，融汇中国艺术审美观念等多种营养于一炉。光影的弱化、线条的汇入、形的变体，特别是意的统领，艺术主体意识的加强，终于使艺术家走出西方古典艺术的圈子，也走出西方近现代艺术的影子，锤炼出自己融会中西古今的独特的个人风格。”①

卫天霖的艺术道路并不平坦，他终其一生追求的艺术风格并没有得到历史的厚爱，其作品在他生前及去世后很长一段时间都没有得到应有的重视。1928年，卫天霖回国后先是在中法大学孔德学院教书。虽然当时军阀混战，民不聊生，但那还是一个允许艺术家个性自由发展的时期，艺术家能够保持人格的自主性和独立性而不被政治意识形态所左右。此时卫天霖正做着民族油画语言的各种探索，在促进中国油画的民族化及现代化发展方面做出了一定的贡献。创作于1929年的《童趣图》（屏风，图2）是卫天霖将西方油画语言与中国传统绘画外在形式相结合的一种探索，作品从表现内容到形式、色彩、表现方法等

① 闻立鹏：《沉着的步伐　深刻的足迹——卫天霖百年诞辰纪念》，《美术观察》1998年第8期。

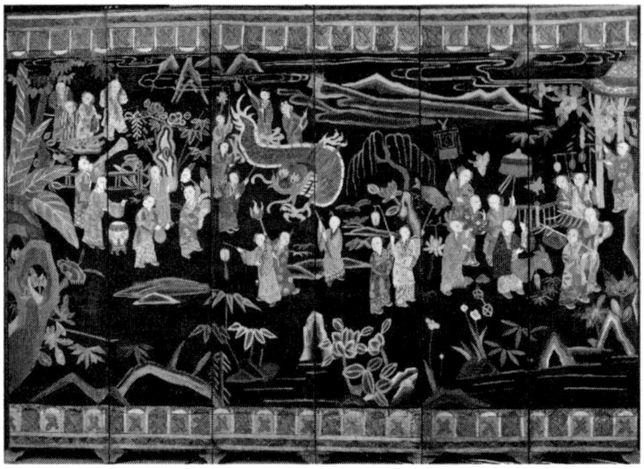

图 2 《童趣图》，1929，
182cm×270cm，布面屏风

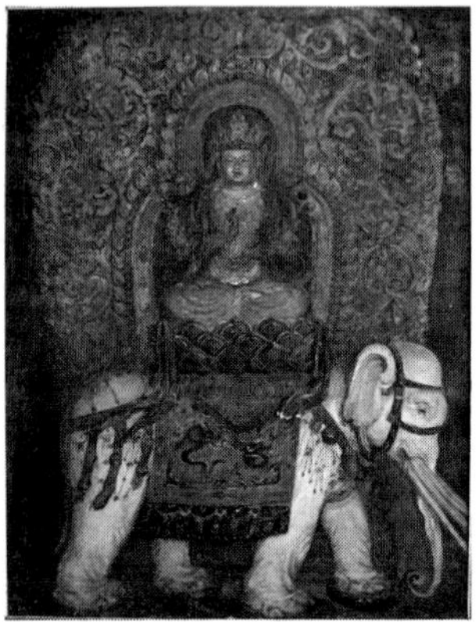

图 3 《普贤菩萨》，1936，
117cm×91cm，布面油画

都集中体现了他在油画民族化方面的努力。《普贤菩萨》（1936，图 3）是画家在北京隆福寺内历时一个月完成的作品，更是体现了画家对中国传统工艺色彩所进行的全面而深入的研究。然而日本的侵略打断了中国油画现代风格的发展进程，适合政治宣传需要的写实主义逐渐成为画坛的主导风格。抗战结束后，徐悲鸿应聘出任北平艺术专科学校校长，以徐为代表的写实主义风格成为中国油画发展的主流，而带有印象主义影响的卫天霖油画艺术显然不合时宜。[①] 卫天霖没有了用武之地，只能回到中学教书。但他并没有放弃自己的艺术追求，仍然坚持创作出一系列代表性的作品，如《全赓靖女士》（1939，中国美术馆藏）、《自画像》（1939）、《母亲》（1943）、《浴后的卫迦》（1945）等。这些作品是在写实基础上完成的，显示了卫天霖深厚的写实功力，同时也显示出一个中国画家在传情达意方面的高深造诣和艺术追求。其中《母亲》（图 4）因绘画技巧与精神性的完美结合而获得了高度的评价，评论者认为："它吸取了中国传统肖像的构图……着意刻画'母亲'的性格，显示了一位普通中国老年妇女特

① 大多数人认为卫天霖先生的作品是印象派，实际上其作品与印象派艺术已经有了很大的不同。印象派重视刹那间的印象，瞬间的光和色是他们追求的目标，是对物象的客观的表达；而卫先生的画与之相反，他要反复推敲，潜心经营，并充分吸收中国传统绘画和中国民间艺术之精华，融入更多个人的审美理想，是对物象的主观表现。应该说，卫先生的画是吸收了印象派光色的表现方法，形成了独具特色的中国油画。

有的勤劳朴实的外表，又显示了老太太那敦厚、稳重而又忧心忡忡的内心世界。”（李瑞年）；“老太太面部上有如雕塑般的表现，像建筑那样，由细微处一砖一瓦地建筑起来，毫无漏洞，恰到好处。”（田近宪三）①

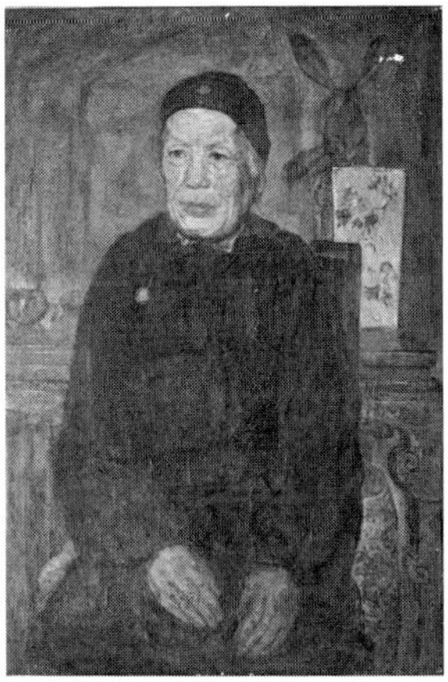

图4 《母亲》，1943，96cm×69cm，布面油画

新中国成立后，出于社会和政治需要，国家引导画家进行主题绘画创作，社会主义现实主义成为众多画家追求的目标，艺术创作成为一种集体意识的呈现。那时对画家的限制相当严，除了题材上要求现实主义，技法上也必须学苏联。卫天霖先生的作品自然得不到理解和重视。在50年代以后“左”的思潮影响下，印象派艺术又成为“革命”的对象。在这种政治环境下，尤其在政治运动中，艺术创作的个性化追求是绝对要受批判的。为了不卷入那些风潮，很多最初学油画的人选择了放弃，改画国画去了。但卫天霖始终坚持自己的艺术追求，未曾追随政治潮流，图解时代。即使在“文革”期间，印象派被定义为“颓废艺术”，卫天霖由于其执着的艺术追求而被戴上形式主义、资本主义的帽子，他也始终坚持自己的艺术道路，在艺海中默默驾驶着一叶孤舟，迎风破浪，始终没有迷失方向。这一时期除了“文革”期间被迫搁笔以外，卫天霖一有机会就投入到创作中去，《坐着的女人体》（1953）、《戒台寺》（1953）、《瓶花》（1961）均为这一时期较为出色的作品。

由于卫天霖数十年来为人平和，处事低调，在学校里没有引起过什么恶感，所以“文革”后期较早得到解放，重新获得了创作的机会。尤其是1973年离休之后，他更有条件全身心投入艺术创作之中。此时卫天霖的艺术创作进入巅峰期，作品体现了精神性与绘画性的高度统一，可以说已经达到了一个完

① 参见柯文辉《卫天霖》，广西美术出版社2002年版，第63—64页。

美的境界。这时的创作题材以静物为主，构图多采取现代艺术的裁切法，精心经营，画面饱满而均衡；用笔泼辣老道，中国画大写意笔法的成功运用给人酣畅淋漓、挥洒自如之感；用色层层堆积，浓厚绚丽，对比强烈；画面中厚涂法与透明法的交替与结合，营造出一个光影交错、色彩斑斓、激情洋溢的视觉盛宴。《向日葵》（1974）、《静物》（1973）、《桃与李》（1974）、《桃》（1972）、《白芍与山楂》（1970）、《白芍》（1976）等均是这一时期产生的杰作，集中体现了卫天霖的艺术成就。其中《静物》（又被称为《色的交响乐》，图5）堪称卫天霖晚年的一件精品，画面构成元素众多，包括西红柿、圆白菜、大葱以及玻璃瓶、盘子等，围绕在一个红色暖瓶周围。经过画家的精心设计，画面构图饱满而又不失均衡；色彩丰富，红色、绿色、黄色、蓝色等，像交响曲一样混融在一起，传达出节奏和韵律之美；而环境色的相互映衬、补色的相互呼应，又使画面协调而有变化；画家运用了层层积色的造型方法，物象形体结实厚重，勾线法的成功运用使画面空间感、层次感更为强烈；画面主体突出，色彩斑斓。《向日葵》（图6）则描绘了一大束插在瓷瓶中的金黄色的向日葵。画家调动了几乎所有的黄色，如橘黄、土黄、中黄、柠檬黄等，而经过画家对明度、纯度等的精心处理，画面传递出微妙的空间感和层次感；整体金黄色的色调使画面

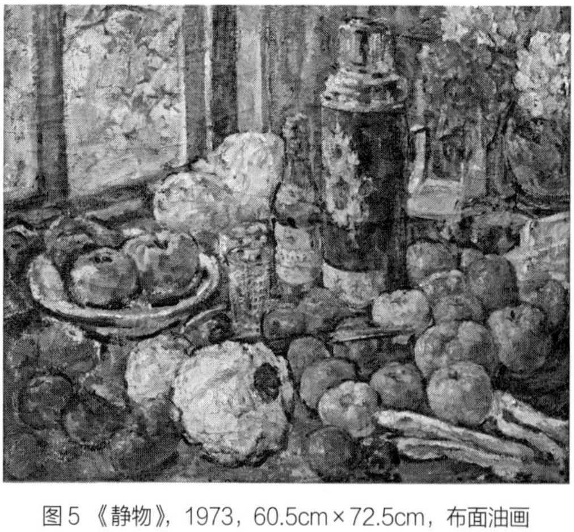

图5 《静物》，1973，60.5cm×72.5cm，布面油画

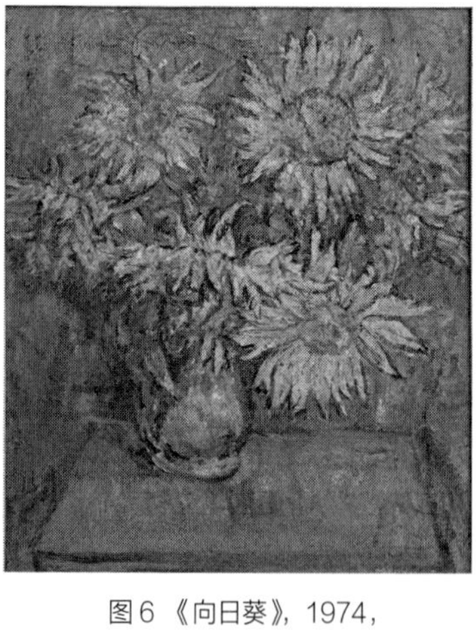

图6 《向日葵》，1974，50cm×60cm，布面油画

犹如沐浴在温暖的阳光下，给人一种强烈的视觉冲击力。透过画面，仿佛感受到先生充满激情的内心世界，感受到先生对生命和阳光的无限热爱。白芍也是卫天霖钟爱的表现题材，他留下多幅表现芍药的力作。《白芍》（图7）与《向日葵》相反，画面统一在一个清凉的冷色调中，在周围环境色的衬托下，白芍显得晶莹而又娇嫩，纯净而又高洁，体现出一个中国画家对意境之美的追求。

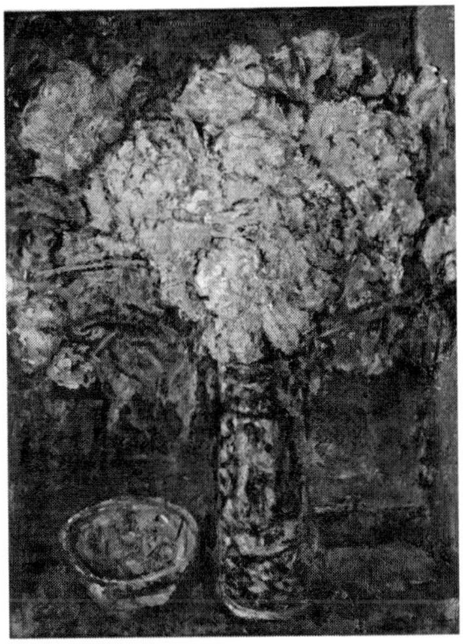

图7 《白芍》，1976，41cm×31cm，布面油画

卫天霖是一位杰出的美术教育家。1928年归国后直至1973年，他始终在教师岗位上履行着教书育人的职责，在教学中不断撒播绘画民族化的种子。1928年，卫天霖先是应沈尹默之邀担任中法大学孔德文艺学院艺术部主任、教授，同时兼授孔德附属学校的图画课；1930年又受蔡元培邀请出任北平大学造型艺术研究会导师，后兼任北平大学艺术学院西画系主任、教授；1934年，北平大学艺术学院改建为北平艺术专科学院，卫天霖担任教务主任和西画系教授；1948年，卫天霖奔赴解放区，担任了华北大学文艺学院教授；解放后返回北京，并受命筹建北京师范大学工艺美术系（1952年受苏联影响改为图画制图系），担任系主任、教授；1954年，卫天霖又参与筹建北京艺术师范学院，任筹委会副主任；1961年北京艺术师范学院并入北京艺术学院，卫天霖担任院务委员会委员；1964年北京艺术学院分流（美术系并入北京师范学院，今首都师范大学美术学院），卫天霖调至中央工艺美术学院任教授，直至1973年退休。卫天霖始终坚守在美术教育战线上，其曲折的经历也同样见证了近百年中国美术教育发展的历程。绘画民族风格的追求时时体现在他的教学中，如他曾让学生去西山碧云寺罗汉堂画泥塑。另据原北京师范大学的李含中回忆，卫天霖在孔德学校时，每次都要选一两件中国传统的艺术品作为实物写生的教材。他还收集了

一些黄色绿色琉璃瓦脊上的鸟、兽、人形，翻制了一些中国的石雕菩萨、罗汉头像，写生课上会简要介绍一些祖国传统艺术的相关知识，使孩子们接受民族文化的熏陶，以此激发爱国之心。从卫天霖弟子孙金荣整理的《卫天霖油画教学笔记》中更能发现卫天霖诸多对民族绘画风格的自觉追求。如他对中国画中用线的分析："线的粗细、起落、转折，线不是直的，而是曲线，要用得恰当，'勾线上的变化，我们应该学习国画中的用线'，强调中国画的'笔法'，要讲究'用笔'，而不是'抹'"；"风景写生时必须'意在笔先'"，要有情有景，要"诗中有画，画中有诗"，有情调……卫天霖在教学中还注重因材施教，注重学生的个性培养，从不强求让学生的风格一致化；注重讲道理、教理论，而不是教具体的手段、方法。这在当时各个院校普遍存在教学上只教具体方法、手段，而不注重培养学生独立思考的情况下，卫天霖是突出的，他真正贯彻了因材施教、百花齐放的方针。

"品高艺自高"，卫天霖取得的艺术成就与其高尚的品德修养是分不开的。卫天霖始终奉行"守身如玉"的庭训。他的父亲卫达臣先生曾参加过同盟会，革命之后被推选为第一任代理县长，在袁世凯窃国时愤而去职，后长期以教书为业。卫天霖秉承父志，上中学时他就参加过反对袁世凯与日本签订"二十一条"卖国条约的活动，上街游行请愿，并发挥专长绘制宣传画，带头高呼"亡国之奴，不如丧家之犬""不买日本货，不做亡国奴"之类的口号。在日本留学时，卫天霖又参加了留学生为抗议不平等条约而举行的游行示威，并同日本警察发生了冲突。归国后，日本侵占北平期间，曾有意让卫天霖担任北平国立艺专校长，他坚拒不受，另一方面又参与成立与日本对抗的"中国油画会"，为抗日军队组织义卖捐款活动。抗战结束后，卫天霖又投入反对内战的活动中，并接受任务留在城里为党组织工作，他的家成了地下组织的联络工作站。这一时期，卫天霖还曾以卖画所得为解放区购买过药品。1948 年，在比较严峻的形势下，卫天霖全家先后冲破重重封锁线，来到解放区。透过种种充满正义感的行事，可以感受到卫天霖强烈的民族责任感和高涨的爱国热情，并从中体会出其高尚的艺品和人品。也正是基于此，他才能几十年如一日，视发扬中华民族博大精深的传统文化艺术为己任，默默地独自行走在中国油画民族化之路上，直至生命的最后一刻。

卫天霖生性淡泊，慎事交游，在大风大浪面前始终保持着平和、纯净的生活和创作心态，不见风使舵，不阿谀奉承，不争名逐利，表现出一个中国传统知识分子的正直与清穆。卫天霖能在艺术上取得成功，为世人留下宝贵的精神财富，与此有着直接的联系。从一幅幅激情满溢、色彩斑斓的作品中，丝毫感受不到政治的重压和疾病的痛苦，能感受到的是艺术家博大宽广的胸怀。每次驻足于卫天霖光鲜亮丽的作品前，仿佛可以感受到他的气息，看到他忘我地奋笔挥毫、尽情释放生命激情的景象。

“在中国近代美术史和教育史上都不能缺少卫天霖教授，忽视他便是无知的表现……如果我们都以不识卫老的艺术人品为耻，艺术的发展将会更加蓬勃。”这是刘海粟在纪念卫天霖先生逝世10周年纪念会上讲过的话。诚然，卫天霖在探索油画民族化方面不愧为一代宗师，可谓中国近现代美术史上一颗璀璨的明星，照亮了中国绘画现代化发展的道路，在美术教育领域也不愧为一名开拓者，他对“美育”的重视，对现代教学方式、方法的探索，乃至对现代学制的建立和完善都有所建树。生活在艺术发展多元化的今天的我们更应该去关注他、研究他，并找到可资借鉴之处，这样才无愧于大师留给世人的宝贵的精神财富。

（原载《美术观察》2008年第8期，收入本文集时略有修改）

漫谈唐写真

张李绩

“写真”在我们今天的生活中可谓随处可见：路边店铺招牌上的“写真喷绘”、报刊上的“社会写真”专栏、网络上的“明星写真”等。

一、何为写真

穿越回千年前的唐朝，“写真”指的是什么呢？我们不妨一读白居易（772—846）的《自题写真》一诗：

我貌不自识，
李放写我真；
静观神与骨，
合是山中人。①

白居易自嘲不知道自己的容貌，请画家李放（唐德宗、宪宗时人）为他画像。画像完成，白居易左右端详，题诗一首，品评一番。显然，诗中的“写真”指的是画家画人物肖像。

在唐朝，并非所有的人物画像都叫“写真”。所写之“真”，必须是真人，

① （清）彭定求等编：《全唐诗》，中华书局1960年版，第4726页。

即现实生活中真实存在的人。作画者和被画之人是同时代的人，两人见过面，甚至彼此十分了解。王维（701?—761）在《崔兴宗写真咏》一诗中写道：

画君年少时，
如今君已老。
今时新识人，
知君旧时好。①

王维为崔兴宗画像时，崔兴宗还很年轻。现在崔兴宗老了，王维看到当年为崔兴宗画的像，怀念起与崔兴宗的友情。

既然是写"真"，当然要真实，即要如实描绘所画之人的真实形象，就是说画像要酷似本人，皇帝的圣真更是半点马虎不得。王建（约767—约830）在《朝天词十首寄上魏博田侍中》的第9首诗中记述了当时的宫廷画家画圣真时的心态：

威容难画改频频，
眉目分毫恐不真。
有诏别图书阁上，
先教粉本定风神。②

宫廷画家唯恐把皇帝的圣真画得不像，频繁修改。为了防止画得不像，先画了粉本。粉本像了，才能定稿，用于图形书阁。画家写圣真时忐忑、紧张的心情可见一斑。

写真仅仅停留在表面的形似是不够的，还要神似，形神兼备。朱景玄（唐

① （清）彭定求等编：《全唐诗》，中华书局1960年版，第1304页。
② （清）彭定求等编：《全唐诗》，中华书局1960年版，第3424页。

武宗会昌时人）在《唐朝名画录》记载了周昉、韩幹（约706—783）两位画家写真郭子仪（697—781）女婿赵纵一事：

郭令公婿赵纵侍郎尝令韩幹写真，众称其善，后又请周昉长史写之。二人皆有能名，令公尝列二真置于坐侧，未能定其优劣。因赵夫人归省，令公问云："此画何人？"对曰："赵郎也。"又云："何者最似？"对曰："两画皆似，后画尤佳。"又云："何以言之？"云："前画者空得赵郎状貌，后画者兼移其神气，得赵郎情性笑言之姿。"令公问曰："后画者何人？"乃云："长史周昉。"是日遂定二画之优劣，令送锦彩数百段与之。[①]

周昉、韩幹两位画家画赵纵，画得都很像，但最终胜出的是不仅容貌画得像，而且还表现出了所画之人神态和气质的周昉，由此可见写真对画像形、神都"极于惟肖"[②]的要求。

对照阎立本（约601—673）的《步辇图》（图1）和宋人摹阎立本的《唐太宗立像》（图2），可以看出他为唐太宗李世民（599—649）画的圣真应该还是很像的。

唐写真画家通常采用面对面写生的作画方式，边观察、揣摩对象的形象特征和精神气质，边进行写真。独孤及（725—777）在《尚书右丞徐公写真图赞》的序中记载了唐宝应元年（762）侍御史韩公以面对面的写生方式为前尚书右丞徐公写真的过程：

侍御史韩公至清，以学艺书画之美，闻于天下。辛丑岁三月，以王事

① （唐）朱景玄：《唐朝名画录》，载《四库全书》子部第812册艺术类一，上海古籍出版社1987年版，第364页。
② （清）董诰等编：《全唐文·卷七一〇·李德裕》，中华书局1983年版，第7291页。

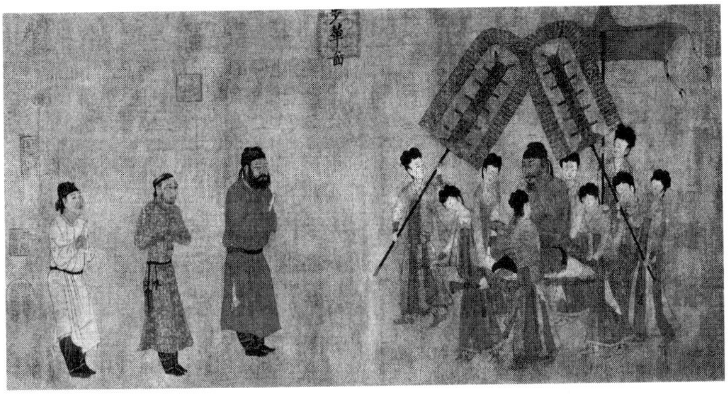

图 1 《步辇图》，阎立本，唐，绢本设色，故宫博物院藏

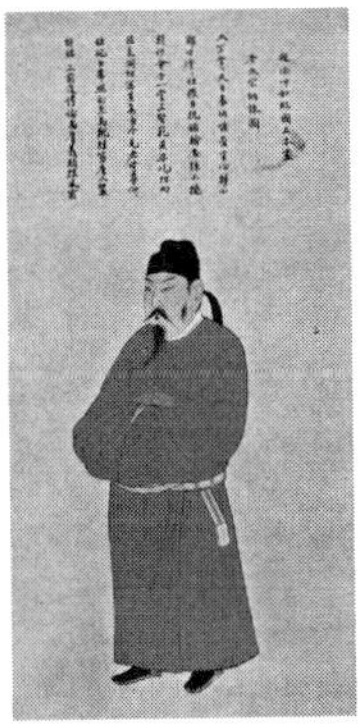

图 2 《唐太宗立像》阎立本，唐，宋人摹，绢本设色，台北故宫博物院藏

靡监，馆于豫章，与前尚书右丞徐公同舍于慧命寺之净室。尝以暇日，裂素洒翰，画徐公之容，陈于公之座隅，而美目方口，和气秀骨，毫厘无差，若分形于镜。入自外者，或欲擎跽曲拳，俯偻拜谒，不知其画也。[①]

韩公与徐公为旧知，对其形象特征与精神气质本来就有些了解，又同住一室观察、揣摩，所以为其写的真才会像照镜子一样，真假难辨了。

五代周文矩（约 907—975）《宫中图》（图 3）中画家正在为宫中女子写真的场面当是唐写真面对面写生方式的真实写照。此图虽为五代作品，但去唐不远，作者周文矩又深受唐代画家周昉画风的影响，当为承唐余绪之作。

唐写真通常画在纸绢上，如黄滔（840—911）在《一品写真赞》中所说："持笔之精，赍墨之妙，写于仪貌，移于缯素。"[②] 除了纸绢，唐写真还经常画在屏风或墙壁上。画家先在纸绢上为人写真，再依样誊写到屏风或墙壁上。张彦远（815—907）在其《历代名画记》中记载了绘制《丽正殿学士写真图》于含象亭的过程：

① （清）董诰等编：《全唐文·卷三八九·独孤及》，中华书局 1983 年版，第 3956 页。
② （清）董诰等编：《全唐文·卷八二四·黄滔》，中华书局 1983 年版，第 8686 页。

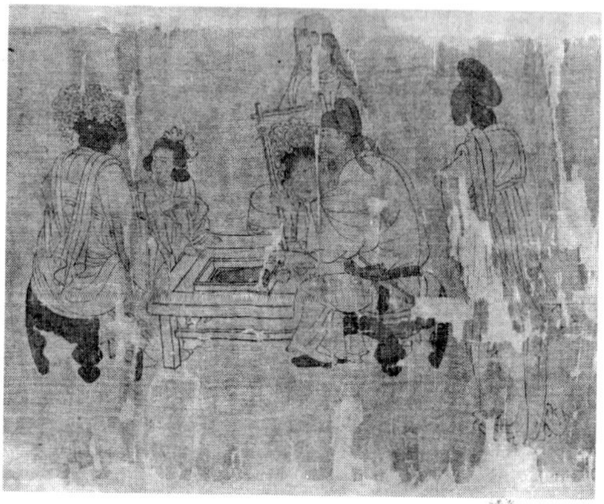

图3 《宫中图》(局部)，周文矩，五代，绢本设色，意大利哈佛大学意大利文艺复兴研究中心藏

殷鲚、殷季友、许琨、同州僧法明，已上四人并开元中善写貌，常在内廷画人物，海内知名。……开元十一年，敕令写貌丽正殿诸学士，欲画像、书赞于含象亭，以车驾东幸，遂停。初诏殷鲚、季友、无忝等分貌之，粉本既成，迟回，未上绢，张燕公以画人手杂，图不甚精，乃奏追法明，令独貌诸学士。法明尤工写貌，图成进之，上称善，藏其本于画院。①

文中“貌”的过程就是作画者以面对面写生的方式对所画之人进行写真的过程。“貌”得的结果没有直接上绢，只是在纸上形成了“粉本”。这些“粉本”经过当时丽正殿的负责人张说（667—731）审阅后没有通过，于是又令法明重“貌”，就是说重新为这些学士写真。这次完成的“粉本”，即所写之“真”得到了皇帝的首肯，才得以用于图形含象亭。“粉本”一般指未上色的白描稿，如敦煌藏经洞的唐《白描高僧像》(图4)。图形于壁时依据的也可能只是这些未上色的白描稿，如敦煌莫高窟第9窟的晚唐《白描壁画人物图》(图5)，先勾线，再上色完成。

除面对面写生外，唐代的画家还经常以背拟的方式为人物写真。背拟的作

① 参见(唐)张彦远《历代名画记·卷九》，载《四库全书》子部第812册艺术类一，上海古籍出版社1987年版，第344页。

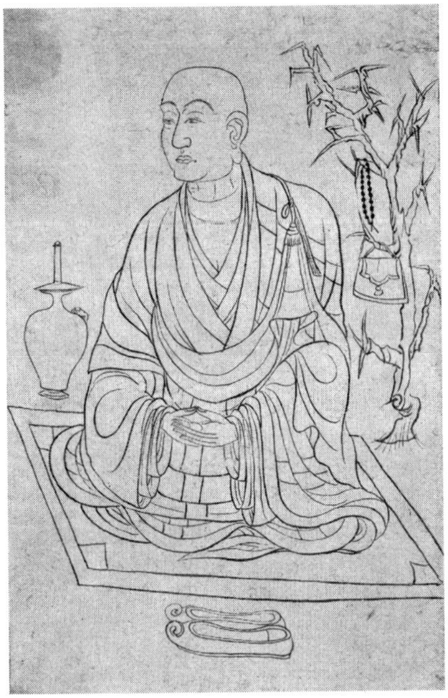

图 4 《白描高僧像》，佚名，唐，纸本，
敦煌藏经洞出土，大英博物馆藏

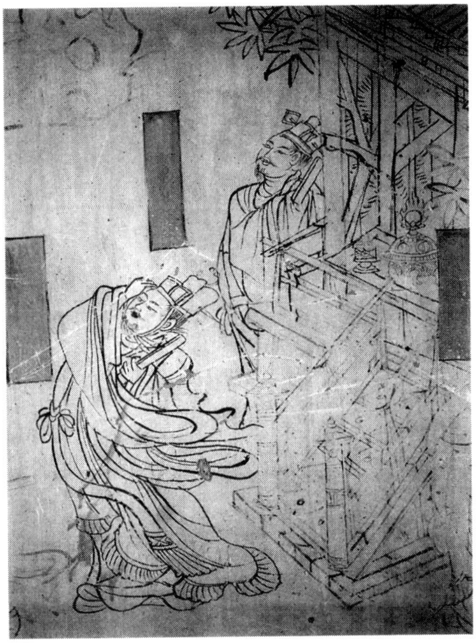

图 5 《白描壁画人物图》，唐，壁画，
敦煌莫高窟第 9 窟

画方式虽然不需要作画者对所画对象进行面对面写生，但也需要作画者在写真前去实地观察所画之人，在观察中体会、揣摩、总结对象的形象特征和精神气质，目识心记，然后再追忆默画。背拟比面对面写生从时间、空间上来看都更简便，也有利于作画者对所画之人的形象特征及精神气质进行提炼、概括，使所写人物形象的个性特征更为突出，是我国古代写真画家在长期的写真实践中总结出的特有的写真方式。唐代天宝（742—755）中与吴道子（约 680—759）齐名的杨庭光颇善此道，他不动声色，暗自观察，目识心记了讲席众人之中的吴道子之后，将其画了出来，其所画人物形象之真实、生动、传神令吴道子都叹服。①

唐写真在人物画像旁经常题上与画中人或画像相关的赞、题识或诗。赞往往是赞颂画中人或画像本身，题识则只是简短地记录一下与这幅写真有关的一

① 参见（唐）朱景玄《唐朝名画录》，载《四库全书》子部第 812 册艺术类一，上海古籍出版社 1987 年版，第 363 页。

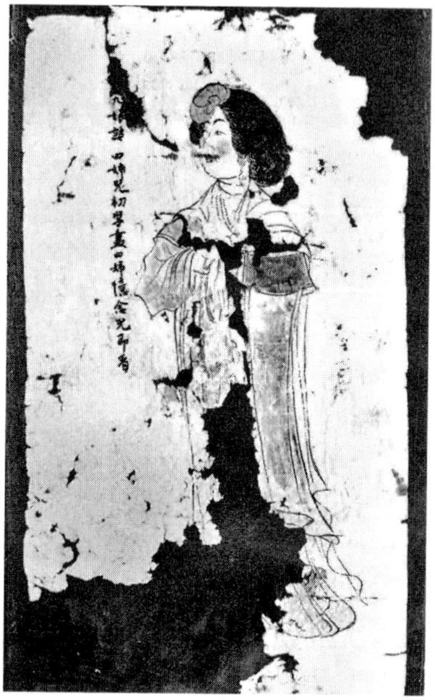

图6 《仕女图》，佚名，唐，
纸本水墨淡彩，瑞典斯德哥尔摩
国家人种学博物馆藏

些事，如画中人的身份、姓名、画这幅写真的目的、作画时的情景，或者看画时的感受等。

现藏瑞典斯德哥尔摩国家人种学博物馆的唐天宝年间（742—755）纸本水墨淡彩《仕女图》①（图6）上人物画像旁有："九娘语四姊儿初学画四姊忆念儿即看"的题识。这个题识或可句读为："九娘语：四姊，儿初学画，四姊忆念儿，即看。"这里的"娘"是唐代妇女的一种称谓，"姊"在唐代经常被用来称呼自己的母亲。"九娘"和"四姊"中"九"和"四"通常是指其在所在辈分中所有人的排行，而并非仅为其在自己家兄弟姐妹中的排行。"儿"一词在唐代有时指男孩，有时也指女孩，有时还被儿子或女子用以自称。从整个题识来看，这幅写真应为九娘刚开始学画，因母亲想念，便自图其形，然后题字于画上的。若真如此，这件作品就有可能是目前发现的我国最早的一幅自写真。

在画上题诗于唐代开始出现，如司空图（837—908）的《新岁对写真》②一诗就是题在其写真旁的。

赞或题识等文字并不总是与写真出现在同一个画面中，有时这些文字题于写真的后面，如凌烟阁功臣的画像就在阁中隔内，题赞则在隔外次第题写，有时赞或题识与写真会同被请入书府，有时二者又相对比较独立地存在。

① 参见张弓《瑞典藏唐纸本水墨淡彩〈仕女图〉初探》，《文物》2003年第7期。
② 参见（清）陈邦彦等编《四库文学总集选刊·历代题画诗类一》卷54写真类，上海古籍出版社1993年版，第1435册第669页。

二、唐写真的种类与功能

有唐一代，写真盛行。唐朝几乎所有皇帝都重视写真，特别是功臣的写真，以笼络人才，激励群臣，加强其统治。几乎每次重大战役后将士们凯旋，或国家刚刚渡过难关时，都要择其功高者御赐写真或图形凌烟阁，以示表彰。正如王建（约767—约830）在《宫词一百首》的第九首中谈到的：

少年天子重边功，
亲到凌烟画阁中。
教觅勋臣写图本，
长生殿里作屏风。[1]

这里的“写图本”一般指纸绢本写真。由此诗可知皇帝对功臣写真的重视，还能够看出《凌烟阁功臣图》（图7）是图形于壁的写真。除图形凌烟阁外，出类拔萃者还可能有幸配享宗庙。配享宗庙有时是雕塑其像，有时是图其形于宗庙之壁。

除图功臣形于壁外，唐朝皇帝经常赏赐朝臣、学士们纸绢本写真。这些写真或赐予本人，或藏于书府，以示褒奖。这些写真还有可能成为日后图形凌烟阁或配享宗庙的写图本，从而名垂图史，因此文武百官对此非常重视，一旦获赐，均感恩戴德、诚惶诚恐。

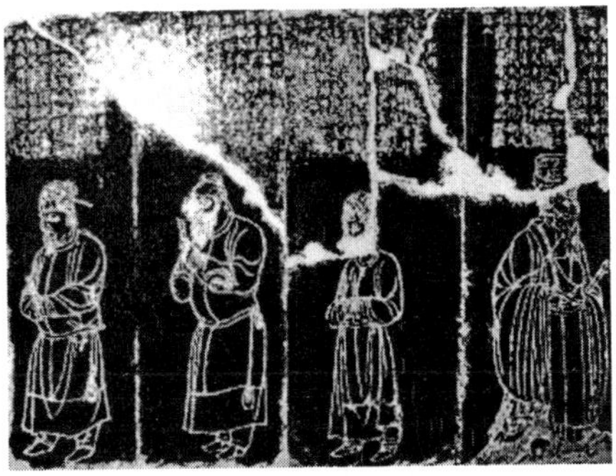
图7 《凌烟阁功臣图》，阎立本，唐，宋刻，陕西麟游县博物馆藏

① （清）彭定求等编：《全唐诗》，中华书局1960年版，第3439页。

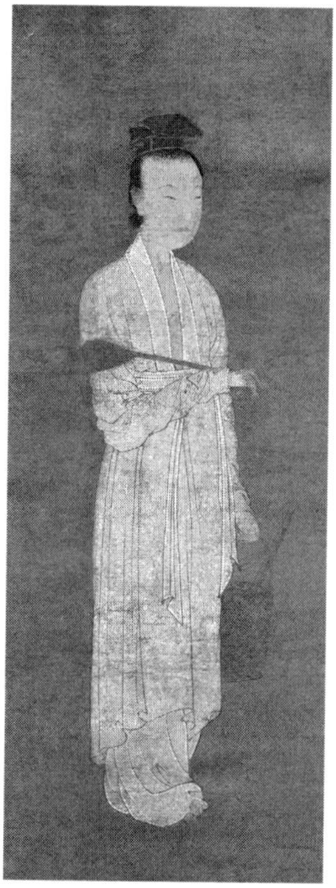

图8 《卢媚娘图》，佚名，唐，宋人摹，绢本设色，美国弗利尔美术馆藏

除赐功高宰辅、贤臣名士写真外，唐朝皇帝还经常下诏为宫廷内外的很多人写真，包括皇帝本人。

皇帝的写真一般尊称为圣真或圣容、御容、真容。圣真与普通的写真不同，不能简单地如实描绘、形神兼备就行了。只有能表现出皇帝的“龙颜凤态、日角月轮”之状，做到“笔力滋润、风采英奇、符合瑞应”[①]的画家才称得上写御容高手。据《唐朝名画录》记载，开元年间（713—741），陈闳曾写太清宫肃宗御容，也经常为玄宗写御容。纸绢本的圣真多藏于太庙，有时会被用于图形书阁。皇帝驾崩后，圣真会被用于图形宗庙。

唐代宫廷中的公主爱妃偶尔也能得到皇帝赐予的写真。公主的写真有时是出于某些政治、外交等方面的需要。如建中四年（783），回纥（今新疆）使使者献方物，请和亲。德宗诏咸安公主（？—808）下嫁，又诏使者合阙达干见公主于麟德殿，并让中谒者将公主的写真赐予了可汗。[②]后宫嫔妃的写真则多因宠爱而赐。如唐玄宗（685—762）的梅妃（723—756）深受恩宠，就曾得赐写真。[③]有些后宫嫔妃的写真则为追思怀想之作。如杨贵妃（719—756）被迫赐死马嵬坡后，玄宗余情未了，还都后令图其形于别殿，朝夕视之。[④]宋人摹唐《卢媚娘图》（图8）或可反映出这些唐代后宫嫔妃写真的面貌。

---

① （唐）朱景玄：《唐朝名画录》，载《四库全书》子部第812册艺术类一，上海古籍出版社1987年版，第369页。

② 参见（宋）欧阳修、宋祁《新唐书·卷二百一十七上·列传第一百四十二上·回鹘上》，中华书局1975年版，第6123页。

③ 参见（清）陈邦彦等编《四库文学总集选刊·历代题画诗类一》卷54写真类，上海古籍出版社1993年版，第1435册第677页。

④ 参见（后晋）刘昫等《旧唐书·卷五十一·列传第一》，中华书局1975年版，第2181页。

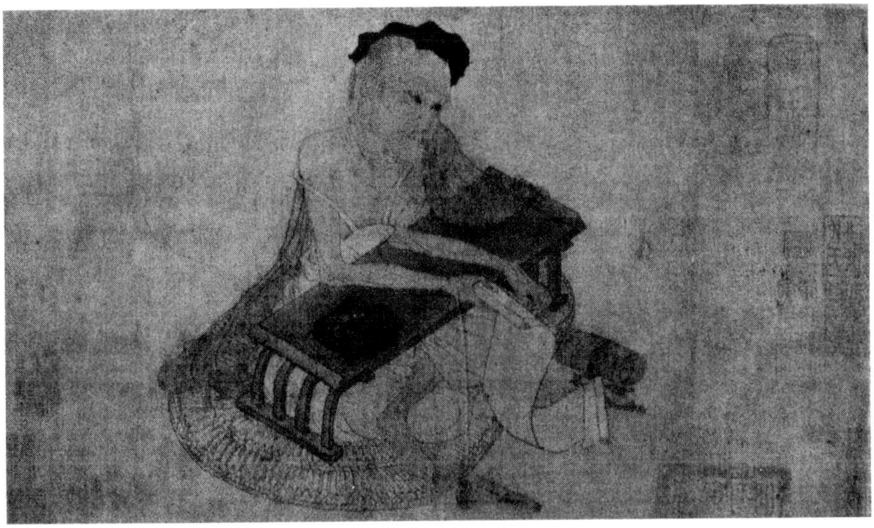

图 9 《伏生授经图》，王维（传），唐，绢本设色，日本大阪市立美术馆藏

除皇亲国戚外，宫廷外的高人道士有时也会被唐朝皇帝请入宫中，求仙问道，图写真形。唐朝民间写真也很盛行，上至权臣，下至歌女，无所不包。以其社会阶层，大致可分为文人官僚、贤人居士和市井平民三大类。

文人士大夫在唐朝是一个很重要的社会阶层，他们有着很高的文化修养，或位居高官，或深得皇帝及高官的赏识，或供奉翰林，得赐写真。如元和五年（810），白居易入侍翰林，作为学士，奉诏写真于集贤殿御书院。32 年后，会昌二年（842），他又写真于香山寺藏经堂。有些文人士大夫本人就是写真画家，他们在文学艺术方面的审美法则和审美取向有时会不自觉地被带入写真，从而在某种程度上对唐写真的发展造成一定的影响。如文人士大夫兼写真画家王维，他的诗中有画，画中有诗，诗与画相互促进，共同发展，其写真画风或多或少会受到其诗文风格的影响。从传为王维所作的《伏生授经图》（图 9）中，可以看到其写真作品的面貌。

唐代承前代之余绪，为古贤列女图其像，立其祠，以倡育风俗，教化民众。同时，还出现了大量在世贤人居士的写真，而且多为纸绢本。这些写真有些是因其贤德博得人们的敬重而被图形的，有些则是自请人图之作，均为时人所称慕。

市井平民的写真很少见于史载，但从唐诗中还是能够了解一二的。《全唐诗》中有一首薛媛的《写真寄夫》：

欲下丹青笔，先拈宝镜寒。
已经（一作惊）颜索寞，渐觉鬓凋残。
泪眼描将（一作来）易，愁肠写出难。
恐君浑忘却，时展画图看。[①]

据时人范摅在《云溪友议》[②]中所说，这首诗作者薛媛的丈夫名叫南楚材，在颍（今河南许昌）地旅游，时间久了，颍守慕其仪范，想把自己的女儿嫁给他。南楚材当时已与薛媛成亲，但因颍守慕之眷深，便忽不思义，答应下来了。随后，他派家仆回家取琴书等，似乎不打算回去了。薛媛既善书画，又妙属文。知道楚材不念糟糠之情，别倚丝萝之托后，便对镜自图其形，并诗四韵以寄之。楚材看到妻子的写真和这首诗，感到非常惭愧，于是夫妻二人得以白头偕老。当时的俚语说：

当时妇弃夫，
今日夫离妇。
若不逞丹青，
空房应独自。

可见写真有时还可以起到一些其他事物起不到的作用。通过这个记载，还可以看出，市井平民中也不乏善自写真者。

唐代音乐歌舞业十分发达，唐写真中歌舞乐伎也很多。这些写真有些可能

① （清）彭定求等编：《全唐诗 · 卷七百九十九》，中华书局 1960 年版，第 8991 页。
② （唐）范摅撰，唐雯校笺：《云溪友议校笺》，中华书局 2017 年版，第 9 页。

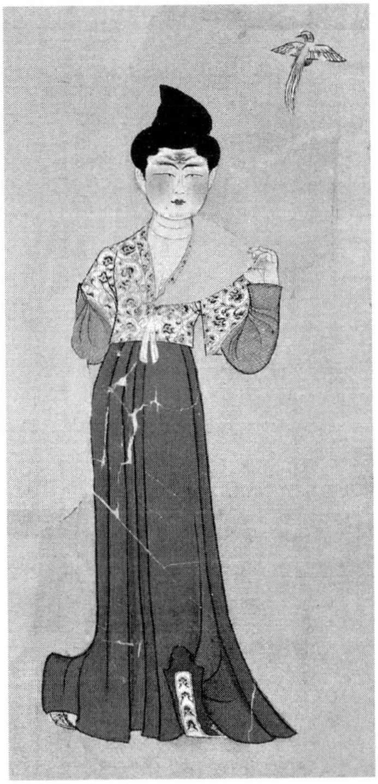

图 10 《舞伎图》，唐，绢本设色，新疆维吾尔自治区博物馆藏

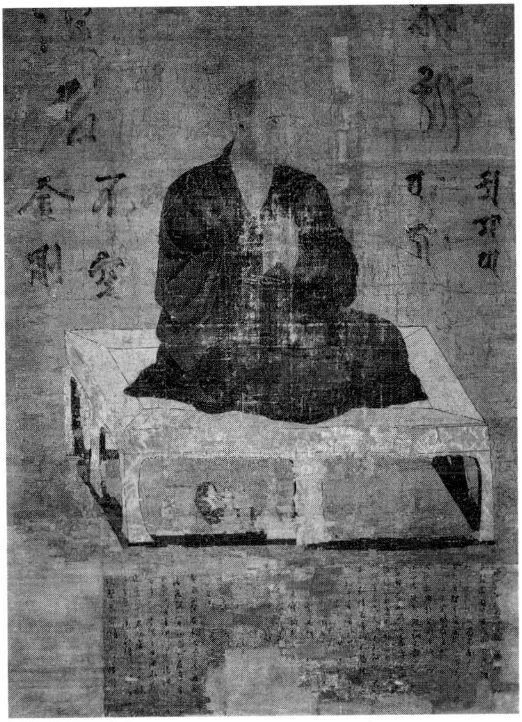

图 11 《真言五祖之不空像》，李真，唐，绢本设色，日本京都教王护国寺藏

是某个慕其声名的风流才子或公子王孙请人所为，更多的则可能是她们所在的歌舞场所为了招揽顾客，将她们图之于壁的。当然，也不排除有些写真是这些歌伎自己因为某种需要请人画的。从 1972 年在吐鲁番阿斯塔那 230 墓出土的《舞伎图》（图 10），可以看出唐代歌舞乐伎写真的面貌。

佛教在唐代盛行一时，高僧深受世人敬重，常有写真传世。会昌二年（842），时居香山寺的白居易曾命画工以缋写佛光和尚真，并赞之。[①] 长安青龙寺惠果和尚（746—805）曾唤供奉丹青李真等人，图绘现存日本京都教王护国寺的真言五祖金刚智、善无畏、不空、一行及惠果的画像。[②]（图 11）这五幅画

① 参见（清）董诰等编《全唐文》卷六七七，中华书局 1983 年版，第 6916 页。

② 参见［日］空海《上〈新请来经等目录〉表》，参见史树青《日本国收藏的唐代一行等人画像》，《文物》1976 年第 3 期。

像中惠果本人的画像当为写真之作，另外四幅则可能是依其生前的写真重绘而成。高僧生前的写真通常称为“影”，或悬于书斋，或画于影堂、寺庙之壁。

三、唐代的写真画家

隋唐人尊祖重孝，公卿官僚等社会地位较高的人会将自己先人生前的写真图形家庙，定时祭祀。家庙、祠堂中供奉的遗像也如影堂、寺庙中的僧影一样，多图之于壁。

唐朝皇帝十分重视写真，不仅为图形功臣修建了凌烟阁，而且安排翰林院和集贤院负责宫廷的写真活动，鸿胪寺、兵部负责蕃客入朝时图其容状，画执贡图（图12）等事项。据史书记载，唐末的集贤院中有很多主掌图形凌烟阁的官吏及画像工人，还有很多写真官和画真官。像图形凌烟阁这样的宫廷重大的图功臣形于壁的写真活动，经皇帝御定要图形的功臣人选后，一般先由翰林院宫廷画家为功臣写真，形成写真本，然后再将写真本送至集贤院依本誊写摹绘上壁完成。宫廷平时御赐功臣或学士的纸绢本写真则一般只由集贤院负责完成。唐宫廷这些完备的写真程序是在盛中唐以后才形成的，唐初的写真活动则往往需要宫廷画家们身兼多职。如阎立本，就既要为图形凌烟阁的功臣们写真，又要为秦府十八学士写真，还要兼写御容圣真。唐宫廷的这些人员安排和机构设置保证了唐宫廷写真活动的顺利进行，也在客观上保证了唐宫廷写真的数量和水平。

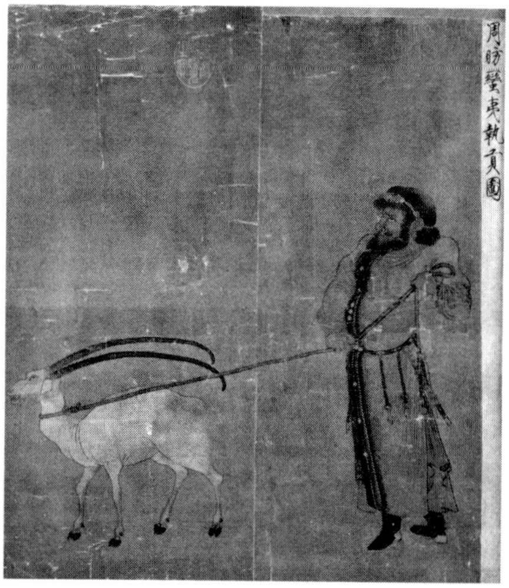

图12《蛮夷执贡图》，周昉，唐，绢本设色，台北故宫博物院藏

为了写真，唐朝皇帝在宫廷网罗了一批写真好手。这些人中，有些是

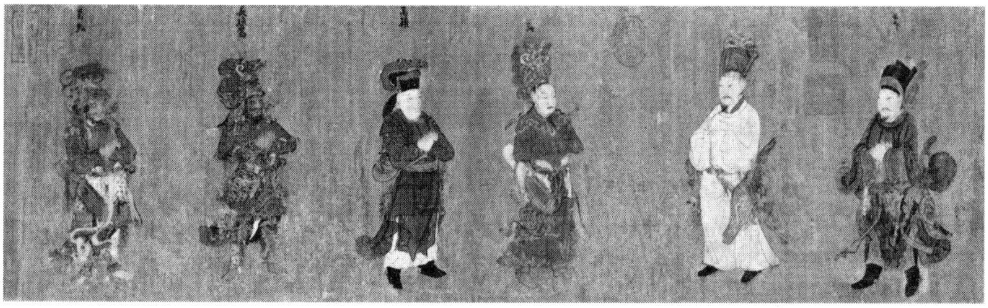
图 13 《八公图》，陈闳，唐，绢本设色，美国纳尔逊－阿特金斯艺术博物馆藏

以官兼之，如官至宰相的阎立本，更多的则是从民间选拔出来的。《新唐书》的选举志就规定了可以以画艺进身。除选举、选拔外，民间画家中之优秀者还可以直接召入宫中为其所用。见于史载的写真画家有数十人，他们中大多数为以官兼职或以画艺高超而被从民间召入供奉的宫廷画家，多为写真高手，他们的作品代表着唐写真的最高水平。如吴道子、韩幹、陈闳等宫廷画家，他们在翰林院和集贤殿御书院里从事宫廷的写真等绘画活动。这些写真画家多有师承，如“二阎师于郑、张、杨、展”“王智慎师于阎”[①]，初唐师承前代，中晚唐师承于初盛唐。陈闳的《八公图》（图 13）中画的北魏时南平公长孙嵩（358—437）、山阳侯奚斤（369—448）等八人的肖像可能就是陈闳依这些人当年的写真本传摹而成的。唐代的写真画家还经常收徒授画，将写真要领总结成简洁扼要的口诀或手诀传授给徒弟，辅以写真本、画样等，帮助徒弟尽快得其要领，掌握画法。这些徒弟在这些写真画家作画时经常充当他们的助手，如史书所载：

翟琰者，吴生弟子也，吴生每画，落笔便去，多使琰与张藏布色，浓淡无不得其所。[②]

① （唐）张彦远：《历代名画记·卷九》，载《四库全书》子部第 812 册艺术类一，上海古籍出版社 1987 年版，第 292 页。
② （唐）张彦远撰，许逸民校笺：《历代名画记校笺》，中华书局 2021 年版，第 642 页。

师傅只起个画稿就走了，上色之类的事就留给徒弟完成了。

上之所好，下必从之。在唐朝统治者的重视和倡导下，朝野上下，写真风靡一时。功高宰辅御赐图形凌烟阁，得以名垂图史，文人墨客、朝野百官自然也想如此，然而能有幸得图云阁者毕竟凤毛麟角，于是也就只好自请画工写真存形了。民间写真中有些只是单纯出于某种图形的需要，有些是其战略战术的组成部分，有些是文人之间的酬和，有些只是画家们的戏笔，有些是自写其真，但民间的绝大多数写真还是请人所为。请人写真，通常是要花点钱的。有一首诗，描述了一位沦落街头的宫廷画家曹霸（约 704—约 770）的人生际遇和写真情况：

即今飘泊干戈际，
屡貌寻常行路人。
途穷反遭俗眼白，
世上未有如公贫。[①]

本来是宫廷画家的曹霸沦落街头后一贫如洗，只得靠给路人写真赚点儿钱才能勉强度日。这是在路边随便找个民间画工写真的价格。若找当时的写真名家写真，情况就大不一样了，即使不便给钱，画得特别精彩也是要好好酬谢一下的。如郭子仪之婿赵纵侍郎请当时的写真名家韩幹和周昉长史为其写真，因周昉画得好，就派人给周昉送去了锦彩数百段。除出钱出物请人写真外，好的写真本身也可以买卖。如玄宗朝，康子元画的《丽正殿十七学士写真》就在其死后，被他的儿子卖了。[②] 这些都说明当时在民间已经出现了可能还不完善的写真市场。

唐写真之盛，画家和作品之多，达到了前所未有的程度。宫廷画家、民

① （清）彭定求等编：《全唐诗》，中华书局 1960 年版，第 2322 页。
② 参见（唐）张彦远《历代名画记·卷九》，人民美术出版社 1983 年版，第 175 页。

间画工水平参差，名手有之，泛泛之辈更是多如牛毛，写真水平大相径庭，艺术风格异彩纷呈。张彦远在其《历代名画记》中说：

宋朝顾骏之，常结构高楼，以为画所。每登楼去梯，家人罕见。若时景融朗，然后含毫；天地阴惨，则不操笔。今之画人，笔墨混于尘埃，丹青和其泥滓，徒汙绢素，岂曰绘画。自古善画者，莫匪衣冠贵胄、逸士高人，振妙一时，传芳千祀，非闾阎鄙贱之所能为也。[①]

在出身名门的张彦远眼里，自然是看不上民间画工这些"闾阎鄙贱"之辈的，但也无法无视这些民间画工的存在，由此可见当时写真之盛。

四、唐写真的成就及影响

在学习、总结前代画家写真实践和写真理论的基础上，唐写真画家在写真实践中积累了很多创作经验，艺术评论和史论家形成了很多写真理论和写真美学思想。

写真创作经验方面，可以概括为四方面。首先，变古为今，古为今用。唐代写真画家非常重视师承，他们善于学习和借鉴前人的绘画理论和创作。如初唐画家阎立本，师于隋代画家郑法士，"奇态不穷，像生变故"，从而天下取则。[②] 其次，书法用笔，以书入画。很多唐代画家，同时也是书法家，唐代书法的鼎盛对绘画技法也有一定影响。如吴道子"授笔法于张旭"，将书法之笔法用于绘画，从而使其人物形象表现得"虬须云鬓，数尺飞动，毛根出肉，力健有余"[③]。再次，意存笔先，画尽意在。就是说作画时要"守其神，专

---

① 参见（唐）张彦远《历代名画记·卷九》，人民美术出版社 1983 年版，第 15 页。
② 参见（唐）张彦远《历代名画记·卷九》，人民美术出版社 1983 年版，第 170 页。
③ （唐）张彦远：《历代名画记·卷九》，载《四库全书》子部第 812 册艺术类一，上海古籍出版社 1987 年版，第 293 页。

其一，合造化之刃，假吴生之笔”，运思挥毫，意不在于画，才能得于画。[①] 最后，唐写真画家在写真实践中创造了很多用笔和绘画样式对当时民间写真的广泛普及及后世写真影响很大。

写真理论方面，形神论在前代的基础上，在唐代有了新的发展，“神韵”在唐代被提到了前所未有的高度。如朱景玄在《唐朝名画录》中品评唐代画家时，就按神、妙、能、逸分为了四品，“神”居第一品。[②] 谢赫的“六法”，特别是“气韵生动”说对唐写真影响很大。尽管唐写真倡导“神韵”和“气韵生动”，但形似在唐写真中还是非常重视的。从唐代评论当时写真的文章看，形似仍然是第一位的，然后才是神韵。当然形似与神韵二者并不矛盾，前者是后者的基础，后者则有助于前者，二者相互促进，缺一不可。

“写真”作为中国古代人物肖像画的传统名称之一，确立于唐，兴盛于唐。唐代确立的写真原则、写真样式、写真理论、写真美学思想等方面建立的写真完善的体系多为后世所沿用，影响深远。

唐写真对国外的写真也产生了一定影响。据朱景玄《唐朝名画录》周昉条[③] 记载，贞元（785—804）末，新罗国（今韩国）有人在江淮（长江、淮河一带）买了数十卷周昉的画带回了新罗。《全唐文》记载，新罗人崔致远（857—?）供奉唐宫廷时，曾被御赐写真卷轴，他于中和四年（884）归国时很有可能将其写真卷轴带回新罗。这些唐写真作品的流入，对新罗的写真可能会产生一定的影响。还有一些唐写真作品流入日本，如李真画的《真言五祖》被日僧空海（くうかい）(774—835）于元和元年（806）归国时带回日

① 参见（唐）张彦远《历代名画记 · 卷九》，载《四库全书》子部第 812 册艺术类一，上海古籍出版社 1987 年版，第 294 页。
② 参见（唐）朱景玄《唐朝名画录》，载《四库全书》子部第 812 册艺术类一，上海古籍出版社 1987 年版，第 357 页。
③ 参见（唐）朱景玄《唐朝名画录》，载《四库全书》子部第 812 册艺术类一，上海古籍出版社 1987 年版，第 365 页。

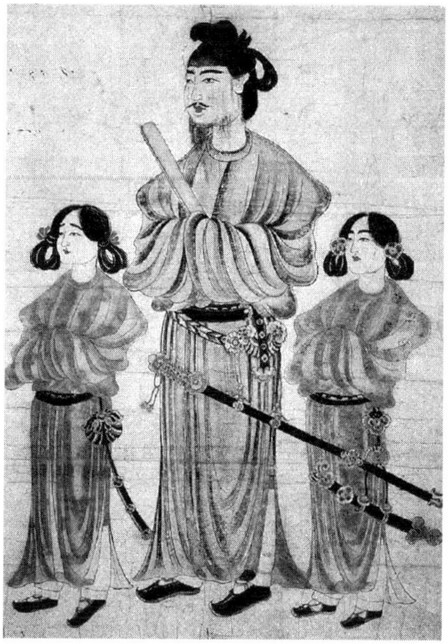

图 14 《圣德太子图》，日本，绢本设色，
东京国立博物馆藏

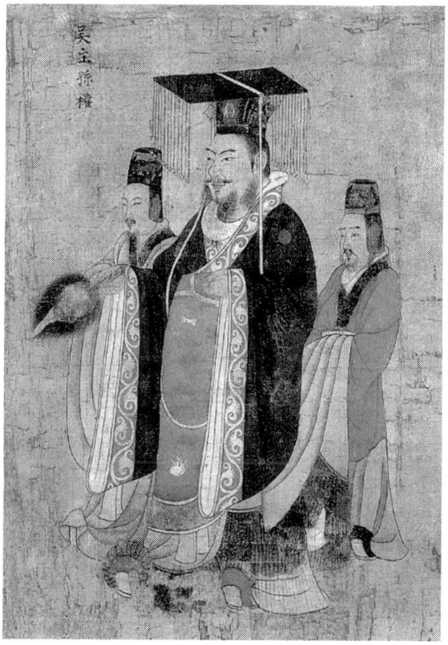

图 15 《历代帝王图》，阎立本，唐，绢本设色，
美国波士顿美术博物馆藏

本。日本遣唐使和留学生中有些人学习美术，这些都会在一定程度上对日本的写真造成一定影响。将日本的《圣德太子图》（图 14）与阎立本的《历代帝王图》（图 15）相比较，可以看出唐写真对日本写真的影响。

“齐鲁画派”渊源追溯

高纪洋

“齐鲁画派”的准确概念在学术界至今尚未明确，但笼统地讲，既然齐鲁画派是一个地域性画派，就是以发展齐鲁文化艺术为宗旨，以山东自然风貌和人物风情为主要表现对象，以山东画家为主要力量的绘画流派。齐鲁画派的命名，源于国内外艺术史学界的一个常规做法，就是以某地域画派为名称，对某一画家群体加以冠名，如西方的佛罗伦萨画派、威尼斯画派、巴比松画派、枫丹白露画派等，中国则有新安画派、海派、金陵画派、岭南画派、长安画派等。它的现实依据，是全国各地兴起的发展地域画派热潮，如广西的漓江画派、四川的巴蜀画派、东北的关东画派、无锡的太湖画派等。

齐鲁画派之所以被冠以此名，是与它的母体齐鲁文化存在衍生关系的，有其特殊的渊源。丹纳在《艺术哲学》一书中曾指出“一个观念好比一颗种子：种子的发芽，生长，开花，要从水分、空气、阳光、泥土中汲取养料；观念的成熟与成型也需要周围的人在精神上能予以补充，帮助发展”。齐鲁画派就像齐鲁大地生长的一颗艺术种子，在这片特定的土地上孕育、生根、发芽、开花、结果。齐鲁画派为齐鲁民风所浸润，受齐鲁文化影响，为齐鲁人民所创造，它们之间存在着密切关系。

一、“齐鲁画派”的文化渊源

齐鲁画派名称中的“齐鲁”二字，应该包含两层含义。首先它是一个地域概念，也就是限定在行政区划中的山东这一地理范围，这是概念命名时的应有之义。但需要申明的另外一层更为重要的含义，就是它的内核应该是齐鲁文化。在“齐鲁画派”的主要创造者——画家群体之外，尚有一个与画家密切交往的文化圈，它们共同生存在一个地域文化环境。地域画派的形成与该地区的文化传承、艺术积淀、自然环境等因素密切关联。潘鲁生先生在阐述二者关系时曾提到，齐鲁画派首先是以地域文化为表征的画派，要从山东本地的文化资源出发，以齐鲁文化为根基，传承和发展齐鲁文脉、齐鲁风格、齐鲁精神，倡导创作中博采众长、求变创新，反映齐鲁地域文化特质，这一点无疑是齐鲁画派存在价值和概念内涵的本质所在。这在当下的山东文学界、影视艺术界已经有较为显著的体现，如“文学鲁军”“电视鲁军”已经取得了一些引人注目的成就。

在中国美术史上，山东与众多名家及名作有着不可剥离的渊源关系。北魏时期乐安博昌（今寿光）人蒋少游（？—501）即以“性机巧，颇能画刻”著称。南朝宋著名山水画理论家王微（414—453）是琅琊（今临沂）人，所著《叙画》对后世山水画发展影响深远。隋代渤海（今阳信）人展子虔所绘《游春图》，开启了唐代青绿山水画的辉煌，被公认为是名垂千古的杰作。展子虔不但擅长山水画，他的楼阁车马、人物、佛像也为人所称赞。宋代李成（919—967）、燕肃（961—1040）、张择端（1085—1145）也为画史所称道。宋代“三家山水”之一的李成（919—967），长期隐居山东营丘（今青州），人称李营丘，引领一个时代的山水画风格，“齐鲁之士，唯摹营丘”。宋青州人燕肃、元代曹县人商琦、莒人赵原山水画也仿效李成，并被画界认可。元代营丘人阎信道，在界画领域的成就，为画史所称道。诸城人张择端所画《清明上河图》彪炳史册，是研究北宋城市生活绝无仅有的形象资料。东平人梁楷（1150—？）的减笔画，名作《泼墨仙人图》得写意精髓，名垂千古。元代赵孟頫（1254—1322）所画《鹊华秋色图》，描绘济南郊外鹊山和华不注山景色，开元人简率之风。元四家之一的王蒙（1308—1385），曾长期任泰安知州，清代时期郑板桥（1693—1766）、李鱓（1686–1756）、李方膺（1695—1755）亦有山东为官的经历；明代画家崔子忠（莱阳人）(约1594—1644)，与陈洪绶（1598—1652）并称“南陈北崔”，在画史上享有很高的声誉。清代济宁人焦秉贞、潍坊人刘炯（1872—1939）、胶州人法若真（1613—1691）、冷枚（约1670—1742）、高凤翰（1683—1749）等亦画名远扬。及至近代，高唐人李苦禅（1899—1983）、潍坊人郭味蕖（1908—1971）、崔子范、孙奇峰（1920—2023）等人则成为全国有重大影响的画家。

二、“齐鲁画派”先驱画家

在梳理齐鲁画派画家群体的时候，首先会遇到人员流动而产生的复杂性。这里面既有鲁籍而主要成就在省外取得，又有外省籍而艺术活动主要在山东的情况，还有既在山东又在外省的情况。从对画派的研究来看，这种情况在画史上的著名画派也存在。如岭南画派主要画家绝大多数为广东籍，且艺术活动也在此地。长安画派主要成员则多非陕西籍，主要艺术成就在西安。新金陵画派画家多江苏籍，领军人物傅抱石、亚明、魏紫熙等人则为外省籍。所以研究画派中的画家，一般较为看重艺术活动发生地，但是出生地往往决定着他的文化基因，而且即使离开了故乡，与家乡画家的交往及相互影响也不可忽视。所以对齐鲁画派画家群体的梳理，也不能简单化处理而需要综合考虑，可以将他们分为两个核心层。第一核心层应该是在山东生活和工作的画家，而鲁籍并与在鲁画家密切联系的画家，可视为齐鲁画派第二核心层。

齐鲁画派的产生需要众多画家长时间共同的努力，它不会凭空产生，也不可能一蹴而就，特定文脉是必不可少的构成要素。我们需要探寻“齐鲁画派”的根系，找到它的文脉。“从时间概念上来说，一个画派的形成与延续，需要文化和思想的长久积淀，需要几代人的艺术传承，更需要艺术家的自觉与成熟。”[①] 齐鲁画派画家群体，长期在齐鲁大地共同的文化背景、地理环境与社会条件之下，会产生艺术旨趣与艺术追求上的相互影响，如持有类似的艺术观念，关注类似的题材，采用类似的形式与材料等，从而形成一种地域共性。这种地域共性，既是艺术家艺术个性得以张扬的基础和出发点，也是在一定阶段对艺术家的个性发展形成某种制约的重要因素。

从晚清松年（1837—1906）开始之后的一百年里，齐鲁画派先驱画家几代人共同取得了辉煌的成就，并在全国美术界产生了较大影响，开启了齐鲁画派的先声。近代具有代表性的几位画家，在民间广泛流传着“关黑弭岳”（关友声、黑伯龙、弭菊田、岳祥书）或“关黑弭陈（陈维信）”四老的说法。除了以上几位具有代表性的画家以外，在山东美术界取得瞩目成就的书画家还有曹庚生、吴天墀、张茆才、金棻、王献唐、姜守迁、柳子谷、黄立荪、赫保真、山之南、任晓麓、徐培基、冯凭、张伏山、傅星伯、毕颖之、马龙青、王大中、王企华、于希宁、张立潮、宗惟成、王天池、王小古、王凤年、蒋维崧、陈寿荣、张彦青、刘鲁生、张朋、陈左黄、高小岩、修德、魏启后、乍启典、张鹤云、段谷风、皮之先、邹振亚、崔辉、王炳龙、闫学曾等人。

三、“齐鲁画派”艺术风格渊源

“齐鲁画派”艺术风格同齐鲁文化一样，融开放与持重、革新与保守于一体，以传统艺术风格为主导，兼容并蓄，普遍偏重浑厚质朴的艺术品格。近代以来，齐鲁大地的画家们，深受儒家中庸思想浸润，多延续传统艺术的标准，注重吸收传统艺术的营养，努力提高传统文化修养，看重画面以外的文化艺术素养，兼修诗、书、画、印。新文化运动在向全国传播的过程中，山东也首当其冲受到影响，对新的绘画思想和外来艺术形式有所吸收，建立起了新的语言

---

① 张国荣：《名不副实的“画派”制造——从“敦煌画派”的打造谈起》，《美术》2012 年第 9 期。

和面貌。而且近代以来，山东因沿海而成为列强抢夺的重要地区，外来文化较早舶来齐鲁大地尤其是鲁东沿海地区。山东地处京津与江浙沪两大艺术中心的中间地带，由于这一地缘关系，两大艺术中心对“齐鲁画派”艺术风格产生了重大影响。齐鲁大地及祖国的山川草木、风土人情都成为“齐鲁画派”艺术风格的创作源泉，可视为其生活渊源。

（一）“齐鲁画派”艺术风格的儒家思想渊源

儒家思想发源于鲁南地区，山东画家受到根深蒂固的影响。以“中庸之道”为要义的儒家思想，成为齐鲁画派画家潜意识遵从的准则。从审美上讲，齐鲁画派多数画家追求平正、正统的艺术品格，“偏、奇、怪、异”等前卫极端的艺术追求较少。如对20世纪山东美术产生重大影响的齐鲁画派先驱人物松年就持这样的观点，他在《颐园论画》中阐发过这一思想：“作书先讲求平正，既归平正，再求险绝，既归险绝，复归平正……初学画先求妥当，既能妥当，复求生动，既已生动，仍返妥当。”他认为艺术的最高境界，无论是书还是画，均为平正、妥当。

从画派外部环境来讲，山东人作为齐鲁画派艺术作品的主要受众，多饱受儒家正统思想浸润。以孔孟儒学为核心的齐鲁文化，决定了山东人的性格平实内敛，崇尚正统，大都欣赏厚重平正的作品。这样的文化环境，不可能不对齐鲁画派的审美品格和价值观念产生重要影响，画家们对山川草木、风土人情的认识和感受，绘画语言的选择，也都难以超越这种人文环境。在创作过程中，无论是艺术形象的归纳、提炼、升华还是艺术语言的选择都会反映出来，从而导致齐鲁画派的内容与形式及整体艺术风格均带有这一鲜明印记，注重不偏不倚的传统，不重先锋性和奇巧之美。

齐鲁画派画家与山东人的整体性格一样，相较其他地区更深地受到了儒家思想的影响，多内敛、朴实、谦和。体现在绘画创作理念上，齐鲁画派多数画家都重视中国书画的传统，以文人画精神为正统，重视学问、人品、思想、才情的传统文人综合修养。“尚古”是齐鲁画派艺术风格一大特征，如山水画中影响较大的关友声、黑伯龙、弭菊田等人所创作的古意山水。齐鲁画派花鸟画创作也是崇尚传统的，重视传统题材的表现，如于希宁之梅，柳子谷之竹，张鹤云之鱼、陈寿荣之鹰等，“讲究‘正道’和‘传统’之风气，则是一直不变的主旋律”。人物画也注重表现出很强的传统意味，如王凤年的工笔仕女、段谷风的简笔人物等。

（二）“齐鲁画派”艺术风格的西方渊源

山东地处中国东部，有较长的海岸线面向广阔的海洋。近代以来，无论是出于主动还是被动，沿海地区是中国较早接收外来艺术的地区，也是较早受到外国艺术影响的地区。近代以来的政治经济环境决定了齐鲁画派的外向性，众多画家到国外学习、展览、交流、访问。清末书画家王讷（安丘人）曾受清廷委派赴日本考察教育，并在回国后创办山东高等师范学堂。曹庚生、王企华等也曾在日本留学，并回国任教。

另外山东有众多画家赴外交流，这些画家在对外展览、访问、考察的过程中，接触了西方的传统和现代艺术，进而对自己的艺术创作有了一个全球视野的思考，对西方能够弥补中国画不足的艺术语言进行吸收，从而在自己的艺术风格中有所体现。重要的艺术交流活动有：1979 年，张朋参加了日本第一届亚洲美术作品展览；1981 年，弭菊田画展在日本举办；1983 年至 1987 年，张鹤云先后聘任加拿大里贾纳大学和美国旧金山州立大学客座教授，并在加拿大和美国举办了个人画展；1984 年，杨文仁作品《兰花》赴德国展出，《秋实》《葡萄》赴欧洲及新加坡展出；1987 年，济南画院画家在日本和歌山市举办画展，于希宁率山东美术家代表团赴日本和歌山、桥东两市举办画展，刘宝纯赴日本访问三个月；1990 年，山东美协推荐山东美术家作品，通过文化部外联部送美国旧金山展出、“高天祥画展”在日本举办；1991 年，王凤年、俞黎华书画联展在美国加州圣地亚哥大学展出，同年烟台画院 15 人画展在日本举办；1992

年，于希宁画展在美国洛杉矶展出、山东文化代表团访问日本山口县举办书画联展；1994 年，刘宝纯应美国休斯敦大学之邀访美 3 个月，在欧根画廊办个展；2002 年，杨松林等携“东方神韵——中国绘画欧美巡回展”在欧洲进行了为期 50 天的展览、考察和访问活动；山东女书画家协会组团赴日本访问。

在齐鲁画派的画家中，受到西方直接或间接的影响，出现了较多融合吸收西方绘画语言的艺术风格，也有些画家将西方绘画技法应用于教学。如赫保真在总结牡丹画法时即提出“五结合画法”：古今结合、中西结合、工写结合、彩墨结合、主客观结合。张鹤云所擅长的鱼，融汇西方造型和中国传统水墨韵味。宗惟成把欧洲文艺复兴以来绘画大师素描的线与中国画的线结合在一起，主张线面结合去表现对象本质。岳祥书将中国水墨与西方造型手段结合，将写实技法熟练地应用于中国画写生与创作，吸收了西方绘画的光影和色彩元素。此外油画界很多画家对西方美术的学习和吸收更为直接，如李超士是中国最早赴欧学习的画家之一，他接受了系统严格的西方造型训练，在山东任教时极其强调技巧训练的严格性，重视培养学生对素描等基本功力的磨炼。戴秉心早期赴比利时留学，受到现代艺术思潮的影响，接受了野兽派、表现主义以及佛兰德斯美术影响并在山东任教，在山东美术界植入了不同于苏联油画的西方现代艺术基因。

（三）“齐鲁画派”艺术风格的地缘渊源

齐鲁画派处南北艺术交汇之地，居京津与江浙沪两大艺术中心的中间地带，由于这一地缘关系，两大艺术中心通过各种途径和方式对“齐鲁画派”艺术风格产生了重大影响。“齐鲁画派”画家多在这两处求学，而且两大艺术中心的名家及院校教师也多有来鲁长期任教及交流，由于地缘关系使得相互之间的艺术交流活动广泛且深入。20 世纪以来，“齐鲁画派”与这两处的重要艺术家和艺术流派保持着密切联系。

这种联系有时候随艺术家活动轨迹而表现得较为复杂，使三地之间的艺术活动密不可分。如20世纪早期著名鲁籍画家俞剑华，1918年，以第一名的成绩从北平高师毕业，1924年回济南任山东美术学校国画教员，兼任山东师范学堂国画专修科教员，并组织“翰墨缘画社”，1928年赴上海任新华艺专教务长、教授，次年兼任国画系主任，此后的1957年在济南，1963年在济南、烟台、青岛，1964年在潍坊，分别举办了“俞剑华教授画展”，对山东美术界产生了较大的影响。毕颖之1929年考入北平大学艺术学院中国画系，师从齐白石等名家，毕业后则在德州、济南、青岛、南京、杭州等地从事美术教育工作。宗惟成曾求学于杭州国立艺专、南京中央大学，1935年毕业于上海新华艺专，而后则任教于济南。柳子谷1924年考入上海美专，受教于黄宾虹、刘海粟等人，任教于南京美专及东北地区的院校，后移居济南30余年，任山东艺专教授。刘鲁生1944年毕业于杭州国立艺专，师从潘天寿等人，回济南后从事美术教育和艺术创作。王企华早年毕业于苏州美专，1951年至济南任教并定居。

除了基于教育活动的直接学习吸收之外，尚有这些地区画家之间频繁的艺术交流活动。在各种形式的艺术活动中，画家们能够就艺术创作理念、绘画技法、创作题材、艺术风格等各方面进行深入的交流，从而使齐鲁画派与这两大艺术中心保持着紧密联系。如早在1928年至1930年关友声为艺术创作及以艺会友而建“嘤园”，常邀张大千、启功、李苦禅、俞剑华、张伯驹夫妇等人探访雅集。关友声还到外地写生及结交艺术界好友，如1935年到南京、苏州、湖南等地游学，与吴湖帆、徐悲鸿、傅抱石、谢稚柳等人结为好友。1936年赵望云、高剑父、徐悲鸿、刘海粟等人的作品，在烟台朝阳街北新楼举办“杭州名人美术展览会”。1962年7月至9月，山东省政府为推动齐鲁画派的发展，邀请北京、上海、南京等地著名画家在青岛举办了学术研讨会及讲座、展览。[①]1963年潘天寿、吴茀之到青岛、济南、烟台、泰安、曲阜等地进行了考

① 此次参会画家有来自北京的吴镜汀、王雪涛、崔子范、郭传璋、颜地、郭味蕖、李苦禅、田世光，上海的王个簃、江寒汀、孙要民，南京的俞剑华、钱松喦、亚明、陈大羽、张文俊，山东则有弭菊田、陈维信、刘鲁生、王企华、于希宁、张彦青等。

察、讲学、笔会活动。1980年中央美术学院教授郭怡孮、姚有多、李行简画展在淄博展出。此后山东绘画界与全国各地特别是京津与江浙沪地区的联系更加多元化，艺术交流活动也更加频繁。

两大艺术中心的画家及流派对齐鲁画派画家的影响是非常具体的，从许多画家的绘画艺术语言及艺术风格上都有明确体现。如曹庚生上海美专毕业后留在吴昌硕门下，为他汇集画稿、文物，得高师耳提面命，国学与艺术功底深厚，以书法入画，富有金石气息。毕颖之北京求学期间，得白石先生真传，其画简约自然，充满生机活力，所画之花卉鱼虾和梅兰竹石，水墨逸笔，气韵生动。傅星伯1942年入“北京艺光画社”学习，师承齐白石，擅大写意花鸟，笔墨豪放，拙藏大巧。蒋维崧1938年毕业于南京中央大学中文系，受教于胡小石、乔大壮等名家，篆刻宗法乔大壮，并吸收殷周古金石风格，线条清丽生动，刀法质朴洗练，篆书亦结体正中寓奇，典雅俊逸。柳子谷在南京与徐悲鸿、张书旂一道被誉为“金陵三杰”，过从甚密，从艺术风格上来讲也颇受影响。他在画界多人批评张书旂格调低俗时，于1963年发表文章予以支持，提出绘画应满足普通人民大众喜好，走强调描绘性、雅俗共赏的山水花鸟画风格。这种理念一直延续到济南的艺术创作，影响到他的艺术风格。

（四）“齐鲁画派”艺术风格的生活渊源

“外事造化，中得心源”的艺术创作原则，也是齐鲁画派始终贯彻的指导思想，由此而在艺术上展现出极具活力的现实性，艺术风格不断创新。齐鲁大地及祖国的山山水水、风土人情、草木虫鱼都成为齐鲁画派艺术风格的创作源泉，可视为其生活渊源。艺术来源于生活的美学追求，促使齐鲁画派艺术家们，非常注重现实生活的观察、体验及写生，进而提炼出客观对象激发主观感受而产生的“心象”，把它用自己的艺术语言表现出来。这在齐鲁画派众多画家的艺术创作经历及作品上都有较为突出的表现，山水、人物、花鸟画创作皆如此。

新中国成立后“社会主义新山水”的出现，是山水画创作艺术与生活进一步密切的一个突出表现，社会各方面都进行社会主义改造，山水画亦需革新。在这一过程中，“反映时代审美，表现新生活”成为“新山水画”的迫切要求。齐鲁画派山水画家响应时代号召，积极投身于“新山水画”的创作中，贴近本土生活，表现时代精神。1959 年，齐鲁画派画家为人民大会堂山东厅作画，就是建立在一系列深入山东各地写生基础上的。1963 年，山东省美协发起省内各地写生创作活动，产生了一批“新山水画”佳作，如关友声的《佛山新貌》、黑伯龙的《云烟漫泰岱》、弭菊田的《泰山红日》、陈维信的《泰山旭日》、徐培基的《大明湖》、岳祥书的《跋山水库》等。70 年代，刘宝纯发起和参与的一系列“新山水画”写生创作活动，突破了传统山水画程式，在全国有很大影响力，标志着齐鲁画派新山水画的成熟。这一系列活动包括刘宝纯、张登堂、于太昌等人发起和参与的以黄河、海河、淮河为母题写生创作的系列作品，1971 年起他们首先奔赴黄河流域，写生创作了《黄河组画》，并举办了黄河写生组画展览，后赴海河和淮河流域写生，出版了《海河新图》画集和《淮河》画集。1976 年关友声、黑伯龙、弭菊田、陈维信、刘鲁生、张彦青等去泰山写生，举办了泰山写生画展。这些新山水画作品，为齐鲁画派注入了生命活力和时代精神。

人物画领域也出现了一批表现现实生活的作品，影响最大的当属《腰斩黄河组画》画集的出版。1952 年 12 月，“腰斩黄河文艺服务团”美术组，赴山东枢纽工程工地作速写千余幅，并举办了“腰斩黄河写生画展”，进而创作了一幅国画巨作《举世奇创》在京展出，产生了强烈反响。1965 年，在中国美术馆展出了齐鲁画派画家创作的“新旧社会对比教育”连环画，并被广泛刊发报道，引起了重大影响。人物画在全国较为突出的另外一个表现，是“新年画”对时代新风貌的体现。新中国成立初期的年画担负着向广大群众传播社会主义新理念的重任，因此政府和画家对年画的革新倾注了热情，并成立了年画工作队。1952 年创作出了《迎接大建设》《合作力量大、互相得鱼多》等新年画 38

幅。1959年施邦华的《水库好》、朱学达的《福字灯》刻印达上千万份，在人民群众中得到广泛传播。1964年的全国美展，山东新年画作品已经突破传统制作手法，多用水粉画创作，作品《民兵爆破队》《芒种时节》《贫下中农参观农具厂》《洪水到来之前》等都极富生活气息，内容多表现农业生产、民兵活动等。

齐鲁画派花鸟画家于希宁、张朋、柳子谷等人都强调写生，对生活进行细致深入的观察。这些画家特别偏爱的题材，如于希宁画梅，柳子谷画竹，陈寿荣画鹰，张鹤云画鱼，张建时画鸡等。于希宁对梅的观察和研究体现在他的创作多来自写生，通过深入观察而对梅的各种生活形态了然于胸，20世纪70年代至90年代数次去江南邓尉、超山、杭州、无锡等地对梅写生，“余七至邓尉，四至超山，与梅相处”。画家张朋为了表现出动物的灵性，经常到公园写生以熟悉动物的神态和习性，所画动物无不生动传神。柳子谷也极为重视对自然的观察，体味表现对象之神。“他为了观察雪中之竹，在雪地里一站就是几个小时；还冒雨站在竹林边看雨中之竹，自己淋成‘落汤鸡’也在所不惜。”花鸟画的生活渊源还体现在齐鲁画派画家对牡丹的偏爱上。花开富贵国色天香的牡丹，同时又是菏泽甲天下的特产，吸引了很多山东花鸟画家以此为题材作画，并以画牡丹而闻名，如赫保真、王企华、王小古、崔辉等人。

四、结语

齐鲁画派作为一个地域性艺术流派，在绘画界早已存在，一批先驱画家取得了一定的成就，其中有一部分画家在全国有较高的知名度和认可度。但在学术界，“齐鲁画派”相关研究需要进一步加强，只有对它进行深入研究才能获得有力的学术支撑。从一个宏观的角度来看，任何地域的艺术都是艺术史的一个组成部分，任何时代的艺术都是整个艺术史上的一个链环。艺术有它自己独有的规律，并按照这一规律始终处于不断的变化发展当中。我们对齐鲁画派文化渊源、先驱画家、风格渊源的追溯，尤其是对齐鲁画派艺术风格的思想渊源、西方渊源、地缘渊源、生活渊源的剖析，可以使我们更为清楚地了解它的来龙去脉，并认清它的本质，准确把握山东美术发展的规律。这对山东艺术各界找到正确的发展方向，集合各方面力量，促进齐鲁画派更好地走向全国，有着积极的意义。

（原载《艺术百家》2014年第6期）

白云处处长随君

——金元时期磁州窑白地黑花人物故事枕中的云纹研究*

郑以墨

金元时期磁州窑长方形白地黑花瓷枕上多绘有人物故事画，其中一个最为明显的特点是，画面中出现了大量的云纹，有些云纹意在表现特定故事情节，有些云纹与故事情节并无直接关系，它们构成了独立于故事之外的附属物。云纹以不同的方式填充了画面的空间，并呈现出特殊的视觉效果，它们或飘浮于空中或仙人脚下，或弥散在山、树与建筑之间，甚至还成为人物的背景，或是分割人物的特殊边框。

作为一种绘画题材，云纹并不鲜见，不同时代的画工或艺术家均对此进行了各种尝试，并形成明显的时代特征，对此已有学者进行了大量的研究，兹不赘述。然而，在瓷枕上绘制大量云纹的做法，却是金元时期磁州窑白地黑花人物故事枕所独有，针对这一现象，笔者关注的问题是：画面中的云纹有着怎样的造型特征？与其他景物有着怎样的组合方式？画工如何利用云纹营造画面的空间与意境？为什么使用大量的云纹营造画面？云纹在瓷枕这一特殊的器物上，有着怎样的文化内涵？

* 本文为 2022 年教育部人文社会科学规划项目“宋金元时期磁州窑瓷枕与梦文化研究”（项目编号：22YJA760111）阶段性成果。

一、云纹的形态

宋元时期的山水画中出现的云的画法很多，包括勾云法、勾染法、擦染法、烘染法、渍染法和空云法[①]，而磁州窑画工多采用勾云法，这可能与瓷枕制作的技术和程序有关。由于瓷枕的瓷土颜色较暗，所以需要在完成的枕胎上施一层化妆土，待到半干时快速在上面作画，为了提高效率，要求画工迅速完成，那么线条无疑是最好的选择，一方面可以保证作画的效率，另一方面还能最大限度地保证景物描绘的有效性和画面的视觉丰富性。磁州窑人物故事枕上的云纹造型多采用朵云式和团块式，同时，云纹还与不同物象构成较为固定的图式，反复出现在不同画面之中。

（一）朵云纹

磁州窑瓷枕上的朵云纹的特点是，云头中心为双勾朵云纹，下层为一个或两个横长的双勾朵云，如元代“八仙过海”枕上，八仙脚下与天空中飘浮的祥云均为朵云纹（图 1–1），同时代的“钟离权度吕洞宾”长方枕的朵云还绘有云尾，此外，“赵抃入蜀”枕中，神龟吐出的云气纹亦为朵云纹（图 1–2）。元代“三苏泛舟”枕的云朵纹从水面泛起，云朵的双勾呈前后排布，云的轮廓为双重；而远处水面的云朵双勾则保持正面对称，周围还萦绕着多重波浪形云纹，云纹中一条神龙腾空而起（图 1–3）。元代题有“漳滨逸人”的“陈抟避诏”枕上，仙人脚下的云纹更为复杂，云头的上层为两个双勾朵云纹，下面为多层波浪式云层，呈现出层层叠叠、向上涌出的视觉效果，左侧长长的云尾指示了仙人的行进方向（图 1–4）。朵云纹盛行于唐代，由内敛式勾卷形为主形的“云头”和以飘逸的尾线构成的云尾组合而成（图 2–1）。[②] 宋代云纹在整体上依然

---

① 参见李漫《宋元山水画的云水研究》，博士学位论文，中国美术学院，2018 年。

② 参见于鞍宁《云纹装饰概说》，载徐丽慧、郑军编著《中国历代云纹纹饰艺术》，人民美术出版社 2010 年版，第 13 页。

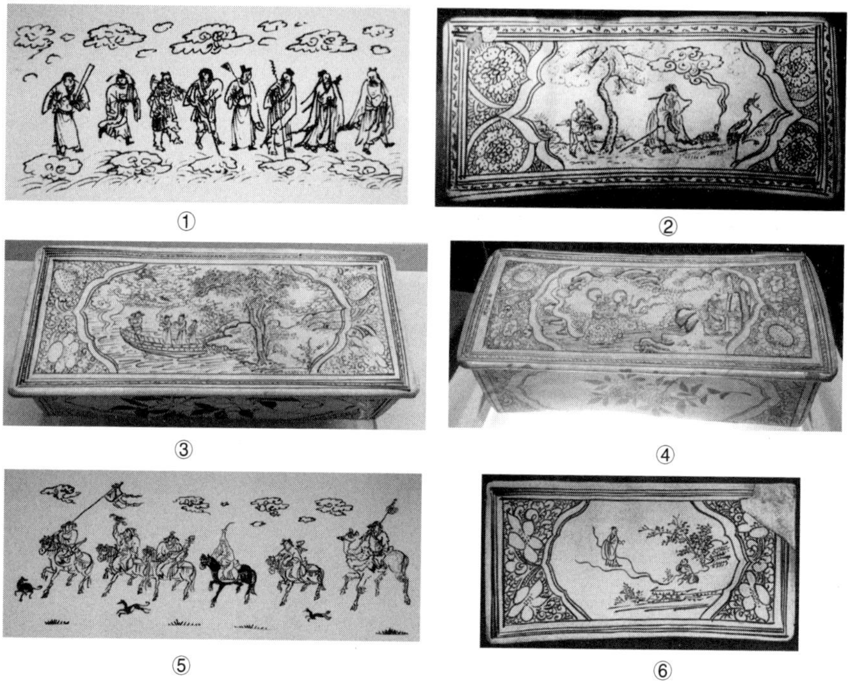

图 1　磁州窑瓷枕上的朵云纹

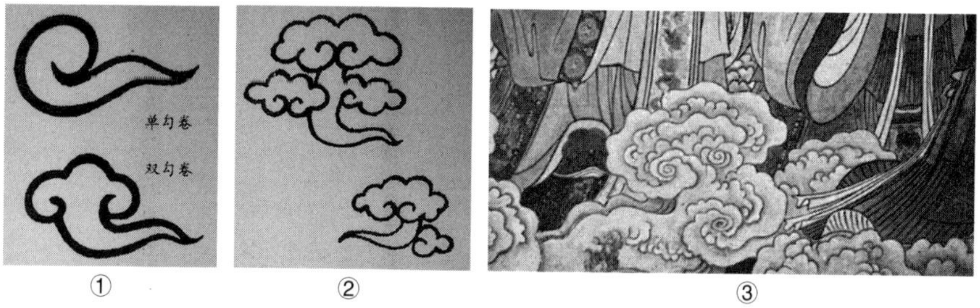

图 2　唐代至元代的朵云纹

是云朵样式，只是增加了波折曲线勾卷云头和旁出的云勾。元代朵云纹在宋代基础上更趋复杂化，通常以一个双勾朵云纹为“云头”中心，辅以两个对称排列的、或单勾卷或双勾卷的朵云纹，再缀上一条“云尾”构成（图 2–2）。[①] 此类朵云多见于永乐宫壁画中（图 2–3），只是壁画中的云朵为勾染法，绘制也

① 参见徐雯《中国云纹装饰》，广西美术出版社 2000 年版，第 17—21 页。

更为精细。类似的云纹还见于李公麟《孝经图》之“事君章”中，纵贯画面的云气由若干云朵构成，云头处有多个双勾云纹，周围弥散着层层曲线勾勒的云层，形成一股向上飞升的S形云团。

与作为装饰纹样的云纹相比，瓷枕人物故事中的云纹多采用白描方式，且更为写意，画工并不追求云头的绝对对称，有些云头的下层云朵简化了向内的勾卷，只勾勒了云的外形（图1–5），有的省略了云尾，整体趋向于灵动多变。此外，还有一种更为简略的表现仙人飞升的云纹，画工只绘出云尾，而省略云头，仙人似乎行进于以云铺设的通天之路（图1–6）。

（二）团块式云纹

相比之下，磁州窑瓷枕出现数量更多的是团块式云纹，画工仅以线条勾勒云团的外形，轮廓线分为单层或多层，学者将之称为“勾云法”，如元代“司马相如题柱”枕，山腰处的云气以双重线条勾勒而成（图3），为了表现云的流动性，画工将四朵云团安排为高低错落，云头一致向左，形成向左侧山峰飞升的动势。此外，此类云纹常常与山、树、人物和建筑等形成紧密的组合，云纹的形状也与组合景物形成呼应。

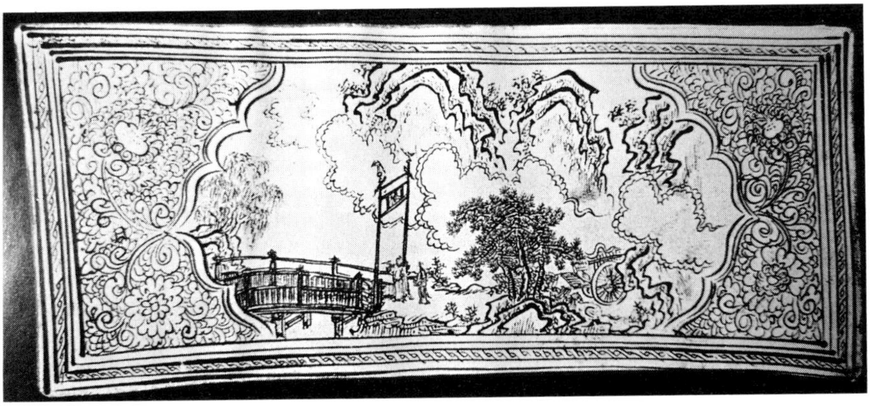

图3　元代“司马相如题柱”长方枕

1. 云与山

在磁州窑瓷枕上的人物故事中，云与山的组合最为常见，它们往往被布置在山腰处，在云的遮挡下，山峦只露出顶部或边角，如元代“月下追韩信”长方枕（图 4–1），山腰处萦绕大面积云纹，以两层波浪线勾出，线条强调虚实对比，以突出云的浓淡变化。元代“八仙过海”枕的远景绘有三个山峦，山顶下为单线勾勒的云层，每个云团从左至右逐次叠压，以表现云纹的空间层次，营造出一种“白云过岭七八片”的情景。另一件元代“携琴访友”长方枕，不仅山前弥漫云气，山的左侧更是飘来层层云团，只有右上角山峦突出云端（图 4–2）。此类云纹与山峦的组合，意在突出山峰的高耸，正如郭熙在《林泉高致》中所言：“山欲高，尽出之则不高，烟霞锁其腰，则高矣。”[①]

此外，有些瓷枕上的云纹同时分布于山峰的前后，使山峰处于云海之中，如金代“渔舟唱晚”长方枕（图 4–3），山腰处绘出三组云团，云团均为双勾，

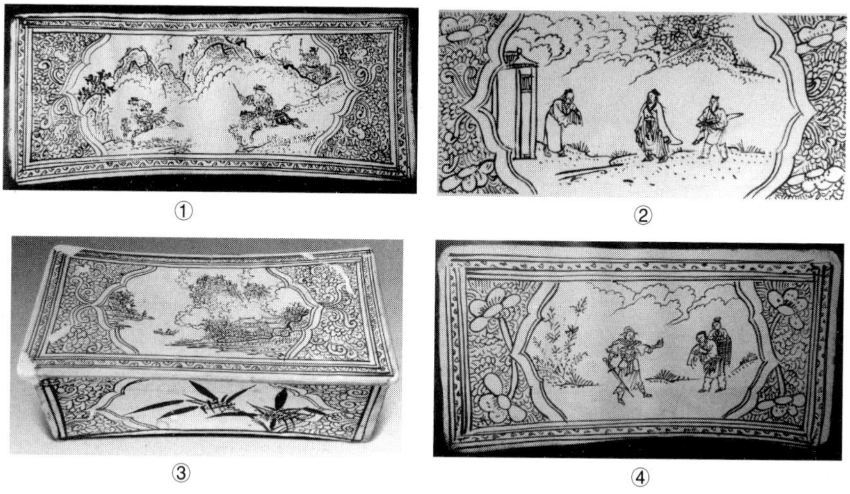

图 4　磁州窑瓷枕上的云与山

① （宋）郭熙、郭思：《林泉高致》，载俞剑华编著《中国古代画论类编》，人民美术出版社 2004 年版，第 640 页。

从右向左逐次叠压，突出了云团的体积与空间；层峦之后逸出两组云团，亦为双勾，画工仅绘出左侧轮廓线，以突出云的虚实变化。山峦处于云团的包围之中，营造了一种“杳霭祥云起，飘飏翠岭新”[①]的视觉效果。更有甚者，有些山体被完全遮挡，只有云纹出现，或是山与云已经化为一体，无法区分，典型的如元代“鲍山行孝”枕（图4–4），远处的山峦淹没在层层云气之中。此种境界恰似苏轼在其题画诗中所言：“江上愁心千叠山，浮空积翠如云烟。山耶云耶远莫知，烟空云散山依然。”[②]可见，在视觉形态上，云与山已经无法区分，只有在烟空云散之后，才能看到山的真实模样。

关于云和山的关系，郭熙《林泉高致》中有明确论述：“山无烟云，如春无花草。山无云则不秀，无水则不媚……”[③]韩拙《山水纯全集》有言：“夫通山川之气，以云为总也。云出于深谷，纳于嵎夷，掩日蔽空，勃然无所拘也。”[④]黄公望《写山水诀》亦有“登楼望空阔处气韵，看云采，即是山头景物”“山腰用云气，见得山势高不可测”[⑤]，可见云对于山的重要性。这些绘画观念显然已经得到广泛传播，并成为画家和工匠的共同追求，磁州窑画工在画面中大量使用云纹，正可说明这一点。

2. 云与树

磁州窑人物故事枕中的云与树的关系大体分为两种：其一，云纹位于树干部分，树木在云纹的遮掩之下，只露出树冠和树干下部，产生一种云气萦绕在林间的效果，典型如元代磁州窑人物行旅图枕（图5–1），画面左侧绘有两株松树，一朵团块式的云纹汇集于树干处，呈向右飘举之势。关于云与树

---

① （唐）李绅：《山出云》，载唐圭璋编《全唐诗·卷四百八十三》，中华书局1960年版，第5492页。

② （宋）苏轼：《书王定国所藏〈烟江叠嶂图〉》，载（清）王文诰辑注《苏轼诗集》，中华书局1982年版，第1608页。

③ （宋）郭熙、郭思：《林泉高致》，载俞剑华编著《中国古代画论类编》，人民美术出版社2004年版，第639页。

④ （宋）韩拙：《山水纯全集》，载俞剑华编著《中国古代画论类编》，人民美术出版社2004年版，第670页。

⑤ （元）黄公望：《写山水诀》，载俞剑华编著《中国古代画论类编》，人民美术出版社2004年版，第701页。

的掩映关系，米芾曾有明确论述："山水古今相师，少有出尘格，因信笔为之，多以烟云掩映树木，不取工细。"[1]他强调自己"以烟云掩映树石"是一种创新之举，他称赞家藏的一幅董源的山水画"山骨隐现，林梢出没，意趣高古"。至金元时期，这些画法已被民间画工继承和发展，磁州窑瓷枕的云树图即重要例证，他们以线条勾勒的方式传达了树石掩映、林梢出没的视觉效果。

其二，画工往往在树冠四周勾出云纹，云纹的轮廓与树冠的外形大体相同。同时，我们也会发现，云多与松树组合，形成云松图。云松的造型大体分为两类：一类是绘出完整的树干和树冠，多位于画面中央，如元代长方形人物故事枕，画面中央为两棵松树，树冠被云纹包围，每组树枝均对应一个由波浪线勾勒而成的"C"形云团，右侧松树的云纹还分为前后两重，以表现云的纵深空间（图 5–2）。"捕蛇者说"长方枕亦是如此，画面中央的三棵高大的松树，被云纹环绕，云纹均为双线勾勒而成（图 5–3）。第二类云松为截景式，画工多将松树安排在画面右侧，只余部分树冠的树木，并以云纹包裹（图 5–4）。

值得注意的是，两类云松的造型与绘制方式均呈现出明显的趋同性，且该图式并非某一瓷枕品牌所独有，而是出现在不同品牌之中，包括"漳滨逸人制"或"王氏寿明""张家造""古相张家造""相地张家造""滏源王家造"等，可以推测，这一图式可能是由一位有创新性的画师首创，并受到市场的推崇，于是其他品牌的画工争相效仿，从而形成一种流行样式。

至于该图式的首创者，目前并无确凿证据，但我们可以从现有的材料中依稀找到云树或云松的形成线索。磁州窑元代瓷枕中有两件构图极为类似的"刘殷行孝"[2]（图 5–5、图 5–6），两者最明显的差异就在于树冠处云纹的绘制，

---

① （宋）邓椿：《画继》，人民美术出版社 1964 年版，第 20—21 页。

② 参见后晓荣《磁州窑瓷枕二十四孝纹饰解读》，《四川文物》2009 年第 5 期。王兴、王时磊将画面命名为仙人升天枕，笔者认为将其命名为"刘殷行孝"更为确切。

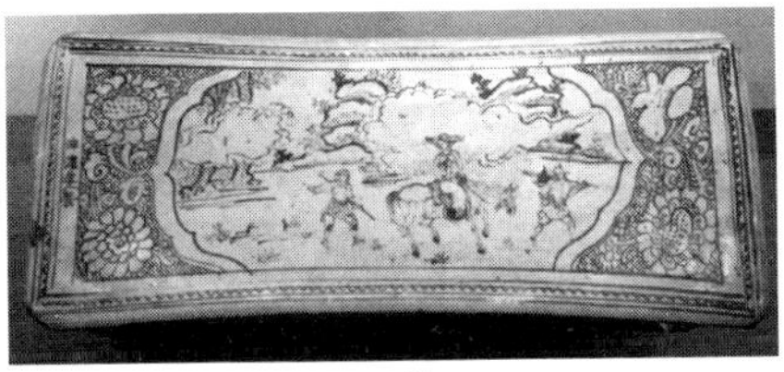

①

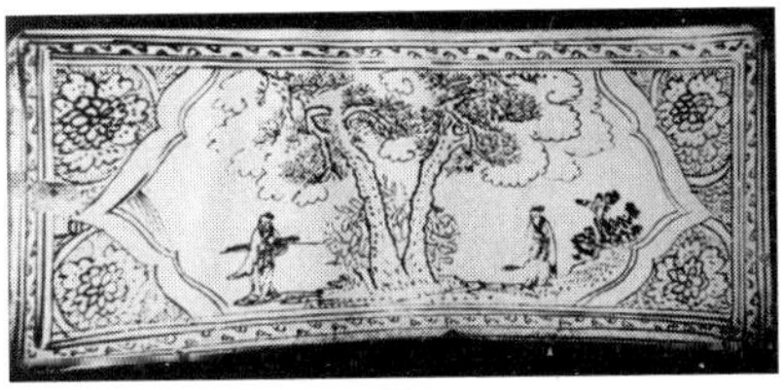

②

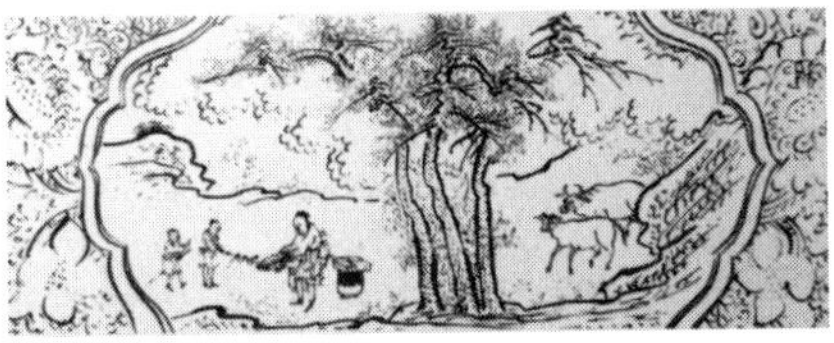

③

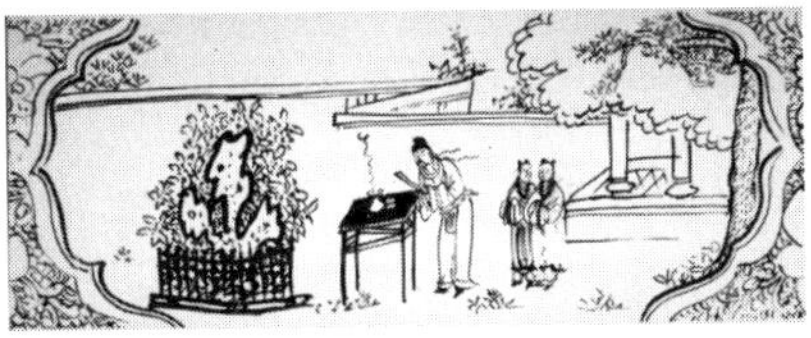

④

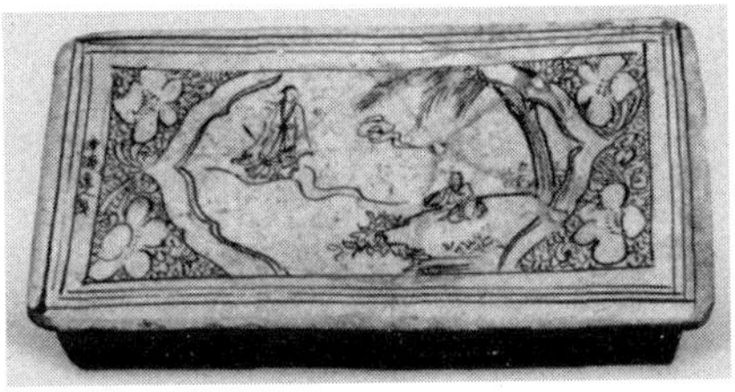

⑤

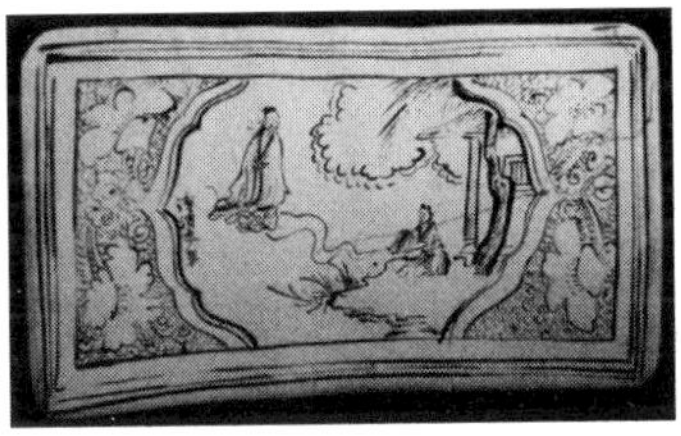

⑥

图 5　磁州窑瓷枕上的云与树

其中一件的树木左侧绘有一朵云纹，而另一件则以云纹萦绕树干。两件瓷枕均出自“漳滨逸人制”，似可看作“漳滨逸人”对“云树”图的初步尝试。广州南越王博物院藏有一件构图与之相近的金代“屈原投江”枕，画面右侧亦绘有人物、突出的河岸和柳树，柳树树冠处绘有两组云纹，下面一组完全围绕枝干造型，而上面一组则向左逸出，并有宽宽的云尾，从云的形态来看，应是借鉴“漳滨逸人制”瓷枕的云纹。从现存的“漳滨逸人”枕来看[①]，云树图的两种样式均有出现，第一类包括三顾茅庐枕、刘殷行孝枕[②]、秋胡戏妻枕；第二类包括雪夜访普枕、两幅庭院人物枕、陈抟避诏故事枕、仙人养鹿枕、西厢记枕、凤仪亭枕、刘殷行孝枕，画面中的云树图与流行图式基本相同，

① 参见王兴、王时磊《磁州窑的漳滨逸人制枕》，《收藏家》2009 年第 8 期。

② 王兴、王时磊将画面命名为庭院人物，参见王兴、王时磊《磁州窑的漳滨逸人制枕》，《收藏家》2009 年第 8 期。但笔者认为画面的部分场景与刘殷行孝极为相似，应是同一故事。

此外，目前发现的云纹最丰富的陈抟避诏枕亦出自“漳滨逸人”。因此，笔者推测，漳滨逸人可能对云纹进行了各种尝试，并形成云树图或云松图的基本模式，并以此成名。

3. 云与建筑

磁州窑人物故事瓷枕中的建筑之上往往由层层云纹覆盖或环绕，如元代“火烧博望”枕，画面右侧绘有一建筑，建筑上方升起三组云纹，最右侧云纹体积最大，由多重波浪曲线勾勒而成，左侧云团较小，由两重曲线绘制，远处一组云团从屋顶后飘出。另一件元代人物故事枕，画面右侧的建筑上均覆有云纹，类似的做法还见于司马光砸缸枕、李白观瀑枕等，可见，该图式已经形成较为固定的程式，出现在不同的故事内容之中。

与上述做法不同，在元代唐明皇梨园导戏故事枕上，画工将一组建筑安排在画面的左侧，屋顶上方汇集了层层叠叠的云纹，呈现向右弥漫之势，在云纹的遮挡下，只有右侧建筑部分屋顶依稀可见。

4. 云与人

云与人物的组合更为有趣，画工常常将云纹绘于人物的身后，陈抟避诏故事枕是典型代表，陈抟的背后出现四重云纹，左侧立于云朵上的两人，背后亦有三重云纹，该云纹具有双重功能：一方面它与远山组合，构成山中白云萦绕的视觉效果；另一方面又成为人物的背景，与人物脚下的云团融为一体。元代磁州窑人物行旅图枕亦是如此，弥漫于山腰的双重云纹同时又构成中心人物的背光。有些云纹，还成为人物活动的特殊边框，如元代“漳滨逸人制”双雄争锋枕上绘有两名战国时期的武将，左面执锤者为燕国石丙，右边执斧者为齐国袁达（图 6）。两人共处于一个八字形双重云纹之中，该云纹与其说是山中云气，毋宁说是人物打斗场面的边框。火烧博望枕的云纹更为典型，画面左侧的四人分为三组，前面两人完全处于云气边框之内，另外两人身后分别绘有一团云气，形式如背光，画面右侧建筑旁边的人物亦是如此。

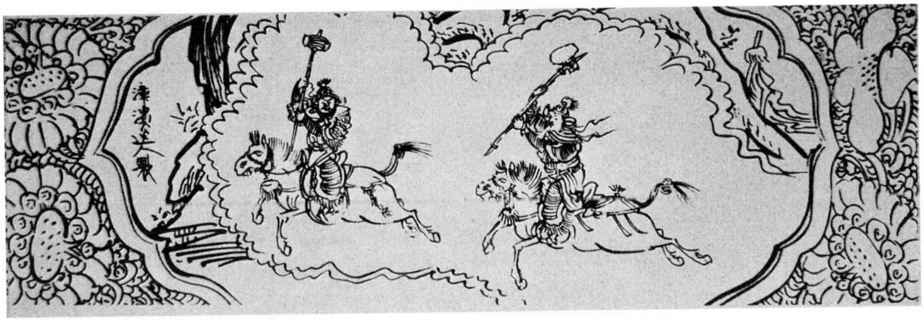

图6　元代双雄争锋枕局部

二、云纹的叙事与隐喻

（一）叙事

在人物故事枕中，云纹的出现常常与故事情节有关，且与元杂剧中的描述基本契合，如陈抟避诏枕，画面表现的是宋太宗派使臣党继恩赴西华山请陈抟归朝，陈抟试图避诏的场景，杂剧中对西华山有直接描述：

> （末盹睡科，使臣上，云）这些时不觉来到华山，端的是好山也！则见云台观中一缕白云，上接丹霄，想必是那先生隐居的去处。我不免将金钟撞动，使那先生知道。[①]

文中“云台观中一缕白云，上接丹霄”，指明了白云的形态及其仙境性质，使者更是直接将西华山称为仙山。与此相匹配，画工在山前、树冠处绘制了大量云气，右侧的大门处即陈抟的道观，云气从道观飘出，萦绕四周，门前的松树也隐现于云气之中。同时，画工还将两位使者绘于云端，他们衣袂飘举，俨然仙界派来的使者。此时，画面中的云气成为最重要的视觉媒介。

有时，云纹还成为判定故事内容的重要依据，如一件元代人物故事枕上

① （元）马致远：《西华山陈抟高卧》，载徐征、张月中、张圣洁、奚海主编《全元曲》（第三卷），河北教育出版社 1998 年版，第 1573 页。

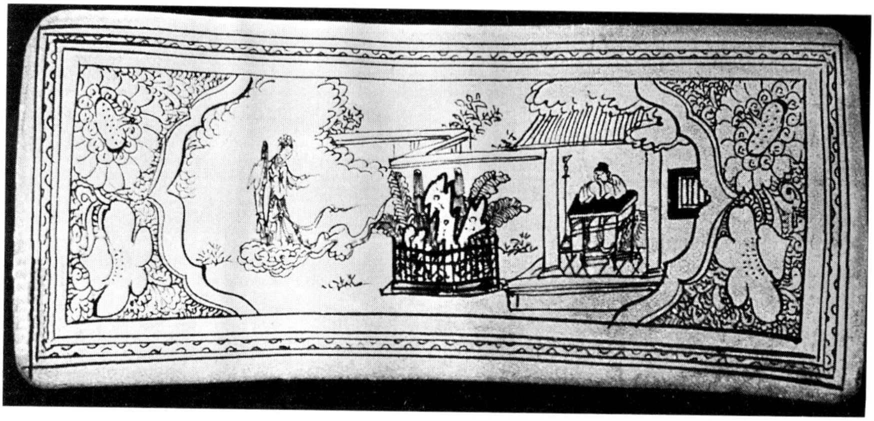

图 7　元代人物故事枕

（图 7），枕面右侧绘有一建筑，屋顶云气覆盖，建筑内一书生坐于桌前，呈昏昏欲睡状，桌案旁设有蜡烛，庭院中央为装有护栏的湖石芭蕉，左侧一女子立于云端，此内容恰好可以对应元杂剧《张天师断风花雪月》中一个情节：

> 今日是八月十五日，中秋节令……你看金风淅淅，玉露泠泠，银河耿耿，浩月澄澄，是好一片蟾光。着小生对此佳景，怎好便去就寝。且待我作诗一首。……吟罢这诗，且进这书房门来。我关上门焚上一炷香，取出这张琴来，试弹一曲，自饮三杯闷酒咱。……
>
> 妾身封十八姨的便是。这是桃花仙子，俺二人在这碧云之上。有桂花仙子与下方陈世英有私凡之心，俺二人在此等候，待桂花仙子到来，看个端的。（桃花仙云）十八姨，你看那香风过处，兀的桂花仙子不来了也？[①]

瓷枕上的庭院、建筑与室内的书生与第一段文字相对应，而云端的仙子，即乘坐碧云而来的桂花仙子。

---

①（元）吴昌龄：《张天师断风花雪月》，载徐征、张月中、张圣洁、奚海主编《全元曲》（第三卷），河北教育出版社 1998 年版，第 1855 页。

（二）隐喻

在有些人物故事中，云纹的出现与故事的发生并无直接关系，但却与故事人物存在一种隐喻关系，如钟离权度吕洞宾枕、徐神翁行医枕、庄子观鱼枕、仙人指路枕上均出现孤云，根据学者研究，在陶渊明的诗文中，孤云具有特定的文化内涵，诗人常常以云的闲逸孤高象征贫士幽人的高洁和孤独[①]，如"万族各有托，孤云独无依"。至唐代，"孤云"这一意象的隐逸色彩更加突出，一方面专指隐逸之士，另一方面则特指仙道人物。前者如"仙客厌人间，孤云比性闲"[②]，"清溪深不测，隐处唯孤云"[③]，诸如此类，不胜枚举。后者如李益的《赠毛仙翁》："玉树溶溶仙气深，含光混俗似无心。长愁忽作鹤飞去，一片孤云何处寻。"[④]

宋元时期的诗词中继续频繁使用这一意象，如苏轼的"策杖看孤云暮鸿飞"[⑤]，吕渭老的"常念孤云高妙，若作辘轳俯仰，谁复食君残"[⑥]。瓷枕上的钟离权、吕洞宾、徐神翁均位列八仙，马致远《邯郸道省悟黄粱梦》中，钟离权出场时便道出其隐居临泉，超然物外的状态，并以此劝告吕洞宾随他修道：

> 他每得到清平有几人？何不早抽身，出世尘，尽白云满溪锁洞门，将一函经手自翻，一炉香手自焚。这的是清闲真道本。[⑦]

而吕洞宾的诗词中出现了与之类似隐居世界的描绘：

---

① 参见杨立群《云无心以出岫，鸟倦飞而知还——浅析陶渊明诗文中"云"的意象》，《宝鸡文理学院学报（社会科学版）》2005年第6期。

② （唐）李隆基：《送胡真师还西山》，载唐圭璋编《全唐诗·卷三》，中华书局1960年版，第41页。

③ （唐）常建：《宿王昌龄隐居》，载唐圭璋编《全唐诗·卷一四四》，中华书局1960年版，第1454页。

④ （唐）李益：《赠毛仙翁》，载唐圭璋编《全唐诗·卷二八三》，中华书局1960年版，第3229页。

⑤ （宋）苏轼：《哨遍》，载唐圭璋编《全宋词》（第一册），中华书局1965年版，第307页。

⑥ （宋）吕渭老：《水调歌头》，载唐圭璋编《全宋词》（第二册），中华书局1965年版，第1122页。

⑦ （元）马致远：《邯郸道省悟黄粱梦》，载《全元曲》（第三卷），河北教育出版社1998年版，第1628—1629页。

白云深处，壶内神仙景，谁肯少年回顾。逍遥界，独我归来，复入寥阳去。[①]

庄子乃高逸的楷模，提出的超然物外的忘我境界为后世推崇。根据《史记》，他曾拒绝楚威王的邀请：

庄周于学无所不达，楚威王闻其贤，遣使厚币迎之。庄曰："千金，重利；卿相，尊位也。子独不见郊祭之牺牛乎？养食之数岁，衣以文绣，以入大庙。当是之时，虽欲为孤豚，岂可得乎？子亟去，无污我。我宁游戏污渎之中自快，无为有国者所羁，终身不仕，以快吾志焉。"

可见，远离世俗功利，追求"自快""快吾志"是其人生信条。庄子尝隐居南华山，唐玄宗天宝初将其诏封为南华真人，宋徽宗时被封为"微妙元通真君"，元杂剧《老庄周一枕梦蝴蝶》中，又将庄周演绎为道教大罗神仙被贬下凡，后被太白金星点化。[②] 根据学者研究，在中国文化中，隐是成仙的基础，隐士向仙人的转化，需要契机。[③] 如此看来，磁州窑瓷枕中出现的孤云，正与这些仙道、隐士的身份品格相契合。

三、瓷枕与枕石眠云

如前文所述，大量云纹的使用，使得磁枕上画面的内容变得极为丰满，有的云纹有助于故事情节的表达，有的云纹则是画工的主观处理，以实现特殊的

---

① （唐）吕岩（洞宾）：《一寸金》，载《全唐五代词·卷八·仙鬼词》，上海古籍出版社 1986 年版，第 1039 页。

② 参见（元）史九散人《老庄周一枕梦蝴蝶》，载《全元曲》（第四卷），河北教育出版社 1998 年版，第 2876—2903 页。

③ 参见黄小峰《入画的墙壁》，载上海博物馆编《壁上观：细读山西古代壁画》，北京大学出版社 2017 年版，第 344 页。

画面效果，值得思考的是，云在古代文化中一直承载着丰富的意义和内涵，且在不同时代均有所继承与发展，对此，学者多有论述，那么，磁州窑瓷枕上云纹的文化意涵又该如何解释呢?

笔者认为，瓷枕作为日常卧具，有着特殊的使用环境，与人的睡眠直接相关，而瓷枕上的云纹也与睡眠有着直接的联系。

诗词中常常出现“眠云”，以此表述云与睡眠的特殊关系，如唐代诗人鲍溶有“昨夜清凉梦本山，眠云唤鹤有惭颜”[①]，徐夤有“得争野老眠云乐，倍感闽王与善恩”[②]。

至唐代，“眠云”开始与“枕石”相结合，詹敦仁在其《清隐堂记》中写道：“或咏月以嘲风，或眠云而漱石”[③]，类似的还有刘禹锡的“欲知花乳清冷味，须是眠云跂石人”[④]，紫薇孙处士的“铺云枕石长松下，朝退看书尽日眠”[⑤]，方干亦有“寺处唯高僻，云生石枕前”[⑥]。至宋代，“枕石眠云”成为固定组合，并常见于诗词之中：“月横鹤膝影阑干，枕石眠云几岁寒。宇宙一身今老矣，潇潇风雪拥袁安。”

元杂剧《西华山陈抟高卧》中亦有：“投至我石枕上梦魂清，布袍底白云生。”“卧一榻清风，看一轮明月，盖一片白云，枕一块顽石。”[⑦] 文中的“枕石眠云”明确表达了归隐山林的恬适意趣，并已成为隐士的标志。明代陆绍珩亦在《小窗幽记》中对这一观念进行了明确阐述，他言道：“清泉白石，成一世

---

① （唐）鲍溶:《长安旅舍怀旧山》，载唐圭璋编《全唐诗·卷四七八》，中华书局1960年版，第5539页。

② （唐）徐夤:《不把渔竿》，载唐圭璋编《全唐诗·卷七〇八》，中华书局1960年版，第8144页。

③ （唐）詹敦仁:《清隐堂记》，《全唐文·卷九百》，上海古籍出版社1990年版，第4163页。

④ （唐）刘禹锡:《西山兰若试茶歌》，载唐圭璋编《全唐诗·卷三五六》，中华书局1960年版，第4000页。

⑤ （唐）紫薇孙处士:《送青城丈人酒》，载唐圭璋编《全唐诗·卷八六二》，中华书局1960年版，第9748页。

⑥ （唐）方干:《寄石溢清越上人》，载唐圭璋编《全唐诗·卷六四九》，中华书局1960年版，第7452页。

⑦ （元）马致远:《西华山陈抟高卧》，载《全元曲》（第三卷），河北教育出版社1998年版，第1590、1595页。

之膏肓”，“移榻对之，或枕石高眠，或捉麈清话。门外车马之尘滚滚，了不相关。”[①] 因人世间有诸多的闷和愁无法排解，不如春睡不醒，睡眠可以逃离烦恼，脱世间的名利纷争，以实现精神上的自由与超脱。这也恰如瓷枕上的《右圣王》，文字源自元吴仁卿的《自悟·调笑令》，有改动，具体内容为：

我为甚每日醉如泥，除睡人间总不知。戒之在色因何意，老不可争夺名利。至如金银堆到北斗齐，也难买生死轮回。[②]

反观磁州窑瓷枕及云纹，恰可与上述文献相对应。瓷枕常被称为“玉枕”或“石枕”，如李清照《醉花阴》词：“玉枕纱厨，半夜凉初透。”人们躺在瓷枕上纳凉，便可称为“枕石”，正如磁州窑博物馆收藏的一件金代白地黑花腰圆形枕上的七言诗所言：“绣顶聚金不胜情，夏便瓷枕自凉生。清魂内入游仙梦，有象纱橱枕水晶。”当人枕在瓷枕上时，瓷枕上绘制的云纹便与人的身体有了直接的接触，从而实现了一种视觉意义上的真正的“眠云”。观台窑发现的一件元代瓷枕后立面文字正可为这一说法提供注脚（图 8）：

《快活三》：肉肥甘酒韵美，多一口便伤食。家传一瓮淡黄齑，吃过后须回味。凭的（地），老实，尚不可渔樵意。时首（乎）命也我尽（自）知，无半点闲萦系。石枕（枕石）眠云，蘧庐天地，正胡蝶魂梦里。晓鸡，乱啼，又惊觉陈抟睡。[③]

---

① （明）陆绍珩：《小窗幽记》，天津人民出版社 2017 年版，第 180、113 页。

② 廖奔：《磁州窑元白地黑花长方形瓷枕论考》，《文艺评论》2019 年第 5 期。（元）吴仁卿《自悟·调笑令》原文为：“为甚每日醉如泥，除睡人间总不知。戒之在得因何意，老不必争名夺利。黄金垛到北斗齐，也跳不出是处轮回。”参见《全元曲》（第六卷），河北教育出版社 1998 年版，第 4497 页。

③ （元）曾瑞：《快活三过朝天子·自娱》，载隋树森编《全元散曲》（上册），中华书局 2018 年版，第 559—560 页；王兴编著：《磁州窑诗词》，天津古籍出版社 2004 年版，第 100 页。

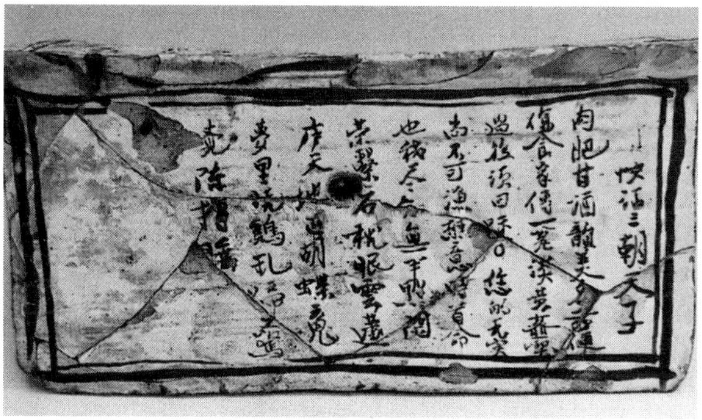

图 8　元代长方形文字枕后立面文字

这段文字出自元代曾瑞的散曲《快活三过朝天子·自娱》，其中的“石枕眠云，蓬庐天地”即以山石为枕，以云为被，以天地为蓬庐。

与枕石眠云相似的说法是卧云，诗词中的卧云大体包括三种内涵：其一是指隐士于山林白云间高卧，如“（元崇）负笈洞天，餐霞卧云”[①]，“（韦）楚独栖山卧云，炼气绝粒”[②]，“还当拂氛祲，那复卧云霞”[③]，“君为东道主，于此卧云松”[④]，“卧云坐白石，山中十五宿”[⑤]，“天机参破，人情识破，归来闲枕白云卧”[⑥]，“爱庞公不入城闉，喜陈抟高卧烟云”[⑦]。

其二则喻指隐居，如白居易的“终身拟作卧云伴，逐月须收烧药钱”[⑧]；杜牧的“三清洞里无端别，又拂尘衣欲卧云”[⑨]；方干的“弟子已攀桂，先生犹卧

---

① （宋）赞宁：《宋高僧传·卷十七》“唐金陵钟山元崇传”，中华书局 1987 年版，第 418 页。
② （唐）白居易：《伊阙山平泉处士韦楚》，载《全唐文·卷六百六十九》，上海古籍出版社 1990 年版，第 3013 页。
③ （唐）刘长卿：《奉送从兄罢官之淮南》，载唐圭璋编《全唐诗·卷一四九》，中华书局 1960 年版，第 1546 页。
④ （唐）李白：《望九华赠青阳韦仲堪》，载唐圭璋编《全唐诗·卷一六九》，中华书局 1960 年版，第 1748 页。
⑤ （唐）白居易：《出山吟》，载唐圭璋编《全唐诗·卷四三〇》，中华书局 1960 年版，第 4744 页。
⑥ （元）张养浩：《山坡羊·述怀》，载《全元曲》（第十卷），第 7439 页。
⑦ （元）张养浩：《寨儿令·春》，载《全元曲》（第十卷），河北教育出版社 1998 年版，第 7449 页。
⑧ （唐）白居易：《酬元郎中同制加朝散大夫书怀见赠》，载唐圭璋编《全唐诗·卷四百四十二》，中华书局 1960 年版，第 4935 页。
⑨ （唐）杜牧：《送故人归山》，载唐圭璋编《全唐诗·卷五二四》，中华书局 1960 年版，第 6002 页。

云”[①]，“吟霜与卧云，此兴亦甘贫”[②]等。

其三，卧云有时也指隐士，如“云卧三十年，好闲复爱仙”[③]，白居易的“归去卧云人，谋身计非误”[④]，“想见卧云人，松黄落洞门”[⑤]，“谁待要老去攀龙，则不如闲来卧云”[⑥]，“手启柴门倦复关，云卧衣裳冷”[⑦]。

诗词中云还常常与山、松或草堂等物象一起出现，如“高卧云林，不求禄仕”[⑧]，“阅世走人间，观身卧云岭”[⑨]，“佳客倘不至，推枕卧云松”，[⑩]“借问楼前榻于芳，何如云卧唱松风”[⑪]，“问我草堂有卧云，知我山储无儋石”[⑫]，其中的“卧云山”“卧云玲”“卧云林”“卧云松”“披云卧松雪”“云卧唱松风”“草堂有卧云”，从触觉、视觉以及听觉的层面体现了隐士与这些物象的特殊关系。而云与山林、松树的组合亦是磁州窑白地黑花人物故事枕的重要构成元素，可见画工绘制这些图像时，应是受到了唐宋诗词中常见的隐逸思想的影响。

至于追求枕石眠云、卧云的原因，可从书于瓷枕的文字中找到线索，如：

老孤面糊，休直待虚名，误全身，远祸（害）倒大福，驾一叶扁舟去，烟水云林（处），皆无租赋，拣溪山好处居。相府帅府，那与他别人住。

① （唐）方干：《句》，载唐圭璋编《全唐诗·卷六五三》，中华书局1960年版，第7505页。
② （唐）方干：《湖上言事寄长城喻明府》，载唐圭璋编《全唐诗·卷六四八》，中华书局1960年版，第7444页。
③ （唐）李白：《安陆白兆山桃花岩寄刘侍御绾》，载唐圭璋编《全唐诗·卷一七二》，中华书局1960年版，第1766页。
④ （唐）白居易：《寄隐者》，载唐圭璋编《全唐诗·卷四二四》，中华书局1960年版，第4669页。
⑤ （宋）朱敦儒：《菩萨蛮》，载唐圭璋编《全宋词》（第二册），中华书局1965年版，第866页。
⑥ （元）马致远：《西华山陈抟高卧》，载《全元曲》（第三卷），河北教育出版社1998年版，第1574页。
⑦ （宋）韩淲：《卜算子》，载唐圭璋编《全宋词》（第四册），中华书局1965年版，第2246页。
⑧ （唐）范傅正：《赠左拾遗翰林学士李公新墓碑》，载《全唐文·卷六百十四》，中华书局1980年版，第2746页。
⑨ （宋）苏轼：《送参寥师》，载《苏东坡全集·卷十七》，北京燕山出版社2009年版，第441页。
⑩ （宋）李曾伯：《水调歌头》，载唐圭璋编《全宋词》（第四册），中华书局1965年版，第2800页。
⑪ （宋）陆游撰，李剑雄、刘德权点校：《老学庵笔记·卷七》，中华书局1979年版，第96页。
⑫ （唐）王季友：《酬李十六岐》，载唐圭璋编《全唐诗·卷二五九》，中华书局1960年版，第2890页。

这段文字亦出自元代曾瑞的散曲《警世》，文中充满了远离尘世间功名利禄、归隐烟水云林的情绪。类似的文字还有很多，兹不赘述。

由此观之，这种远离功利的隐逸思想已经在民间大量传播，并为广泛接受。画工瓷枕上描绘了一个个大众熟知的历史故事或杂剧故事，又在山林之间添加了大量的云纹，他们用一种更为形象直观的方式不断阐释着文人士大夫阶层标榜的“枕石眠云”和“卧云”，而高卧于瓷枕的人们，便可以一种极为亲密的触觉与视觉方式与云山、云树、云松相遇，甚至可以想象置身于画面之中，恰似“身入白云中”[①]，“清魂内入游仙梦”，并于梦境中追求“身将客星隐，心与浮云闲”[②]的感受，体会“眠云”与“卧云”的豁达与闲适。

四、结论

综上所述，金元时期磁州窑人物故事枕上出现的大量云纹均采用线条勾勒的形式进行造型，相较其他绘画中较为工细的云纹，其形态呈现出更为灵活、飘逸的倾向。同时，云纹还分别与山、树、建筑、人物组合为比较固定的图式，并反复出现在不同的人物故事之中。人物故事中的云纹，有的表现特定的故事情节，承担着图像叙事功能，有的则是画工的主观处理，与情节无关，而是以隐喻的方式突出故事中主要人物的身份与品格。此外，瓷枕作为日常卧具，其上绘制的云纹与睡眠有着直接的联系，即云纹体现了宋元时期流行的“枕石眠云”或“卧云”的思想，以此表现一种特殊的隐逸观念，而与云一起出现的山林、建筑等物象，均成为营造隐逸环境的必要元素，使瓷枕的拥有者体会“眠云”与“卧云”的豁达与闲适，从而实现了图像与载体的完美组合。

---

① （唐）白居易：《题赠平泉韦征君拾遗》，载唐圭璋编《全唐诗·卷四五五》，中华书局 1960 年版，第 5155 页。

② （唐）李白：《古风》，载唐圭璋编《全唐诗·卷一六一》，中华书局 1960 年版，第 1671 页。

元代宫廷绘画及审美取向探微

牛继飞

纵观画史，元代宫廷绘画是个特例，没有像两宋设立画院等专门的宫廷绘画机构，从事宫廷绘画的画家多具有官员身份，分散于元廷各类机构中，这也是元代宫廷绘画的一大特色。蒙古人起兵朔漠，纵横欧亚，空前的疆域也使得文化交流丰富多彩，不同的文化都在元代宫廷中享有一席之地，因此宫廷绘画便出现了不同流派，不同画风，这一方面使得元代宫廷绘画中缺乏统摄全局的题材和画风；另一方面，由于不同文化在宫廷中的杂糅相处，也使得元代宫廷绘画的发展脉络芜杂。正是由于特殊社会环境和发展轨迹，使得元代宫廷绘画在元代美术发展史上有着特殊的地位，它上承唐宋，下启明清，在整个元代绘画中扮演了重要角色，其机构的运行取向，直接规定和影响着当时宫廷绘画的发展状况。

一、杂芜的宫廷绘画机构

元朝统治者发迹于朔漠，虽擅征战，但缺乏文化积淀，正如马克思所指出的“野蛮的征服者总是被那些他们所征服的民族的较高文明所征服”[①]，忽必烈征服中原内地的过程中便依据《易经》“大哉乾元”而以“元”为国号，融合汉地典章制度成立元朝；征服中亚、西亚、东欧后，便接受了伊斯兰教、基

① 马克思：《不列颠在印度统治的未来结果》，载《马克思恩格斯选集（第二卷）》，人民出版社 1972 年版，第 70 页。

督教。[1] 初入中原，元朝统治者还与汉文化之间存在一定距离，甚至还有皇帝与大臣均“不习汉文”的说法。[2] 元朝统治者在征服并统治中原汉地的过程中，他们在对待汉文化的态度上并非完全心悦诚服认同，而是以一种征服者的心态择其有用者而用之。元朝建立以后，大蒙古国之名在汉文文书中不再使用，但并没有废除，蒙文文书中仍用此号，通常是与汉名国号并称，罗马字转写为 Dai’on yeke Mongghol ulus（大元大蒙古国）或 Dai’on Kemeku Yeke Mongghol Ulus（称为大元的大蒙古国）。[3] 元代疆域辽阔和多民族杂处的社会状况造就了元代独特的文化环境，在文化上推行多元文化并重的政策，其典章制度既继承了“汉法”，又有自己民族的传统。

元代统治者在行政体制的设置上缺乏主线的引领，其中央行政组织、官制十分混杂，清代史学家黄本骥说：“元代疆域既广，种族又繁，其设官分职，不全依前代之旧。即以名称而论，亦难采取各种语言习惯，较之辽金更为头绪烦难，为读元史者最感不便。”[4] 元代中央最主要的机构有三：“其总政务者曰中书省，秉兵柄者曰枢密院，司黜陟者曰御史台。”分掌行政、事军、监察大权。但中央机构庞杂，功能抵牾，关系复杂。

元初中央机构的设置以中原文化典章制度为主导，同时，也保留了许多蒙古旧制，因此在绘画机构的设置上也具有特殊性，没有如宋代那样设置专业集中的绘画机构，也没有完全取消绘画机构，而是按照元代中央机构的具体设置及其功能，将其分属三大类。

第一，选用画家兼职于翰林兼国史院和集贤院等文职机构，前代翰林学士院，是掌制诰的机构，元代将翰林院与国史院合并，改称翰林国史院，已经

① 参见包丽英《蒙古帝国 3 忽必烈》，云南人民出版社 2010 年版，第 126 页。
② 参见（清）赵翼《廿二史劄记·卷三十》，台湾三民书局 1973 年版，第 431 页。“元诸帝多不习汉文。元起朔方，本有语无字。太祖以来，但借用畏兀字，以通文檄。世祖始用西僧八思巴，造蒙古字，然于汉文，则未习也。”“不惟帝王不习汉文，即大臣中习汉文者亦少也。”
③ 参见［美］柯立夫（Francis W.Cleaves）《1362 年的汉—蒙文忻都公碑》，《哈佛亚洲研究杂志》1949 年第 12 期。
④ （清）黄本骥编：《历代职官表》，上海古籍出版社 2005 年版，第 43 页。

不再是仅掌制诰，基本与明清的翰林院相近了。集贤院在唐代名为集贤殿，为文学三馆之一（昭文、史馆、集贤谓之三馆），掌刊辑经典，搜求书籍之职，而元代的集贤院已不再是修书的机构，连国子监、道教及阴阳数术都在所辖范围，至文宗朝，又设奎章阁学士院，在职权的划分上就更为复杂而相互冲突了。

第二，委派画家掌管绘画鉴赏、收藏的机构，如奎章阁、宣文阁、端本堂和秘书监。秘书监职位虽不及翰林、集贤高，但在元代中央机构中也显得十分重要，"其监丞皆用大臣奏荐，选世家名臣子弟为之"[①]。值得注意的是，集贤院与秘书监在职官上有着十分密切的互调关系，如商琦在皇庆元年（1312）授集贤侍读学士（从三品），泰定元年（1324）转调秘书监任秘书卿（正三品）。[②]至元十八年（1281）秘书监、太史院与司天台曾一度合并，后又分开。在中央机构中秘书监可以说是一处合并、划分最为频繁的机构了，也反映出了元代中央职官制度的混乱局面。

第三，专职为宫廷服务的绘画机构，此类机构中多为艺匠画家，分别隶属于将作院、工部及大都留守司等机构。元代统治者十分重视工匠，"因元人借助于工匠者多，故对之亦极爱护"[③]，元太祖曾称赞工匠孙威为"也可兀兰"（蒙语"大匠"之意）[④]，在征伐战争之中及之后匠户可免于屠杀并可避免很多徭役，技艺高超的工匠是和画艺高超的画师是一样看待的，画家或长于绘画的人便会主动归入"匠户"之内，但其中仅有少数著名者能因被赏识而获提升。元代宫廷专职性绘画机构在中央机构中也存在着撤换、升级与合并等问题，如工部下属的梵像提举司，初为梵像局，后升局为司。宫廷专职绘画机构各机构之间也时有合作，如宫室寺庙的大型壁画，除了各专门机构通力合作外，有时候还要

① （明）宋濂等:《元史·百官六》，中华书局1976年版，第2296页。
② 参见（元）王士点、商企翁编次，高荣盛点校《秘书监志·卷九》，浙江古籍出版社1992年版，第161页。
③ 蒙思明:《元代社会阶级制度》，上海人民出版社2006年版，141页。
④ （明）宋濂等:《元史·方技》，中华书局1976年版，第4542页。

抽调在翰林、集贤院供职的画家参与工作。

由此可以看出，元代的宫廷绘画机构是在蒙古皇权控制之下的皇家绘画组织，其机构运行的取向也必然是为皇家服务的，也自然体现了其最本质的特性——御用性。这种御用性决定了元宫廷绘画机构的绘画在创作特性上有别于民间各类画家或画工，反映着皇权的烙印和宫廷的审美趣味。当然，元代统治者的“华化”情况不尽相同，所以也为元代宫廷绘画创作形成了不同阶段和特性，没有一类创作能够以绝对的优势占据宫廷，这也造成了艺术创作上的相对自由和开放，这也是其他朝代中绝无仅有的。

二、创作题材上的特性

在元代宫廷绘画机构中，宫廷画家创作首先要迎合统治者的需求。因而宫廷画家在进行宫廷绘画创作时，在很大程度上要根据皇室所欣赏和推崇的范围去画，而不能随心所欲地去表现，从而在绘画题材上表现出较多的确定性来。

元代的君臣关系被认为是一种主奴关系，“与主家一直保持使长与奴婢的关系”[①]，官员将官爵视为天子的私恩，元代大臣也难以再有其他朝代大臣的人格尊严和自觉。作为以画艺侍奉朝廷的宫廷画家，必须在满足皇帝个人喜好的基础上进行创作。此外，元代帝王大多没有真正地理解和接受汉文化，这是不争的事实，连对汉文化有一定造诣的元仁宗也概莫能外，皇庆二年（1313），元仁宗对于科举取士的内容做了限定，要以经世致用的“经学”内容为主，而“词赋”则被视为“浮华”的“勾当”。[②]“词赋”的地位尚且如此，书画则是皇

---

① 屈文军：《论元代君臣关系的主奴化》，《江海学刊》2004 年第 1 期。

② 参见方龄贵校注《通制条格校注・卷第五・科举》，中华书局 2001 年版，第 220 页。“学秀才的经学、词赋是两等，经学的是说修身、齐家、治国、平天下的勾当，词赋的是吟诗、课赋、作文字的勾当。自隋唐以来，取人专尚词赋，人都习学的浮华了。罢去词赋的言语，前贤也多曾说来。为这上头，翰林院、集贤院、礼部先拟德行明经为本，不用词赋来。俺如今将律赋省，题诗、小义等都不用，止存留诏诰章表，专立德行明经科。明经内四书、五经，以程子、朱晦庵注解为主，是格物、致知、修己、治人之学。这般取人呵，国家后头得人材去也。”

帝的个人“雅玩”而已。元代宫廷绘画机构的“御用性”也就决定了宫廷画家与皇帝的关系是一种“被御用”与“御用”的关系。在这种关系之下，得到皇帝赏识者，眷遇有加、恩宠异常。反之，宫廷画家的绘画创作若不受皇帝的称赏，或忤逆旨意，则会遭遇贬斥。因此，宫廷画家与皇帝的关系是至关重要的。

元初，蒙古贵族们在一统天下后，从一开始采用辽金等北方国制，到逐步向汉人汲取历代传统章仪，心仪于农耕文化中壮阔宏丽的宫室建筑，于是大量地营造宫殿、城垣。因此，与建筑有关的绘画——界画，结构精妙、渲染堂皇，极易博得蒙古贵族青睐，所以擅长界画的画家极易受到恩宠并被委以重任。两宋时代勃兴的宫廷院体绘画在元代已趋于衰退，但唯独界画一枝独秀，这与元代宫廷的喜好及扶持是分不开的。

统治者还对其所欣赏的绘画加以褒奖，元初以界画才艺获得最高官爵的是何澄（1223—1316），大都人。皇庆元年（1312），他以90岁高龄向元仁宗敬献界画而得到皇帝赏赐官职。何澄不仅擅长界画，山水、鞍马、人物均能挥写，但由于元代宫廷的好尚，使他把艺术创作的主要方向转向了界画。

延祐年间（1314—1320），王振鹏先向元仁宗呈献界画《大明宫图》，随后又进献《大安阁图》，王振鹏揣摩到元仁宗的喜好，借绘此图巧妙地颂扬了仁宗先祖的丰功伟绩，深得元仁宗喜爱，当即得官七品，后元仁宗又赐王振鹏号曰“孤云处士”，恩宠有加。现藏于台北故宫博物院的《龙池竞渡图》是其传世作品，画风工整秀丽，巧妙精严，令人叹服。李衎之子李士行曾进献界画《大明宫图》，“上嘉其能，命中书与五品官”[①]。通过奖掖，更加明确了皇室所欣赏的题材，限定了创作范围。皇室对界画的青睐，直接影响到当时宫廷的绘画创作，也使得宫廷之外的画家纷纷效仿和学习。

除了对精妙绝伦的界画推崇有加，蒙古贵族更钟情于鞍马、人物题材绘

---

① （元）苏天爵著，陈高华、孟繁清点校：《滋溪文稿·卷十九·李遵道墓志铭》，中华书局1997年版，第314页。

画，因为马对于游牧民族来说有着极为重要的意义。宫廷画家对人物、鞍马的传神写照，自然亦是皇室宫廷把玩之首选。由于皇室宫廷风尚的影响，所以对宫廷绘画机构的创作产生了很大影响，虽然元代开国之初的君主并不能在绘画上提出指导意见，但只要皇帝喜欢，就会赏赐献画之人以官职。献画而影响仕途，这使得当时很多画家趋之若鹜，同时对宫廷绘画机构的绘画创作题材有明显的确定性。

正是因为元代宫廷绘画机构有着御用的性质，所以绘画机构的一些绘画创作还具有为当时政治、伦理服务的特性，即要合乎元代统治者“政教”需要的特性。

元代统治者对宗教的态度是兼容并包，一切宗教只要不危害其统治，就可以任其发展。但最受宫廷皇室重视的还是藏传佛教，其僧徒也因皇室的支持而拥有很高的地位。此外皇室还广筑寺庙，大兴佛事，靡费无数。寺宇建筑、佛像塑绘妆銮的很大一部分任务也由宫廷绘画机构来承担，元宫廷中与佛像塑绘关系最直接的机构就是“梵像提举司”。藏传佛教的很多佛像塑绘仪轨也传入内地，著名的宫廷艺术家阿尼哥就来自尼泊尔，“西天梵相”成为元代宫廷内的塑绘佛像的一种重要形式。元仁宗、元英宗及泰定帝等都曾多次命宫廷画家在其宫殿或皇家寺庙中绘饰壁画。这些宗教题材的绘画创作贯彻了元代统治者利用宗教来神化自己统治的思想，在某种程度上也起到了“成教化、助人伦”的作用。

汉文化修养较深的元仁宗，十分注重利用绘画记述农事，来显示四海丰稔，天下大治。至大二年（1309）九月，赵孟頫奉敕画河间等路献的嘉禾。[①]另外，宫廷绘画机构的绘画创作合乎“政教”需要还表现在为文武功臣图写画像，以宣扬他们的政绩。甚至，在某些时候，皇帝都亲自参与绘画创作。如元仁宗曾为他所敬重的大臣李孟画像，“图其像，敕词臣为之赞，及御书‘秋谷’

① （明）宋濂等:《元史·卷二十四·仁宗一》，中华书局 1976 年版，第 537 页。

二字，识以玺而赐之”[①]。

三、创作画风上的特性

元代统治者发迹于朔漠，开始接触中原传统绘画后，首先对自唐宋以来已臻成熟的、工致的、“再现型”的写实画风产生兴趣。但由于元统治者的欣赏水准不高，只要是属于写实画风的都能接受，故而对具体的风格流派没有加以特定限制。这就使得宫廷绘画机构中的画家可以继承和发扬自己的风格流派，客观上有利于艺术多样性的发展。

在立国之初，宫廷绘画机构中就会集了一批善于写实的宫廷画家。如刘贯道，应是元初宫廷中最富写实能力的画家，他擅长画道释人物，还兼擅山水、花竹、鸟兽。至元十六年（1279），他因画《裕宗像》称旨，补御衣局使。[②]刘贯道来自金朝故地，现藏于美国大都会艺术博物馆的《消夏图》，用线潇洒劲挺，设色雅致，承传了北宋、金代的写实画风。任仁发（1254—1327）是元代有名的水利专家，他的画风秉承唐人遗韵，任仁发在朝中的为官经历，使其得以开阔眼界，画艺更为成熟，丰富的阅历也使得他的人物、鞍马绘画创作水平大为提高。

元代中后期，南方画家大批进入朝中供职，使得南北写实画风交融汇合，促进了艺术的发展。如元末来自永嘉（今浙江温州）的宫廷画家周朗，擅长人物鞍马，深得顺帝宠幸。其绘画很有唐代周昉仕女画的遗风，堪为“周家样”的余脉。

有别于传统写实的画风，元代宫廷绘画机构中文人画风则是随着文人画家入值朝廷、统治者对中原文化深入理解而不断发展。文人画家与宫廷绘画机

---

① （明）宋濂等：《元史·卷一百七十五·列传第六十二·李孟》，中华书局1976年版，第4088页。
② 参见（元）夏文彦《图绘宝鉴·卷五》，载于安澜编《画史丛书》，上海人民美术出版社1963年版，第128页。

构间的依存关系是较为特殊的，他们一方面以丹青绘事为朝廷“成教化、助人伦”；一方面又挥洒笔墨“聊以自娱”，阐发自己的艺术主张。

元代宫廷绘画机构中的文人画风大致可以分为三个时期：元初，宫廷绘画机构中会集了来自金国旧地长于绘画的文人家，如郝经、刘因、史杠、张孔孙等，他们承袭了金代画风的余脉，但不能完全脱离宋金文人画的笔墨窠臼。另外，一些宫廷文人画家的创作中文人画气息并不浓厚，有不少应时、应制之作。

元代中后期，皇室的汉文化修养逐步加深，临池习字在宫廷中蔚然成风，皇帝指导绘画创作，甚至直接进行创作，达到了“意匠经营，格法遒整”[①]的境地。皇室对文人画的理解与支持对元代文人画的发展起了很大促进作用，对文人画的理解和接受也较元初有了很大改观。赵孟頫在朝中为官对加快文人画的发展起到了重要作用，他高举“古意”大旗，以其画坛领袖的身份，举荐后学，传授画艺，创作也相对较多，使文人画在元宫廷中的发展形成了高潮。

元代后期，文宗兴奎章阁学士院，达到了元代宫廷书画鉴藏的顶峰，君臣经常品评玩味古书画，对促进宫廷文人画的创作很有好处，文人画家入值相对减少。此时，不少江南文人画家入朝供奉，宫廷绘画机构中的画家来源结构发生了很大变化，宫中和江南两地的文人画家互有影响，曾在南、北两地任职的赵孟頫、高克恭、李衎、朱德润等在不同程度上起到了沟通南北两地画家的作用。南北文人画风相互交融，也使得此时宫廷绘画机构的文人画创作呈现出了新的面貌。元代后期宫廷文人画的创作与发展虽然也具有一定的空间，但总体呈现出颓势，元顺帝对汉文化的态度时而支持，时而心存防御，宫廷文人画的发展并不顺利。

元代宫廷绘画机构中除了具有中原传统画风和文人画风外，还受到了来自西域甚至西方绘画的影响，这也是元代宫廷绘画机构中的绘画创作活动的特别

---

① （元）陶宗仪：《南村辍耕录·卷二十六》“文宗能画”，中华书局 1959 年版，第 327 页。

之处。

元廷的御容绘制虽然很大程度上承袭了中原传统，但从一开始就杂糅了域外风格，阿尼哥是史籍当中记载绘制御容的第一人，他所织造的御容“图画弗及”[①]。虽然是通过织的办法来表现御容，但可以肯定阿尼哥是参用了绘画底稿的，所用的绘画技法应不同于中原画家的传统技法。《元史·唐仁祖传》说将作院使唐仁祖奉敕督造御容，唐仁祖为西域畏兀人，可以肯定他在绘制过程中参用了西域技术和方法。值得注意的是，元代部分御容的构图形式与中原传统有了很大不同，众多以人物头像或胸像为主的御容构图，与中原传统大相径庭。一般来说，中原传统御容画是绝少出现仅仅半身或头部构图形式的，而在元代御容画中却大量出现半身像或头像，这不能不引人思考。有的学者认为头像或半身像的小幅御容的出现是为了使皇室在夏季巡幸上都时便于携带。[②]但这似乎也有不妥之处，如果仅为方便，完全可以把全身像按比例缩小即可，不必犯此忌讳。依笔者之浅见，元代御容中出现头像或胸像绝非偶然，很可能是受到了欧洲圣像和肖像画的影响而产生的。鲁不鲁乞（Rubruck）在《东游记》中记载，在当时的和林城就有很大的基督教堂，来自法兰西的威廉师傅“按照法兰西的样式，雕刻了一尊圣母玛利亚的雕像……他又在一辆车上布置了一个小礼拜堂，礼拜堂外面画着圣像故事，非常美丽”[③]。在西方，圣像和肖像以及钱币上有人物头像或胸像，元代宫廷绘画机构中御容的特殊构图形式应受此影响。

另外，从《元代画塑记》中对御容绘制所用的材料记载来分析，元代御容像不再局限于中原传统的绘画材料，而是大量使用“西番绿、西番粉、回回胭脂”等绘画材料，这并非偶然，表面上看是绘画材料的丰富，但实际上我们可以得出推论：御容的绘制不再囿于中原传统绘画技法，而是由来自不同文化传

① （明）宋濂等：《元史·卷二百三·列传第九十·方技》，中华书局 1976 年版，第 4546 页。

② 参见尚刚《蒙、元御容》，《故宫博物院院刊》2004 年第 3 期。

③ 鲁不鲁乞：《东游记》，转引自李福顺编著《中国美术史》（下），辽宁美术出版社 2000 年版，第 360 页。

统中的宫廷艺术家共同完成的，体现了多元文化及风格的交融。

在元代宫廷绘画机构中阿尼哥是西天梵相的主要引进者和创作者，一直以来人们对阿尼哥高超的雕塑佛技巧以及建筑艺术十分重视，对其绘画才能却有所忽略，就连同时代的程钜夫也说阿尼哥是“粗知绘塑”[①]。元代宫廷绘画机构中形成了以阿尼哥为首的佛画创作流派，无论是寺庙壁画、唐卡、佛经版画都呈现出了新的面貌，由宫廷绘画机构而影响到民间艺术创作，藏传佛教中塑绘佛像最基本的“量度”等法则迥异于汉地造像法则，对汉地的佛像塑绘，甚至画家的人物创作都产生了很大影响。[②]

四、书画鉴藏

宫廷书画鉴藏也是宫廷绘画重要的组成部分，在一定程度上反映了宫廷风尚与旨趣，元朝部分宫廷绘画机构承担了宫廷书画鉴藏的主要任务，隶属于秘书监、奎章阁等机构，参与鉴藏的规模较前代有所扩大，也产生出一些新特点。首先，专设鉴书博士鉴辨书画，宫廷书画鉴藏机构功能呈现多样性，既进行鉴藏，又有书画创作，这是书画鉴藏史上前所未有的现象。其次，鉴藏标识以及鉴藏印形制呈现出丰富和多样化，元代对书法与绘画的关系有了更深的认识，品鉴结论开始直接题写于作品之上。再次，元代对书画鉴定中的真伪观有了新的阐释和定位。对于秘府收藏的作品逐一鉴别品评，如对前代认为高仿作品亦是真迹的观点进行校正，均视前代高仿作品为伪作，元人曾云“御题画，真伪相杂，往往有当时名笔临摹之作，故秘府所藏临摹本，皆题为真迹……具眼自能识也”[③]。元代的书画鉴藏真伪观，无疑对传世书画鉴辨与收藏有着重要的意义。另外，元代统治者将宫廷书画藏品视为财富，常被元帝赐予臣子，或

① （元）程钜夫：《雪楼集·卷七·凉国公敏慧公神道碑》，载《四库全书·集部141·别集类》卷1202，上海古籍出版社1987年影印本，第84页。

② 参见（元）陶宗仪《南村辍耕录·卷七·画鬼》，中华书局1959年版，第93页。

③ （元）陶宗仪：《南村辍耕录·卷十八·叙画》，中华书局1959年版，220页。

取出请文人学士鉴赏品评，如元仁宗曾主持《快雪时晴帖》的鉴辨，并请文人学士鉴辨题跋，其本身就有力促进了对古代书画的鉴定水平和当时的书画创作，这就使得宫廷藏品与朝中士夫的接触范围扩大，使其能学习到前人优秀作品，客观上有利于优秀传统的传承和发展；同时，也使得宫廷书画藏品的入藏范围更加扩大。

元代宫廷绘画机构中，秘书监承担了主要的书画收藏任务。元统治者起初仅将书画视为战利财富，并没有认识到其真正内涵，但已经开始进行整理和保护，并且对秘书监藏品的控制也逐渐严格，“非奉圣旨及上位不得出监”①。但是，秘书监里书画藏品从至元年间到元末一直未能进行有效的分类，至正二年（1342），监丞王道关才提议对书画图籍进行分类，其最后的数目应该能够反映秘书监的书画鉴藏的状况。②

奎章阁的设立使元代宫廷收藏达到了高峰，藏品丰富，君臣共同参与书画的收藏鉴别，宫廷书画藏品影响的范围有所扩大。奎章阁的隶属机构中，鉴书博士司专门鉴辨书画，群玉内司掌管秘玩古物。另外，奎章阁还承担着藏品展示交流的功能，如秘书监的收藏，经常抽调至奎章阁鉴审，完毕后仍要送回秘书监收藏，奎章阁成为展示中转的平台。因此，古物品鉴是奎章阁的首要功能，收藏则是鉴外余事。

元文宗去世后，元顺帝所设宣文阁和端本堂的书画鉴藏活动已不能与往昔相比，但仍时有进行，元顺帝和元文宗一样，好汉文、喜书法，元顺帝常驾临宣文阁，拿出内府所藏，与臣子进行鉴辨。宣文阁的书画鉴辨活动，主要由康里巎巎主持，其可谓元末宫廷书画鉴藏的中坚人物，因为其作用才使得元末宫廷书画鉴藏得以延续。

元宫廷绘画机构的书画收藏可谓丰富，囊括了宋、金内府的绝大多数书画

① （元）王士点、商企翁编次，高荣盛点校：《秘书监志·卷六》，浙江古籍出版社 1992 年版，第 109 页。

② 参见（元）王士点、商企翁编次，高荣盛点校《秘书监志·卷六》，浙江古籍出版社 1992 年版，第 109 页。

藏品，同时也进行了有效的管理和保护。书画鉴藏作为元宫廷艺术的延伸与扩展，对当时书画创作和鉴赏水平的提高有着不可估量的作用。然而，由于元代统治者的草原文化背景，他们对中原传统文化的吸收是有限的，难以真正切中中原传统文化的核心，最后沦落为一种对文化形式的表面模仿。

五、结语

元代宫廷绘画有着特殊的艺术地位，从整体上看，它所包容的多民族文化、多种画科、多种画风是元代其他地区的绘画不可比拟和无法替代的，这就使得元代宫廷的绘画创作出现了异彩纷呈的繁荣局面。而元代宫廷绘画机构的运行取向对此有着举足轻重的地位，其最突出的表现为：首先，元代宫廷绘画机构的艺术创作因其机构运行设置的特殊性，艺术创作也相对少有禁锢，有利于艺术的自由发展（如为文人画的发展创造了相对宽松的环境）；其次，元代宫廷绘画机构的运行，使元统治者能够在意识形态领域推进其政治、伦理观念，并能很快以国家的力量发掘和罗致绘画高手充实宫廷绘画创作队伍，征召和组织宫廷内外画家一道从事较大规模的绘画创作。同时，由于元代宫廷绘画机构艺术创作没有“一以贯之”的统一精神，各种风格、各种流派都在元朝宫廷绘画机构中“上演”，正是这种散乱与庞杂的局面对中国美术的发展进程造成了冲击，为中国绘画中的艺术风貌变迁做了铺垫。元代宫廷绘画机构同时也承担了书画鉴藏的职能，对保存和延续文化起了重要作用，同时也对绘画创作有一定的促进作用。

（原载《美术》2009年第4期，收入本文集时有改动）

综合材料“物性”展现的视觉意义

刘 伟

在当代艺术语境下，综合材料绘画蔚然成风。艺术家们崇尚并挖掘合乎自然材料“物性”特质的肌理与质感，不断拓展和延伸绘画媒介材料。各种物质材料经过艺术家尝试、再造，被赋予新的活力，成为彰显时代精神、拓展绘画创作观念、探索绘画形式语言的重要表现载体。“物性”本是物质材料固有的物理属性，介入综合材料绘画领域，“物性”成为艺术家精神层面的物化形式，展现出材料从物质到精神再到文化思维的发展过程，共同构筑综合材料绘画视觉意义的三个层面：一是物质材料的自然属性，即材料作为一种事物自身客观物理属性，是艺术创作的媒介语言和形式载体，也是艺术创作的物质基础。二是物质材料的精神属性，即材料作为一种事物承载艺术家创作意图，穿透物质材料完成与创作主体内在的精神融通，实现物质材料由技术载体到艺术表现的审美认知，从而使物质材料作为主体真正焕发艺术的感染力。三是物质材料的文化属性，即介入绘画的物质材料除却作为一种独特的表现形式和审美语言外，置身当代多元文化交流并存的背景下，材料“物性”理应具有文化的符码意义，承载着艺术家期待呈现并与时代精神息息相关的文化信息。由此可见，综合材料绘画不是材料的简单拼凑与堆积，而是多维性的视觉艺术和精神性的绘画概念。材料“物性”的物理属性与其所具有的媒介特质以及内在精神表达与涵盖的文化符号是不可或缺的一个整体。换言之，只有物质材料外化的自然属性所生成的形式载体与内在人文意义在表达逻辑上趋于一致时，源于材料自身的物质属性才能实现向精神世界的递升。于是，如何在当代艺术精神的感召下，穿透材料物质属性呈现出与创作主体互为融通的精神世界，展现材料“物性”呈现的视觉意义，便成为我们解读材料以及进入综合材料绘画创作不可回避的实际问题。

一、综合材料“物性”展现的视觉语言特质

讨论一门艺术，首先要研究它的语言。在传统绘画门类，绘画语言由造型、色彩、材料的三大要素构成。其中，材料作为艺术作品的媒介间接服务于艺术创作的需求。艺术家接受材料作为造型和色彩载体的媒介特质，倾其所能通过材料媒介的完美呈现达到绘画语言的纯粹性。如中国画家对水墨材料的掌控，成就丰富多变的水墨表现形式；油画家对油性材料的运用，造就油画语言的魅力与品格。然而，传统绘画门类中的中国画材料、油画材料等基本的艺术材料的活力并不是艺术家的成果，艺术家只是运用这些材料并把它作为艺术媒介来进行创作。因为“在这些艺术中，这一切材料都是由各类艺术工匠为艺术家生产的”。艺术家只是“领悟每种材料要素——颜色、声音、结构的特质，然后使用这些材料和谐地结合起来，以构成一种合成的调子（composite tonality）。这就是艺术作品的成形媒介，艺术家用这种媒介展示作品内容”[①]。综合材料绘画的出现，使材料媒介从幕后走到前台，相比传统绘画门类极大发挥材料媒介表现的自由度。在综合材料绘画中，“材料”本体独立的审美意义被挖掘，引入画面的每一种物质材料都被当成一种审美客体。于是，在材料“物性”同绘画创作有关的某种基本的、审美的意义层面，物质材料成为为艺术家服务的艺术材料进入创作过程，材料“物性”特征以及自身美感便转化为视觉语言的表现性因素。艺术家通过对基本材料进行加工，使用物质材料与生俱来的形状、体积、肌理、色彩以及质感等“物性”特质进行创造，为视觉造型增

① ［美］V.C. 奥尔德里奇：《艺术哲学》，程孟辉译，中国社会科学出版社 1986 年版。

加了非凡的表现力和强烈的形式感，充分展现材料“物性”的媒介语言特质。当然，艺术家因为个人的审美趣味和情感表达的强弱不同，当情感在画面上表现出来的时候，有的是热烈奔放，有的是细腻隐晦。

自然界提供绘画创作选择的物质材料，无论天然材质还是人造材料，可谓千姿百态，异彩纷呈。艺术家必须根据绘画主题与形式熟悉并充分认识自然界的不同材料，才能恰到好处地选择并利用物质材料进行个性化的艺术表达。“在自然中，效果是无意识的但有规律。我们感受到物质中的美，先是惊异，然后才是认识，继而转变为存在于人的表现欲望中的制造，艺术由此产生。”① 由于材料“物性”所具有的质量感和质地感，不仅冲击人的视觉，而且具有强烈的可感触性的特征。基于感官的直接体验，材料最先被艺术家感知的是形态外观、肌理痕迹、材质构成等材料物质属性而产生的视觉质感，如粗糙的树皮、干裂的土地、剥落的墙面、生锈的金属、发黄的纸张，以及属于自然肌理物化形式的人为肌理等。如西班牙艺术家塔皮埃斯的作品十分注重选用物质的质地感，突出材料质地的表现力。不仅水泥、沙子、陶土、沙石、衣服等在他的作品中随处可见，他还喜欢用一些带有痕迹或纹理的纸质材料，有时会将白垩粉、色粉、大理石粉、乳胶等物质掺入颜料中，经过艺术家反复推敲厚涂在各类板面上以探索新形式、新材料、新技法。物质材料的介入，使其作品保留了原始的自然肌理，客观地展现材料的视觉质感。艺术家尚扬利用土、竹、丝、麻、纸、铁丝、沥青、树脂胶、石膏等材料的质感、颜色和形状，通过巧妙构思与组合释放材料内在的“生命活力”。诸多材料的不同质地所带来的触感和温度感以及色调的和谐与作品品格的高贵，也是任何颜料所不及的。朱进采用泥土为主的纯天然材料作为绘画创作的媒介。泥土独具真切朴实、浑厚温暖的材质特征是现成品颜料所不及的。材料的内涵与张力使他的作品产生厚实的肌理、沉稳的色彩和扑面而来的质感，自然而鲜明的视觉效果触动人更多的

① 尚扬等编著：《解读材料》，上海书画出版社 2003 年版。

感觉器官，令观众对作品刮目相看。意大利艺术家阿尔贝托·布里同样着迷于材料的表现力。他使用粗麻布、塑料、高岭土和混合织物以及废铁片等非传统的绘画材料，通过粗线缝合、拼贴、切割、焊接并伴有烧焦的洞眼和痕迹等创作手法，展现出材料语言独特的艺术表现力。

“工欲善其事，必先利其器。”综合材料绘画所用的物质材料是艺术家从客观世界汲取的，在选择和运用材料时，艺术家最先是被材料的肌理痕迹、质地品质吸引，受此启发并激起创作的欲望。为此，艺术家必须借助对各种原始材料物质属性的直接观察和触摸体验，不断地认识和发现材料，了解材料的软硬、细粗、轻重等，达到对材料特性充分认识，并在创作中对各种材料进行研究比较。当落入作品的材料被艺术家主动自觉地加以运用，融合特定的艺术构思与结构方式创造出新的艺术风格与种类时，材料的物质属性发生根本性变化，转化为艺术家意志形式与表现意义的对象。材料也如同经历了“涅槃”一般，化为一种具有情感的、灵性的、脱俗的超然存在之物，成为呈现艺术家的个性与风格、表达艺术家情感的视觉语言载体。

二、综合材料“物性”展现情感表达的审美特质

情感是艺术创作的原动力。不管何种艺术，创作的本质都是表现内心情感和呈现情绪活动的一种形式，只是使用的媒介语言不同而已。“一件艺术作品所赖以组成的材料属于普通的世界，而不是属于自我，然而，由于自我以一种独特的方式吸收了材料，并以一种构成新的对象的形式将之重新发送到公众世界中去。”[①] 综合材料绘画中材料语言除了它的形式意义与物质属性外，另外一个重要的身份是传递艺术家思想情感。它是艺术家通过对现实生活的内心感受表达主观情感发生发展的手段，是艺术表现中极为重要的精神载体。我们知

① ［美］约翰·杜威：《艺术即经验》，高建平译，商务印书馆 2010 年版。

道，“自然，除了包括可认知、有形和明显外在的物质世界以外，同样还包括我们自身一个内在的心灵世界、灵魂的有意识和潜意识的深渊。材料作品在这两极之间巧妙而直接地找到连接点，由此便呈现了物质的属性和穿透材质而存在的精神”[①]。所以，在综合材料绘画中，材料的“物性”不只是艺术创作手段的简单补充，还应寓于物质材料与精神诉求的结合之中，构成“技与道”的链接关系，物质材料才能够实现生命力的精神升华。“物代表了现实生存境遇，魂代表了艺术理想。物与魂可以在作品语境中彼此置换、模糊、互动。魂可以分三种：一种是感觉的魂（或称感观的灵魂）；二是内在的生命活力；三是指会思维的灵魂。魂是抽象的终点和物的起点的同一性，它不是借物质媒介塑造形象，而是借助一定的成像揭示物性，达到心物相通的形而上的把握方式。”[②]艺术家对材料的认知只有深入其“物性”的精神性内涵，选用与自己精神相符合的材料实现自我表现，才能真正驾驭并超越材料的物理层面，从媒材掌控走向情感营造，从形而下的用“技”走向形而上的运“道”。

众所周知，在艺术创作中情感是运用符号的方式转化成供人观赏的可视或可听的形式。而且这种有意味和表现性的形式与情感在结构上是一致的，只有这样符号与符号表现的意义看上去才是情感本身。正如格式塔心理学派认为艺术家借助艺术作品能够将内在情感系统清晰呈现出来供人们认知的形式，与人们现实的情感生活所具有的动态形式是“同构”的关系。即世间诸事物中，事物之间力的基本式样是一致的，即便有些事物中力的基本式样看上去极不相似。由于事物中具有类似结构的表现性外表作为基础，于是，在主客体之间“场”的相互作用下，事物张力的基本样式被激活并产生审美知觉，物便被主体赋予审美意义和价值，从而达到“心物同物”的境界。“艺术家将那些在常人看来混乱不整的和隐蔽的现实变成了可见的形式，这就是将主观领域客观化

① 尚扬等编著：《解读材料》，上海书画出版社 2003 年版。
② 张国龙：《当代·艺术·材料·空间》，吉林出版社集团有限公司 2008 年版。

的过程。”[1] 尤其在综合材料绘画创作中，艺术家借用与物质材料之间存有的主观与客观、精神与物质的对话关系，主动选择并掌控材料，借助材料不断实现心理投射，使材料“物性”渗透艺术家的观念和思考。艺术家把握并遵循材料自身的材质、肌理等在艺术表达上的规律，再将情感全部融入造型和材质的表现中，消解与重构材料“物性”的物理属性和客观功用，从主体内心精神层面提携材料“物性”的内在精神，使材料“自语”，材料表现的审美目标才能实现。“一个艺术家犹如一个萨满巫师，可以塑造材料，并且能够从其身上发现隐藏的、不可见的讯息并赋予其生命，材料不能被创造，也不能被毁灭，它们只能被转化。艺术家的职责就是阐释并优化这个使物质上升到精神的转化过程。”[2] 如艺术家尚扬坦言：“材质的表达就是你的思想与观念的表达。”德国新表现主义大师基弗宣称自己的创作“是一种对物质的开启，是解除材料物质的外衣”。塔皮埃斯则强调：“材料本身是没有生命力的，一件艺术品所具有的感人力量，并不仅仅取决于材料，材料所承载的艺术家精神，才是人们所关心的。”[3]

物之为物，在于物是一种聚集。在人类历史与文明的积淀中，物质材料既体现客观物质属性，也蕴藏着丰富的人文意义。艺术家正是通过对材料“物性”的人文价值的了解、筛选，选取与自己复杂的精神情感相契合的联结点，情感便如磁铁一般把材料“物性”引入自身，呈现出“物化”的形态，而物质材料也因情感符号的纳入实现审美的突破。因此，对于综合材料绘画创作而言，艺术家只有借助材料，将情感融入材料“物性”的表现中，作品才具有表现力、感染力和生命力，才能为观众开启通往艺术家精神世界的大门。

---

① ［美］苏珊·朗格：《艺术问题》，滕守尧、朱疆源译，中国社会科学出版社 1983 年版。
② 唐玮、王文灏：《材料语言在视觉艺术中的魅力——解读塔皮埃斯的“无定义”绘画艺术》，《美术》2014 年第 6 期。
③ 李黎阳编著：《塔皮埃斯论艺》，人民美术出版社 2002 年版。

三、综合材料“物性”展现文化诉求的符号特质

文化是艺术创作的灵魂。在中国文化艺术语境趋于复合多元化发展的今天，综合材料绘画创作必须权作一种文化表现形态，才能有效消解或重构材料“物性”的功能属性或客体层面的“记忆”属性，即人们对材料作为现存物质形态惯常的认知，提升材料“物性”的文化精神使其进入具有普遍性、寓意性和符号意义的视觉语言体系。针对综合材料绘画创作，既要研究物质材料创造性表现语言，又要注重材料“物性”人文精神的语义表达；既要强调个性化、弘扬时代精神，还应吸收借鉴优秀传统中的宝贵经验，以形成具有民族精神和文化内涵的个性化艺术语言，进而在综合材料绘画的中国式演进中自觉体现本土文化意识，构建本土文化自信，呈现艺术形式的创新和思想文化的厚度。“综合材料绘画所表达的‘中国经验’，却可以在特定历史时期部分承载向世界‘讲好中国故事’的语言担当。即它以一种对西和非东方文化中人相对更直观的视觉方式，呈现了中国艺术的文化身份、历史记忆与现代性表达；在跨文化语境中生成中国艺术的现代话语实践，形成与书画艺术互为补充、相得益彰的当代中国艺术精神传播。”①

在综合材料绘画中，原始状态下物质材料被赋予某种精神指向与文化潜质时，材料“物性”便蕴含着或被赋予了一种文化观念、审美心理乃至时代精神等诸多意义。“物质化的媒介材料赋予一种新的语言让材料自语的方式就是向深层次的内涵转化，形成新的主题，继而在造型语言、色彩语言、材料语言之间寻找和发掘材料的文化意义。”② 诉诸视觉艺术领域，这种意义往往借助材料“物性”幻化成文化形态的意向符号。既包括综合材料绘画中书法、宣纸、丝绢、水墨、大漆等富含明确文化指向的“中国元素”。如艺术家仇德树借助宣

① 孔新苗：《中国美术的现代语言与文化记忆再生产——从“综合材料绘画”新现象谈起》，《美术》2017 年第 7 期。

② 殷海华：《综合绘画媒介材料的时代语言精神》，《南京艺术学院学报（美术与设计）》2014 年第 6 期。

纸的“物性”特征以及撕裂后的特殊肌理，打破了传统水墨的表现手法，通过将水墨、丙烯等材料进行重组和拼贴，形成一种全新的山水图式语言，具有很强的中国韵味。艺术家张国龙的作品《方·圆》系列则用到墨、宣纸、碑文等带有着强烈的“中国文化符号”的材料，融入“方”和“圆”两种形状组合，画面在方圆转换之间透出浓浓的中国古典文化气息。艺术家陈心懋则使用宣纸、水墨、麻、碑文拓印等典型中国特色的材料构建画面，以此为切入点，用现代艺术的构成方法展现材料“物性”所体现的精神气派和文化内涵。也包括材料“物性”潜在的文化符号指向，即艺术家不断触及材料“物性”与内质，使之与时代特征以及个体的思考产生各种感性关联，并汇聚成“视觉文本”，通过材料的重塑传递艺术家期望作品的整体形式呈现某种与文化息息相关的人文信息。如艺术家尚扬作品持续对人与环境以及人类生存前景的关注，从《大风景》系列到《董其昌计划》系列再到新近的力作《剩山图》，艺术家一直探索物质材料与画面表达的种种可能性。借用综合媒材的拼贴、撕扯、悬置等手法凝练成高度形式化的视觉图式，用艺术来拷问我们已经剥蚀和坍塌的风景。在他的作品里既弥散着东方式的审美追求，又呈现中国文化的伦理自信与责任担当。正如他自己所言：“我所追求的这种表达仅仅包含三个简单的要素，即当代的、中国的和我个人的。”艺术家胡伟以中国传统的纸为物质媒介，采用拼贴、冲撞、融渗等丰富的技法对材料进行重铸，努力把极具中国文化元素的物质材料导向当代艺术的精神追求与创作表达。翻阅基弗、劳森伯格等材料艺术大师的作品，不论是基弗史诗般的视觉景象，还是劳森伯格的图解商品化社会资本过剩的现实，无一例外都表现出对社会的关注、对历史的眷顾、对文化的沉思。

概而言之，材料作为艺术语言，其“物性”展现的价值取向不仅体现在材料物质载体的功能属性上，也是创作主体文化身份与文化意识的外化和呈现。与此同时，材料“物性”在传统文化与当代艺术之间建立起不可或缺的时光隧道，展现其具有象征意义和原生态的文化价值。综合材料绘画创作只有立足本土文化情境，实现与民族文化传统、时下社会变革以及文化语境对接，通过材料“物性”阐释它的文化属性与社会价值，直面世界艺术发展的态势时，才能在跨入世界文化艺术的对流中确立自我的文化身份，保持自我的相对独立性。

四、结语

研究综合材料绘画“物性”展现的视觉意义，使我们明确“物性”作为客观物质的本质特性，诉诸视觉艺术领域以直观的材料载体呈现与主体思想、文化的共通性。不仅以材质丰富的“物性”特征强化艺术作品的视觉表现力，而且随着材料概念不断延伸，材料作为艺术语言的领域无限扩大，综合材料绘画的思维方式、审美标准和技法手段也不尽相同。一方面，材料“物性”源于物的灵性。以物观物，材料“物性”展示出自然属性审美价值的不可取代性以及“视觉语言”的潜在特质的可能性。另一方面，以心观物，从主体内心精神层面不断映射物质材料形成再生语言，使材料“物性”超越自身审美属性，实现物质材料精神内涵的升华。由此可见，充分认识材料“物性”，展现材料“物性”，从材料的技术应用转向材料“物性”的内在意义和人文精神的研究，实现材料“物性”与创作主体精神诉求和文化观念融会贯通，强化并提升材料“物化”的自然审美价值和“人化”的思想观念价值，不仅是材料作为艺术语言完成艺术创作的物质基础，也是物质材料本体作为艺术存在的本质依据。依托“物性”，综合材料言说了自身的自然美，释放了自身内在的生命活力，既塑了形，又表了意，并指向一个超然象外的精神世界。毋庸置疑，这就是综合材料绘画的魅力所在。

［原载《齐鲁艺苑（山东艺术学院学报）》2021 年第 6 期］

抗战时期美术传播视野中的武石艺术人生之考略

张志民

2019年4月，中国国家博物馆决定举办“武石捐赠作品展”，笔者被指派从事该展览的筹备工作，继而开始了对武石的关注。笔者结合自己平时的文献积累和家属的捐赠作品，并通过湖北省博物馆、新四军第五师纪念馆、上海市档案馆、南京图书馆、湖南省档案馆等机构获取的相关文献，基本厘清了武石艺术人生和创作成就，获得一些新发现并在当年8月开幕的“烽火艺途——武石捐赠作品展”及配套图录里予以呈现，本文择其要另行成文。

武石是一名新四军老战士，同时也是湖北美术学院的资深教授，他的主要成就集中在木刻版画创作领域。1991年9月，中国美术家协会和中国版画家协会联合举办的“纪念鲁迅诞辰110周年暨中国新兴版画60年颁奖大会”在人民大会堂举行，大会为75位参加过20世纪30年代、40年代新兴木刻运动的老版画家颁发奖杯、奖牌。其中，武石荣获“新兴版画贡献奖”，这是中国美术界基于他在中国新兴版画运动中的重要贡献给予他的肯定和褒奖。另外，武石在1949年后创作的套色木刻版画《最后一根钢梁》《小麦丰收》等作品，是反映新中国社会主义建设成就方面的代表性版画作品。

武石是湖南湘潭人，早年从长沙华中美校毕业，1932年8月自湖南家乡入读上海美专中国画科时，注册的名字是他的原名冯子术（术亦署树）。在美专，他师从潘天寿、吴茀之等先生，就读期间不仅曾因“品行学业均列优等”而被学校列入1934年春季学期学费“全免费者”[①]，而且上海美专多元宽松的学术氛围，也让他逐渐对木刻有了初步的认知和感受[②]，逐渐受鲁迅倡导的新兴木刻运动影响，进一步认知了新兴木刻揭露社会现实、反映民生疾苦的战斗性特点。1936年春，武石加入抗日救亡群众团体“上海救国会”，积极参加该会的读书会、座谈会，组织募捐支援抗日，创作抗日宣传画，开展救亡活动。

一、在江西——走上木刻创作之路

身为国画系高才的武石和版画真正结缘，与旧中国的国难时局密不可分。1937年“八一三事变”爆发后，武石加入了田汉领导的“上海文化界救亡演剧六队”，前往浙北进行抗日宣传，演剧队里的美术工作者，除了武石，还有后来成为著名版画家的力群。[③]“我们主要运用演剧、歌唱、文字、口头宣传，但由于语言隔膜，效果并不突出。后来，根据农村大众的需求，利用绘画和戏剧两种方式开始宣传，效果非常明显。”此时的武石认为“绘画的力量还没有普遍地打进农村，我想了不能忽略过去”，于是他呼吁：“全国漫画的作者们，应该刻不容缓地抛弃过去集中城市的谬见，下乡去动员农村大众，参加第二期抗战啊！”[④]

1937年10月，武石转任上海职业青年战时服务团副团长，带队奔走宣传于浙赣一带，创作了《抗战救国》《生产支前》等一批大型揭露敌人暴行的抗日壁画。“我们有二十多幅大小的布画，十几幅纸画，内容都是有连接性的，我们每到一个地方，就把他和我带来的几百张‘一·二八’照片，及最近前线照

---

① 《上海美专开学礼》,《申报》1933年2月11日第16版。

② 20世纪30年代初期的上海美专，是中国新兴版画运动的重镇，武石就读该校时，已经有两个木刻社团存在。参见马海平编著《图说上海美专——南京艺术学院校史研究丛书》，南京大学出版社2012年版。

③ 参见游思静《抗战初期上海救亡演剧队研究（1937—1938）》，硕士学位论文，上海师范大学，2017年。

④ 武石：《把绘画带到农村里去》,《新华日报》(汉口版）1938年5月6日第4版。

片三四百张，一同展览起来，同时我们的队员配合当地的知识青年帮助解释，给观众以很深的印象和刺激。”[①]1938 年春，上海职业青年战时服务团沿浙赣线进行抗战宣传到了江西，此一时期，武石经时任新四军驻赣办事处主任黄道[②]的多方培养和思想引导，成为一名更加自觉为民族解放而奋斗的共产主义战士，开始辗转江西多地进行抗日宣传。

1938 年 9 月，武石在江西余江加入了中国共产党，经由组织安排，他进入江西省国民党党部宣传科工作，先后在“江西农民工作团”和“江西省各界民众抗敌后援会宣传科”任职，他开始更加有意识地利用木刻这一艺术形式来进行抗战宣传。因为在他看来，壁画和漫画“自己还觉得很不够，应该刻制木刻画，通过报刊广为发表，影响更大”[③]。武石正是在实际的抗战宣传工作实践中，深刻认识到木刻在战时易于制作、利于宣传和富有战斗性的优势，开启了他以木刻版画进行抗日救亡宣传的艺术道路。这一时期，武石在江西的《民国日报》《政治日报》《抗战日报》等报纸发表抗战木刻作品，比如《消灭侵略者》，还担任了《战地文化》的美术编辑并发表《把伤员送到后方去》《到前线去》等一批作品。除此之外，《政治情报》《伤兵之友》等刊物也有武石的作品的零星发表，比如《瞄准敌人射击》《救护》等。

当时的媒体和论者从木刻运动发展的角度对武石等人在江西的木刻创作运动做过多种评述，《力报》的报道说：“从上海来的职业青年服务团在‘八一三事变’后，辗转到了江西。这团里有木刻青年武石等，他们首先在南昌等地举起木刻这一武器，从事抗战艺术宣传，刊行单页的《职青》，内容以木刻为中心，销行及东南各省。1939 年 6 月间，江西省各界民众抗敌后援会宣传股编印

① 武石：《把绘画带到农村里去》，《新华日报》（汉口版）1938 年 5 月 6 日第 4 版。

② 黄道（1900—1939）是江西横峰人，1924 年在北京师范大学就读期间加入中国共产党，早期参与领导北京反帝、反封建、反军阀的学生运动，后在党组织的安排下回到江西参加新的战斗，是闽浙赣革命根据地、红十军团和新四军的主要创始人之一。他曾参加南昌起义，参加领导弋横起义，任闽北特委书记兼闽北军分区政委、闽赣省委宣传部部长、中华苏维埃共和国中央政府执行委员，领导了闽北三年游击战争。抗战时期，黄道任中共中央东南分局委员、中共中央新四军分会委员、新四军驻赣办事处主任。

③ 武石：《版画创作漫忆》，《神州版画博物馆通讯》1995 年第 2 期。

八开本《抗战画报》联合刊，木刻占一半篇幅，作者有武石、子树、沙克、项飞、西田、西里等，接着在吉安有《战地文化》出版，该社对于木刻艺术提倡甚力。”[①]《力报》报道提到的《职青》，在著名版画家野夫的述评中叫《职业丛刊》[②]，当是武石在“职业青年服务团”参与创办的小刊物，里面的木刻作品应为数不少，可惜多方检索，未能得见其真容。而文中所提到的《抗战画报》的诸多作者中，武石和子树是同一个人，西里则留待下文考述，该文的作者撰稿时似不知晓“武石”是“子树”的笔名。从《新华日报》(汉口版）发表的署名武石的《把绘画带到农村里去》一文可知，“武石”作为冯子树的笔名出现，不会晚于 1938 年 5 月。《力报》提到的《战地文化》对于木刻艺术提倡甚力，所言不虚，因为其附有的《半月版画》，虽然每期只有一到两页，但却也为木刻家提供了发表的园地，武石的《蔡孑民像》《袭击》《保卫祖国》等木刻作品都发表于此，武石成为抗战早期江西地区开展木刻抗战活动的重要践行者。

二、在湘桂——作为《力报》美术编辑的武石

关于从江西到湖南的过程，武石有过如下回忆：“1940 年春国民党在江西大肆逮捕进步人士，关押在太（泰）和马家洲集中营，当时我因父亲去世返回湘潭，夏初才去吉安，组织上要我去桂林，后到衡阳《力报》工作。”[③]

《力报》于 1936 年 9 月 15 日创刊于长沙，抗战期间因时局动荡曾迁至邵阳、衡阳、沅陵，以及桂林、贵阳等地。1940 年 7 月 1 日，衡阳《力报》创刊，1940 年 9 月 12 日，武石在《力报》发表了第一幅作品《裹伤》，而《开明日报》1940 年 9 月 17 日的报道也显示：“前在江西从事木运的陆田及武石两同志，现皆到了衡阳，陆田同志在《开明日报》，武石同志在《力报》工作，正

---

① 关山笛：《战时东南木刻运动》，《力报》1940 年 10 月 21 日第 4 版。

② 参见野夫《木刻手册》，文化供应社 1949 年版，第 116 页。

③ 武石：《版画创作漫忆》，《神州版画博物馆通讯》1995 年第 2 期。

合力推动衡阳木运。”因而武石到任衡阳《力报》的时间当在 1940 年 8 月底或 9 月初，自此直至 1941 年 2 月底，是武石在《力报》任职的第一阶段。这一时期，武石发表了 4 幅木刻作品和一篇文章，作品分别是《裹伤》《秋收之后》《开了荒地好下种》《妈的，问他为什么做汉奸》，文章是《感想和希望——关于街头诗画的意见》，这些作品，全部署名“武石”。

1941 年 3 月前后，武石到了广西桂林。武石对此回忆，“1941 年 1 月皖南事变后，反对派对共产党和进步人士的迫害更加猖狂，连桂林八路军办事处的同志也有一些去了重庆，由于我的组织关系在八路军办事处，因此我由衡阳赶到桂林，又去桂林《力报》工作”[①]。因桂林《力报》该时期报纸缺失，武石在桂林《力报》的工作情况我们无从获知第一手材料。但依然可以从广西当地别的报刊获知武石在桂期间的零星活动，比如《柳州日报》1940 年 9 月 21 日和 10 月 1 日分别发表了武石的《生者之于死者》和《他死了》两幅作品，并刊登了武石发自桂林的来信节选，其中《他死了》正是其家属捐赠给国博的藏品《犁》。

1942 春，衡阳《力报》报端再次出现了武石的作品，从 1942 年 2 月 3 日至 3 月 25 日，是武石在《力报》的第二阶段，一共刊载了 11 幅署名“武石”和“子树”的作品，分别是《游击队：有便宜给你吗》《马夫和马》《把天桥和浪桥架起来》《鬼蜮之地》《两种攻势》《最后的日子》《收复》《不做寄生虫》《当前应有的行动》《用马戏慰劳英勇的将士》《美日关系图》。

在湘桂期间，武石除了作为《力报》编辑，还参加了上海文化界救亡演剧九队在长沙的活动，以及中华全国木刻界抗敌协会在桂林主办的“纪念鲁迅先生木刻展览”的筹备工作并有作品参展，他的木刻作品《为着生存，你去吧》参加了 1941 年举办的“中国木刻十年展”，武石成为那一时期具有代表性的版画家之一。

---

① 武石：《艰苦岁月　战友情深》，载中共上海市文化局党史资料征集领导小组主编《八千里路云和月——演剧九队回忆录》，第 254 页。

三、洪加和西里——武石身影的隐性显现

武石作为冯子树的笔名，这点在美术界尤其是版画界都无疑问。除了武石之外，冯子树有没有别的笔名？笔者当然不敢先入为主、妄加猜测。但笔者在筹备展览、翻阅报刊、统计文献、匹配报刊文献和作品的过程中发现这是个值得探讨的问题。在梳理武石任职衡阳《力报》的两个阶段时，大量署名“洪加”和“西里”的作者发表的作品引起了笔者的注意。

据统计，自1940年9月至1942年4月，“洪加”在衡阳《力报》发表了24幅作品，超过“武石”和“子树”的总和。这24幅作品中，有几个方面值得深究。其一，1940年12月27日和1941年1月1日的署名洪加的两幅作品《脆弱的支柱》和《五十年代的展望》，不仅展现了艺术家对抗战必胜的坚定信念，更重要的是画面角落里都署了一个“石”字，而这是武石作品署名的惯常做法，比如武石家属捐赠给国家博物馆的作品《到前线去》（1940）、《枪杆子里出政权》（1941）、《反侵略》（1940）等，都以一个“石”字署名。其二，1940年11月7日署名洪加的《被蹂躏的法西斯》的画面角落里署名英文字母“W.H.”，这也是武石创作署名的一种方式，比如其家属捐赠给国博的《他是汉奸》（1941）就是如此署名。其三，《力报》1940年9月18日发表的署名洪加的作品《战神的新姿态》所描绘的内容和武石发表于1938年5月6日《新华日报》的《把绘画带到农村里去》的相关记述不谋而合：“当我们初到农村来工作的时候，我把从上海带来的艺术学院派的一点理论与技法做基础，配合想象的材料，出马便画着一个长毛的恶魔，手拿两颗巨弹，出现在闸北的烽火中——《抗战》第十四期上力群同志写的《绘画在农村中》也曾提起这幅画——第一次挂在现在正处着敌人蹂躏下的嘉兴新丰茶店内，老百姓看了问这究竟是什么东西，这么凶？小孩和妇人看了都有点害怕。”通过比较，我们不难发现此文中“手拿两颗巨弹出现在闸北烽火中的长毛恶魔”和《战神的新姿态》画面一样，是同一件作品。这几点充分说明，洪加就是武石，就

是冯子树。

那么，西里是谁？1940年9月15日至1942年4月4日，“西里”在《力报》发表的作品数量只有四幅，分别是《拉起手来创造个新世界》《血祭》《在饥饿的敌后人民》《街景》，这四幅作品的画面没有任何署名信息可以和武石、洪加、子树等相联系。但1941年1月15日出版《木艺》杂志第二期刊载的“艺坛消息”为我们提供了直接把“西里”指向武石的线索：“陆田、武石仍留湘，在开明日报主编‘木刻与诗’周刊。”

《开明日报》出过多种名为“诗与木刻”的副刊，出现过陆田的“诗与木刻”副刊是在1940年8月创刊。截至1941年1月31日，共出13期。奇怪的是，在这13期的《诗与木刻》上，陆田的名字频繁出现，武石的名字一次也没有出现，但署名“西里”的作品却出现了7次8幅，都以诗配画的形式出现，分别是《铁蹄下的流亡者》《湖岸上》《灾难的土地》《我昨夜梦入人间》《辽阔的中国》《水车》《夜行》《爸爸回来之夜》。这8幅作品中有3幅值得注意。其一，1940年11月2日刊载的西里为王乃宇的诗歌《我昨夜梦入人间》创作的木刻插图与《柳州日报》1940年9月21日发表的署名武石的作品《生者之于死者》的画面完全一样。其二，1941年3月刊载的西里为洁泯诗歌《辽阔的中国》所创作的同名木刻插图上，有“WH”的署名，如上文所述，这是武石的署名习惯之一。其三，1940年11月16日，西里为诗歌《夜行》创作的木刻插图和国博收藏的武石作品《哪怕山高水又深》画面一样，显然为同一件作品。其四，除去上述三幅发表于《开明日报》的作品之外，1939年第40期的《伤兵之友》杂志刊载了署名西里的木刻作品《加紧军民合作，争取最后胜利》，该作品画面的署名是“石”，这同样是武石作品的惯常署名方式，也说明他在江西时期就已使用西里作为笔名。综上，我们可以得出结论，无论武石是否参与了《开明日报》“诗与木刻”副刊的编辑，都不妨碍本文关于“西里就是武石”考证的可靠性与可信度。

诚如武石本人所言，抗战时期的他是“在内忧外患中学画；在战火纷飞中创作”。因而，本文对他在20世纪30年代、40年代武石的艺术人生的考察和对其新笔名的考证，对于从硝烟与烽火中走来，遗失了大量作品的武石显得尤为必要，对于一向行事低调、不事张扬、不自我宣传的他也才更有意义。

抗战时期，无论是在浙江、江西，还是在湖南、广西，武石的作品都毫无疑问地表现出他于国难之下对民族命运的担忧，对同胞苦难的同情和呼喊，对侵略者和反动派的揭露与嘲讽。无论是冯子树和武石，抑或是洪加和西里，都承载了他在家国命运变迁中身为华夏儿女的赤子之心和责任担当。和那个时代的许多木刻运动践行者一样，武石用画笔和木刻刀为国家独立和民族解放而战，他在抗战后期更是加入新四军第五师，继续在鄂豫边区和转战途中锤炼自己的人生和艺术，这样为家国前途而奋斗的艺术家和战士，值得我们敬仰与缅怀。

试论中国古代绘画的期待视野

朱志学

“期待视野”是德国美学家汉斯·罗伯特·姚斯在自己接受美学研究中运用的一个理论概念。它使文学研究的重心转向了读者接受过程，以新的角度去衡量文学作品的价值。期待视野既是一种思维定向，以读者的心理结构、审美理想、审美经验以及民族的和社会的心理因素为标准，又因为在人们既定的期待视野与新的文学作品之间存在着一定审美距离而处在不断的更新和变化中，它会随着读者所处社会的思潮、时代精神等外在条件以及读者自身心理、生理等内在条件的变化而变化。在对中国古代绘画的鉴赏中，我们同样能从中获得启发：鉴赏者带着“传神写照，悟对神通”“象外之象，味外之旨”“虚实相生，无画处皆成妙境”等古代绘画的文化观念去鉴赏作品，充分发挥自己的想象力，填补作品中的“空白”或不确定部分，进行再创造，通过突破有限的孤立的物象，体会宇宙和生命的本体，引起对世间万物的运动与和谐的思索，产生审美的愉悦，实现与作品的共鸣及自身的顿悟，达到精神上的升华。

一、影响中国古代绘画“期待视野”的文化观念

姚斯指出，从类型的先在理解、从已经熟识作品的形式与主题、从诗歌语言和实践语言的对立中产生了期待系统。这种期待系统，对于中国人来说，博大精深的传统文化观念对中国画的欣赏有重要作用，它是欣赏者的思维定向。中国画缺失了文化内涵，就会与人们的“期待视野”相去甚远，产生不了美

感。中国传统文化对绘画的影响，主要有以下观念：

（一）“传神写照、悟对神通”

东晋画家顾恺之第一次明确提出了绘画重在“传神”，据《世说新语·巧艺》载，他曾说：“四体妍蚩，本无关于妙处，传神写照，正在阿堵中。”[①]他又在《论画》中云：“一像之明昧，不若悟对之通神也。”[②]他主要是指人物画要传神，不能仅仅图形写貌、空陈形似，更要在刻画人物的外部形象和传达内在精神的统一上来表现对象，赋予被表现的对象生命活力和精神光彩。宋代邓椿在《画继杂说》中还提出：“画之为用大矣！……而所以能曲尽者，止一法耳。一者何也？曰：‘传神而已矣。’世徒知人之有神，而不知物之有神……故画法以气韵生动为第一。”[③]可见，“神”在绘画中十分重要，绘画要以“传神”为标准，不仅人物要有“神”，甚至山、水、树、石、花、鸟都要有“神”。所以，“传神”构成了中国画期待视野的重要组成部分，是欣赏中国画的第一要义。

（二）“象外之象，味外之旨”

南齐画家谢赫在《古画品录》中说：“若拘以体物，则未见精粹；若取之象外，方厌膏腴，可谓微妙也。”[④]到了唐代，司空图直接提出“象外之象，景外之景”的说法。象外之象，前一个“象”是指由诗的语言构成的作品本身的艺术形象，后一个“象”指的是读者根据作品的语言形象在头脑中重新创建的艺术形象。由于审美欣赏的能动性，这种艺术意象远比作品通过语言文字展现的艺术形象要丰富得多。“象外”意味着有限形象之外存在无限形象，无限形象可以突破形似，得到常理。苏轼在《凤翔八观并叙》中写道：“吴生虽妙绝，犹以画工论。摩诘得之于象外，有如仙翮谢樊笼。吾观二子皆神俊，又于维也

① （南朝宋）刘义庆著，徐震堮校笺：《世说新语校笺》，中华书局 1984 年版，第 388 页。
② 俞剑华、罗尗子、温肇桐编著：《顾恺之研究资料》，人民美术出版社 1962 年版，第 69 页。
③ 俞剑华编著：《中国古代画论类编》，人民美术出版社 2004 年版，第 75 页。
④ 俞剑华编著：《中国古代画论类编》，人民美术出版社 2004 年版，第 357 页。

敛衽无间言。”[①]要追求“象外”之意，必须发掘具体形象之外的无尽神韵，否则只能被称为画工。要由平面的画像到更充实、更丰富的艺术空间，必须尽情发挥想象力和创造力，把现实中看到的具象物体，经过头脑的变形、加工，变成可以表达和寄托自己内心情感的作品，如此才能称得上精微美妙。这是中国画审美中不可或缺的一部分。

（三）“虚实相生，无画处皆成妙境”

虚、实章法之理是中国画美学的一个重要观念。清代蒋和在他的《学画杂论》中说“虚实相生，乃得画理”，而同时代的笪重光在《画筌》也提到“虚实相生，无画处皆成妙境”。宋代郭熙、郭思父子于《林泉高致》中提出了创造完美意境的方法：“山欲高，尽出之则不高，烟霞锁其腰，则高矣。水欲远，尽出之则不远，掩映断其派，则远矣。”[②]他们从“有”和“无”、“虚”和“实”的角度深入探讨了意境的构造。画家应在有笔墨处，即实处求法度，在无笔墨的虚处求神理，要计白当黑、笔断意连、以虚观实、以无作有，从实景有笔墨处深入到虚空无笔墨处，在有无、黑白间展现心灵沟壑。以虚寓实、虚实相济，创造出无尽的至高境界的中国画，可以寄托画家的情感和精神追求，引发鉴赏者无尽的思索。

二、中国古代绘画审美的价值再造

接受美学认为文学作品中的“空白”或“不确定性”实际上是对读者的一种召唤和等待。召唤读者在其可能范围内充分发挥再创造的才能，这就是所谓文学作品的召唤型结构。这种召唤型结构的实现，在绘画中就是对绘画的价值审美的再造。画家在进行创作时，也总要在笔下留出一些“空白”或未定成

① 李福顺编著：《苏轼与书画文献集》，荣宝斋出版社 2008 年版，第 13 页。
② 俞剑华编著：《中国古代画论类编》，人民美术出版社 2004 年版，第 640 页。

分，用来调动鉴赏者的想象力和创造力，去填补，去发掘，去实现新的审美价值。这一再造过程中，鉴赏者具有极大的自由性，他所再造的艺术形象可能与画家的价值意图并不完全相同，鉴赏者往往会将画作内容转变为符合其内心审美精神的艺术形象。

“空白”是中国画重要组成部分，寓意无尽，变化无穷，空灵高妙，既有还无，可以指天、地、云、雾、水等等。这种“空白”既是“虚”，实际上也是画面中“实”的深展与外延，它让鉴赏者将其知识结构、经验感受，甚至对宇宙和生命本体的感悟都涌现于胸，既使心灵净化，又使宇宙深化，使人在超脱的胸襟里体味到宇宙的深境。据郭若虚的《图画见闻志》记载，宋代郭忠恕“善画屋木林石，格非师授。有设纨素求为图画者，必怒而去，乘兴即自为之。郭从义镇岐下，每延止山亭。张素设粉墨于傍；经数月，忽乘醉就图之一角作远山数峰而已，郭氏亦珍惜之”[①]。仅在素绢的一角画“远山数峰”，余为空白的画作，郭忠恕同样珍惜它。可见，这空白也有它无尽的意境，使郭忠恕心醉神往。宋代画家马远和夏圭的画风，构图简洁明快，多是边角之景，故被称为“马一角、夏半边”，明代学者曹昭在《格古要论》中称马远：“或峭峰直上而不见其顶，或绝壁直下而不见其脚，或近树参天而远山低，或孤舟泛月而一人独，此边角之境也。”[②]马远的《寒江独钓图》中只有一翁、一舟、一钓钩，却可以唤出“寒江”这个诗化的时空境界，让人感到烟波浩渺，满幅皆水。夏圭的《烟岫林居图》中主要景物仅占画面的一小部分，而剩余的将近三分之二是一片空白。左上方画烟霭远山，若隐若现，云气缭绕，迷蒙深幽。再向远处，则云、水、天交汇于混沌之中。一片祥和、宁静、神秘的景象可游可居，让人心驰神往，鉴赏者可以在体味人与自然的和谐共处中改造品格、净化心灵。宋代佚名的《柳溪归牧图》，画面上部的远景是一片宽阔的河面，画面下部的近景则岸边杨柳依依，小溪潺潺流动。一牧童骑母牛带小牛过河，母牛过了河，

---

① （宋）郭若虚著，俞剑华注释：《图画见闻志》，江苏美术出版社 2007 年版，第 111 页。

② （明）曹昭著，杨春俏编著：《格古要论》，中华书局 2012 年版，第 87 页。

而小牛却站在河畔不动，母牛似乎正要回头鸣叫，小牛也在应和，四蹄刨地，急于回到母牛身边，但就是不敢下水。牧童与母牛心急如焚，归心似箭，而小牛过不了河，怎么办？画家没有给出答案，只留下想象的空间，让你去发挥，去充实。如此情趣盎然的景象，怎不令人思绪万千，回味无尽。可见，“虚”是最易引起联想，进行审美再造的地方，也是画面的活眼和魅力所在，甚至关系到一幅作品的成败。

三、中国画的创新与新的精神补偿

尧斯指出，当新的期待视野比较普遍地流行时，改变了的审美标准的威力就表现为，读者体验到从前成功的作品已经过时了而不再欣赏它。只有从这种期待视野改变的角度去观察，对文学效果的分析才达到读者的文学史的尺度。新的文学作品会以一种不为人熟知的审美形式打破读者的期待，同时向读者的期待提出问题。鉴赏者的期待视野处在一个不断变化和重新建构的过程中，新的评判准则会随着时代的变化而变化，这就打破了前代的期待视野，建立新的视野，而这种新的视野还会再次被打破，建立更新的视野。精神补偿，在此是指鉴赏者在观赏中国绘画作品的过程中，通过想象与作品进行情感交流，获得精神上的某种替代性满足，使自己在错综复杂的现实世界之外寻求精神上的安慰。这种补偿，要有创新性、民族性，可以在传统的思维定向影响下进一步深化，但无论期待视野怎么变，若脱离了中国绘画的传统精神如重“传神”，讲“气韵”，用“虚实”以及个人情感的抒发等去完全“西化”，只能离中国人的“期待视野”越来越远。

在中国历史上，各个时代都有自己的审美标准，在绘画上也显现出一种与前代不同的期待视野，绘画的技法、情趣、审美、功能等都会有所不同。如唐、宋、元绘画审美的期待视野就有很大不同，体现在艺术时代风貌上，唐画宏伟瑰丽，宋画丰实平易，元画则空灵含蓄。唐代处在中国封建社会的鼎盛时期，社会开放，经济发达，绘画绚丽多彩，人物则体态丰腴，显现出一派大唐气象，从唐代敦煌壁画以及张萱、周昉的仕女图都可以看出这种风格。到了两宋，受到画院画风的影响，人们的期待视野则一变为物趣悉到，追求逼真。邓椿的《画继杂说》记载："画院界作最工，专以新意相尚，尝见一轴，甚可爱玩。画一殿廊，金碧熀耀，朱门半开，一宫女露半身于户外，以箕贮果皮作弃掷状，如鸭脚、荔枝、胡桃、榧、栗、榛、芡之属，一一可辨，各不相因。笔墨精微，有如此者。"[①] 宋画之逼真巧妙可见一斑。从许多流传下来的宋代绘画小品中，我们也能看到宋代追求丰实平易的特点。到了元代，由于其"四等人制"和元初废除科举，造成画家只能通过作画来抒发个性情趣、追求娱情，满足心灵的渴求。元四家的山水都表现出强烈的个人风格及时代特色，倪瓒云"仆之所谓画者，不过逸笔草草，不求形似，聊以自娱耳"，吴镇也说"墨戏之作，盖士大夫词翰之余，适一时之兴趣"。清初，四王的摹古之风笼罩画坛，四僧尤其是石涛以及后来的"扬州八怪"不拘成法，师法自然，抒发个性，大胆创新。石涛思想活跃，笔墨表达无拘无束，意境表现多种多样，他大声疾呼："我之为我，自有我在。古之须眉不能生在我之面目，古之肺腑不能安入我之腹肠。我自发我之肺腑，揭我之须眉，纵有时触着某家，是某家就我也，非我故为某家也。天然受之也，我与古何师而不化之有？"[②] 石涛竭力提倡"笔墨当随时代"。不同的时代有不同的绘画风格、审美取向和精神需求，画家的作品，都体现了各自的时代特性，抒发了个性情趣，表现了不同于前代的"期待视野"，使他们自身以及当时和后来的鉴赏者，都能通过联想寻求到现实世界之外的精神家园。

随着时代的变迁，作为中国和世界文化艺术的瑰宝，中国画在多元艺术思潮变革中面临着新的生存挑战和发展契机。若想将这一有着严密的理论体系和极高审美标准的中国画发扬光大，就需要去领悟、把握和继承传统精神而不拘

① 俞剑华编著：《中国古代画论类编》，人民美术出版社 2004 年版，第 81 页。
② 俞剑华编著：《中国古代画论类编》，人民美术出版社 2004 年版，第 149 页。

泥于其程式化和简单化的传统因袭模式，学石涛反对泥古不化，师法自然、深入生活、借古开今、大胆创新的精神，积极吸收外来的优秀文化成果，借鉴西方现代绘画造型结构、平面构成、色彩构成等的表现力，融入现代人的忧患意识、张扬个性，等等，增强中西艺术的互通和兼容，赋予中国画新的期待视野。古老的中国画必将迎来新的春天。

（原载《作家》2012 年第 2 期）

《秘殿珠林》及其罗汉图

王敏庆

《秘殿珠林》成书于清代，是我国第一部专门收录宗教书画等艺术品的著录。其书由皇家组织编写，著录作品为清宫收藏。该书编于乾隆八年（1743）十二月，成于九年五月，由“张照、梁诗正、励宗万、张若霭编集中土琳琅，章嘉胡土克图阅认西天贝叶”。之后随着皇室收藏的不断增多，四十三年后又编写了《秘殿珠林续编》及嘉庆年间的《三编》，而最初的这本《秘殿珠林》便被后人习称为《初编》或《一编》。由于《秘殿珠林》是一部专门记录宗教题材艺术品的著录，故与它的姊妹篇《石渠宝笈》相比具有一定的特殊性，它不仅反映了人们的艺术活动，同时也一定程度地反映了时人宗教活动或信仰状况。因是皇家收藏，《秘殿珠林》所收作品宏富，又因初编成书最早，所收精品较多，是以本文所论的《秘殿珠林》及罗汉图以初编为主，以下《秘殿珠林初编》简称《秘殿》。

一、《秘殿珠林》的编纂目的及编纂者

《秘殿》编写体例繁复，利弊参半，由于各部分编写分类标准不一，很难找到一种统一标准对其进行分析，故本文亦随《秘殿》编写顺序，先对其各部分择其重点加以介绍。

（一）编集目的

据《秘殿》开篇："上谕国家承平百年，品汇繁庑，然列朝家教，从不以珍玩为尚，时或怡情烟翰，与古为徒，是以内府缣素缥缃盈千累万，就中释道二氏合中与西宝笈珠函，凡名人高士大德真灵之所留迹，记一千二百三十五种。而我世祖章皇帝、圣祖仁皇帝、世宗宪皇帝手泽又复多有，是不可不敬谨什袭以示子孙也。"由此可见，《秘殿》的编写与清皇室艺术品收藏的不断增多直接相关，正所谓"内府缣素缥缃盈千累万"。这时，皇帝需要一个对其藏品信息有较全著录的"账册"，以便随时了解或查阅这些藏品。而其中，特别将释道二教的藏品提出，并编纂成书，一是与清朝国策、皇室信仰佛教（特别是藏传）有关，再有则是清朝所处的历史阶段，其具备了编纂这样一部宗教专门著录的历史条件。

从"上谕"中看，应是宫廷藏品太多，需要一本账目，但若从康、乾朝的历史背景看，清廷总结性地汇编了很多典籍，最典型的当数《四库全书》，编纂这些大部头的书籍当有着更为深刻的政治及文化意义。

（二）编纂者

《秘殿》的编纂是奉皇帝诏命，其编修者除精于书画之道的张照、梁诗正、励宗万、张若霭等朝臣外，还有佛学修养深厚的国师——章嘉呼图克图。这也正体现了《秘殿》的特殊性，即在书、画学之外，它还需要一个佛学顾问。"胡土克图"是清廷赐给黄教领袖的封号，意为"化身"。在清朝，章嘉呼图克图是北京、山西及内蒙古地区的黄教领袖，地位尊崇影响巨大。《秘殿》所提章嘉呼图克图，为三世章嘉罗赖毕多尔吉，雍正二年（1724），八岁进京，奉旨与四皇子弘历（乾隆帝）共习汉、满、蒙三种文字，与乾隆帝私交甚厚。于雍正十二年（1734）"赐封国师之号"。三世章嘉不仅深谙佛典，且对佛教造像十分精通，在清朝特别是乾隆时期，大量的佛教金铜造像以及其他形式的佛教形象，其图样多出于三世章嘉之手。

从编纂《秘殿》这五人的组合上可以看出乾隆帝用心之细密。他们的组合保证了录入《秘殿》艺术品的质量，这一点与《秘殿珠林三编》相比可以明显看出。《三编》集于嘉庆年间，它著录了一些《一编》与《二编》没有收录的作品，而这些作品中有相当的一部分并非乾隆朝不见，而是因为它们艺术价值并不甚高，故不录。

二、《秘殿珠林》的主要内容

（一）四朝宸翰

在藏品的著录中，《秘殿》第一部分为“四朝宸翰”，即顺治、康熙、雍正、乾隆四帝的墨宝。这部分内容为后人了解清初四帝，特别是顺治、康熙、雍正三帝的宗教艺术活动提供了翔实可靠的材料。“四朝宸翰”的作品全部藏于乾清宫，其编写体例以人为纲，按四帝在位的前后顺序依次排列。在每位帝王的下面再将作品分为释道两大类，释氏在前，道氏在后。在释氏类作品中，书法在前，绘画在后，而在书法与绘画作品中又分别以册、卷、轴为序。道氏作品亦然。其作品均不分等次。

从这些记载中可一目了然四位皇帝的宗教艺术创作状况，以及他们所采用的书画作品载体形态。其中不难看出只有顺治与乾隆二帝工于绘画[①]，且他们的绘画作品中除乾隆的一件图卷外，均采用图轴的形式。至清代，中国书画的载体形态已发展完善，册、卷、轴都已具备。康熙与雍正二帝更长于书法。康熙帝的书法作品多为写经，其中以《心经》最多，根据《秘殿》著录的康熙写经时间来看，他书写《心经》从壬午（康熙四十一年）至壬寅（康熙六十一年）二十年不间断，且时间在朔望（初一、十五）以及佛诞、万寿节等特定的日期，其中偶有违和而异日补书的，也有先期预书的，其所书《心经》共420

① 参考《石渠宝笈初编》及《秘殿珠林三编》对“四朝宸翰”的补录，康、雍二帝也只有书法，而无绘画。

册，其中金书193册，墨书227册。从四帝写经的内容上看，释道均有，以释氏居多。

（二）历代名人、无名氏书画及其他

此部分是《秘殿》的主体，也是艺术史研究中最具史料价值的一部分。它包括两个主要内容，一是历代名人及无名氏的宗教书画作品，二是历代刻本、刻（缂）丝、绣线等其他形式的释道作品。

1. 历代名人、无名氏书画

其体例与“四朝宸翰”以人为纲的编排方式有所不同。在大的分类上仍然是以释氏在前道氏在后、书法在前绘画在后的编排方式，但在细部的分类上，则又是以作品的载体形态，如卷、册、轴为纲。在每一种载体形态下的作品，又分为历代名人作品和无名氏作品，历代名人作品分上等次等，其后是这种载体形态的历代无名氏作品，亦分上等次等，均是上等在前次等在后。再次是释氏合卷。在所有的释氏书画作品之后是历代名人书刻本（包括释氏经册上等、次等）、历代旧刻本（包括释氏经册上等、次等）以及绣线刻丝，亦按册、卷、轴的顺序，并在每一种载体形态中分上等次等，无者空缺。此外，《秘殿》还为所藏历代书画编号，以千字文为序，每一作者占一字，若一人有多件作品，则在此一字下再分别标以数字，如，天一、天二等。以上是以释氏藏品编排为例，道氏藏品同，总列于释氏作品后。

关于历代名人、无名氏作品收藏的著录是《秘殿》的重要部分，对于它的分析，可从一侧面了解历代释道艺术作品的题材演变、作品流传等情况。对于作品的著录，《秘殿》采取的原则是，上等作品详录，次等作品简录。上等作品著录作品的作者（无者以时代称之，如宋人、元人）、时代、作品名称、载体形态、贮藏位置、所用纸绢种类、基本绘画或书写形式（如着色、白描、楷书、行书等）、作品上所有的印章以及题跋并其位置、作品的尺寸等，有的还加有按语。对于不可辨识的印章，则对其存在状态加以简要描述，对于不可

辨识或因各种原因造成的缺字，亦一一标出。由于著录翔实，不仅为后人研究历代画家书法家提供了详细的信息，也为后人研究历代收藏家提供了丰富的资料。有的作品题跋还能使后人了解到画题的意义，起到了题解的作用；有的题跋则是对画题的辨析。清廷所收藏的历代书画作品，自五代宋以后较多，唐、隋乃至更早的作品较少。这些著录为人们研究宋以后的释道二教绘画题材的发展演变提供了丰富、可靠的资料。

据统计，《秘殿》所收释氏历代书法题材 40 种，绘画题材 67 种，道氏历代书法题材 23 种，绘画题材 37 种。当然，这只是清前期宫廷收藏，虽不能涵盖流传下来的所有作品，但由于是皇家收藏，其收藏实力非一般的民间可比，故其藏品亦具一定普遍性，可见历代书画作品题材发展变化之一斑。仅从这些宫廷收藏中就可看到，有些书画题材是从宋至明历代沿袭的，如《金刚经》《罗汉图》等[①]，而有的则如昙花一现，只出现在某一个时期，如《旃檀神像》等。某一题材的盛行与当时的宗教信仰以及人们的好尚直接相关。

2. 名人书刻本、旧刻本、绣线、刻（缂）丝

在《秘殿》中，这类刻本绣线类藏品，分别位于佛道二教的历代名人及无名氏的作品之后。释氏名人刻本经册共 8 件，分别是元代赵孟頫和元僧道肯的作品。旧刻本，由宋至明共 51 件，其中宋刻《法华经》25 件，占全部宋刻（共 38 件）的 65%，这在一定程度上反映了宋代《法华经》的流行程度，同时它也显示出宋代印刷业的发展水平。绣线作品共 10 件。刻丝 1 件。

道释无名人刻本，旧刻本 5 件，宋 2 件，元 2 件，明 1 件。绣线 1 件，为宋代。刻丝 5 件，宋 3 件，明 2 件。宋代 3 件作品，题材均为“东方朔捧（取）桃”题材。从大体上看，这些刻本、纺织品经典或图画的题材内容，与书画基本保持一致。

---

① 当然，《秘殿》所呈现的关于宗教书画作品题材的历代创作状况是不完全的，但是也可从中看到某些题材在唐宋以后发展的连续性。有些作品在前后的两个朝代均有出现，独缺中间一个，则说明这很可能是由于清宫未收藏该时代的这一作品所致，而并非该时代没有此类题材。

（三）臣工书画

“臣工书画”所收录的是清代本朝的书画作品。这些作品全部都是清廷朝臣或宫廷书画家的作品，而没有收录当时著名却非臣工的书画家的作品。但是，在比《秘殿》稍晚几个月编集的《石渠宝笈初编》的目录中，却写的是“国朝人书画目录”，由于名称的这一小小变动，显示了清廷在非宗教类书画作品中收藏了民间知名书画家的作品。

臣工书画不分上等次等，遵循的原则仍是释氏在前、道氏在后，书法在前、绘画在后的原则。作品排列顺序是册、卷、轴。道教书法中只有经册，绘画中只有图册，其他载体形态无。佛道二教对比可以发现，道教题材的书画创作形式不如佛教的丰富。在臣工所进呈的书画作品中，书法居多，绘画作品较少，其中臣工释氏画只有4件，而道氏画只有1件，余者89件作品皆为书法。即使是结合《石渠宝笈初编》的臣工（国朝）书画作品来看，画作所占比例也是相当小的。《秘殿》成于乾隆九年，收录的臣工书画作品实际上基本以康雍二朝为主。与《秘殿珠林续编》中洋洋大观的清代绘画作品相比，《秘殿》自然显得逊色，但其珍贵之处也正在于此，它比较全面地反映了清前期宫廷书画特别是宗教题材的创作状况，显示出皇帝对宗教特别是佛教方面的侧重。《秘殿》所列臣工分别是果亲王允礼、高士奇、沈荃、励杜讷、陈壮履、蒋弘道、查升、沈宗敬、励廷仪、高舆、钱名世、王道化、汪士鋐、王世琛、王图炳、强国忠、徐珽、曹曰瑛、张廷玉、陈邦彦、张照、薄海、汪应铨、张若霭、戴临、王作人、允祁、励宗万、冷枚、刘源、丁观鹏、高其佩、保泰、仇兆鳌、金昆，共35人。这些书画家虽统称臣工，但其地位却大不相同。他们可分为两类，一类是词臣书画家，另一类是专职宫廷画家。主要的宫廷画家如丁观鹏、冷枚、金昆。

（四）御书石刻、木刻及钦定刻本收贮经典

御书石刻释道经典共34件，木刻4件，共38件，其中以康熙乾隆最多，

康熙19件，乾隆16件。钦定释道刻本共28件，雍正帝独占22件。这个比例是异乎寻常的，从这些钦定刻本的内容来看，其语录等非经典的内容明显较多，其中不乏雍正帝自己的语录著作，如《圆明居士语录》，还有他专门御选、钦定乃至亲录的语录，如《世宗宪皇帝御选语录》《世宗宪皇帝钦定秋潭月藻》《世宗宪皇帝御录宗镜大纲》等，从他的这些钦定刻本来看，雍正帝的宗教行为与其他三帝明显不同。但结合雍正朝的历史，能明显看出雍正帝的这些行为是带有明显的政治意图，可参看陈垣《清初僧诤记》及郭朋的《明清佛教》等书。而这些雍正刻本也堪称是研究那段历史的珍贵资料。（以上刻本分贮慈宁宫和万善殿）《秘殿》中记录收贮佛教经典231种（贮万善殿），道教经典109种（分贮钦安殿和天穹殿）。

（五）图绘经典的供奉及贮藏地

供奉图绘共31件，其中释氏18件（贮万善殿），道氏13件（分贮钦安殿、天穹殿）。供奉经典共186种（分贮慈宁宫及中正殿）。在供奉经典中，出现了多种文字，有的一种经文同时用两种文字书写，从这些著录中最能看出中国这个多民族统一的国家特点。

清宫这些藏品是按藏地著录的，四朝宸翰、历代名人无名氏书画、旧刻本绣线刻丝、臣工书画，均贮藏于乾清宫。乾清宫是帝王居所，皇帝的主要活动场所，而那些历代名人、绣线刻丝、臣工书画等，可供鉴赏把玩的作品全部置于乾清宫，可见帝王雅好。从御书石刻木刻开始，后边的释道经、图分贮于不同的地方，它们是：慈宁宫、万善殿、钦安殿、天穹殿、中正殿。

三、《秘殿珠林》中的罗汉图及相关问题

“历代名人、无名氏绘画”是《秘殿》中史料价值最高也最丰富的一部分，分道释两类。在这一部分中我们可以发现关于宗教艺术研究的不少问题，

尤其是佛教艺术。本文这里主要关注的是释氏绘画，表1为其收录情况一览表：

表1 释氏历代名人、无名氏绘画一览表

题材＼朝代	六朝	唐	五代	宋	元	明	清	备注
1 十八罗汉		1		2		2		
2 罗汉图		8		25	16	21		
3 十六尊者像（十六应真）		1	1	3	1			
4 龙宫赴斋图				2				
5 罗汉渡水图				2		2		
6 渡海应真图				1				
7 五百罗汉图				1	1	1		
8 阿罗汉图				1				
9 游戏应真图				1				
10 西方应真图				1				
11 赤脚尊者					1	1		
12 寿相尊者图				1				
13 白眉罗汉像					1			
14 罗汉饲雀图						1		
15 罗汉补衲图						1		
16 七宝庄严图						1		
17 善财童子五十三参				2		1		
18 证佛位果图						1		
19 观音像（大士像白衣大士）				2	4	4	1	
20 海潮大士像						1		
21 自在观音像						1		
22 佛字大士像						1		
23 礼佛大士像							1	
24 莲瓣大士像							1	
25 大士变相				1				

（续表）

朝代 题材	六朝	唐	五代	宋	元	明	清	备注
26 古大士像				1				
27 如意大士像				1				
28 普陀山大士像						1		
29 万万岁图						1		
30 莲华佛会图						1		
31 佛母图	1							
32 旃檀神像		1						
33 石勒礼澄图				2	2			
34 洗象图		1		2	1	2		
35 维摩不二图		1		1				
36 演教图				1				
37 维摩说法图				1			1	
38 揭钵图			3	3	3			
39 佛像				1	1			
40 祖灯图					1			
41 莲社图				1	3	5		
42 礼佛图				1				
43 番王礼佛图				1				
44 大士三十二相						1		
45 龙女受经图				1		1		
46 布发掩泥行道图			1					
47 无量寿佛		1						
48 极乐图		1						
49 古佛像		1						
50 一佛二菩萨				1				
51 文殊像		1		6	2			
52 达摩像		1			1	1		
53 面壁图					1			
54 弥勒佛像						1		

（续表）

题材＼朝代	六朝	唐	五代	宋	元	明	清	备注
55 布袋和尚像					1			
56 普贤像		1				1		
57 释迦佛像		1		1				
58 释迦出山佛像		1						
59 浴佛图					1			
60 天王像				1				
61 寒山拾得图					1	1		
62 龙王参禅图					1			
63 摩耶正果图					1			
64 药师佛					1			
65 空岩猿定图					1			
66 仙佛同定图						1		
67 大士心经书画合卷						1		

注：各类罗汉题材约占总数的 22.4%，各类观音题材约占总数的 16.4%。

根据以上统计，《秘殿》所收绘画作品，题材有 67 种，其中各类罗汉题材约占总数的 22.4% 是各类题材中最多的。当然，这只是清前期宫廷收藏，虽不能涵盖流传下来的所有作品，但由于是皇家收藏，其收藏实力非一般的民间可比，故其藏品所反映出来的问题亦具一定的代表性，从中可见历代书画作品题材发展变化之一斑。在对释氏绘画题材的统计中发现，罗汉题材的作品位居众题材之首，且在宋代是一个高峰，明次之。仅题名为“罗汉图”的作品宋代就有 25 件之多，明有 16 件。综观题材的种类，罗汉题材的变体，在《秘殿》著录中也是最多的，达 15 种，而其他的多者也不过三四种，这与两宋罗汉信仰的盛行密切相关。《秘殿》中不仅著录了作品的名称，而且将作品上的题跋等文字信息也一并录下，这就为佛教艺术的研究提供了丰富的文字资料，从而为更深入地进行佛教艺术研究创造条件。以下是本文以《秘殿》为基础，结合相关材料，对罗汉艺术中的“渡水罗汉”和“渡海罗汉”的差别及渊源进行的一点探讨。

（一）关于罗汉艺术

罗汉，梵文阿罗汉（arhat）的简称，意译为杀贼[①]，不生[②]、应供、应真等。阿罗汉是部派佛教修行的极品果位。以往在对罗汉艺术的研究中，大约分为两种意见，一是认为中原罗汉的艺术形象可以追溯到南北朝，佛陀弟子迦叶、阿难像等均为早期罗汉形象，如陈清香的《罗汉图像研究》[③]。另一种观点则认为，罗汉艺术起于晚唐五代，自南北朝至中唐以前中国不存在罗汉艺术，持此观点的学者主要有任荣的《罗汉造像艺术源流初探》[④]、王仲尧的《中国罗汉造像艺术的诞生及其特征》[⑤]、沈柏村的《罗汉信仰及其造像艺术》[⑥]。之所以持此观点，主要的一条理由是，检阅唐以前的绘画以及相关典籍，并没有发现罗汉艺术作品。尽管在唐以前的画史典籍中，“罗汉”不像晚唐五代以后那样成为宗教艺术中单门的一个种类，但唐以前罗汉观念已深入人心，且罗汉信仰也已经出现。[⑦]如南北朝、隋唐时期人们不仅对那些颇有修为的高僧称之为“罗汉”，即使是在普通人中，人们也常以罗汉为名，凡载入史册的，经粗略统计就有八位之多，如《魏书》中的吕罗汉、孔罗汉等，甚至还有以“罗汉”为江河命名者，如“罗汉水”[⑧]。且唐裴孝源在其《贞观公私画史》中记载东晋戴逵也曾画

---

① 在印度俗语中，r 通常分解为 ri，故 arhan 得转作 arihan，而 arihan 又可分解为二：ari 有“贼”或“敌”之义，han 有“斩”之义。故 arihan 可解释为“杀贼”。

② arhat 是 arhati 的现代分词，又有解 arhat 为 aruhat，盖 aruhat 乃由语根 ruh（义作“生”）附上 a，则有否定之意，亦即有“不生”之义。类似 kuśala–akuśla。

③ 陈清香：《罗汉图像研究》，台湾文津出版社 1995 年版。

④ 任荣：《罗汉造像艺术源流初探》，《浙江师大学报（社会科学版）》1993 年第 1 期。

⑤ 王仲尧：《中国罗汉造像艺术的诞生及其特征》，《装饰》2006 年第 10 期。

⑥ 沈柏村：《罗汉信仰及其造像艺术》，《青海社会科学》1997 年第 3 期。

⑦ 参见党燕妮《宾头卢信仰及其在敦煌的流传》，《敦煌学辑刊》2005 年第 1 期。

⑧（北魏）郦道元《水经注・卷十七》：“又西得罗汉水并自东北西南注夷水。”

过“五天罗汉像”[①]，“五天”指五天竺，而“五天罗汉”则应表现的是印度高僧的形象。但后世所说的罗汉艺术一般指的并不是那些个体罗汉人物，而是特指晚唐五代后盛行的十六或十八罗汉以及由此衍生的五百罗汉等，这样的罗汉群体，两宋时达到高峰。我们今天看到的古代罗汉形象多是此类。

唐以前人们所说的罗汉是一个广泛的概念，它可泛指任何一位得阿罗汉果的比丘或有道高僧，当然也包括经典中的人物，如宾头颅。但两宋后人们所说罗汉，特指十六（十八）或五百罗汉。上面的分歧盖是由对罗汉概念界定的广义与狭义不同所致。

（二）罗汉图卷

在《秘殿》中出现的罗汉图像总其构图形式大约有两类，一是罗汉独像，如《罗汉补衲图》，二是罗汉群像。群像中又有两种情况，一种是十六（或十八）罗汉，虽在一个画幅中，但各自独立，在构图上并未形成一个整体。另一种则是罗汉组合群像，即十六（或十八）罗汉被组织在一个画面中，人物关系彼此顾盼形成一个有机整体。此类罗汉像以长卷形式出现，在《秘殿》中多题名为《罗汉渡水图》或《罗汉渡海图》[②]。在细读题跋时发现，这两种题材虽都是以十六（或十八）罗汉为中心，但表现的内容则截然不同，前者表现的是罗汉跋涉于山中溪涧的情景，后者则表现众罗汉施展神通行于海上。而后世在画题的命名上有将二者混同的现象。如《秘殿》记载的《宋李公麟画罗汉渡水图》，察其题跋知为罗汉渡海的内容。[③]下文主要分析的是渡水或渡海的罗汉群像。

---

① （唐）裴孝源：《贞观公私画史》，载于安澜编《画品丛书》，上海人民美术出版社 1982 年版，第 33 页。

② 有的则只写作《应真图》或《十六应真图》等，还有题为《龙宫赴斋图》的，根据题跋可知为渡海罗汉。

③ 《宋李公麟画罗汉渡水图》一卷，上等宙十，元人袁桷跋云“一日偶过许大参竹亭。出示此卷。乃龙眠所制十八罗汉渡海谒大士图也。罗汉履怒浪惊涛如平地。而诸凡水陆神怪精妖之类莫不皈命驯服”。《秘殿珠林》，上海书店 1988 年影印本，第 114 页。

关于罗汉的具体形态，经典中并无确切记载，《法住记》除列全了十六人的名字外，也只是说这十六罗汉“现种种形蔽隐圣仪。同常凡众密受供具。令诸施主得胜果报”。并且对于十六罗汉是否有过跋山涉水、济渡江海的集体活动，目前也并未在经典中找到记载。据相关资料显示，这种罗汉渡水或渡海的组合群像最早出现在唐代，如《秘殿》中记载的两件唐代罗汉作品《唐人笔意阿罗汉》①《唐人画十六应真图》②以及黄庭坚《山谷集》中记载的一件王维《渡水罗汉图》③。

笔者臆测，这类罗汉群像的产生或与唐画长卷式的载体形态有关。在唐代主要的书写方式是卷轴④，长卷最适于表现具有叙事性以及较为宏大的场景，据《山谷集》记载，王维画《渡水罗汉图》，表现的即众罗汉渡水的一个场面，有未渡、已渡和正渡三种情态，随画卷依次看来，它给人一种时间感。《秘殿》记载的两幅唐人所画罗汉图也是长卷，表现罗汉渡海的情景。尽管长卷同样可以表现彼此间没有联系的十六罗汉像，但对于艺术创作而言，不断寻求变化以及最佳的表现形式，是艺术家的追求。因此，长卷的载体形态可能会是促成罗汉组合群像产生的原动力之一。而关于“渡水罗汉”和“渡海罗汉”，笔者也认为它们各自有着不同的形象来源。

1. 渡水罗汉

除上文提及王维所画《渡水罗汉图》外，宋代李公麟也画过《渡水罗汉》，明代黄淳耀在其书《陶庵全集・卷七・李龙眠画罗汉记》中详细描述了画面中

---

① 《唐人笔意阿罗汉一卷》上等天一，《秘殿珠林》，上海书店 1988 年影印本，第 128 页。

② 《唐人画十六应真图一卷》上等地一，《秘殿珠林》，上海书店 1988 年影印本，第 128—129 页。

③ （宋）黄庭坚：《山谷集》，《文渊阁四库全书》本。题渡水罗汉画：右摹写唐人画行脚僧渡水。已渡而休与泛济而未及济者。涉深水者。老惫极少者。扶持几欲不济者。有临流未涉者。有见险在前依石坐卧者。颇极其情状。明窗净几散发解衣而纵观之。亦是幻法中无真假。往在都时。冯当世有此画本。是古人创业缣素也。题云王右丞画渡水罗汉。余为题云。阿罗汉皆具神通。何至拖泥带水如此。使王右丞作罗汉画如此。何处有王右丞耶。当世不悦。为余题破渠好画。余曰顾画何如。岂因誉而完。因毁而破也。

④ “凡书，唐以前皆为卷轴，盖今所谓一卷即古之一轴。至装辑成帙，疑皆出于雕板之后。然六朝已有之阮孝绪七录，大抵五卷以上为一帙。前代书帙之制仅此足征，因录于左，虽颇无关涉，亦博雅所必知也。”（明）胡应麟：《少室山房笔丛正集・卷二》，《文渊阁四库全书》本。

罗汉渡水的情景，大致内容与王维近似，均是表现罗汉或相互扶持，或试水深浅，小心翼翼涉水之态，场面包括已渡、正渡、未渡者。黄庭坚对王维画这种渡水罗汉的形象就颇为不解，说："阿罗汉皆具神通，何至拖泥带水如此。"事实上，这种罗汉形象表现的是唐代行脚僧的形象，唐人多称之为行僧，描绘行脚僧在唐代颇为流行，《历代名画记》就有六处记载，这与唐代的西行求法高潮[①]以及取经载誉而归的玄奘法师有关。西行求法，跋山涉水历尽千辛万苦，且求法路上一般是多人结伴而行，路上相互扶持。凡遇险阻，已过去者自是长出一口气，正在过者小心翼翼，而未过者当然是观察揣度。但由于道路的艰难，能到达目的地者，往往是少数，不少人为求法而付出了生命。这种求法行脚僧的形象，或为王维渡水罗汉的原型。王维画作已不可见，明代吴彬的《五百罗汉图》(图1)中的"渡水罗汉"可资参考。

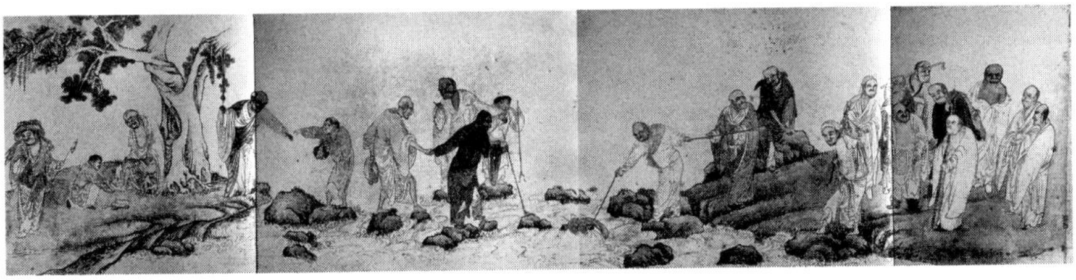

图1 《五百罗汉图》之"渡水罗汉"，吴彬，明［选自（明）吴彬绘，俞建十编《五百罗汉图卷》，天津杨柳青画社2008年版，第28—31页］

2. 渡海罗汉

渡海罗汉的形象与渡水罗汉全然不同，他们示现神通乘风破浪，显得神安气定。如果渡水罗汉称为世态罗汉的话，那么渡海罗汉则可称为神通罗汉。如《秘殿》中《唐人笔意阿罗汉》沈度跋云：

尝谓罗汉留身住世。神通自在隐显不测。故世之工画者以意推求。描

① （唐）义净原著，王邦维校注：《大唐西域求法高僧传校注》，代校注前言，中华书局2004年版，第1页。

写非一。或为渡海或为居山。种种形容各极态度。今赵松雪此图乃为渡海罗汉。用笔精工设色闲雅。至夫龙宫水部无不尽臻妙境。岂当时庸工凡史所能仿佛者耶。

《唐人画十六应真图》姜夔题偈云：

……况于尔时放大神通游诸国土渡诸苦海令诸众生咸登彼岸白石道人随喜信缘而说偈曰。十六大士现通灵。揽衣渡海如沤轻。黑风巨浪不敢兴。百怪呫嗫俱收声。水神拱佑山祇迎。飞仙引导诸天擎。众生见闻毋得惊。同登彼岸称普明……

关于示现神通的渡海罗汉的形象来源，笔者认为这或许与六朝以来的神僧事迹及神僧信仰有关。梁慧皎《高僧传》中单辟“神异”两卷，讲述各种神僧的事迹。唐道宣《法苑珠林》别有“神异”篇，从这些文字记述中可见这类神僧影响力之大。而在这些渡海罗汉图的题跋中，往往会提到某些神僧的名字。

《宋李公麟画龙宫赴斋图》拖尾吴镇题云：

罗汉十六尊。亲受佛嘱付。住世为福田。随方现神足。我今观此图。变化亦异状。若赴珠宫斋。戏涉鲸海浪。肃迓走婆娑。先济舒长眉。鱼龙及水怪。捧足争驰驱。猛浪似无寞。盂钵可为舟。风云若呵卫……[①]

宋李纲《王摩诘画渡水罗汉赞》：

阿罗汉具大神通。飞锡凌空如履实。渺然巨浸与天永。戏蹑一杯能径

① 《宋李公麟画龙宫赴斋图》一卷，上等宙，《秘殿珠林》，上海书店 1988 年影印本，第 110 页。

渡。云何溪涧咫尺间。乃有种种难涉相。[①]

《宋人画渡水罗汉图》顾蕃甫题云：

折芦可渡杯可浮。如何揭厉事长流。须知古佛神通现。尽在空山面壁求。[②]

明黄淳耀《李龙眠画罗汉记》：[③]

后世所传高僧。犹云锡飞杯渡。而为渡江。艰辛乃尔。殊可怪也。推画者之意。岂以佛氏之作止语默皆与人同。

这些材料中所提到的“盂钵可为舟”“飞锡凌空如履实”“戏蹑一杯能径渡”“折芦可渡杯可浮”以及“锡飞杯渡”，都是说神僧的事迹。“折芦可渡”，指达摩一苇渡江的故事，余者皆是讲神僧锡飞（又作飞锡）、杯渡的事迹。特别是杯渡，《梁高僧传》有载，说杯渡“后往延步江，于江侧就航，人告渡，不肯载之。复累足杯中，顾盼吟咏，杯自然流，直渡北岸，行向广陵”[④]。杯渡的事迹流传很广，直至唐代在诗人的笔下，他的名字还一再出现，他的这种乘杯盂济渡江海的形象，应当是比较直接地影响了渡海罗汉的创造，当然，渡海罗汉形象的最终形成，不是单纯的某个神僧事迹影响的结果，这里只是一个影响大小的问题。明代版刻《释氏源流》中即有关于他“木杯渡水”的图文记载（图 2）。到了明代，卷帙浩繁的大型罗汉组画《五百罗汉图》已将“渡水罗汉”和“渡海罗汉”组合在一幅画的构图中，图 3 是明代吴彬所绘

---

① （宋）李纲：《梁溪集·卷一百四十一》，文渊阁四库全书本。

② 《宋人画渡水罗汉图》一卷，上等日一，《秘殿珠林》，上海书店 1988 年影印本，第 131 页。

③ （明）黄淳耀：《陶庵全集·卷七》，《文渊阁四库全书》本。

④ （梁）释慧皎：《高僧传》，中华书局 1997 年版，第 379 页。

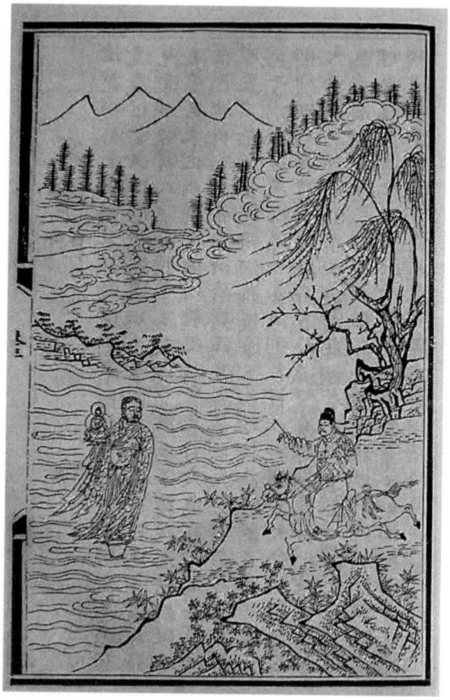

图2　明《释氏源流》中的“木杯渡水”故事［选自网络：明清彩绘与版画《释氏源流应化事迹》8：高僧传记：鸠摩罗什、达摩、杯渡、宝志、傅大士、慧远 - 知乎（https://zhuanlan.zhihu.com/p/57402816），查询时间2023年2月22日］

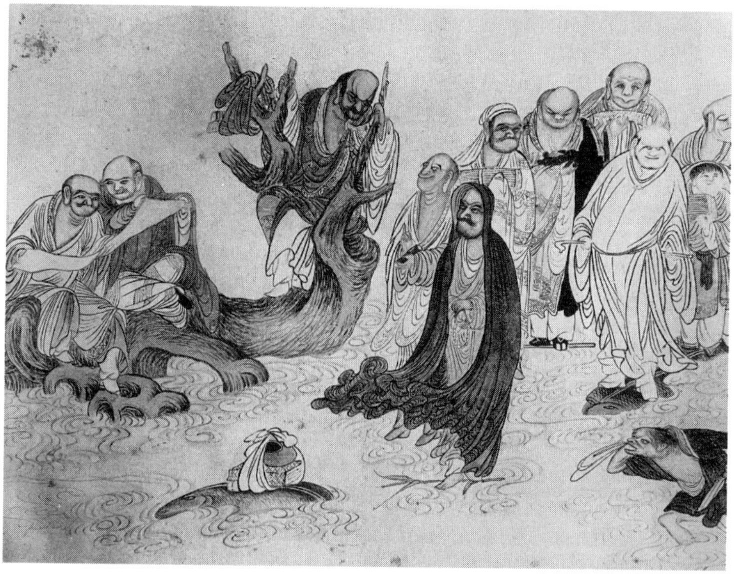

图3《五百罗汉图》局部之“渡海罗汉”，吴彬，明［选自（明）吴彬绘，俞建十编《五百罗汉图卷》，天津杨柳青画社2008年版，第48页］

《五百罗汉图》的局部，画面中众罗汉施展神通，或立于芦苇，或站于鱼背上等，神态自若怡然渡海的情景，我们看这些罗汉的形象与上边所引材料中对此类罗汉的描述是颇为一致的，由此也就不难看出神僧事迹对“渡海罗汉”形象创造的影响。

至于渡水罗汉与渡海罗汉的出现孰先孰后，还很难判定。《秘殿》中赵孟頫跋《宋僧梵隆画罗汉图》云：“余尝见卢楞伽渡海罗汉像最得西域人情态。”若此画为真，那么渡海罗汉的出现与渡水罗汉出现的时间则是相近的，或许二者呈一种平行发展的态势。

四、结语

《秘殿》是一本宫廷书画著录，犹如账本，初读时甚觉乏味。但仔细读来除它本身具有的史料价值外，由于其所含信息的丰富性以及集中呈现在人们面前的历代作品，它每每给人以启发，使人从中发现一些问题，当然这些问题的答案往往并不在《秘殿》中，它需要研究者更广泛地收集资料，深入研究。

理想性的政治与伦理教化：以中国帝王图像为例

丁　勤

尹鸿指出："中国具有悠久的国/家、政治/伦理一体化的传统，国家政治通过社会家庭伦理进入现实人生。"[①]这种以尊卑等级观念来评判、衡量一切的伦理一律化的倾向，深入到社会每个角落和每个人的心中。群体中成员的身份及其应恪守的本分，是由效忠于中国观念和价值的礼制所决定，"而这些观念和礼制是以皇帝为中心的"[②]。以帝王为表现对象的图像，在漫长的发生与发展过程中，因形象、题材、制作、意义指向、使用等直接关涉帝王及其统治而不可避免地受到权力话语的支配，甚至可以在冲突频繁的社会舞台上，扮演着区隔差异、标示等级的关键角色。换言之，皇权的力量常常通过帝王图像特有的艺术语境，实施着理想性的政治与伦理教化。

一、以规谏为主题

帝制中国的权力模式，在事实上导致肩负"代天牧民"职责的帝王必须要面对能否兴国安邦的极大挑战。问题在于，"世袭制"而非"选贤任能"的帝位传承方式无法永远保证每一个继任者能够拥有足够的智慧、学识、能力以及强烈的政治热情来完成治理一个庞大帝国的艰巨任务。于是，儒家提出，臣子

① 尹鸿：《世纪转折时期的历史见证——论九十年代中国影视文化》，载罗艺军主编，李晋生等编选《20世纪中国电影理论文选（下）》，中国电影出版社2003年版，第570页。

② ［美］杜赞奇：《从民族国家拯救历史：民族主义话语与中国现代史研究》，王宽明译，社会科学文献出版社2003年版，第46—47页。

对君主有谏诤之义，但是由于君主在政治世界中的至尊地位，谏诤又要有一定的策略，用以维护君臣纲常尊卑之序。通过图像对帝王进行讽谏规诫，首先是儒家实现君臣大义的伦常规范和政治关系在艺术家身上的具体表现。并且，不太明确的图像而非文字表达“无意识地激发起的情感联想可以持续更长时间”[①]。这些图像，主要表现前代帝王的形象及其与之相关的历史事件，一方面，“致君尧舜”，把帝王引导向对古代先圣贤王品德、仪度等的体认与效仿；另一方面，使得当朝统治者在观看历代帝王治乱故事的图景中获取治政得失的经验教训，并借以警醒自我，进一步修身施政，从而能够达到“前代之遗轨，后王之永鉴”[②]的效果。

（一）帝王画像赞样式

帝王画像赞样式主要是指古代画家把独立的帝王形象配以赞、颂、传等与之相关的文字的一种绘画样式。[③]目前可以见到的最早的帝王画像赞样式，应为东汉时期山东武梁祠右壁上层区域十个空间单元里描绘的十一个古帝王形象。他们多为侧面，以线描为主，外形轮廓较为清晰，视觉表现形式类似于剪影，具有意象性而写实性不足。运用线条来塑造人物，在当时已经达到一定水平，但勾勒尚嫌简略，缺少细部刻画，同时色彩运用也相对简单，只是平涂，并无渲染，有的仅在唇部、衣服上施几点朱红而已，这与人物画创作尚未成熟有一定关联。

如果说，汉代画像石中的尧、舜、禹、周文王、周武王等的石刻形象，更多被作为壁上的“装饰”，那么，《历代帝王图》的规谏意义则已经很是明确了。《历代帝王图》（美国波士顿美术馆藏）的原作者是否确为唐代阎立本，这个问题迄今为止尚无直接的证据可供判断，但其绘画风格与初唐同类作品极为

① ［英］格雷厄姆·沃拉斯：《政治中的人性》，郑永年、李茂奇译，浙江人民出版社1988年版，第50页。

② （明）陆树声：《帝鉴图说》前叙页二，明万历年刊本。

③ 参见贺万里《鹤鸣九皋——儒学与中国画的功能问题》，博士学位论文，南京艺术学院，2002年。

相符，都同样是沿袭了六朝以来的传统而又有所发展[①]，仍不失为了解唐代帝王画像赞样式的重要资料。《历代帝王图》描绘了唐朝建立以前六十年的十三个君主的形象，分别是汉昭帝、汉光武帝、魏文帝、吴主孙权、蜀主刘备、晋武帝、陈宣帝、陈文帝、陈废帝、陈后主、北周武帝、隋文帝以及隋炀帝。这种经由史传方式所罗列的帝王形象的组合，具有“鉴戒史学”的性质，即通过画像的描述表达对帝王的崇敬或批判。并且，根据《隋唐嘉话》记载，唐太宗十分重视前代兴亡的经验教训，希望能以此为鉴。他曾经说：“以铜为镜，可以正衣冠；以古为镜，可以知兴替。”[②]由此可知，《历代帝王图》具有积极地通过前人之事取鉴的用意，原是出自政治上的需要。也正因为如此，画家虽然没有忽视对人体真实感的追求，但却将视觉意义的存在集中于鉴戒之上，一切以之为先。而其中的规谏与历史的关系更加密切，所显示的做法也更加复杂，并且在绘画形式上形成了一种以全身立像为主的基型。

这一模式在由南宋帝王宋理宗直接授意画院画家马麟创作的《圣贤图》上表现得更加清晰和精微。《圣贤图》目前尚存五幅，分别是伏羲、尧、禹、汤以及周武王立像轴（台北故宫博物院藏），上有宋理宗所题的赞文，如此慎重，深具自我警诫的效用。马麟制作的这几幅作品都是特大尺幅，画中人物或坐或立。与《历代帝王图》相比较，《圣贤图》在表达规谏的方式上更加复杂，最重要之处莫过于突破了鉴戒意义与历史真实感之间的平衡，通过对帝王的类型化的处理以及八卦、乌龟、白狼等一些典型象征物的添加，使之产生一种新的不平衡的关系。[③]马麟的《圣贤图》把观众引导向对古代帝王的品德与仪度之体认的方面，使得规谏的内涵被赋予新的更加丰富的意义。

---

① 参见金维诺《〈古帝王图〉的时代与作者》，载《中国美术史论集》，人民美术出版社 1981 年版，第 143 页。

② （唐）刘餗著，程毅中点校：《隋唐嘉话》，中华书局 1979 年版，第 7 页。

③ 参见［美］石守谦《南宋的两种规谏画》，载《风格与世变——中国绘画史论集》，台湾允晨文化实业股份有限公司 1996 年版，第 109 页。

（二）历史故实画：文本的规约与艺术的想象

对于帝王与臣民之间关系的表达，历史故实画要比帝王画像赞样式自由和广阔得多，也正是这一点，使得历史故实画在所遭遇的历史真实性问题方面，要比帝王画像赞样式复杂。因为其所处理的“故实”并不只是某个人，而是涉及人的活动，必须在活动的时间、地点、人物共同组成的历史时空的脉络中进行。画家如何解决这样错综的关系来传达规谏的意义，是一个非常重要的问题。此为其一。其二，这种帝王图像类别，通常都是出自相关的文本，含有较强的文学素质。问题在于，图像和文字是各具自身叙事特色的媒介途径，其叙事方式和侧重点各有不同。二者之间存在着各种值得分析的可变因素，图像绝非仅仅作为文本的配套、补充或者附庸出现。[①] 那么，画家如何处理图像和文本的关系，无论是仅仅只具备情节因素的画面，或者表现能够明确表达一种时间的进程，都必须涉及讲故事的技巧——讲什么和怎样讲，以及整体图像结构所传达或隐含的观念与精神。

虽然起始的时间难以确认，但可以肯定的是，在两汉时期，这一类帝王图像已经开始出现于宫廷之中了。《汉书》云：“孝成班倢伃，帝初即位选入后宫。……成帝游于后庭，尝欲与倢伃同辇载，倢伃辞曰：‘观古图画，贤圣之君皆有名臣在侧，三代末主乃有嬖女，今欲同辇，得无近似之乎？’上善其言而止。”[②] 文中班倢伃所说的古图画，即以古代帝王为表现对象的历史故实画。在汉代，儒家学说被重建成一个包括宇宙和历史演进法则以及人间理想社会秩序的庞大理论框架，绘画与礼教的关系变得更加密切，并被统治者纳入当代社会政治统治的体系中去，以此垂范于民，突出发挥其惩恶扬善的宣教鉴戒功能。这也是描绘明君、忠臣、义士、孝子、节妇等内容的古代圣贤人物画得到

---

① 参见缪哲《以图证史的陷阱》，《读书》2005 年第 2 期。但缪文所举“（图像）程式的守旧”意在减除此一“参数”以更谨慎地“证史”，并未言及“图”与“史”本可能具有一种互动关系。文字的时间性和图像的空间性的差异在对“事”之叙述的纽带里，也会成为向另一方提供新的结构特征的可能。

② （东汉）班固：《汉书・卷九十七下・外戚传第六十七下》，中华书局 1962 年版，第 3983—3984 页。

高度发展的根本原因，是与儒家所设计的社会理想保持一致的。汉时制作的规谏类帝王图像虽然有文献依据，但是并未留下真正的画迹。相关题材依然只能从汉代画像石中窥豹一斑。其与帝王有关的历史人物故实画共涉及三种题材：列女、义士和忠臣。

武梁祠画像石上的图像是目前可见的最早的“列女图”形式，开启了一种传统：分段式的画面结构，人物根据故事情节采取对称的布局，似乎通过左右晤对来表明一种“对话”关系，没有背景设计，只出现与人物活动相关的道具。虽然有具体的文本可依，但画面呈现的故事性并没有特别强烈。以后传为东晋顾恺之的《列女仁智图》（故宫博物院藏）摹本、北魏司马金龙墓中出土的人物故事屏风漆画（山西博物院暨大同市博物馆藏）均继承了这一模式。

义士、忠臣题材不像列女题材的文本来源那样具体和明确，但它们的目的是一致的，即以此表达汉代儒家的伦理纲常。另有一个共同点则是这些图像故事中出现的帝王，一般不是主要的或者唯一的表现对象，有时甚至不是画面的主题或者主角，而只是因情节需要所描绘的一个人物，他们的身边至少还有一个以上的相关人物。此时该类图像的比较常见的具有代表性的作品是《周公辅成王》。比较典型的例子如山东嘉祥宋山1号小祠堂汉画像石《周公辅成王》，描绘成王戴着山形冠站立在几上，身姿挺拔，而在其左右有举曲柄伞盖的侍者和手执笏板的臣子，或下跪，或弓腰，均是一副恭谨和虔诚的姿态。画面以凝聚历史上线性延伸时间的手法，重新规划了方位，“再现”成王君臣身处朝堂的场景。即使观者对历史典故没有任何认知，也能通过每一个角色的动态、表情和道具，一目了然蕴含在其中的关于礼法秩序的理想——“君君臣臣”。其所渲染的重心，不在于人，而在于由人的行为所承载的政治伦理的意义。图像以形象的动态表现巧妙地传递出那种不会被误读的秩序等级观，使情节的叙事和理念的象征共同呈现。

传为唐代阎立本所作的《锁谏图》卷（美国弗利尔美术馆藏），则是根据前赵廷尉陈元达谏其主刘聪之事来进行图绘的作品。但是该图并没有描绘事件发生的整个过程，而是选择了一段最具戏剧性的高潮加以表现，力求达到既忠于史实又能实现观者内心理想的平衡效果。这个方式，比将事件情节按照时间顺序一一进行交代的“连景排列式”或者将不同时间所发生的众多情节放在一个画面的“异时同图法”受到的限制要多。也许作者是希望通过对高潮的定格来引起观者的注意和思考，从而达到规谏的目的。

规谏类帝王图像模式于唐代已经成型，对其最精微的图绘与最全面的运用是在南宋时期。《却坐图》轴（台北故宫博物院藏）继承了《锁谏图》中展现出的“帝＋妃＋臣”的稳定的“三角形”人物关系和画面结构，但却并未如法炮制地去呈现事件发生的激烈场景，而是在其时间序列上进行了一番自由且极具弹性的安排，甚至刻意背离某些文字记录，创造出一个新的“画面时空”来借以传达规谏的核心理念，即理想的宫廷伦理秩序的运作。另一幅南宋时期的《折槛图》轴（台北故宫博物院藏）亦采用了该种做法，只不过“三角形”人物关系变为“帝＋臣＋臣”。最初文字所要表达的褒扬朱云敢谏的行为，变成促进和谐君臣关系的基石，牵引出对为保护谏臣而敢于谏言的臣子的“忠”和帝王接受不够得当的批评的“容”的双向嘉许。这种淡化或舍却部分史实的做法，使得观念不再仅仅依附于“事”的存在而存在，画中人物可以立即脱离“史实”的脉络成为独立的没有具体时代背景的视觉形象。

二、艺术与权力共谋

帝制中国儒家传统的“政治性”取向所引发的对于以“忠孝”为核心的伦理秩序的推崇，在帝王图像中反复出现。利用艺术为帝王权力统治服务，是古代中国一直存有的政治传统。而艺术是权力在表征领域的策略延伸和突围表演。艺术之场同时也是权力运作之所。中国帝王图像表现得尤为明显。

儒学之所以能够占据主流地位，就在于其中对伦理纲常的永恒的论证。孔子创立儒家学说之时，便很注重建构一种切合统治者利益的实用伦理原则，曰："君君，臣臣，父父，子子。"[①]董仲舒在此基础上凝缩成"君为臣纲，父为子纲，夫为妻纲"的"三纲"[②]，使得人伦之际有主有次，形成一套尊卑有等、群而相宜、分而有序的"家国同构"的社会形态框架。关于不同等级的人应遵守不同行为准则的规定，各类儒学经书进行了详细的阐述和解释，其所整合、包含在内的"秩序"体系，成为历代王朝的注意中心。需要注意的是，在古代中国，文字属于统治阶层与文化精英群体的专利，那么，如何能够将观念用简明易行的手段加以推广而大化民风呢？以帝王为表现对象的图像所具有的可视性和直观性，以及与政治权力相互附丽的紧密程度，可以为文字所不能为者，于精神规训方面更能有所建树，这也是早期帝王图像所发挥的重要功能以及背后隐藏的政治运作与权力的操控所生成的价值核心要义。帝王图像正是在儒家的实用理性意识的左右下，沿着"政治伦理秩序"这条主脉铺陈开来。因此，帝王图像在古代中国社会绝不仅仅是一种艺术形态，更多作为一种涵盖诸多政治意涵的精神载体与文化符号。

人们在长期的儒家伦理对不同阶层不同类型人群的名分意识教育下，形成了一种习见性的、自我的角色认定。画家们的创作同样受到了儒家这种整一化伦理规范的制约，并做出某种回应。宋代郭若虚就对各种人物的造型提出了一个标准的模式："画人物者，必分贵贱气貌，朝代衣冠。释门则有善巧方便之颜，道像必具修真度世之范，帝皇当崇上圣天日之表，外夷应得慕华钦顺之情，儒贤即见忠信礼义之风，武士固多勇悍英烈之貌，隐逸俄识肥遁高世之节，贵戚盖尚纷华侈靡之容，帝释须明威福严重之仪……"[③]体现出与儒家道德化、整一化伦理规范相契合的艺术创作思想。

当一种伦理情怀及其期待视野确定起来后，借助于伦理叙事的意识形态表意也会在潜移默化中得到灌输与认同，并由此导致中国帝王图像在某种程度上

① 张燕婴译注：《论语》，中华书局 2015 年版，第 141 页。
② 参见（汉）董仲舒撰，张祖伟点校《春秋繁露》，山东人民出版社 2018 年版，第 120 页。
③ （宋）郭若虚：《图画见闻志 · 论制作楷模》，载俞剑华编著《中国古代画论类编（修订本）》，人民美术出版社 2000 年版，第 57 页。

形成一定的特征。

第一，帝王形象的理想化与类型化。

根据历史故事或史实创作的帝王形象，因存在于历史之中，画家无法得见他们的真实容貌，同时他们也大多没有留下什么写实的图像，因此，画家只能通过想象来加以描绘，是一种理想化塑造的结果。这种想象不仅完全不同于有些画家根据自己写真经验所得进行的个性化描述，而且，传赞类文词的添加以及教化性的读图导向，使得帝王形象虽然具有某些符合史实的特征，但更多的是传递儒家伦理、政治观念的规范要求。帝王形象都是在大耳、凤目、隆鼻、阔面等理想之相上略作区分。如果是明君，就会面带微笑，具有睿智、祥和、豁达的神情，以示其宏图大略和善于纳谏的胸怀。如果是庸君，就会出现萎靡不振的样子。这一点在唐代阎立本的《历代帝王图》中十分明显。汉昭帝、魏文帝、吴主孙权、晋武帝、北周武帝、隋文帝等作为具有宏图大略的明君贤主，均是威仪隆尊，连陪侍在身旁的内臣都带有刚毅的表情。而崇奉道教的陈文帝和陈废帝以及亡国之君陈叔宝，则显得暗淡无光，以示他们的懦弱无能、荒淫误政。这种类型化的处理原则，在以故事为文本来源的帝王图像中表现得更加彻底。君臣之间本来存在的因每个大臣个性地位身份等不同而出现的复杂关系，被简化成作为“类”的帝王与作为“类”的臣子。不仅大臣，仆人、宫女等也予以无表情类化，帝王在画面中更像是一个象征帝王身份的符号，任何明显的个性化痕迹都被剔除了。该类帝王图像，因宗旨在于“伦理之鉴”，故而遵循的是一套符合儒家正统观念对容貌善恶的确认标准，重心不在于人，而在于由人的行为所承载的儒家伦理意义。

第二，在多个人物组合的图像中，帝王往往占据画面的主位，并且具有大于身边人的超常尺寸。

帝王图像中的这种大小对比关系的运用，在汉代画像石上即已出现。位于山东武梁祠后壁下部的装饰区域，有拜谒帝王的场景，表现官员们手持笏板，在一座带有双阙的精美楼阁的主厅中向坐在榻上的帝王朝拜。该帝王头戴冠冕，身穿王袍，居于场景的中心位置，即使坐着，仍旧显得形体特别巨大，超过身边的人。其他相关题材的描绘——大型的车马队伍、恭敬的侍从、忙碌的仆人……都在象征着帝王无上的权力和显赫的地位。相类似的拜谒场景也出现在武氏祠的左石室和前石室[①]、山东孝堂山祠堂的后壁[②]以及其他汉代画像石[③]上。很显然，这是一种帝王在宫廷里接见官吏的传统图像模式，虽然其中的帝王没有明确具体的指称，但这类图像已经表现出帝王占据主位和超常尺寸的画面形态，并且在以后漫长的时期内被延续使用，没有发生本质的变化。

这种鲜明的主从格式，虽然并不完全符合人物的真实面貌和生活事实，但却能于视觉上迅速引起观者对帝王形象的关注和景仰。在中国古代，"大"代表气势、宽容、至高无上、尽善尽美等一切美好的意义。即使帝王的身形并不比陪侍人物高大，但无论就社会地位或者实际作用论之，前者都处于绝对的主导地位，后者必须服膺于前者，人的尊卑贵贱决定了其在画中大小的定位。而且帝王本人也非常希望自己的形象能够大于常人，这是帝王身为一国之君的特权，也是展现其无人能及的尊贵地位的方式之一。自然形态的大与小让位于理想的大与小，量的大小服从于质的大小，这种在画面比例上"大人"与"小人"的表现方法，从视觉上强化了儒家尊王崇主的等级观念和名分贵贱意识，合乎时代的审美理念。观念的演变不同于某一历史事件的发生，并非在一个即时性的时间点上迅速完成。其从出现到被社会普遍理解和接受，往往需要很长的一段时间，且一旦形成就会具有长期成熟与稳定的意义指向。

第三，帝王图像画面时空的构建注重规鉴教化的立意表达。

图像不是事件本身，而只是它们的形象或影像。帝王图像即使反映了真实

---

① 参见中国画像石全集编辑委员会编，蒋英炬主编《中国美术分类全集·中国画像石全集 1·山东汉画像石》，山东美术出版社、河南美术出版社 2000 年版，第 17—29 页。

② 中国画像石全集编辑委员会编，蒋英炬主编《中国美术分类全集·中国画像石全集 1·山东汉画像石》，山东美术出版社、河南美术出版社 2000 年版，第 14 页。

③ 参见山东省博物馆、山东省文物考古研究所编《山东汉画像石选集》，齐鲁书社 1982 年版，图 1、2、10、12、21、86、102、104、133、152、172、181、193、224、275、316、323、332、333、362、473、501、547。

的发生过的事件，但却无法做到还原该事件的本来面目。通常情况下，以历史故实为文本来源的帝王图像，画面时空的构建有三种模式。一是最富有典型性的单一场景。这种类型比较普遍，一般要求画家把“最富有典型性的顷刻”通过某个单一的场景表现出来，从而暗示出该场景所代表事件的“前因”与“后果”，让观看者在意识中完成事件的发生过程。明代刘俊的《雪夜访普图》轴（故宫博物院藏）堪为代表。二是异时同图的综合场景。这种做法，改变了事物的原始语境或自然状态，把不同时间点上的场景或事件要素挑取重要的放在同一个画幅上。上文讨论的《却坐图》轴和《折槛图》轴都属于此类。这种模式与意识的“共时性”原理暗合，因此具有古老的历史，至今也没有失去其重要性。三是情节并置的长卷叙事。这种模式是把一系列情节融合在一起，或者采取单一场景描绘，或者采取综合场景描绘，有时甚至不一定按照时间的先后顺序刻画整个事件或故事，但其中暗含着某种顺序，观者可以对其进行理解。诸如《中兴瑞应图》《晋文公复国图》等。

不管是哪一种模式，在立意表达上都不会脱离规鉴教化的目的。虽然说，不同的画家会有不同的考虑和安排。这种考虑和安排，既要受到画家本人固有的技能的制约，还要受到其世界观和人生观影响下的对事件的理解程度的制约，包括儒家传统深入每个人心的不变的“天理”和神圣戒律的影响，以及历史故实本身所具有的明显的伦理观念性的制约。最为重要的是，他们必须考虑到帝王的需要，为帝王的专制权力统治服务。这些方面的因素都使得画家在创作时不会也不可能完全按照史实细节原样地进行再现，而必须根据规鉴教化功能下的社会伦理观念重新予以选择与构建。中国绘画艺术的时空关系，为之提供了极大的便利。

中国绘画艺术的时空关系，是把物理的时间和空间进行重构，并通过视点的连续性循环移动，使物象在一种无法停滞的时空中运转。具体运用在画面上，就是通常所说的散点透视法，或称动点透视法，即选取移动、分散、多面的视点来观察事物和表现对象。西方视焦点的选择和科学透视法的运用，虽然再现了自然，使得视觉经验的分散性而导致的误差得以避免，“但同时却又排除了人的一切自由和任性”[①]。散点透视法的一个最大好处就是能够突破时空的限制，空间性的结构蕴藏着时间性的序列，时间的叙事也同样交替着空间的铺陈，具有无限自由的表现力。运用在图式的处理上，就是谋篇布局，构造出一个不断变化的“凝视”位置，而不断变化的“凝视”位置也会悄然引导观者按照画家所规划的时间绵延性对作品进行动态连续性的解读。

因此，那些大量实际存有的景象或者发生过的历史故实，虽然为帝王图像内容的组成提供了丰富的资源，但经过构建之后的画面时空，在形象安排的时序和位置上都会与文本记述的时序和位置产生细节上的不合。建构的主动性，不仅可以增强对帝王的美化以及避免那些引起帝王反感和影响教化效果的画面的出现，甚至能够重新塑造或者改变人们对于原有的意义的认知。这些图像有的版本甚至不止一个，成为从一种文化的视角对帝王统治及其规范性形象包括基于人物伦理名分观念和在社会秩序中“应该”状态所进行的诠释。

三、结论

在中国的历史经验中，一种神人和睦、圣俗协调的政治伦理秩序，是经由“德”然后衍生出“礼”的规范，继而在天、地、人之间构建出一个无所不包、无所不容的价值体系以及治理国家的行为准则。[②]《礼记·礼运》云：“礼者，君之大柄也。”[③]通过“礼”与社会秩序的整合、调适，通过“礼”形成严格的行为规范以及在社会结构和政治结构中发挥作用，正是中国帝王所向往的理想统治方式。

---

① ［美］鲁道夫·阿恩海姆：《艺术与视知觉——视觉艺术心理学》，滕守尧、朱疆源译，中国社会科学出版社 1984 年版，第 393 页。

② 参见李向平《信仰、革命与权力秩序——中国宗教社会学研究》，上海人民出版社 2006 年版，第 259 页。

③ （汉）郑氏注，（唐）陆德明音义，孔颖达疏：《礼记注疏·卷 21·礼运》，载（清）纪昀等撰《四库全书·经部·礼类·礼记之属·115 册》，台湾商务印书馆 1986 年版，第 457 页。

中国帝王图像中的帝王、臣民展示出的都并非本我的形象，而是有利于帝王政治运行的角色定位。其所渲染的场景，重心不在于人，却在于由人的行为所承载的政治伦理的意义，并构成修饰和证明帝王统治正当性的重要内容，以此告诉观者做人的本分。与文字相比，形象能够更加直接和迅速地诉诸人的情感，使得观看主体固有的情感结构在图像的外部刺激之下，与欣赏期待发生碰撞、融合，进而产生一种情感上的认同，将图像所传递的政治伦理价值观念内化为自己的行为模式。此时，帝王面貌已经成为一个特定的政治符号，具有了更强的持久性和稳固性，驻扎于社会个体的内心世界和意识深处。当帝王图像化作呈现由“礼”所界定的人伦象征的物化形态的时候，参与创造、更新和使用这个符号的不再仅仅是权威主体，还有精英阶层，甚至包括普通百姓。特别是印刷技术的发展和发达，造就了“上图下史”或“左图右史”的书籍样式的兴盛，为他们寻求能够满足其精神的、心理的、政治的和经济的需要的共同点，提供了一个有力的支持。

消费文化与时尚消费

——从让·波德里亚的《消费社会》说起

李林琳

综观西方马克思主义消费文化理论的研究，法国当代社会学家让·波德里亚（Jean Baudrillard，1929—2007）是杰出代表。波德里亚从20世纪60年代起，开始关注并研究新的消费社会的特征，集中研究社会消费过程、性质及其运作机制，他提出符号价值的差异逻辑是对西方马克思主义消费文化理论的重要补充和贡献。[①] 在马克思主义对商品和物研究的基础上，他发展出了自己的一套消费社会理论——从物的消费进入符号消费的领域，并建立了以符号消费为主导的符号政治经济学体系，其早期著作《消费社会》一书中即体现了这一理论思想。

书中以消费为中心，以消费的形式（物的形式礼拜仪式）—消费的逻辑（符号消费体系）—消费的载体（大众传媒、性与休闲）为篇章结构，以符号消费为核心思想，对包括美国在内的西方社会的消费现象进行了深刻的剖析，为读者揭示了“大型技术统治组织是怎样引起无法克制的欲望，而且又是怎样创建了用以取代旧的不同阶级区分的新的社会等级”[②]。波德里亚从人们对物的消费行为中，看到的不仅仅是物对人本性的异化，更看到了在物的消费中，蕴

① 鲍德里亚曾提出，在现代交换中存在着四种逻辑：使用价值的功能逻辑，交换价值的经济逻辑，符号价值的差异逻辑，以及象征交换的逻辑。转引自仰海峰《鲍德里亚符号政治经济学批判的一般理论建构》，《江苏行政学院学报》2003年第4期。

② ［法］让·波德里亚（Jean Baudrillard）：《消费社会》，刘成富、全志钢译，南京大学出版社2000年版，“前言”第1页。

藏了更深层的“符号”消费的本质。从此，消费不再是一个单纯的经济行为，而是一个涉及文化符号与象征意义的表达过程：通过对符号——物的占有和消费，个体将自己的社会地位凸显出来，使自己与他人不同，实现社会区分的目标。消费被符号所操控，即构成了消费社会的逻辑。[①] 在《消费社会》的开篇中波德里亚写道：“今天，在我们的周围，存在着一种由不断增长的物、服务和物质财富所构成的惊人的消费和丰盛现象。它构成了人类自然环境中的一种根本变化。恰当地说，富裕的人们不再像过去那样受到人的包围，而是受到物的包围。”[②] 这一丰富物质世界中的生产与消费的逻辑关系，在波德里亚眼中已经发生了颠覆性的变化。在传统的政治经济学的框架中，消费从属于生产的过程，消费就是对物品的需要与满足。但波德里亚认为，他所处的资本主义社会已从生产社会发展到消费社会，消费已取代生产而成为社会的中心，消费不再只具有消极意义，而成为一种积极的建构方式。日常中人们对物的消费，如衣食住行甚至个人自身的身体，这些仅是消费的前提条件，而不是文化意义上的消费，文化意义上的消费不是消费品物质性或体验性消费活动，而是“操作符号的系统化行动”[③]，即符号消费。人们通过对符号的消费来体现自己的社会地位与身份，因为“物品在其客观功能领域以及其外延领域之中是占有不可替代地位的，然而在内涵领域里，它便只有符号价值，就变成可以多多少少被随心所欲地替换的了”[④]。当然，这一过程的出现是时代特有的产物，是社会发展的结果，“对我们来说，具有社会学意义并为我们时代贴上消费符号标签的，恰恰是这种原始层面被普遍重组为一种符号系统，而看起来这一系统是我们时代的一个特有模式，也许就是从自然天性过渡到我们时代文化的那种特有模

① 参见仰海峰《消费社会批判理论评析——鲍德里亚〈消费社会〉解读》，《长白学刊》2004 年第 3 期。

② ［法］让·波德里亚（Jean Baudrillard）：《消费社会》，刘成富、全志钢译，南京大学出版社 2000 年版，第 1 页。

③ ［法］尚·布希亚（Jean Baudrillard）：《物体系》，林志明译，上海人民出版社 2001 年版，第 223 页。

④ ［法］让·波德里亚（Jean Baudrillard）：《消费社会》，刘成富、全志钢译，南京大学出版社 2000 年版，第 67 页。

式”[1]。波德里亚对消费社会的研究，既从马克思的生产理论出发，将之看作资本生产逻辑的必然结果；又从符号学理论成果出发，揭示作为意义结构体系的消费本质，从马克思的政治经济学批判进入符号政治经济学批判。波德里亚关于消费社会的分析，不仅构成了他思想发展中的重要环节，对于我们理解当代西方以及我国现阶段的社会文化，也具有借鉴意义。[2]

以《消费社会》书中的理论审视我国当前社会的消费文化，会发现今天正发生在我们身边的一些现象与书中所揭示的历史现象有着众多巧合，这就为我们认识现象背后的深刻原因提供了指导思想——比如对时尚消费这一文化现象的认识。时尚消费作为消费社会中的重要现象，具有消费文化的典型特征：它由社会的编码系统组成，通过大众媒介制造而成，体现着消费者的社会地位和身份，在本质上即符号消费。时尚消费是更大意义上的符号消费，它已经对当前我国社会产生越来越深刻的影响。时尚，也就是通常所说的流行、时髦，是一种普遍的社会文化心理现象，是在一个时间区间内社会流传很广、盛行一时的大众心理现象和社会行为，是许多人在这个时间区间内都去实践和追随的一种新的物质和精神的生活方式。时尚既反映了人们对某种生活方式的认同和追求，也反映了社会风气并代表一定的社会价值标准，又是人们个性追求、自我实现的一种方式。同时，因为时尚意味着消费潮流，因而具有“卖点”，理所当然成为消费社会中的领衔角色。时尚消费是一种具有“社会编码”性质的符号系统，通过这个系统，它把人们归属于各个社会阶层，人们可以通过符号来识别他人或自己在社会中所处的地位。这样，时尚消费的目的就变化为：主要不在于满足实用和生存的需要，也不仅仅在于享乐，而在于向人们展示甚至炫耀自己的财力、地位和身份。当今都市中的人们，其大部分消费在很大程度上已大大超出了满足“自然生理需要”的限度，而更多的是想借消费来展现自

---

① ［法］让·波德里亚（Jean Baudrillard）:《消费社会》，刘成富、全志钢译，南京大学出版社 2000 年版，第 71 页。

② 参见仰海峰《消费社会批判理论评析——鲍德里亚〈消费社会〉解读》，《长白学刊》2004 年第 3 期。

我身份、地位和自我价值。而各类消费品也越来越被细分为不同的类别、等级和档次，不同阶层的人们将自身的社会地位、身份和自我价值通过所消费的档次和品牌一一对位，消费的品牌亦愈加成为消费者外在形象的符号，借助这些符号使人们实现了标示或提高自己的社会地位的目的。于是，时尚消费作为这一过程的媒介，使人们达到了自我的心理诉求。但是，需要特别注意的是，如果时尚消费摒弃使用价值作为其消费基础，纯粹以消费的价值为标准，当时尚风向一旦变换，就会导致社会消费的价值尺度发生变化，从而出现商品背离时尚、失去消费价值而被抛弃的现象。假若这一过程愈演愈烈，则会演变成一种奢侈消费、一种挥霍性消费，这就不可避免地造成对商品使用价值的极大浪费——许多仍具有使用价值的消费品在“用完”前便失去消费价值，过早地退出了消费过程。

由于大众媒介对时尚的参与，使时尚拥有了超越时空的传播能力，可以毫不夸张地说，是大众媒介“制造”并“导演”了时尚和时尚消费。时尚在被大众媒介渲染和放大的作用下，对受众起到很强的社会示范效应，成为新的“时代样板”。同时，时尚被受众接受后，又不断被模仿，然后迅速扩散开来，最终演化成人们的行为方式与生活方式本身。反过来，时尚对大众媒介又有一种深刻的依赖性，因为时尚本身是一种信息的交流和沟通，大众媒介是时尚最重要最集中的信息源。通过大众媒介这个信息源，那些川流不息的信息流呈几何级数的放射状发散出去，渗透到社会的各个角落，展开宣传攻势，给广大受众“洗脑”。大众媒介好似编织了一张巨大且疏而不漏的时尚网络，高度敏感和快捷的反应网罗着整个社会的时尚动向，并以其绝对权威的分量稳固地成为时尚信息渠道的重地。

总而言之，时尚不仅是一种审美潮流，更是一种符号。它饱含着鲜明的时代特色和文化内涵，通过“无所不能”的大众传媒传递给消费者。人们的时尚消费活动，主要不是消费物的使用价值，而是消费物的符号价值——作为符号提供了社会意义及表现消费者个性、身份、社会地位等价值。依据美国后现代主义理论家詹明信（Fredric Jameson）对西方消费社会包括“新的消费类型；人为的商品废弃；时尚和风格的急速变化；广告、电视和媒体以迄今为止无与伦比的方式对社会的全面渗透……”[①]的描述来判断，中国的大城市已经越来越明显地具有消费社会的特征，出现了时尚消费的趋势。作为一种独特的经济现象和文化形态，时尚消费在20世纪末的中国得到了空前的发展。在精神和物质领域里，时尚消费对中国文化的影响、对中国人尤其是发达城市人们的生活、生存方式的改变是有目共睹的。产生这种改变存在着多种原因，如果从宏观和微观两方面去考察分析会使认识变得清晰。从宏观来看，随着世界经济全球化的趋势以及中外交流的与日俱增，混杂着诸多西方消费文化价值观念，如消费至上、享乐主义、张扬个性自由与享乐等，越来越多地传入我国社会，强势地影响着我国国民的消费文化观念。加之20世纪90年代以来，在我国改革开放不断深入的背景下，由国家经济实力增强带来的人民群众消费能力的攀升，中国的大城市正逐渐进入消费社会或是准消费社会的状态。再者，通信科技的飞速发展促使大众媒介的影响力越加庞大，在信息发布和传递上引导甚至主宰着人们的消费观念。这些都为时尚消费创造了社会氛围、经济基础、技术保障等客观基础。从微观来看，消费者对时尚潮流的热衷与追逐，对新鲜事物的好奇与渴求，是符合人喜新厌旧的天性的表现，是人的自然属性的需要。同时，时尚消费作为一种在本质上属于符号消费的消费文化形态，通过符号消费完成自我社会身份的实现与认同，这又是人的社会属性的需要。从以人为本的角度出发，人的自然属性和社会属性的双重需求又为时尚消费培育了生存的心灵土壤。

在整体的社会氛围下，中国的城市尤其是北京、上海、广州这样的大都市，处处呈现出璀璨斑斓的时尚消费现象，掀起了此起彼伏的时尚消费潮流。人们也越来越热衷时尚，包括时尚节目、时尚品牌商品、时尚杂志等，同时大

---

① ［美］詹明信（Fredric Jameson）著，张旭东编：《晚期资本主义的文化逻辑》，陈清侨等译，生活·读书·新知三联书店1997年版，第418页。

众媒体亦越加频繁地制造出一波又一波的时尚潮流。在消费场所密集的商业中心里，琳琅满目的橱窗中已越来越多地布满了国际和国内著名品牌的商品；在都市遍布街头的时尚品牌广告上，诱人的画面、具有煽动力的语言，这些都处处吸引着人们的眼球，时时捕捉着人们的消费心理和潜在的消费欲望。林林总总的名牌商品仿佛一定要让消费者完成这个过程：不是应急之需，而是自我完善、自我发展以及达到社会身份的区分和提高。而人们通过这一过程，也越加坚信名牌商品的符号价值要远远大于商品本身的使用价值，乐此不疲于消费名牌商品所带来的消费感受和消费观念。

应当承认，时下人们在时尚消费方面的思想观念已经发生了较大转变，体现在消费观念上，从以往的“艰苦朴素”“注重节约”到今天的“彰显个性”“只求最贵，不求最好”。在这一变化中不难看出，当今人们的消费价值观取向的改变是巨大的、翻天覆地的。应当警惕的是，如果这种改变最终形成奢侈、浪费的社会风气，那么这对我国的社会发展将是极大的危害。此外，当今假冒伪劣商品泛滥，仿造名牌商品的冒牌货越发成为社会痼疾，扰乱着正常的商业秩序和损害着人们的生活质量。还有，由于时尚消费造成对商品使用价值的浪费，这一弊端逐渐成为一种显性社会现象，对于人均自然资源缺乏的我国来说是一种极大的危害。上述这些都是需要直视的社会现实，作为发展中国家，我国社会在消费观念上出现过度早熟、长盛不衰的时尚消费现象，不能不说是一个令人担忧和警觉的问题。同时，人们应当如何形成正确的消费价值观、防止扭曲的价值观念腐化人们的思想、积极建设可持续发展型社会，都是值得我们深入思考的问题。

（原载《装饰》2008 年第 9 期）

《红楼梦》与鉴藏

吴明娣

《红楼梦》被誉为中国18世纪的百科全书，内容涵盖清代盛期上流社会生活的各个层面，诸多章节叙及古董文玩，显示权贵阶层等级差异的同时，运用谐音、双关等手法，借物喻人，托物言情，呈现出亦真亦幻的红楼境象，透露其所“隐”之真事。这部分文字虽引起部分红学家的关注，但各派学者多从文学、艺术、风俗以及中外文化交流等方面加以解读，并未破译其中所有的“密码”。书中看似无关宏旨的书画、玩器等细节描写，并非闲笔，而是与诗、词、曲赋、灯谜、牙牌令等文字同样重要，其中暗藏玄机，有“深意存焉”。在书的前八十回曹雪芹为宝玉、金陵十二钗等人物及家族的命运所埋下的伏笔，有待从鉴藏的角度做系统深入的分析，以便进一步认识这部巨著的精神内涵。

一、赏鉴观念、品种

《红楼梦》叙事状物，时常牵涉物用器玩，关于赏鉴、收藏的内容，往往与情节推演、人物关系交织在一起。“赏鉴”一词出现在书中至关重要的第八回，宝玉探望宝钗，宝钗提出：“成日家说你的这块玉，究竟未曾细细的赏鉴过，我今儿倒要瞧瞧。”由此展开了对“通灵宝玉”和“金锁”的细致描写，直接关乎“金玉良缘”。作者不仅描述了“玉”“金”的具体质地、尺寸、形态、纹理、纹饰、文字等，还将通灵玉按图画于后，金锁按饰画下形象，并述其缘由，不吝笔墨，可见作者的用心。《红楼梦》中“通灵宝玉”带有多重寓意，其象征性十分显著，但作者对通灵玉所镌文字及宝钗金锁的刻画，却有生活依据，是清代康雍乾时期金玉配饰的真实写照。这番赏鉴导引出宝、黛、钗等众多红楼人物的悲欢离合，“赏鉴”蕴含的深意不难明了。第二十一回、第三十七回、第四十九回、第五十回还出现“赏玩”一词，这是明清时期惯常的用法，不同于现代常用的“鉴赏”。晚明高濂的《遵生八笺》中则论述“赏鉴收藏画幅”的具体细则。清初李玉所写的《一捧雪》不仅出现赏鉴，还有“赏鉴家”[①]的说法。

《红楼梦》的第二十七回关于鉴藏的描写至关重要：

> 探春又笑道：“这几个月，我又攒下有十来吊钱了。你还拿了去，明儿出门逛去的时候，或是好字画，好轻巧顽意儿，替我带些来。”宝玉道：“我这么城里城外、大廊小庙的逛，也没见个新奇精致东西，左不过是那些金、玉、铜、磁，没处撂的古董，再就是绸缎吃食衣服了。”探春道：“谁要这。怎么像你上回买的那柳枝儿编的小篮子，整竹子根抠的香盒儿，胶泥垛的风炉儿，这就好了。我喜欢的什么似的，谁知他们都爱上了，都当宝贝似的抢了去了。”宝玉笑道：“原来要这个。这不值什么，拿五百钱出去给小子们，管拉一车来。”探春道：“小厮们知道什么。你拣那朴而不俗、直而不拙者，这些东西，你多多的替我带了来。”[②]

这段对话见于“宝钗扑蝶”“黛玉葬花”两段故事情节的过场，是作者精心的设计，仅就鉴藏而言，这一段透露出多方面的信息。除涉及都城市场的分布区域、经营品种、价格外，还显示了像宝玉、探春这样的公子、小姐，也直接或间接地参与艺术品交易。更为重要的是体现了他们的价值取向和赏鉴观念。

---

① （清）李玉：《一捧雪传奇》卷上，清初刻本，第 19 页。
② （清）曹雪芹著，中国艺术研究院红楼梦研究所校注：《红楼梦》，人民文学出版社 2008 年版，第 369 页。

探春要“好字画，好轻巧顽意儿”，表明她对这类艺术品的偏好。贾府的四位小姐元、迎、探、惜，除谐音对应“原应叹息”，还巧借她们的侍女对应“琴棋书画”。探春的大丫鬟名侍书，她首先要“好字画”，至于对于其中的“好轻巧顽意儿”，宝玉不明所指，才说出也没见个“新奇精致东西”，但探春实际指宝玉此前为她所买的物品，显示出兄妹二人共同的审美趣味。“他们都爱上了”，语指大观园中的众姐妹们，也喜爱柳编、竹雕、泥塑等民间工艺品。探春明言要“拣那朴而不俗、直而不拙者”，一语道破了其精神诉求，这也是曹雪芹借探春之口说出了自己的思想。

实际上《红楼梦》开篇第一回作者就通过空空道人与石头的对话，表明了他的主张。“石头笑道：‘……但我想历来野史……莫若我这不借此套者，反倒新奇别致。’”石头所道“新奇别致”是针对《石头记》，与宝玉所言“新奇精致”，一字之差，异趣相同。作者运用曲笔言：“……所以我这一段故事也不愿世人称奇道妙……只愿他们……把此一玩。”“把此一玩”与第五回作者写太虚幻境册籍的“令彼熟玩”均透露出深谙赏鉴。

作者的赏鉴理念在书中其他章节也得以体现。在第十七回，贾政带领宝玉与清客们一同为大观园题匾额、对联。对一清客所说“泻玉”，宝玉不以为然，“用此等字眼，亦觉粗陋不雅。求再拟较此蕴藉含蓄者……有用“泻玉”二字，则莫若“沁芳”二字，岂不新雅？[①]这处描写旨在表现宝玉的才情，也反映了作者的追求，关键在于他反对“粗陋不雅”，而追求“蕴藉含蓄”的新雅。

另在第五十三回“荣国府元宵开夜宴”，针对贾母花厅陈设的描写十分详备，作者还着重刻画了一件刺绣屏风并述其原委：

> ……一色皆是紫檀透雕，嵌着大红纱透绣花卉并草字诗词的璎珞。原来绣这璎珞的也是个姑苏女子，名唤慧娘。因他亦是书香宦门之

① 周汝昌：《红楼梦新证》，译林出版社2012年版，第220页。

家，他原精于书画，不过偶然绣一两件针线作耍，并非市卖之物。凡这屏上所绣之花卉，皆仿的是唐、宋、元、明各名家的折枝花卉，故其格式配色皆从雅……[1]

这是《红楼梦》中围绕一件物品叙述得最为细致的段落，形象地传达出作品的面貌和制作者的意趣，还反映了曹雪芹对唐宋元明名家绘画的欣赏。这一回所说的“从雅”与第十七回的“新雅”相呼应，重在“雅”字，也与第二十七回的“朴而不俗”意涵相通，进一步体现作者的审美思想。无论是对待书画、古董文玩，还是诗词歌赋、园林建筑，审美对象务求巧、雅，其思想一以贯之，在小说角色塑造、环境渲染等方面也得以体现。不应忽视的是追求“巧”“雅”，是以“朴”和“直”为前提，巧而得体，雅而合宜，即如宝玉在第十七回与清客们论辩中所言“有自然之理，得自然之气”。曹雪芹在多个章回分别借探春、宝玉、李纨之口表达了他的观念。

赏鉴品种与曹雪芹所处的时代风尚以及其个人的赏鉴观念相关，《红楼梦》所写的大多数书画器玩体现了清代中期贵族的审美趣味，同时也显示了作者的价值取向。书中除着重写“通灵宝玉”“金锁”“金麒麟”等带有特殊寓意的物品外，还刻画了屏风、什锦格[2]、香袋、鼻烟盒等各色的玩好之物，写作手法既有意笔、简笔，又有工笔、细笔。作者在第四十回对探春所居秋爽斋的描写最为全面，将室内陈设尽收眼底：

当地放着一张花梨大理石大案，案上磊着各种名人法帖，并数十方宝砚，各色笔筒，笔海内插的笔如树林一般。那一边设着斗大的一个汝窑花囊，插着满满的一囊水晶球儿的白菊。西墙上当中挂着一大幅米襄阳《烟

---

① （清）曹雪芹著，中国艺术研究院红楼梦研究所校注：《红楼梦》，人民文学出版社 2008 年版，第 727 页。

② 也称什锦槅，即博古架、多宝阁。

雨图》，左右挂着一副对联，乃是颜鲁公墨迹，其词云：烟霞闲骨格，泉石野生涯。案上设着大鼎。左边紫檀架上放着一个大观窑的大盘，盘内盛着数十个娇黄玲珑大佛手。右边洋漆架上悬着一个白玉比目磬，旁边挂着小锤……东边便设着卧榻，拔步床上悬着葱绿双绣花卉草虫的纱帐。[①]

此处作者刻意铺陈，与潇湘馆、蘅芜苑等斋馆陈设的描写形成鲜明对照，营造出儒雅、大气的空间氛围，生动体现了探春精神世界的丰盈。作者塑造的虽是闺阁小姐，实质表现了具有儒家“修齐治平”思想的士大夫形象，反映了上层社会文人的艺术趣味。

大观园中仅秋爽斋一处的清供雅玩，就涉及书画、笔砚、青铜器、名窑瓷器、漆器、玉器、织绣以及紫檀、大理石家具等。此外，书中对贾氏宗祠、荣国府正厅荣禧堂以及贾母、王夫人、凤姐、宝玉居所的陈设着墨较多，出现了玻璃器、珐琅器等在当时较为名贵稀缺的物品，且不乏来自域外的“洋货”。宝玉居住的怡红院也是作者着意描写的所在，第十七回是以作者的眼光审视，而第四十一回则转换视角通过平民刘姥姥的眼睛看怡红院的奇器奇景。怡红院中不仅有西洋画还有玻璃穿衣镜、西洋机关、自鸣钟、自行船等新奇玩意，令刘姥姥目不暇接。这更进一步强调了处于鼎盛时期贾府的荣华，也显示出主人公宝玉对新奇精致的追求，与宝玉第十七回、第二十七回的言论相吻合，“精巧”“新雅”在怡红院的诸多物品上得到了鲜明的体现。

曹雪芹写法书名画、金玉宝玩、古董重器乃至西洋奇珍，若是未亲历过富贵、缺乏审美品位的等闲之辈，很难对此如行家里手驾轻就熟。作者写这些纷纭璀璨的景象，既是表现贾府的显赫，又是对曹家往昔荣华的追忆。据此，也可以窥探康、雍、乾时期权贵阶层的鉴藏风尚。

---

① （清）曹雪芹著，中国艺术研究院红楼梦研究所校注：《红楼梦》，人民文学出版社 2008 年版，第 537—538 页。

二、收藏途径

《红楼梦》描写的奇珍异宝从侧面体现出世宦之家的鉴赏与收藏状况，品类多、数量大，自成体系，鉴藏在贵族生活中占有不可或缺的地位。仅就《红楼梦》中对荣国府的描写可以看出，豪门收藏主要有三种途径：家族传承、礼尚往来收受、市场购求。

家族传承是权贵收藏的基础，书中虽未明写，但也有多处披露，这与作者的身世直接相关。曹家三代四人任江宁织造，富甲一方[①]，江宁织造为清宫内务府造办处的下设机构，除负责为皇家生产丝织品外，同时为宫廷加工高档工艺品。曹雪芹的曾祖父曹玺最早担任织造要职，在清宫档案中保存了曹玺任江宁织造期间（康熙二年至康熙二十三年）进贡物品的清单[②]。值得注意的是，礼单中有六件瓷器名品，含明清深受鉴藏家爱重的定窑、哥窑、窑变等品种，可与《红楼梦》前八十回中不同形态、釉彩的名窑瓷器相互印证。[③]将这则档案与曹雪芹的家族传承联系起来，就不难理解《红楼梦》所写瓷器名品何以如此多姿多彩。

曹雪芹的祖父曹寅喜好翰墨丹青，曾是康熙的御前侍卫，常与高士奇等人切磋书画，任江宁织造后往来于京师、苏州、江宁、扬州等地，也常参与文人士大夫的雅集活动，他鉴赏过的书画名作为数不少，也好收藏古籍[④]，曹寅对于书画的偏好也影响了曹家同辈及后代子孙，曹寅的胞弟曹宣擅长绘画，也证明

---

① 参见周汝昌《曹雪芹小传》，百花文艺出版社 1980 年版。

② 包括古画九件套，书法四件套，玉器四件，铜器两件，瓷器六件，珐琅三件，漆器两件以及竹雕、文房用具、家具、轿等工艺品二十八件（套）。其中书法包括当时备受藏家珍视的宋代《淳化阁帖》二套和宋黄庭坚、明董其昌的墨迹，绘画有五代王齐翰《高闲图》、宋李公麟《周游图》、朱锐《关山车马图》、明代沈周《归去来图》、吕纪《九思图》，包括山水、花鸟、人物等不同题材的作品，有立轴，也有手卷。参见故宫博物院明清档案部编《关于江宁织造曹家档案史料》，中华书局 1975 年版，第 5—6 页。

③ 参见吴明娣、常乃青《震古烁今——清代陶瓷鉴藏及交易考略》，《中国美术》2019 年第 2 期。

④ 参见吴世昌《〈红楼梦〉探源》，北京出版社 2013 年版。

曹雪芹笔下的人物的情趣好恶与其家学难分难解。[①]

曹雪芹在《红楼梦》中多处描写书画，探春与惜春一长于书一长于画，宝玉也是书法妙手。前四十回曾多次写宝玉的字在外流传，黛玉也曾赞誉宝玉所写“绛云轩”三字。第二十三回，宝玉与众姐妹住进大观园后，“或作诗，或写字，或弹琴下棋，作画吟诗”，透露出他的多才多艺。第二十九回清虚观打醮，张道士在贾母前夸赞宝玉的字和诗。作者借贾府管事、买办、张道士甚至是黛玉之口说出宝玉书法的不同寻常，这一点与曹雪芹本人的才情相吻合，历史学家指出：《红楼梦》这部小说的自传色彩浓厚，宝玉即曹雪芹的“化身”[②]，为多数红学家所认同。曹雪芹继承家学诗文书画等方面的才华，他的画学知识也在第四十二回得到充分展示。惜春奉贾母之命画大观园，众人为其出谋划策，宝钗不仅在作画内容、表现形式等方面提出了建议，还替惜春开单详列所需工具材料[③]，表明她对绘事和画器十分在行，最后宝玉还协助惜春作大观图。第七十六回中秋夜联诗，黛玉与湘云论及凹晶馆的“凹”字用法，黛玉说到《画记》上云“张僧繇画一乘寺”的故事，曹雪芹通画史由此可见。曹雪芹在曹家被抄，由江宁迁回北京后，曾住在崇文门外蒜市口，一度靠卖画谋生，曾得到好友敦敏的赏识：“傲骨如君世已奇，嶙峋更见此支离。醉余奋扫如椽笔，写出胸中磈礧时。”[④]敦敏在《赠芹圃》也有“卖画钱来付酒家”的诗句。这些零散的史料证实了曹雪芹及其先祖的作为与《红楼梦》息息相关，因此不难理解作者笔下贾府收藏的渊源。

《红楼梦》描写的鉴藏品绝大多数有现实依据，除唐宋元明名家书画以及玉器、青铜器、瓷器等古物外，还有大量清代康雍乾时期的作品，当时上层社会物用及收藏的品类，几乎在《红楼梦》中都得以呈现，织造世家七十余年的

① 参见许家德《元人周砥及其〈宜兴小景图〉卷研究》，《中国国家博物馆馆刊》2018 年第 1 期。

② ［美］史景迁：《曹寅与康熙——一个皇帝宠臣的生涯揭秘》，温洽溢译，广西师范大学出版社 2014 年版，第 309 页。

③ 头号排笔四支，二号排笔四支，三号排笔四支，大染四支，中染四支，小染四支，大南蟹爪十支，小蟹爪十支，须眉十支，大着色二十支，小着色二十支。

④ 朱一玄编：《红楼梦资料汇编》，南开大学出版社 1985 年版，第 28 页。

累积以及作者深厚的学养、广博的见识，使《红楼梦》呈现出千文万华的艺术大观。家族传承对于上层社会收藏的意义也在这部作品中得到充分体现，权贵阶层为光耀门庭、积聚财富，无不蓄藏古董器玩，希冀安享富贵、惠及子孙，《红楼梦》从多重视角叙及这一点。

作者塑造妙玉这一角色时，也着意写了她的器用与收藏。第四十一回贾母携刘姥姥、宝玉等人游栊翠庵，妙玉招待贾母的茶具为“成窑五彩小盖钟”，王夫人等用一色“官窑脱胎填白盖碗”，而让黛玉、宝钗、宝玉到别处喝“梯己茶”时，所用茶具更是“古玩奇珍”：

> 又见妙玉另拿出两只杯来。一个旁边有一耳，杯上镌着“𤓰瓟斝”三个隶字，后有一行小真字是“晋王恺珍玩”，“又有宋元丰五年四月眉山苏轼见于秘府”一行小字。妙玉便斟了一斝，递与宝钗。那一只形似钵而小，也有三个垂珠篆字，镌着“点犀（䀉）”。[①]

对这几件古物的描写作者格外用心，特意写出的款识，其中“瓟瓟斝”上“晋王恺”“苏轼”及“秘府”，意在表明妙玉的来历非同寻常，作者明写物，暗写人。在《红楼梦》第十八回对妙玉身世已有交代，她原为姑苏书香宦门之女，因故出家为尼，带发修行，建大观园时被贾府请至栊翠庵。毫无疑问，妙玉的收藏来自家族传承。此处写妙玉的收藏不仅是为了显示她的尊贵，更是为全书情节的推演埋下伏笔。妙玉因嫌那只成窑五彩小盖钟被刘姥姥用过，欲丢弃，宝玉说情而赏了刘姥姥，最终引发殃及贾家的祸患。[②]作者写这件茶杯煞费苦心，在第四十一回、第四十二回前后提到四次，从捧杯、讨杯到传杯、送杯，不厌其烦，一改其惜墨如金的写法，自有深意。早在第五回写宝玉游太虚

① （清）曹雪芹著，中国艺术研究院红楼梦研究所校注：《红楼梦》，人民文学出版社 2008 年版，第 552 页。
② 参见周汝昌《红楼梦的真故事》，华艺出版社 1995 年版，第 68 页。

幻境所用的茶、酒分别为“千红一窟”“万艳同杯”，“窟”与“哭”、“杯”与“悲”谐音，这是作者运用象征手法。再联系第十八回元春省亲所点的四出戏，被脂砚指出是书中的“伏线”，其中《豪宴》一出“伏贾家之败”，出自清初李玉的《一捧雪》，剧中情节围绕着一只白玉杯——一捧雪展开。这反映了家族传承的物品备受珍视，被奉为传代之宝，因此收藏者不忍割舍，《一捧雪》中的主人公莫怀古就是为保全“九世传家的一捧雪”[①]而作伪导致抄家、亲人离散。该剧有“官乃身之宝”“杯为席上珍”的台词，杯在古代社交活动中的作用不可小觑，曹雪芹以“杯”蕴“悲”，“五彩杯”也暗指“万艳同悲”，引出贾家由盛转衰、千红一哭的悲剧。曹雪芹正是因为精通鉴藏了解家族传承与人情世故，方能有如此精心的情节设计。

与妙玉身世较为相近的黛玉，也应当有林家传承的财物，但作者并未明言。早在道光年间，涂瀛曾指出：“林黛玉葬父来归，数百万家资尽归贾氏。”当代学者又进一步加以论证。[②]如此看来，林家财产中包含收藏品，也很可能被并入荣国府。无论明线还是伏笔，都写出了家族传承的细节及其精神意涵。

礼尚往来收受，是上层社会收藏的重要途径，明清时期更为普遍。《红楼梦》第十八回元春省亲、第七十一回贾母寿辰都涉及礼尚往来，既有接受皇家的赏赐，又有人情酬酢。元妃省亲的赏单开列了所有物品，贾府主人的赏品中，以金玉宝玩为主，给奴仆、厨役、优伶等的赏赐则多为银钱，等级分明，尊卑有别。第二十八回，端午节元妃给贾府的礼品非同寻常，宝钗所得不同于黛玉和其他姐妹，而与宝玉的是同一等级，这使宝玉也感到诧异，他怕黛玉不自在，让丫鬟把自己的那份送到潇湘馆，请黛玉拣选遭拒，可见此中大有深意。赏赐不仅起到了分高下、别尊卑的作用，也含有“潜台词”。

第七十一回，贾母寿礼，作者也颇费笔墨，对礼物的叙述前详而后略：

---

① （清）李玉：《一捧雪传奇》卷上第八出“伪献”，清初刻本，第 19 页。

② 参见陈大康《荣国府的经济账》，人民文学出版社 2019 年版，第 2 页。

自七月上旬，送寿礼者便络绎不绝。礼部奉旨：钦赐金玉如意一柄，彩缎四端，金玉环四个，帑银五百两。元春又命太监送出金寿星一尊，沉香拐一枝，伽南珠一串，福寿香一盒，金锭一对，银锭四对，彩缎十二匹，玉杯四只。余者自亲王驸马以及大小文武官员之家凡所来往者，莫不有礼，不能胜记。[①]

从这一回和第十八回所列的礼品可以看到皇家赏赐中金玉玩器等高档礼品必不可少。此外，王公贵族的礼品也以古董珍玩为主，其等级仅次于皇家。第七十一回还写贾母在生日后留心所收的礼品：

贾母因问道："前儿这些人家送礼来的共有几家有围屏？"凤姐儿道："共有十六家有围屏，十二架大的，四架小的炕屏。内中只有江南甄家一架大屏十二扇，大红缎子缂丝'满床笏'，一面是泥金'百寿图'的，是头等的。还有粤海将军邬家一架玻璃的还罢了。"[②]

此处不惜笔墨，着意写贾母寿礼之丰厚，作者一笔多用，点明了贾家与南北各地权贵之间的往来密切，所收的礼品来自江南、岭南，且特意指出江南甄家的围屏最大，为缂丝，是"头等的"，甄家暗指任江宁织造的曹家，甄家与贾家的对应关系自不待言。第五十六回也曾记甄家进京朝贺，特意先遣人递送礼单，随后，李纨"用上等封地回赏"。这段描写进一步说明礼品对维护权贵阶层的关系发挥了不可取代的作用，尊卑贵贱、亲疏远近也借此得以体现。

《红楼梦》不仅描述了自上而下和同一阶层之间的礼尚往来，而且触及了古董珍玩自下而上的流通。第二十九回，贾母带着凤姐、宝玉等人往清虚观打

① （清）曹雪芹著，中国艺术研究院红楼梦研究所校注：《红楼梦》，人民文学出版社 2008 年版，第 978 页。

② （清）曹雪芹著，中国艺术研究院红楼梦研究所校注：《红楼梦》，人民文学出版社 2008 年版，第 987 页。

醮，张道士将不少金玉宝玩献给贾母，此处主要是为“金麒麟”出场做铺垫，但充分体现了张道士巴结逢迎权贵的用心。他所献的“珠穿宝贯、玉琢金镂”之物，就是第五十三回贾蓉口中的“古董玩意儿”。

权贵阶层通过各种手段收受宝玩，同时，也将所收珍品进贡皇家。第五十三回作者用较大的篇幅描写元宵节贾母花厅的陈设，细述贾母“爱如珍宝”的“璎珞”的来历：“若有一件真‘慧纹’之物，价则无限。贾府之荣，也只有两三件，上年将那两件已进了上，目下只剩这一副璎珞，一共十六扇。”作者所说的“进了上”，即入贡宫廷，当时权贵阶层艺术品的流通状况亦由此可见，这也是对康、雍、乾时期高档织绣由江南三织造进献朝廷的真实反映。

市场购求也是贵族寻珍觅宝的途径之一。《红楼梦》第二十七回，探春与宝玉的对话中就透露了他们在市场上购买玩赏之物。第六十七回，薛蟠往江南经商回程也购买了不少东西给宝钗，除笔墨纸砚等文房用品外，还有各式“新奇精致”的“玩意儿”，既有“一出一出的泥人儿的戏”，又有西洋“自行人”，这段描写也说明了苏州市场商品花样繁多。这类玩赏品在《红楼梦》的相关描述中时有所见。前者，与探春所要购买的“柳枝儿编的小篮子儿”等物丰神相通；后者，堪比宝玉房中的“自鸣钟”（第五十一回）、“鼻烟盒”（第五十二回）等洋货。[①]

小说其他章节虽未细述从市场购得的玩赏品，但也透露了贾府遣人往江南求购大观园所需物品的信息，如园中各处陈设虽未明写是市场购得，但在第十七回贾政询问贾珍、贾琏帘幔等物是否筹备添置妥当时已有暗示。作者时而省笔，意到笔不到，时而首尾呼应，叙事点到为止。

权贵阶层由不同途径获得的物品，根据不同需求而采用相应的方式收藏，供赏玩品鉴、装点门面的占较大比重，还作为财富积攒或用于人情酬酢，这两部分收藏很难严格区分。相对而言，前者多展示，后者多储存。

① 参见方豪《红楼梦西洋名物考》，浙江人民美术出版社 2017 年版，第 32 页。

三、收藏方式

陈设是贵族收藏的主要方式，《红楼梦》第三回对荣国府正厅荣禧堂和王夫人居所室内陈设的描写，意在彰显富贵，同时也借青铜器、瓷器、玻璃器等古董重器突出了主人的尊贵，强化礼仪空间的庄严气氛。作者透过黛玉的目光看到了荣禧堂建筑“轩昂壮丽”，屋内“大紫檀雕螭案上，设着三尺来高青绿古铜鼎，悬着待漏随朝墨龙大画，一边是金蜼彝，一边是玻璃（台皿）”，黛玉欲拜见贾政，先后进入耳房、小正房，其中正室东边耳房内：“两边设一对梅花式洋漆小几。左边几上文王鼎匙箸香盒，右边几上汝窑美人觚，觚内插着时鲜花卉，并茗碗痰盒等物。”作者所写的鼎、彝、案以至汝窑美人觚、玻璃盒，无一不是当时备受珍重的“罕物”，姑且不论鼎、彝等古董之贵重，即便玻璃器[①]和汝窑瓷器[②]亦价值不菲，这些物品在小说中具有象征意义。作者还为大观园的每一位主人安排了与之身份、个性、情趣相吻合的陈设，其中宝玉怡红院的陈设形式最为独特：“原来四面皆是雕空玲珑木板……且满墙满壁，皆系随依古董玩器之形抠成的槽子。”[③]此处着力渲染宝玉生活空间尽现荣华，同时也形象地诠释新巧、新雅。第四十回写宝钗蘅芜苑的室内陈设与别处形成较大反差，颇为奇特，耐人寻味：

> 进了房屋，雪洞一般，一色玩器全无，案上只有一个土定瓶中供着数枝菊花，并两部书，茶奁茶杯而已。床上只吊着青纱帐幔，衾褥也十分朴素……说着叫过鸳鸯来，亲吩咐道：“你把那石头盆景儿和那架纱桌屏，还有个墨烟冻石鼎，这三样摆在这案上就够了。再把那水墨字画白绫帐子拿

---

① 根据匾额对联暗示为御笔这一点推断，此处玻璃盒来历特殊，很可能为御赐，康熙四十四年（1705）南巡至苏州赐曹寅“玻璃墨年宴礼物不等”，参见方豪《红楼梦西洋名物考》，浙江人民美术出版社 2017 年版，第 102 页。

② 参见吴明娣主编《中国陶瓷史专题研究》，江西美术出版社 2019 年版。

③ （清）曹雪芹著，中国艺术研究院红楼梦研究所校注：《红楼梦》，人民文学出版社 2008 年版，第 927 页。

来，把这帐子也换了。”[①]

这段描述显示宝钗房中唯一的陈设是瓶花，瓶是土定瓶，虽然早在元明之际“土定”已成为文人雅士的鉴藏对象，但并不符合宝钗的身份。而作者特写“瓶中供着数枝菊花，并两部书”，联系第三十八回黛玉评湘云作《供菊》一句“背面傅粉”，焉知作者不是借黛玉之口来点醒读者宝钗为人。再推至第十七回众清客为蘅芜苑题对联，因有“斜阳院”被指出不妥，便引古诗“蘼芜满手泣斜晖”[②]，众人道“颓丧、颓丧”。曹雪芹写众人的喋喋不休，自有道理，他何以这般由外而内写蘅芜苑，实为“怀金（悲金）悼玉”。这三回重写，均道出凄凉意，作者精心埋下伏笔，暗示宝钗独守“空房”的命运。贾母曾说宝钗房里“这样素净，也忌讳”，但又让鸳鸯取来“石头盆景儿……白绫帐子”送给宝钗，毫无避讳。白色在古代社会具有特殊的象征性，第三十回特用金钏母亲“白老媳妇”暗示金钏将亡，第七十二回又写“红白大礼”，作者不可能不明其意涵，莫非也是暗示宝钗后来寡居早亡。对比这一回写探春的纱帐“东边便设着卧榻，拔步床上悬着葱绿双绣花卉草虫的纱帐”，二者对比何其鲜明，而写到其他小姐时，未涉及与床褥、帐幔相关的文字。这段描写曾引起部分红学家的关注，认为这是作者写宝钗的审美趣味，显示其高冷的个性，但未能指出其中的“曲笔”。

《红楼梦》对主要人物的居所着墨较多，文字篇幅并不少于对人物形象及心理的刻画，其中自有深意。仅从表面叙述看，古董文玩作为礼仪和生活空间的装点，在仕宦之家已十分平常，无论是荣国府的厅堂，还是大观园中小姐的闺房，皆有所见。每逢年节、生日等重要场合，贾府的陈设则更为讲究。

陈设维系着家族的门面，关乎贵族的尊严，这是明清之际收藏风尚使然。

---

① （清）曹雪芹著，中国艺术研究院红楼梦研究所校注：《红楼梦》，人民文学出版社 2008 年版，第 539—540 页。

② （清）曹雪芹著，中国艺术研究院红楼梦研究所校注：《红楼梦》，人民文学出版社 2008 年版，第 228 页。

明末清初徽州休宁人吴其贞《书画记》中称“雅俗之分，在于古玩之有无”[①]，清代收藏更盛，贵族更加重视古董珍玩的陈设，这也在《红楼梦》中得以体现。第六回贾珍特打发贾蓉向凤姐央求王家的玻璃炕屏：“明日请一个要紧的客，借了略摆一摆就送过来。”这说明玻璃炕屏在当时异常珍贵，宁国府也没有此类物品，而要借来支撑门面，透露出陈设在贵族的社交活动中的作用不容低估。

权贵阶层藏品的数量可观，家传、收受与购买的珍玩不可能悉数陈设，储藏是必不可少的方式，《红楼梦》对此亦有所披露。第七十二回贾琏问鸳鸯一件蜡油冻佛手：“因前日老太太生日，我看古董账上还有这一笔，却不知此时这件东西着落何方。古董房里的人也回过我两次，等我问准了好注上一笔。”[②]这段对话表明贵族有专设的库房，宝物储存、管理有专职人员和专门的账目。这并非贾府独有，早在明代中后期，江南富室、士绅人家就不乏藏宝之所，如无锡华夏家的真赏斋，嘉兴项元汴的天籁阁等，《一捧雪》中虽对严世蕃古董库房的描述极尽夸张，但绝非空穴来风，乾隆时期权臣和珅家也专设库房储藏各类宝物，包括玉器库、绸缎库、磁器库、洋货库等共九个专门的库房[③]，分类收储与近现代博物馆的保管手段有相似之处，值得重视。

《红楼梦》中所写的部分陈设品也兼具实用功能，收藏与实用并无严格界限。如第三十七回宝玉给探春的荔枝就是由晴雯盛在缠丝白玛瑙碟子里送去的，那碟子原是怡红院十锦格子上的陈设，晴雯说“这碟子配上鲜荔枝才好看”，这表明贵族人家的丫鬟也有较高的审美品位。艺术生活化，生活艺术化，在清代中期权贵阶层已得以实现。第三十七回宝玉特意取什锦格子上的联珠瓶插桂花孝敬贾母、王夫人，第四十回李纨“捧过一个大荷叶式的翡翠盘子来，里面养着各色折枝菊花”，以预备贾母簪戴，这也是贵族生活的优渥与高雅的

---

① （清）吴其贞撰，邵彦校点：《书画记》，辽宁教育出版社 2000 年版，第 62 页。

② （清）曹雪芹著，中国艺术研究院红楼梦研究所校注：《红楼梦》，人民文学出版社 2008 年版，第 996 页。

③ 参见（清）薛福成《庸庵笔记·卷三》，商务印书馆 1915 年版。

具体表现。

《红楼梦》通过对现实生活的描述，真实地记录了权贵阶层的艺术品赏鉴与收藏状况，也透露出同时期艺术市场的信息，反映了清代康雍乾时期古董文玩的流通及对贵族生活的影响。古董珍玩贯穿《红楼梦》始终，连缀起大小角色及特定场景，牵动情节主线，使仕宦之家的浮沉、豪门的荣枯得以清晰呈现。小说主要人物皆与艺术品鉴赏、收藏存在千丝万缕的联系。贵公子小姐们喜爱“新奇精致的东西”，偏好“新巧新雅之物”，“朴而不俗，直而不拙”实为作者对于艺术品的审美取向，反映了清中期权贵阶层的鉴赏观念。贵族赏玩的品种既有名家书画、金玉铜瓷等古董，又有泥塑竹雕之类民间工艺品，雅俗兼备。贾府的收藏品除家族传承外，还通过礼尚往来收受、市场购求获得，陈设、储藏是主要收藏形式，管理规范有古董房、古董账和古董房的“人”。豪门的鉴藏活动活跃与否，关乎家道盛衰和世风流变。

从鉴藏这一独特的视角分析《红楼梦》，可以增进对清中期社会生活的了解，也加深了对这部文学巨著内容之丰富性、思想之深刻性的认识。曹雪芹在小说中融入了自己的家世经历和思想，全书在结构和细节设计上介入了古董文玩，别具匠心，并且有现实依据。只有在对明清鉴藏有基本认知的前提下，方能领会此中所存之“深意”、洞悉所“隐”之真事，作者运用春秋笔法，明写暗伏，一花一器皆耐人寻味，其中味，仍有待进一步解读。

吉淑芝与新中国戏剧舞台美术

白　宇

中国戏剧发展史上，舞台美术工作者一直默默奉献，推动着戏剧美术事业不断进步。作为戏剧和美术交叉的艺术门类，该领域从业者需要具备综合的美术素养和高超的艺术表现能力，才能胜任这项工作。新中国成立以来，舞台美术的面貌不断更新，推出了一大批具有广泛社会影响力的戏剧作品，凝聚着广大舞美设计人员的心血和智慧，为戏剧增光添彩。其中有位在舞台美术业界颇受尊重的耄耋老人，一生将主要精力投入舞台美术事业中，既从事舞美设计、绘制，又培养了大批专业人才，她就是中央戏剧学院灯光教研组的吉淑芝老师。

吉淑芝，1939 年生于河北保定，1958 年考入中央美术学院附属中学，接受了四年系统、严格的美术造型基础训练，师从卢沉、赵友萍、孙滋溪、马常利、于月川、萧琼等多位名师，练就了扎实的绘画基本功。1961 年考入中央戏剧学院舞台美术设计专业，是新中国培养的专业美术设计人员之一。为了解决国家缺乏专业舞台美术设计人才的问题，吉淑芝毕业后进入设计“一线”，1969 年至 1976 年在北京京剧团[①]从事舞台美术设计和绘制工作。吉淑芝参与了多部现代京剧的编创活动，后成为《沙家浜》《杜鹃山》等现代京剧舞台美术的主创人员之一，与同时期舞台美术工作者共同为探索中国舞美发展方向做出了不懈努力，并推动了中国戏剧从传统向现代化形态的转型。

---

① 北京京剧团建立于 1955 年，由马连良领导的马剧团和谭富英、裘盛戎为主演的北京市京剧二团合并组成。当时北京京剧团主要承担“样板戏”的编排、演出工作，所以该团也被称为“样板团”。

一、京剧舞台上的画作

吉淑芝于1969年年初被分配到北京京剧团“一队”中的《沙家浜》剧组，《沙家浜》是根据沪剧《芦荡火种》改编的现代京剧，位列8个革命“样板戏”之一。北京京剧团于1963年接受了该剧的改编工作，由汪曾祺（1920—1997）、杨毓珉（？—1998）、肖甲（？—2012）、薛恩厚（1915—1981）四人组成创作组。[①]《芦荡火种》改编成京剧后，最初命名为《地下联络员》，后由毛泽东主席定名为《沙家浜》。因该剧具有特殊的政治意义，体现了毛泽东“革命的现实主义和革命的浪漫主义相结合”[②]的文艺思想，所以受到了国家的高度重视，力求将其打造为新时代革命艺术的范式。沪剧《芦荡火种》由上海人民沪剧团创作于1958年[③]，剧组成员为传统的戏剧从业者，舞台布景程式化较强，仍停留在传统旧式的基础上，与现代戏剧的欣赏需求存在差距。北京京剧团肩负着重要的历史使命，戏剧的现代化转型在各个方面都应得以体现，因此组织上从中央戏剧学院调入了多位专业人员负责舞美设计，使其符合主体的创作思想。吉淑芝凭借她扎实的专业素养，参与到《沙家浜》的舞美设计之中，主要承担舞台布景和天幕幻灯片的绘制工作。直接负责现代京剧改编工作的江青对《沙家浜》极为重视，并亲自指导。这一时期舞台美术布景绘制技术尚处于探索阶段，布景道具的制作相对粗糙。演员出身的江青对当时的舞美设计效果不满意。经过重新调整后，柳丝使用逼真的透明塑料布和半透明的颜色条来表现，背景天幕中的芦苇荡也重新绘制，以取得精致的视觉观感。《沙家浜》的《朝霞映在阳澄湖上》片段审核时，江青指出要使用“大红、洋红、玫瑰红”来表现天空。吉淑芝作为剧组的年轻成员，积极想方设法改进。她深谙

① 参见杨宣华《中国电影音乐发展研究（大陆部分）》，中国电影出版社2014年版，第89页。

② “革命的现实主义和革命的浪漫主义相结合”是毛泽东关于社会主义文学艺术创作方法的理论概括。参见中国毛泽东思想理论与实践研究会理事会编《毛泽东思想辞典》，中共中央党校出版社1989年版，第177页。

③ 参见赵炳翔主编《中国十大戏曲剧种唱腔精粹》，上海大学出版社2014年版，第77页。

颜色的运用技巧，一遍又一遍地反复实践，将上级意见与舞美创绘技术巧妙结合，努力烘托出壮烈的革命色彩，最终形成了《沙家浜》电影拍摄中的背景效果。1971年《沙家浜》正式上映，在全国范围内广泛传播，代表了当时舞台美术的最高水平，在现代美术史中留下了浓墨重彩的一笔。《沙家浜》塑造的艺术形象深入人心，成为全国人民共同欣赏的视觉盛宴，是20世纪70年代最重要的革命现代京剧之一，至今《智斗》等唱段仍活跃于舞台上，这也离不开吉淑芝等舞美工作者艰苦卓绝的努力，因为他们的参与使舞台美术的面貌焕然一新，她所创造的舞美效果，永远留在了一代人的记忆中。

在《沙家浜》拍摄任务基本完成时，吉淑芝调入北京京剧团“二队”参与《杜鹃山》的舞美创作。她爱岗敬业，从去井冈山体验生活，到舞美工作完成后的电影拍摄，都与剧组生活在一起。由于大型绘景工作对体力的要求较高，所以《杜鹃山》舞美绘景多由男性成员完成，吉淑芝主要承担舞台天幕幻灯片的创绘任务。在《杜鹃山》舞美工作进行之初，舞美组成员经过充分讨论与研究，决定使用油画大色块的表现风格来渲染革命历史剧《杜鹃山》的恢弘磅礴之气。所以在《杜鹃山》第一场《长夜待晓》的天幕幻灯片中，吉淑芝以十分灰暗的色彩描绘夜色，乌云笼罩天空，仅露出一点蓝天，既烘托了雷刚从监狱中逃跑的时间背景，也暗含着革命的艰难困苦是暂时的，黑暗终将过去、光明即将来临的寓意。但是由于当时绘制方法的限制，对于细节的处理较为粗糙，所以受到了《杜鹃山》剧组负责人、时任国务院文化组副组长于会泳的批评，他要求：“山要像南方一样郁郁葱葱，又像北方一样雄伟。”由于时间紧迫，吉淑芝没有机会通过现场写生的方式寻找灵感，所以反复描绘也达不到理想效果。面对这个棘手的问题，在另一个舞美组员的提醒下，站在非舞美专业的角度来构思天幕设计，开始尝试向着大众普遍接受的风景“照片”效果上做出尝试。“文革”时期物资匮乏，画册等图像资料更是稀有之物，所以很难找到能供参考的风景资料。当时北京工艺品进出口公司肩负着国家出口创汇的任务，有财力为工艺美术行业出口创汇提供素材，恰逢该单位进口少量挂历（里面有部分优质图像），所以样板团各组组长积极去争取这部分物资。从此，进口挂历上的云、山等图像成为吉淑芝设计天幕的重要参考资料，使她不仅在构图上可以尝试改进，在绘画语言上也得以实现创新。得到图像资料后的吉淑芝对工作的热情更加高涨，加之在美院附中打下了坚实的绘画基础，使其可以一改先前大色块式的表现方法，增强了天幕的写实性，将云、山、杜鹃花等物象以非常具象的方式进行描绘，从而得到了领导的认可。1975 年《杜鹃山》在全国上映，其雅俗共赏的审美趣味受到了观众的一致好评。1980 年 7 月，党中央提出了“艺术为人民服务，为社会主义服务”的方针，是社会主义文艺工作的总方针和基本原则[①]，同样也是对吉淑芝等舞美设计者的艺术探索方向的肯定。《杜鹃山》体现了中国共产党的文艺思想，虽未列入八大样板戏，但是在现代京剧历史中占据着较高地位，有俗语称：“不是样板戏的样板戏，比样板戏还受宠。”这与吉淑芝等舞台美术工作者在背后的努力是密不可分的。

对于舞台幻灯片绘制技术的创新，是吉淑芝对中国舞美事业做出的重要贡献，使舞台天幕的放映质量大幅度提高。在《杜鹃山》第七场《飞渡云堑》中，柯湘、田大江等人被敌人赶到悬崖边，田大江也在此中弹身亡，是全剧中最具悲剧色彩的片段之一。吉淑芝认为，一定要将田大江牺牲的地方安排在高耸的悬崖上，才能突出表现他高大伟岸的英雄形象。若按照往常画天空“仰视云”的表现方法，山崖险峻、高耸之感则会减弱，剧中的危急、紧迫感也会大打折扣。为了处理好这一紧要情节的天幕设计，吉淑芝寻找到了当时较为珍贵的航拍云朵资料，把不同视角的云进行组合穿插，准备在天幕中设计“俯视云”的形象。但是，舞台天幕极少出现这一视角，所以没有成熟的范例作为参考，只能重新进行实践。由于“俯视云”的结构难以处理，云层间的明暗变化也更加复杂，吉淑芝探索了多种表现形式，但效果都并不理想。在一筹莫展之时，在一次实验中突然发现了既能够使画面更有表现力，又能有效提高天幕清

① 参见张静如等主编《中国共产党通志》第 2 卷，中央文献出版社 2001 年版，第 463 页。

晰度的技术，后名之为“层层堵漆法”。以往的幻灯片绘制技术是利用水色和油墨不相溶的特点，在天与地等大跨度空间的明暗衔接处使用“局部堵漆法”来处理，其他的物象使用水性颜料表现，描绘完成后使用烯料清洗上漆处，即可留出最亮的颜色，以加强天幕的明度对比。吉淑芝抓住“局部堵漆法”的优势并发展了该技法，在绘制时每一层都使用“堵漆法”处理，使不同色彩间的层次更加分明。借助幻灯片所呈现的天幕图像容易造型单一、轮廓虚化，“层层堵漆法”使吉淑芝扎实的造型能力也得以充分发挥出来，幻灯片的绘画性大幅度提高，加强了天空云朵的生动性与体量感，局部描绘也更加细腻，增强了舞台天幕的艺术感染力。此前，上海京剧院《龙江颂》剧组的舞美人员在毛巾厂考察时发现了耐高温、不褪色的活性染料，吉淑芝借鉴了这项重要成果，使用活性染料来进行“层层堵漆”，可谓锦上添花。以往为解决天幕中远景模糊不清的问题，会使用画幕来配合表现，材料、人力与时间成本都相对较高，由于幕布收放速度慢，戏剧效果也常受到影响。“层层堵漆法”的成功发明，既降低了戏剧的制作成本，又提高了换景速度，取得了更加精彩的舞台效果，成为新中国戏剧舞台美术发展进程中的里程碑。此时，这种方法在国际舞台美术中也处于领先水平。1987 年 3 月，美国好莱坞灯光设计师约瑟夫·泰维尔（Joseph Teville）、幻灯设计师安哲亚·泰维尔（Angelia Teville）等应国家科学技术委员会（1998 年更名为“科学技术部”）邀请来华举办专题讲座，并介绍了好莱坞当时最流行的幻灯片绘制技术——使用油墨配合水色在玻璃片上绘制，这种方法在国内早已过时，还停留在中国 20 世纪 60 年代舞台美术的水平。参加座谈会的中央戏剧学院教授邢大伦（1931—　）将该好莱坞剧组相关人员请到中戏灯光实验室，并赠予对方数件吉淑芝使用“层层堵漆法”绘制的舞台幻灯片以示友好，当场的播放效果使对方大为震惊。随着现代京剧在全国范围内影响力的不断扩大，“层层堵漆法”也得到了广泛传播，成为风靡一时的幻灯片绘制技术。

吉淑芝在北京京剧团工作中取得了突出成绩，一方面出于自身对舞台美术的热爱，另一方面是因为她将“国家利益高于一切”的思想始终铭记于心。在特殊历史时期，文艺工作者的责任感是推动创作发展的重要动力，国家委派下来的任务对吉淑芝来讲是庄严的，无论多么艰巨，吉淑芝从未心生“放弃”二字，坚持按时、保质、保量完成，从而也使她不断超越自我。在北京京剧团的生活在一定程度上塑造了吉淑芝的个性，尽善、尽美一直是她的工作信条，严谨的工作态度也对吉淑芝未来的发展产生了重要影响，使她具备了成为中国舞台美术领域关键性人物的必要素养。

二、大型歌舞中的豪情

随着 1976 年 10 月上旬“四人帮”的倒台，样板戏的热度骤减。各大艺术院团纷纷改组，北京京剧团也不复存在①，该团成员相继分配到中国国家京剧院、北方昆曲剧院等单位工作。在一次偶然的机会中，中央戏剧学院需要进行话剧《杨开慧》电视录像，要求吉淑芝回母校现场绘制舞台幻灯片。吉淑芝在录制现场从容地使用“层层堵漆法”当众创作，这一举动被在场的中央戏剧学院舞台美术系灯光教研组组长慕百锁（1928—2000）看在眼中，并赞扬道：“牛皮不是吹的，火车不是推的！”随即向中央戏剧学院提交报告，建议将吉淑芝调入中戏任教。报告得到批准后，吉淑芝于 1979 年正式成为中央戏剧学院舞台美术系绘景教研组教师，后调入灯光教研组，主讲舞台幻灯片绘制和彩色翻拍课程。吉淑芝对待教学任务十分认真负责，努力将自己的舞美设计经验系统化、理论化，并将教学内容总结成具有较强体系性的课程讲义，以深入浅出的方式传授幻灯片绘制技术，从而使该项技术得到推广，并促进了中国舞台美术专业的快速发展。除了做好本职教学工作外，吉淑芝也尽力去协助其他地

① 1979 年，由梅兰芳、尚小云、程砚秋、荀慧生领导的北京市京剧团和以马连良、张君秋、谭富英、裘盛戎、赵燕侠为领衔主演的北京京剧团合并成为北京京剧院，是北京规模最大的京剧专业表演艺术机构。参见《北京百科全书・丰台卷》编辑委员会编《北京百科全书・丰台卷》，奥林匹克出版社 2001 年版，第 19 页。

区培养舞美专业人才。1980 年，受广东省文化局之邀请，与王振山、孙家铨（1932—？）两位中戏教师一同在广州举办了舞台绘景进修班，并择优录取了 27 名学员。[①] 严谨负责一直是吉淑芝教学生涯中坚守的原则，她讲授的幻灯片绘制课程没有使用现成教材，而是根据学员的基础与拟达到的教学目标重新制定课程计划。吉淑芝在教学中身体力行，无论是幻灯片绘制还是造型训练，抑或外出写生，都主动为学员现场示范，她扎实的造型能力常常引来学员钦佩的目光，保持了良好的课堂氛围。在三位教师通力合作下，经过为期 4 个月的严格培训，培养了一批具有较高专业素养的舞美人才。

在中央戏剧学院教书的节奏与先前在北京京剧团的工作状态完全不同，不需要坐班的生活使吉淑芝感觉像失业了一样，一度使她处于精神低落的状态中，对于自己舞美事业的期待似乎也无法实现。但“干一行，爱一行”是吉淑芝的工作准则，她坚守本职工作，尽职尽责地完成教学任务。也正是因为中戏并不繁重的工作，使吉淑芝有部分空闲时间参与到社会事务中。20 世纪 80 年代，歌舞剧在全国范围内都更为盛行，并成为一种时尚潮流。随着吉淑芝在舞美界的影响力与日俱增，经常受邀前往各个剧团参与大型歌舞剧天幕的创绘工作，这为她的生活开启了另一扇大门，也使她对事业的豪情能够得以释放，并为她在该领域做出更为突出的贡献提供了契机。吉淑芝与大型歌舞剧的渊源可以追溯到她 24 岁时。1963 年，中央戏剧学院领导接到通知：召集 3 名学生加入《东方红》剧组。面对国家需要，正于中央戏剧学院读本科二年级的吉淑芝与两名大三的师兄、师姐果断参与到剧组舞美设计与绘制中。虽然时间短暂，但是这一次宝贵的学习机会，使吉淑芝积累了必要的实践经验，为她日后专注于大型歌剧的舞美设计奠定了基础。1964 年 8 月 1 日，周恩来总理正式批准了周扬（1908—1989）关于音乐舞蹈剧《东方红》的报告；同年 10 月 2 日，《东方红》在人民大会堂隆重首演，在新中国成立十五周年之际为全国人民上演了

① 参见广东省戏剧研究室编《广东省戏剧年鉴 1980》，广东省戏剧研究室 1981 年版，第 53 页。

一部大型史诗性歌舞剧。

1983年11月，吉淑芝接受了文化部的一项艰巨任务，作为从全国范围内选拔出来的七人舞美小组中唯一的女性成员，参与到为迎接中华人民共和国成立七十五周年而筹办的《中国革命之歌》剧组中。《中国革命之歌》是继《东方红》之后的又一部大型音乐舞蹈史诗，展现了自1840年鸦片战争起至1992年中国共产党第十二次全国代表大会召开的140年发展历程。[①]吉淑芝的舞美创绘水平在小组中居于上乘，所以领导将较难的《火烧圆明园》部分交由她完成，在时间紧张的情况下，要处理好动态性的圆明园场景具有很强的挑战性。此时，吉淑芝面对中央戏剧学院教学与《中国革命之歌》舞美创绘双重任务，工作压力超过以往。但她在北京京剧团工作时已养成了“坚决按规定时间完成任务”的习惯，所以每天高强度工作。功夫不负有心人，在阶段性审核中，舞美小组仅有吉淑芝等两人通过验收，她的优异表现令剧组所有成员都不禁称赞。《中国革命之歌》舞美幻灯组组长吴仁德（1936— ）称：“（火烧圆明园场景）取得了完美的艺术效果，不但烘托了气氛，而且更加丰富设计图所提供的形象。”[②]

吉淑芝还总是主动承担最为困难的工作，除完成上级分配的任务外，面对剧组同志多次修改也无法通过审核的《游击队之歌》森林背景，她主动申请承担这部分任务，但是由于技术等因素的限制，一时间还是难以取得突破。基于在样板团的工作经验，吉淑芝及时调整设计思路，将目光转移至国外风景绘画。20世纪50年代以来，在国内高等美术教育中所接触的外国美术作品主要来自苏联，美术创作受到19世纪俄国巡回展览画派的影响极大，所以吉淑芝善于从巡回展览画派的名家作品中汲取营养，并关注到了俄国画家伊凡·伊凡诺维奇·希施金（Ivan I.Shishkin，1832—1898）的森林题材绘画。她在艺术创作中融会贯通，将希施金画面中的光感处理、植被组合以及色彩对比等方面的

---

① 参见吕艺生主编《舞蹈大辞典》，中国戏剧出版社1994年版，第496页。

② 参见吴仁德为吉淑芝亲笔开具的工作证明。

技巧运用到了幻灯片绘画中，有效解决了森林背景节奏单调的问题，改变了舞台美术固有的程式。此外，吉淑芝也创新了幻灯片操作技术，使用“双片”绘制法，可以直接解决单张幻灯片深颜色部分容易“烤焦”的弊病。当森林天幕幻灯片绘制完成、为全剧组放映试片时，受到众人的一致好评，灯光设计师也从中重新找到布光灵感，二者的配合使森林场景成为该戏剧背景中的亮点，幻灯片创造性的艺术表现方式也被传为佳话。吉淑芝擅长在工作中发挥艺术创作能力，经常在原设计图基础上结合具体主题进行再创作，并取得别开生面的舞台效果。草原题材天幕也是吉淑芝的重要任务，为了突出解放后社会的欢快气氛，她重新设计草原构图，将原先设计稿中天空部分厚重的积云转变成云淡风轻之态，降低视平线以扩大蓝天的面积，并在有限的设计稿中使用多种绘画技法来加强草原的空间感。在大面积蓝天白云的映衬下，通过草原的起伏与近景蒙古包的协同配合，为《中国革命之歌》营造了壮美旷远的基调，有效烘托出了民族团结、国家昌盛的视觉氛围。吉淑芝所引入的构图方式在舞台美术领域史无前例，令所有在场领导都为之称赞。当《中国革命之歌》工作完成之际，剧组为每位工作人员都做了“鉴定”，对吉淑芝的评价为：“拣着困难的上！”这六个字恰如其分地概括了吉淑芝的工作热情。也正是她对舞美事业倾注的热血，使她成为舞美领域举足轻重的人物，她不畏艰苦、迎难而上的精神为她赢得了良好的口碑。此后，众多剧团都争先邀请吉淑芝参与舞台天幕幻灯片创绘工作，她也将自己的万丈豪情投入舞美事业中。

吉淑芝淡泊名利，生活极为简朴，不看重物质上的受益，也从不主动索取回报，责任感与事业心是她不断接受各方剧团邀请的根本原因。她不忘初心，努力通过挥洒自己的辛勤汗水切实推动中国舞台美术的发展，同样也使她的事业心寻找到了归宿。1989 年，在特殊历史背景下，国家原计划取消八一建军节文艺演出，但为顾全大局，中央电视台临时召集全国优秀导演参与筹备文艺会演。时间紧迫，在临近审核时中央电视台尚未找到能够胜任背景天幕设计的舞美人员，《中国革命之歌》舞美幻灯组组长吴仁德建议中央电视台将这项任务交给吉淑芝完成。得知情况后，吉淑芝毅然接受了这项在别人眼中看似不可能完成的任务。按照正常的绘制节奏，一天可以完成四五张幻灯片，但为赶在7月30日审查前完稿，吉淑芝在仅有一位助手的情况下，连夜工作，用了3天时间设计并绘制了近五十张幻灯片，是正常工作速度的四倍左右，最终取得了极佳的播放效果。1993年，恰逢毛泽东主席诞辰100周年，吉淑芝一如既往地接受了各电视台及多家剧团的舞台美术创绘任务，并高效完成。充实的生活虽然使她的身体极为疲惫，但内心炽热的火焰却持续燃烧，对事业的豪情也得到了释放。1996年3月，吉淑芝从中央戏剧学院退休，为自己17年的教学生涯画上了句号，由于高水平幻灯片绘制者一直属于稀缺性人才，所以各方任务依然不断。花甲之年的吉淑芝长期处于精神高度紧张的状态，年迈的身躯也显得力不从心，高强度的工作也对她的身体造成了伤害，她在回忆时说："当时我所有的时间都已经被塞满了，肩膀一直在颤抖。"舞台美术作为技术指向型的艺术形式，与科技发展一直存在着密切联系，在国际新媒体技术浪潮的席卷下，软件的便捷操作直接改变了舞台美术的发展方向，手绘元素日渐减少，各大晚会绚丽的背景设计接踵而至，取得了更加震撼的视觉效果。直至2003年，吉淑芝放下了手中的幻灯片，永远封存了伴随了她数十年的独家技艺，并潜心于绘画创作。

在没有任何外界压力的绘画创作中，吉淑芝感受到了释然，享受着经历过劳碌生活后的舒闲，回归到了艺术创作的禅定之态。吉淑芝在幻灯片绘制中长期使用水性颜料，所以对于水彩画的表现得心应手，使其造型能力与幻灯绘制经验完美结合，并将舞台美术绘画中宏大的气魄引入水彩画中，水彩风景画创作成果日渐丰硕。吉淑芝创作的水彩《草原》具有强烈的空间感，与其舞美天幕设计基础密不可分；水彩《森林》和《白桦林》的创作思想来源于巡回展览画派，两幅作品分别受到俄国画家伊凡·伊凡诺维奇·希施金《松林，阳光明媚的日子》和伊萨克·伊里奇·列维坦（Levitan，Isaak Iliich，1861—1900）《白桦丛》的影响，对丛林间的光感进行了巧妙的处理，并且利用水彩画的特性对俄国画家的表现方式进行了创新，形成了自身的绘画风格。随着绘画创作的深入，吉淑芝也开始钻研中国传统写意技法，早年她在中央美院附中读书时，曾受教于蒋兆和、黄胄、卢沉等多位擅长写意的中国画家，在生活中也经常接触古今中外的重要美术作品，她的丈夫李福顺（1938—　）先生长期从事美术史教学、研究工作，并对南宋梁楷的泼墨人物画有着深入的研究，对吉淑芝提高美术眼界起到至关重要的作用。吉淑芝对画面色彩有着执着的追求，坚持外出写生，身影经常出现在北京景山公园等场所。她转益多师，融会多家绘画语言，在写意花鸟画创作中形成了独具一格的绘画面貌，作为北京女画家联谊会成员多次参加国内外重要展览，使其艺术生命得以延续。

吉淑芝拥有一颗强烈的事业心，并坚持职业操守，不求名利，只希望能够为激昂的戏剧表演做好衬景工作，以实现她在舞台美术事业中的人生价值。花甲之年，吉淑芝急流勇退，将这份需要紧随时代脉搏并以创造性思维完成的工作托付给了年轻人，此举饱含了她无限的事业期待。吉淑芝放下肩上背负数十年的重任，踏上了她的全新旅程，近年醉心于中国传统写意花鸟画创作的她得以从那一枝一叶中重新体悟生命的温度与柔情，并以她对生活的热忱和艺术的渴望继续描绘世间炽热的灵魂。

三、结语

吉淑芝作为新中国舞台美术的重要参与者，见证了舞台美术面貌的与时俱进，与同时代的舞美工作者共同推动了传统戏剧舞台美术向现代化的转型历程，也成全了戏剧演员光鲜亮丽的舞台形象，他们为这个时代付出了自己的青春，每一次实践都为舞台美术创造了一段不可复制的历史，是中国戏剧发展中的关键一环，代表了那个时代舞台美术的最高水平。尽管在 21 世纪电子影像技术取代了手绘环节，舞美设计已经完全进入新媒体时代，但吉淑芝等前辈做出的贡献不可磨灭，他们的职业操守是国家大型表演艺术项目顺利开展的重要保障，对事业的热爱与豪情更是艺术创作得以取得突破的核心。创作于20世纪60—90年代的现代京剧与大型歌舞剧始终是当代中国舞美从业者的精神向导，是传承舞美技艺的文化纽带，这30年的不懈探索为中国戏剧的发展立下了永远的丰碑，新一代的舞台美术设计者亦应传承前辈的优良品质，让豪情释放在无尽的舞美事业中，共同推动中国文艺事业向更高水平迈进。

（以上内容来自作者对吉淑芝老师的实地专访）

附录：吉淑芝生平

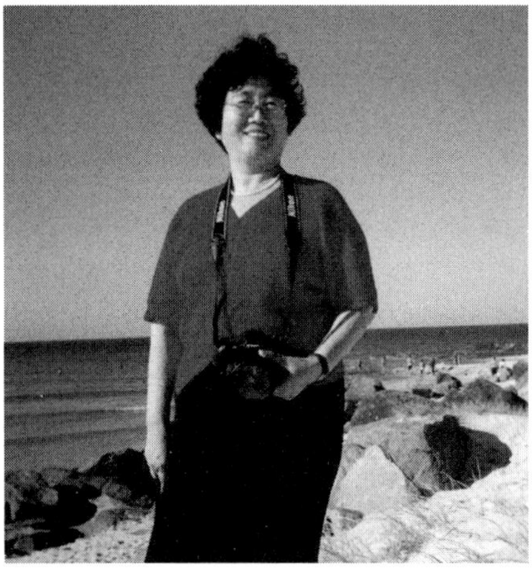

吉淑芝（1939—2023），河北保定人，出身于农民家庭，父亲吉敬波，母亲牛翠环。家中兄弟姊妹五人，大哥吉淑森为解放战争烈士，于太原战役中牺牲。二哥吉淑林，大姐吉淑英，二姐吉淑兰，吉淑芝为幼女。吉淑芝先后就读于中央美术学院附属中学、中央戏剧学院舞台美术系。1969年进入北京京剧团，1979年至1996年在中央戏剧学院舞台美术系任教，长期从事戏剧舞台美术创作及教学工作，是新中国杰出的舞台美术工作者。1983年成为全国“七人舞美”小组成员，为舞台美术事业做出了重要贡献。吉淑芝是北京女美术家联谊会会员，还从事水彩画、水粉画与水墨画创作，作品多次入选国内外展览，在舞台美术和绘画创作两方面均取得突出的成就。

2023年6月14日，吉淑芝病逝于北京望京医院，享年84岁。

吉淑芝年表

1939 年 8 月 31 日，生于河北保定冯庄，曾就读于保定女中。

1958 年，考入中央美术学院附属中学，师从卢沉、赵友平、孙滋溪、马常利、于月川、萧琼等多位名师，掌握了美术专业知识与技能，练就了扎实的绘画基本功。

1961 年，考入中央戏剧学院舞台美术设计专业，是新中国早期培养的专业的舞台美术工作者之一。

1963 年，加入《东方红》剧组，参与剧组舞美设计与绘制。

1964 年，《东方红》在人民大会堂隆重首演。

1966 年，从中央戏剧学院顺利毕业。同年，与中央美术学院附中校友、中央美术学院美术史论系毕业的李福顺先生结婚。

1968 年，儿子李东雷出生。

1969 年至 1976 年，进入北京京剧团工作，成为京剧样板戏《智取威虎山》《沙家浜》《杜鹃山》等剧目的主创人员之一，亲自绘制的《沙家浜》中的芦苇荡、《智取威虎山》中的雪景赢得广泛赞誉。指导芭蕾舞剧《红色娘子军》的舞台美术设计。在此期间还发明了幻灯景绘制的“层层堵漆法”，使布景的写实性和清晰度显著提高。

1970 年，《智取威虎山》在全国公映。

1971 年，《沙家浜》正式上映。

1975 年，《杜鹃山》在全国上映。

1976 年，女儿李霁出生。

1979 年，任教于中央戏剧学院舞台美术系，为绘景教研组专职教师，后调入灯光教研组，主讲舞台幻灯景绘制和彩色翻拍等课程。并为中央戏剧学院教师演出话剧《伪君子》绘制幻灯景。[a]

---

① 赵妍、秦孟婷：《四十载四十人特辑 | 邢大伦老师采访实录》，中国舞台美术学会，2021 年 10 月 3 日。文中所使用图片为吉淑芝所绘幻灯景。

同年，受邀为西藏歌舞团等多家出国乐团绘制幻灯景。

1980年，受广东省文化局邀请，与王振山、孙家铨二位中央戏剧学院教师一同为舞台绘景进修班授课。

1983年，作为从全国范围内选拔出来的“七人舞美”小组中唯一的女性成员，被选拔进入为庆祝中华人民共和国成立35周年编排的《中国革命之歌》剧组。亲自绘制完成的《火烧圆明园》场景取得了完美的艺术效果，获得高度肯定。

1987年，受大庆市话剧团特邀，为话剧《黑色的石头》绘制幻灯景。[①]

3月，与国外同行交流，将数件使用“层层堵漆法”绘制的舞台幻灯景赠予美国好莱坞灯光设计师约瑟夫·泰维尔、幻灯设计师安哲亚·泰维尔等。

1989年，受邀绘制中央电视台文艺汇演的背景天幕。

1992年，与李福顺共同编著出版《中国美术史典故集锦》。

1993年，担任旅游出版社《雕塑绘画鉴赏辞典》一书编委。

1996年，从中央戏剧学院退休。退休后笔耕不辍，执着于水彩画、水粉画与水墨画等的创作，绘制了大量风景画、花鸟画同时，还涉猎人物画。

1999年，作品《春江水暖鸭先知》被收入中央文献出版社出版的《毛泽东诗词创意画集》。

2001年12月，与在日留学的女儿李霁在日本九州佐贺联合举办母女《亲子画展》，引起轰动，其中两件作品被日本村上美术馆购藏。

2003年，先后赴浙江绍兴、河南等地写生。在河南省太行山南坪村写生约两周，遇乔猛带队的南阳文化艺术学校师生，并对学生加以指导。

2004年，教授张濯清等学生。

2005年，北京市社科基金重点项目北京美术史课题组邀请赵英勉、崔忠良、李连生、郑曰阳、王清辉、吉淑芝等原北京京剧团舞台美术组主要成员，

---

① 中国话剧艺术研究会、中国艺术研究院话剧研究所主编：《1987首都话剧信息交流会（发言汇编）》，1988年，第67页。

在首都师范大学美术学院召开座谈会。

2006 年 3 月，参加北京女美术家联谊会水彩画作品展。

2008 年，水彩画《争先恐后》入选北京女美术家联谊会双年展。

2010 年，水彩画《金秋晨曲》参加“百年如歌——纪念国际妇女解放运动 100 周年女美术家作品邀请展”。

2013 年 3 月，水彩画《泉》参与北京女美术家联谊会与上海全华水彩艺术馆共同主办的“京华之春”水彩画作品展。

2014 年至 2016 年，先后赴美国、加拿大、新西兰与俄罗斯等国访问。

2017 年，水彩画《平湖唱晚》参与由北京美术家协会、北京女美术家联谊会和中放文化艺术传播有限公司联合举办的“为了一片蓝天”环保主题展。

2019 年，白宇采访吉淑芝撰写了《吉淑芝与新中国戏剧舞台美术》一文，经吉淑芝本人审阅。

2019 年 9 月 10 日，首都师范大学美术学院李福顺弟子教师节为庆贺其 80 岁举办寿宴。

2023 年 6 月 14 日，病逝于北京望京医院，享年 84 岁。

历史影响

吉淑芝为人善良，生活简朴，勤勉笃行，将毕生主要精力献给了舞台美术事业及绘画创作。作为新中国舞台美术的重要创作者，她既常年躬耕于舞美领域，亲身实践，又培养了大批专业人才，是行业精英，她的作品代表了当时舞台美术的最高水平，20 世纪 70 年代至 90 年代初，创新使用“层层堵漆法”绘制舞台幻灯景，推动了新中国舞台美术由传统向现代的转型。尽管在 21 世纪传统舞美技艺被电脑美术取代，但吉淑芝及其他同时代的舞台美术工作者独步艺林，作品光耀舞台，服务大众，为新中国文艺事业、美育发展做出了重要贡献，创造了不朽业绩。

后　记

李福顺老师的生日是九月九日，师母吉淑芝的生日是九月十日，作为李老师的弟子，我们常常在每年教师节前后探望二老，为他们庆贺生日。近二十年来，在京的同门每年为此一聚，几乎成为定例。以往的聚会，最初是我张罗，近几年多由付阳华、英帆等同门操持，甚至天津、河北、河南、山西等地的同门也远道赶来。2021年我身不由己，个人正经历“苦夏”，差点忘记了要为李老师过生日的事。恰巧付阳华师妹打来电话问我能不能参加，当时的我实在无心他顾，便请她和英帆组织此事。但临近教师节，忽然得知李老师身体状况欠佳，让我倍感惊惶。在我的印象中，李老师一直精神矍铄，虽年过耄耋，仍笔耕不辍，还骑着自行车往来北京各处，参加学术活动。李老师当时的身体状况，迫使我不得不从自我的小世界中超拔出来，决定去探望李老师，参加二老的生日宴会。行前，我的脑海中突然闪现出“去日苦多”一词，又不经意间在书架上搜寻到张露主编的《宋元绘画研究——庆贺薄松年教授从教六十周年》一书，于是也就有了立即着手为庆贺李老师从教五十周年编文集的想法。2021年教师节聚会中见到李老师与师母，言谈中发现二老明显衰弱，李老师更是大不如前，竟拄上了拐杖。于是我敦请王敏庆师妹征集文稿，仿照《宋元绘画研究》的体例，编辑成书，除收录李老师本人及弟子文章外，还约请了李老师在中央美术学院美术史系求学时的同窗宫大中先生，和我院的徐改老师以及其他从事中国美术史研究的同事，奉献佳作。旨在不负前贤，不忘来时路。

李老师是首都师范大学美术学院第一位博士生导师，是我院美术史论研究的奠基者。1974年，李老师从北京美术公司调入我院前身“北京师范学院革命文艺系”（1978年改为“美术系”），教授中国美术史、古代画论等课程。从那时起，他既致力于教书育人，又在科研方面不懈耕耘，相继发表《岩画断代方法研究》《唐有无画院考》《初次面世的梁楷风格的宋画〈补衲图〉考证》等学术论文六十余篇，出版了专著《苏轼论书画史料》（2008年再版为《苏轼与书画文献集》）、《中国美术史》（被教育部列为普通高等教育“十五”国家级规划教材，暨教育部高等教育百门精品教材），主编《北京美术史》[2010年获得北京市第11届哲学社会科学优秀成果奖艺术类一等奖；2011年获国家新闻出版总署“三个一百”原创出版工程奖；2013年获得教育部第6届高校科研优秀成果奖（人文社会科学）艺术学类二等奖]等著作。2003年，被评为“北京市高校名师”，为首都师范大学的美术学学科建设做出了重要贡献。

作为李老师招收的第一位博士生，我从1998年起在职攻读博士学位。2002年6月，我与1999年入学的师妹付阳华同时毕业。二十余年来，我们一同接受李老师的指导，聆听李老师的教诲，见证了我们师门的壮大，结识了来自四面八方的同门，大家不仅互帮互学，而且培养出了深厚的情感。在李老师的指导下，大家不仅共同研究编撰了《北京美术史》，且毕业后的同门还将其传承拓展为《绘画中的北京》《百年京作：20世纪北京传统工艺美术的传承和保护》等研究成果。而今，同门中的多人也由青年变壮年，更何况昔日神采奕奕的李老师，早已经满头银发。所以，编撰这本文集的主要目的：一是向数十年从事美术教学与人才培养的李老师致敬；二是秉承中华文化尊师重教的传统，不忘“天地君亲师”的古训，牢记前贤的教诲：“老老实实做人，踏踏实实做学问”“学问要让内行点头为算”“让来者打此门前过”。

收入本书的文章涉及中国美术史研究的多个层面，涵盖了古代绘画、近现代绘画、佛教美术、地域美术、鉴藏等研究专题，其中学友论文按照长幼，弟子文章依据入学、毕业时间及相关因素排序。弟子们的研究成果不仅归功于李老师的督导，而且与李老师的以身垂范息息相关。李老师退休后仍躬耕不辍，学术研究与书画创作之余，陆续刊发了多篇文章，令我等后学同门倾心敬佩，也促使了我们时常自省、不敢懈怠。

本书还收录了我的硕士白宇为吉师母撰写的《吉淑芝与新中国戏剧舞台美术》一文，及我与白宇在2023年6月19日，师母去世后赶写的《吉淑芝生平》。师母吉淑芝原任教于中央戏剧学院，是新中国舞台美术的重要参与者，在我们求学与工作的过程中也得到了师母无私的教诲和热情的帮助。

因新冠疫情暴发，壬寅岁末，毒虎发威，殃及万民，影响此书的编纂。叹无常，书未成，师母及李万康师弟已作古，深以为憾！

感谢王敏庆、王艳云、杨斌、英帆等同门为本书的辑录、出版付出的辛劳，感谢付阳华撰写前言，感谢黄梅为本书的装帧设计提出建设性意见，在读博士生朱毅、夏恒以及博士后冯葳等同学为我分忧，协助组稿、编辑、校订本书。感谢所有支持本书出版的同仁及首都师范大学美术学院的领导。

感谢本书责编李特、美编赵矗以及其他文化艺术出版社认真负责，助力本书出版的贤达。

岁月的河，静静地流，伴随李老师度过华年，迎来人生的金秋，桃李满园，芳华递衍，惠及八方。岁月带走了寻常的过往，但也留下了片羽吉光，值得珍藏。因此，谨以此书献给李老师，愿他健康长寿，颐养天年。

希冀岁月留痕，慰藉我等，激励后学。

吴明娣

2023年1月11日 两宜轩

2023年末补正

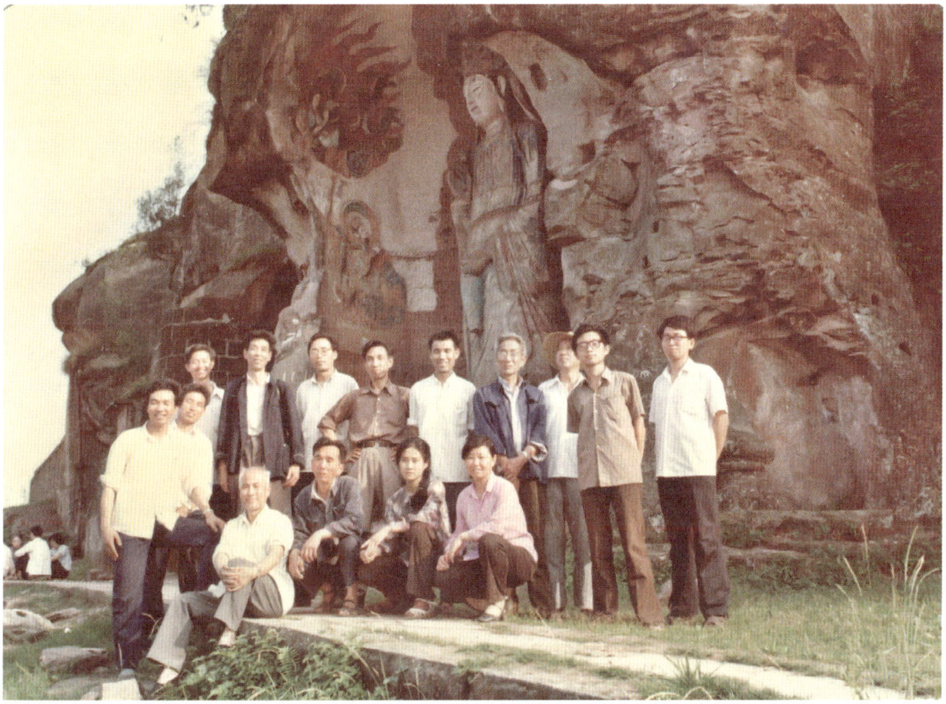

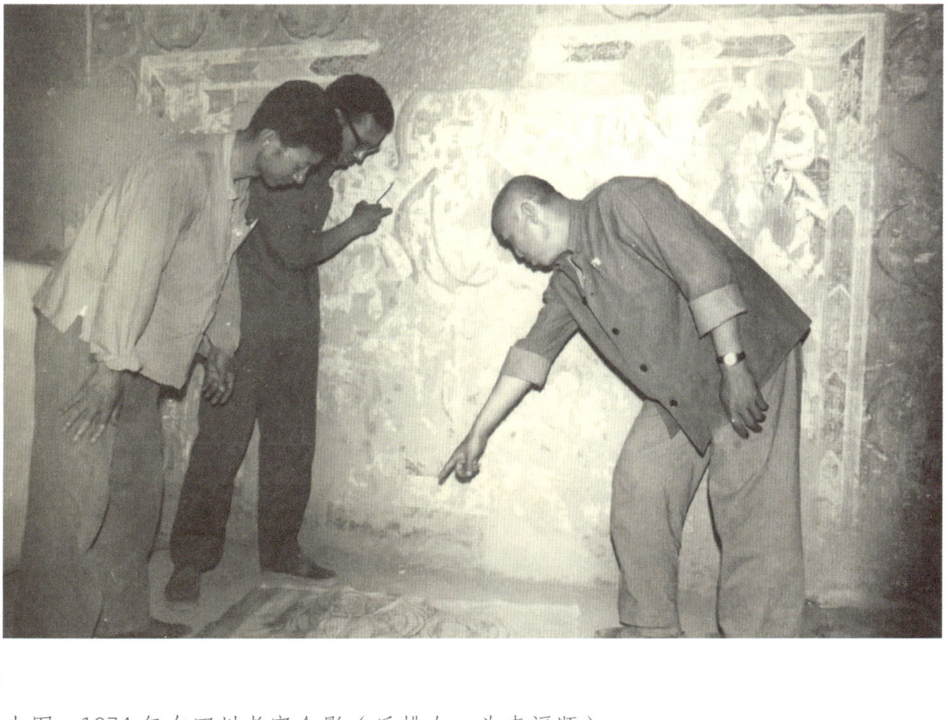

上图　1974 年在四川考察合影（后排左一为李福顺）

下图　1974 年在新疆克孜尔石窟临摹（左一为李福顺）

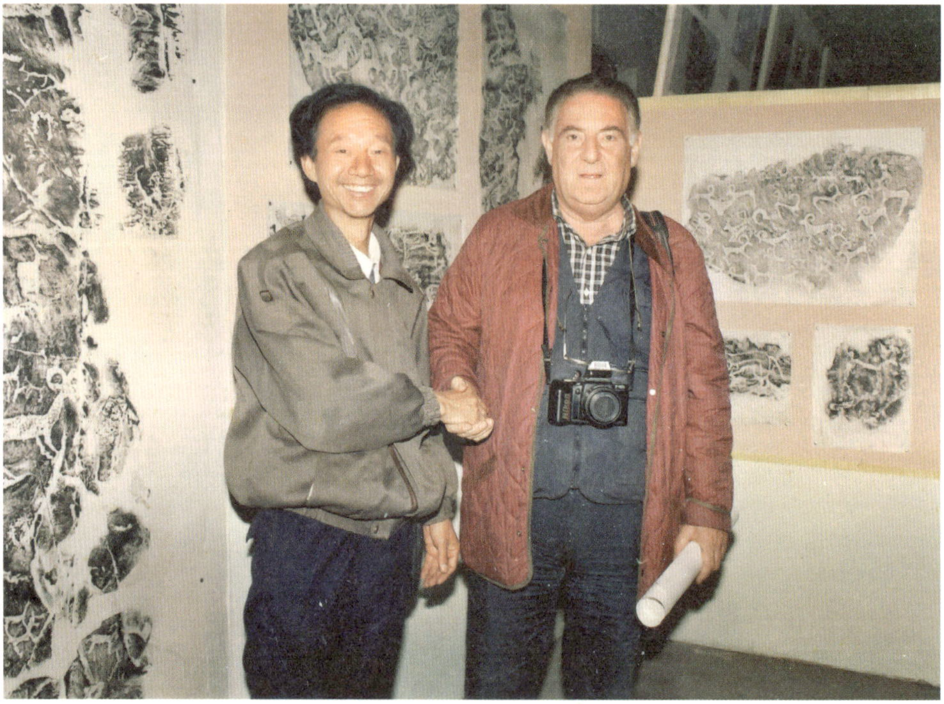

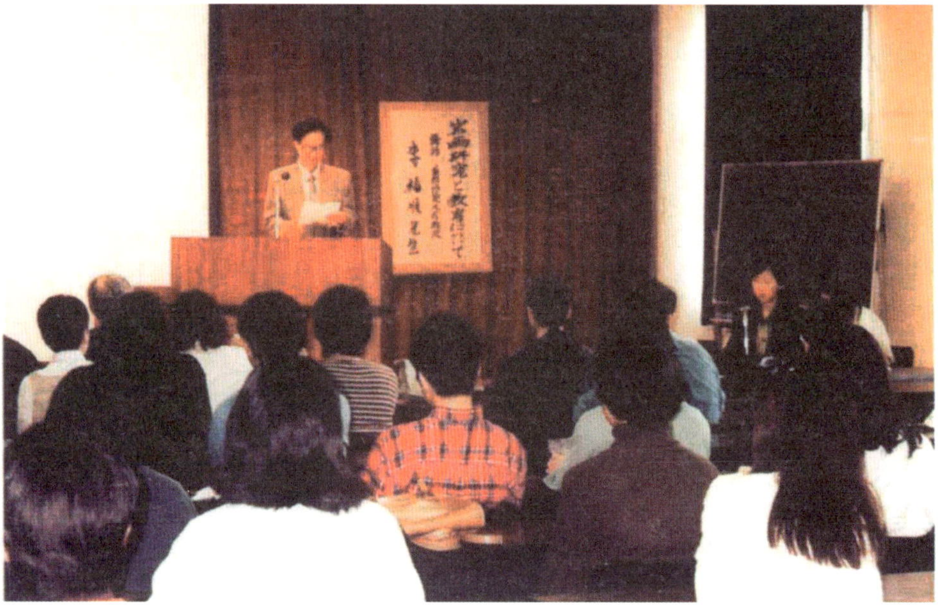

上图　1991 年，参与 91 国际岩画委员会年会暨宁夏国际岩画研讨会，与联合国教科文组织国际岩画委员会第一任主席艾曼纽尔·阿纳蒂教授合影

下图　1996 年 4 月 25 日在日本佐贺大学美术系

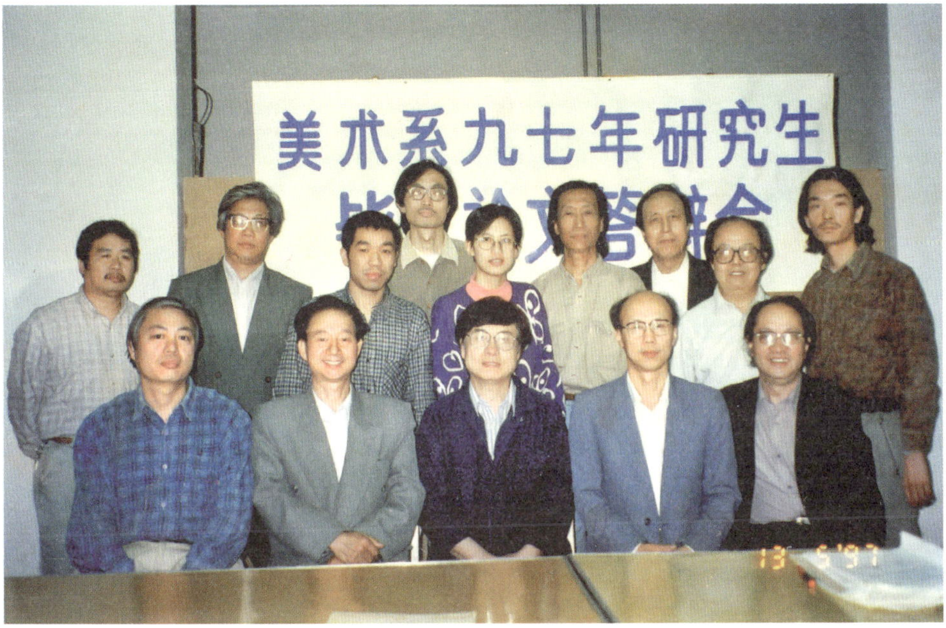

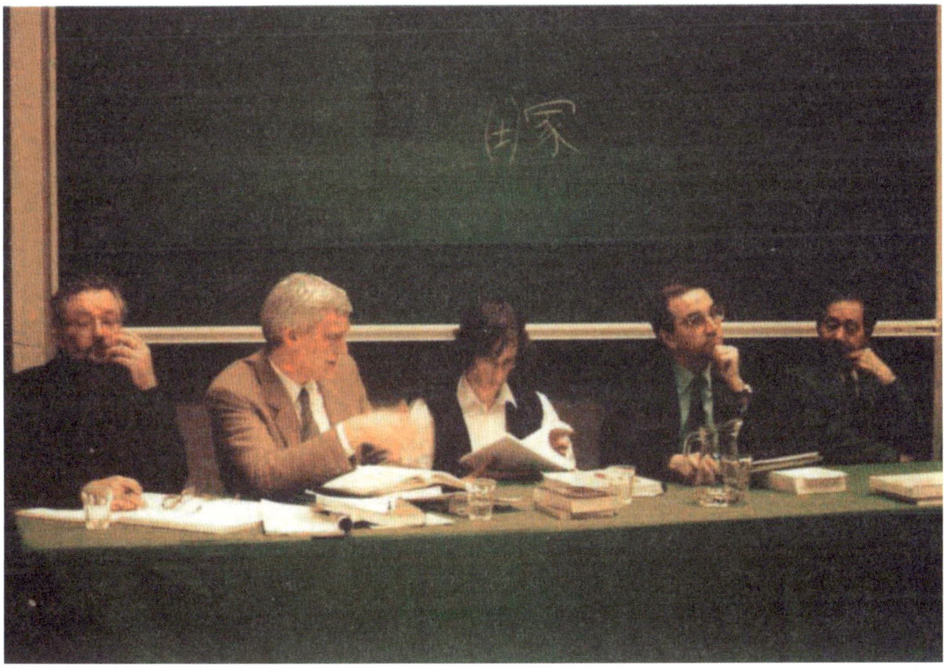

上图　1997 年，参与首都师范大学美术系研究生论文答辩（第一排左二为李福顺）

下图　1998 年 12 月 18 日在比利时根特大学参加博士学位论文答辩（右一为李福顺）

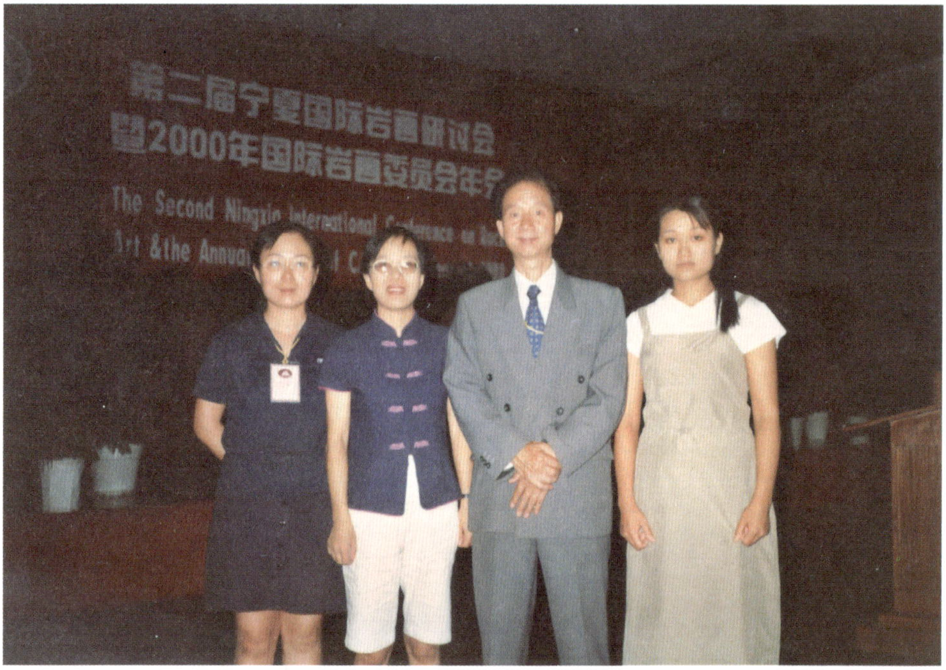

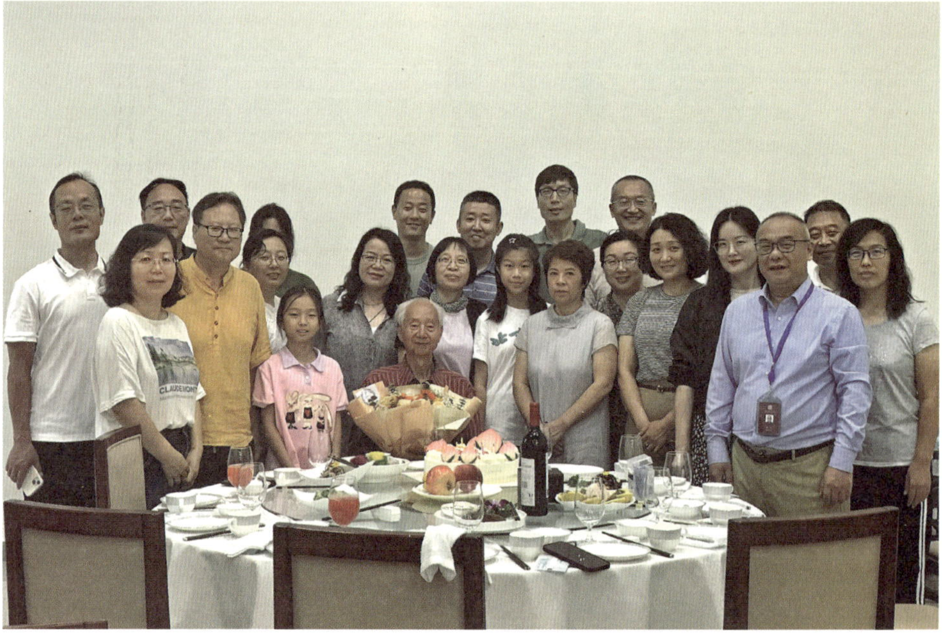

上图　2000 年，参与第二届宁夏国际岩画研讨会暨 2000 年国际岩画委员会年会

下图　2023 年 9 月 9 日，李福顺弟子在中国工艺美术馆·中国非物质文化遗产馆为其祝寿

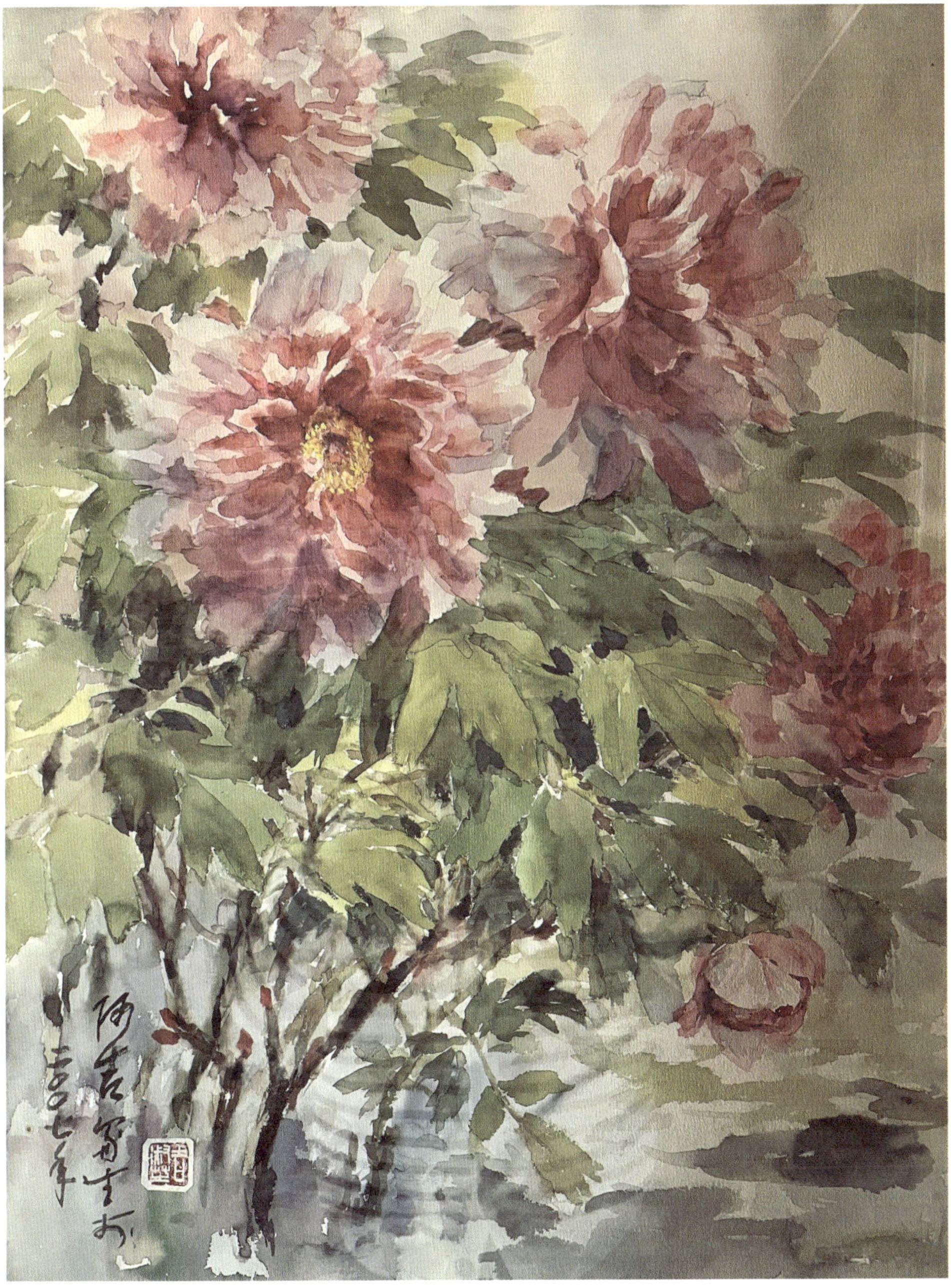

《牡丹》，吉淑芝， 60cm×46cm，水彩，家属藏，夏恒摄

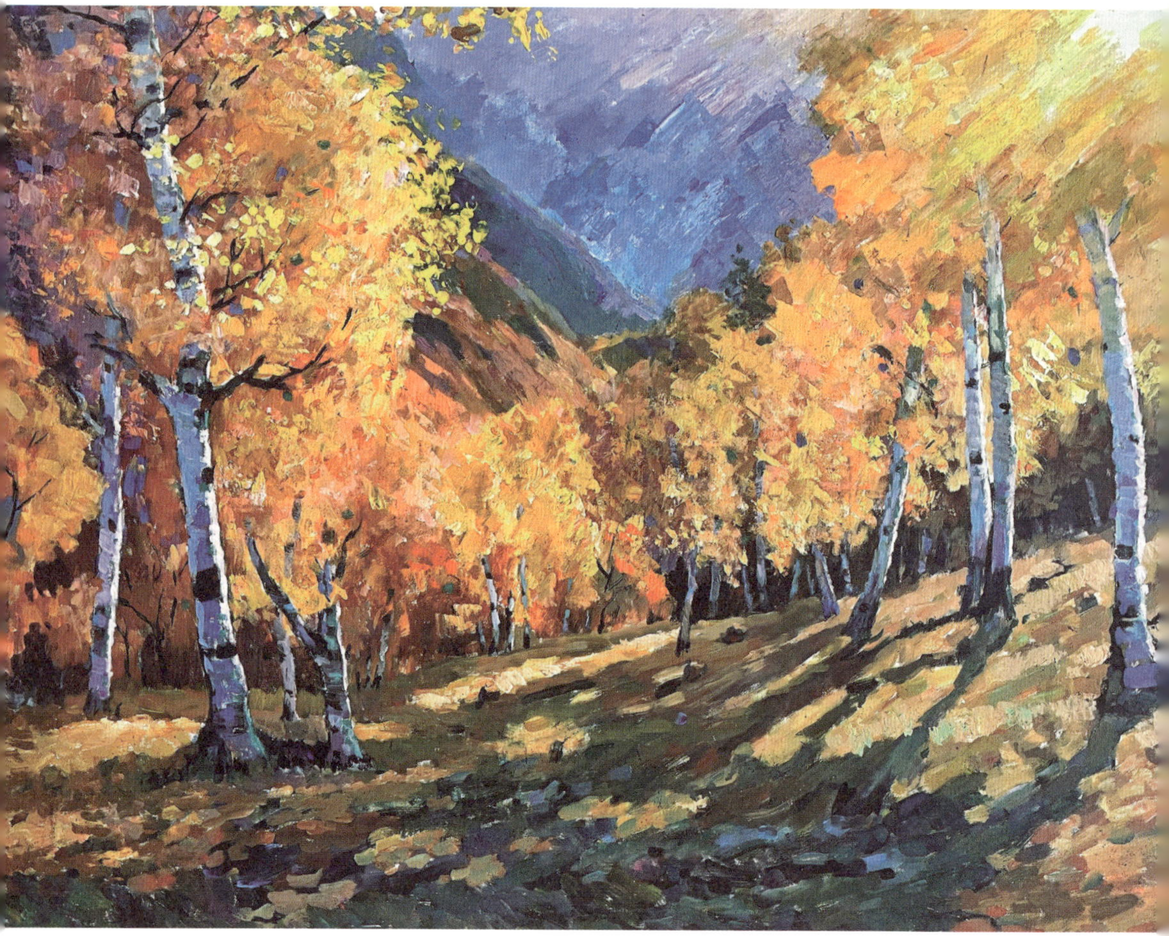

《白桦林》，吉淑芝，69cm×89cm，油画，家属藏，夏恒摄

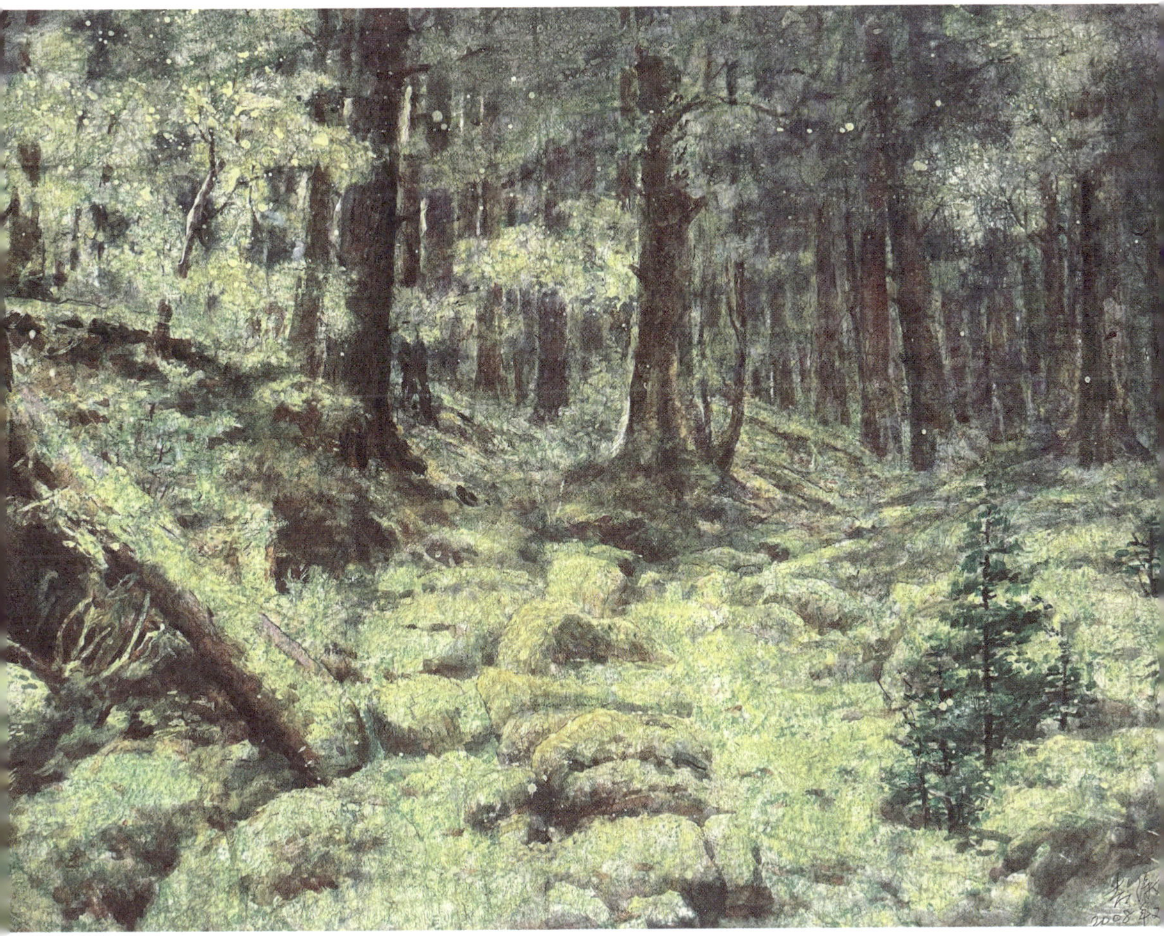

《森林》，吉淑芝，2008，51cm×72cm，水彩，家属藏，夏恒摄

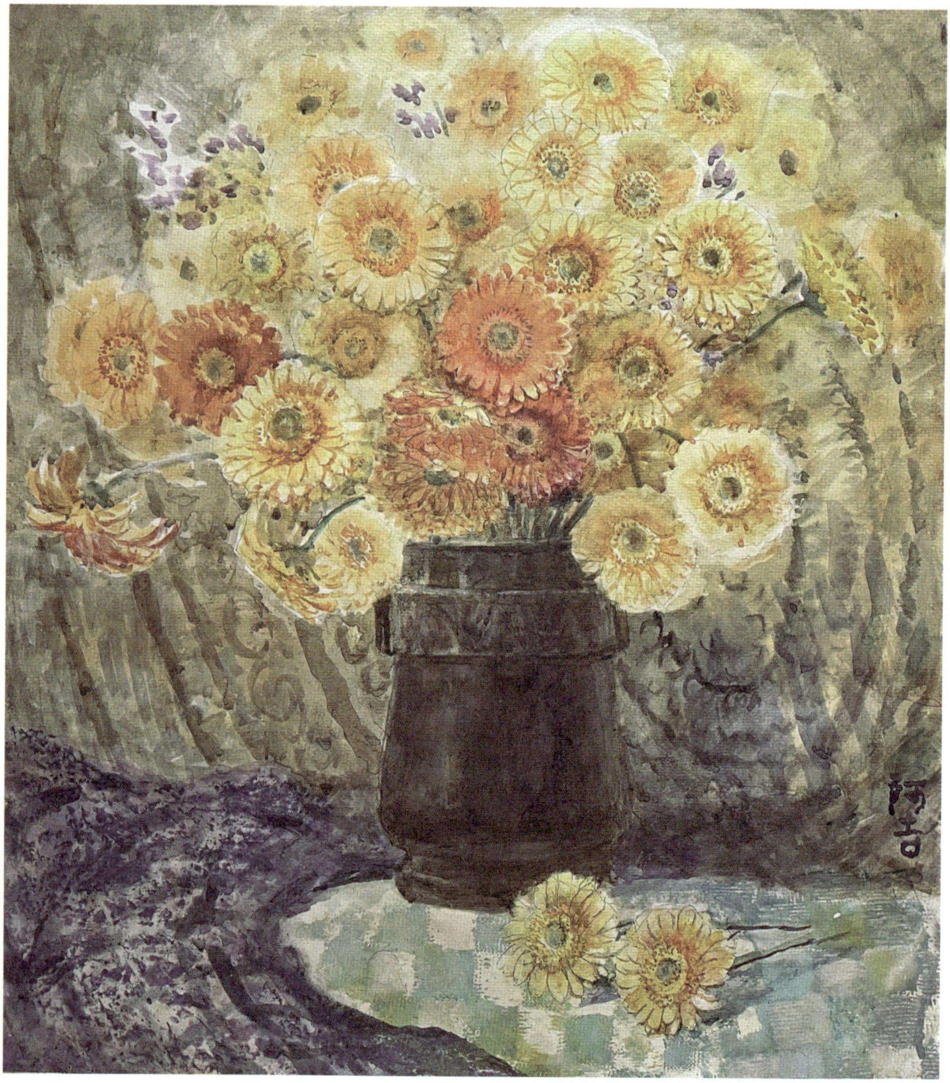

《菊花清供》，吉淑芝，58cm×53cm，水彩，家属藏，夏恒摄